微观经济学

主　编　高志文　朱晓东
副主编　谷媛媛　杨艳艳

东南大学出版社
SOUTHEAST UNIVERSITY PRESS
·南京·

图书在版编目(CIP)数据

微观经济学 / 高志文,朱晓东主编. — 南京:东南大学出版社,2014.3(2016.8重印)
 ISBN 978-7-5641-4763-1

Ⅰ.①微… Ⅱ.①高… ②朱… Ⅲ.①微观经济学-高等学校-教材 Ⅳ.①F016

中国版本图书馆 CIP 数据核字(2014)第 033301 号

微观经济学

出版发行	东南大学出版社
出 版 人	江建中
责任编辑	史建农
社　　址	南京市四牌楼 2 号
邮　　编	210096
经　　销	江苏省新华书店
印　　刷	常州市武进第三印刷有限公司
开　　本	787 mm×1092 mm　1/16
印　　张	21.25
字　　数	517 千字
版　　次	2014 年 3 月第 1 版
印　　次	2016 年 8 月第 2 次印刷
书　　号	ISBN 978-7-5641-4763-1
印　　数	4001—6500 册
定　　价	49.00 元

(凡有印装质量问题,请与我社营销部联系。电话:025-83791830)

前　　言

微观经济学是现代经济学的基础理论，主要探讨西方市场经济运行中价格机制在资源配置中的有效性问题。现代西方微观经济学通过研究单个经济单位的经济行为，以解释经济现象，发现经济运行规律，预测经济运行前景。学习微观经济学，有利于人们了解市场机制的作用，认识经济运行过程，帮助人们对其经济行为的合理性和有效性作出判断，以提高经济决策的效率。

现代西方微观经济学自亚当·斯密以来，历经二百多年的发展，已形成较为完善的学科知识体系。本书较为系统地介绍了现代西方微观经济学主要的基本理论和基本研究方法，力图为经济学的初学者提供一个结构完善、脉络清晰的现代西方微观经济学的理论框架。全书分为十一章，依次递进地论述价格机制在资源配置中的有效性问题。第一章"绪论"介绍现代西方微观经济学的研究对象和研究方法；第二章"需求、供给和均衡价格"分析市场经济中价格机制的内容及其作用，是本书内容的核心部分；第三章"效用理论"分析消费者行为，进一步说明需求的形成；第四章"生产理论"和第五章"成本理论"主要涉及西方的厂商理论，分析生产者行为，进一步说明供给的形成；第六章"完全竞争的市场"和第七章"不完全竞争的市场"介绍产品市场理论，说明价格机制在产品市场资源配置中的作用；第八章"要素市场的需求理论"和第九章"要素市场的供给理论"介绍要素市场理论，说明价格机制在要素市场资源配置中的作用；第十章"一般均衡和福利经济学"总结性地论证斯密"看不见的手"的理论，说明市场经济中价格机制在资源配置中的有效性问题；第十一章"市场失灵和微观经济政策"则转向对现实经济的考察，说明价格机制作用的有限性，并提出了政府干预经济的理由和方法。

作为经济与管理类专业的本科教材，本书形式上简明扼要、通俗易懂、图文并茂，使读者易于学习；内容上不仅较全面地介绍了现代西方微观经济学的基本理论，也涉及其最新发展，如博弈论、不确定性分析、信息经济学、交易费用理论等；结构上每章设有导读、知识专栏及案例、小结、复习思考题等内容，以丰富内容、引导思考、加强辅导；方法上主要以文字和图表形式，辅以简单的高等数学知识完成对理论的阐述，以适应初学者的要求，方便其把握经济学的重要概念与理论。

本书的编写人员由具有丰富经济学教学经验的高校教师组成，编写分工如下：朱晓东编写第一章，谷媛媛编写第三章、第四章、第五章，杨艳艳编写第六章、第七章，高志文编写第二章、第八章、第九章、第十章、第十一章。高志文和朱晓东讨论确定了本书的写作提纲，并由高志文对全书修纂定稿。

本书在编写过程中参阅并选用了一些相关教材和著作中的部分资料，在此向有关作者表示感谢。限于编写人员的知识水平和教学经验，本书中难免存在错误和疏漏，欢迎读者批评指正。

编　者

目 录

第一章 绪论 （1）
- 第一节 稀缺性和经济学的基本问题 （1）
- 第二节 西方经济学的研究对象 （3）
- 第三节 西方经济学的研究方法 （7）
- 第四节 微观经济学的研究体系和本书的内容安排 （14）

第二章 需求、供给和均衡价格 （16）
- 第一节 需求及其变动 （16）
- 第二节 供给及其变动 （21）
- 第三节 均衡价格的决定及变动 （25）
- 第四节 需求弹性和供给弹性 （32）

第三章 效用理论 （48）
- 第一节 概述 （48）
- 第二节 边际效用分析 （49）
- 第三节 无差异曲线分析 （61）
- 第四节 价格变化和收入变化对消费者均衡的影响 （71）

第四章 生产理论 （84）
- 第一节 生产函数概述 （84）
- 第二节 短期生产理论：一种可变生产要素的生产函数 （91）
- 第三节 长期生产理论：两种可变生产要素的生产函数 （97）
- 第四节 规模报酬分析 （106）

第五章 成本理论 （113）
- 第一节 成本的概念 （113）
- 第二节 短期成本分析 （118）
- 第三节 长期成本分析 （124）
- 第四节 收益、利润与利润最大化 （129）

第六章 完全竞争的市场 （137）
- 第一节 市场结构 （137）
- 第二节 完全竞争厂商的需求曲线 （138）
- 第三节 边际收益和利润最大化 （142）

第四节　完全竞争厂商的短期均衡分析 ……………………………………(146)
　　第五节　完全竞争厂商的长期均衡分析 ……………………………………(151)
第七章　不完全竞争的市场 …………………………………………………………(162)
　　第一节　垄断市场 ……………………………………………………………(162)
　　第二节　垄断竞争市场 ………………………………………………………(183)
　　第三节　寡头垄断市场 ………………………………………………………(186)
　　第四节　博弈论与竞争策略 …………………………………………………(196)
第八章　要素市场的需求理论 ………………………………………………………(209)
　　第一节　生产要素需求的一般理论 …………………………………………(209)
　　第二节　竞争性的要素市场 …………………………………………………(217)
　　第三节　买方垄断的要素市场 ………………………………………………(225)
　　第四节　卖方垄断的要素市场 ………………………………………………(228)
第九章　要素市场的供给理论 ………………………………………………………(235)
　　第一节　生产要素供给原则 …………………………………………………(235)
　　第二节　劳动供给曲线和工资率的决定 ……………………………………(238)
　　第三节　土地市场及地租的决定 ……………………………………………(248)
　　第四节　资本的供给和利息率的决定 ………………………………………(254)
　　第五节　欧拉定理 ……………………………………………………………(261)
　　第六节　洛伦兹曲线和基尼系数 ……………………………………………(263)
第十章　一般均衡和福利经济学 ……………………………………………………(268)
　　第一节　一般均衡分析 ………………………………………………………(268)
　　第二节　两部门一般均衡模型 ………………………………………………(279)
　　第三节　经济效率与帕累托最优条件 ………………………………………(286)
　　第四节　社会福利函数 ………………………………………………………(293)
　　第五节　效率与公平 …………………………………………………………(298)
第十一章　市场失灵和微观经济政策 ………………………………………………(303)
　　第一节　市场失灵 ……………………………………………………………(303)
　　第二节　垄断 …………………………………………………………………(306)
　　第三节　外部性 ………………………………………………………………(310)
　　第四节　公共物品 ……………………………………………………………(318)
　　第五节　不对称信息 …………………………………………………………(327)
参考文献 ………………………………………………………………………………(334)

第一章 绪 论

经济活动是人类最重要的实践活动之一。不同时代、不同地区的社会生产和消费活动毫无例外地受到资源有限性的束缚,如何以有限的资源生产出更多的产品是经济学所要解决的基本问题。以此为出发点,人类在经济活动中所遇到的所有问题可以概括为三个基本方面:生产什么?如何生产?为谁生产?经济学以理性人为基础,研究人类在生产、交换和消费等经济活动中应该做出什么样的选择,以对人们在实际经济活动中的问题提供解释和指导。本章将就经济学所要研究的基本问题及基本研究方法进行介绍,使读者对经济学的基本方面形成初步认识。

第一节 稀缺性和经济学的基本问题

一、稀缺性与经济学

西方经济学的研究是从人的欲望(或人的需要)开始的。人的欲望是很多的,表现在衣、食、住、行、用等多个方面。人的欲望也是有层次的,有较低层次的吃、穿、住等方面的,也有较高层次的交往、情感、价值实现等方面的。欲望的最重要特点,就是永远没有完全满足的时候。当一个欲望得到满足,或基本得到满足时,人们就会立即产生新的欲望。当低层次的欲望得到满足时,就会产生高层次的欲望。所谓得陇望蜀、欲壑难填,永远都不能得到完全满足。人的烦恼来自于欲望的不能满足,人的行为动力也来自于对满足新的欲望的追求。

尽管人的欲望是不能完全得到满足的,但人们仍然会不断地寻找满足欲望的手段,以满足自己更多的欲望。西方经济学者通过观察发现,人的大多数欲望都是可以通过使用物品来加以满足的。这些物品主要包括两类:一类是自由物品,或称为自然物品,是泛指那些由自然界提供给我们使用的有用物品,例如,阳光、空气、水、土地、植物等。人们获得这些有用物品是不需要付出代价的,或者说它们是没有价格的;另一类物品是经济物品,是指那些由人的劳动加于自然物之上所创造出来的产品。产品是人们根据需要而创造出来的,它们往往能更好地满足人们某一方面的欲望。对产品的生产、分配和消费构成了社会生产活动的主要内容,也是主要的社会生活方式。

不论是自由物品还是经济物品,在用于满足人们的需要方面,它们的数量都是不足的。这种不足不仅表现在物品的绝对数量上,更主要的是相对于人们无限多样、不断上升的需要来说,无论有多少资源(自由物品和经济物品)都是不足的。这就是经济学所说的稀缺性(Scarcity)。稀缺性是人类生活产生就存在的一个永恒问题,存在于任何社会和时代,每一个经济都面临着资源稀缺性的问题。从茹毛饮血的远古时代到数字化的今天,从人均收入不足 300 美元的贫穷国家到人均收入超过 30 000 美元的富裕国家,资源稀缺性问题始终存在。

稀缺性是人类面临的永恒主题,是经济学的核心思想之一和出发点,经济学研究的起点就是建立在资源稀缺性这一前提条件下的。在既定的技术条件下,可利用的资源是相对不足和有限的。人们就必须做出选择,分清欲望的轻重缓急,利用这些有用的资源生产急需的物品,来满足人们当前的和未来的各种欲望。经济学就是研究个人和社会在一定的制度下,如何在满足人们需要的稀缺资源的用途之间进行选择的科学。

[专栏1-1] 人生离不开选择

　　人生无时无刻不在进行着选择,为了得到我们喜爱的一件东西,通常就不得不放弃另一件我们喜爱的东西。做出决策要求我们在一个目标与另一个目标之间有所取舍。

　　我们每个学生要对自己最宝贵的时间进行取舍,他可以把所有的时间用于学习经济学;他可以把所有的时间用于学习心理学;他也可以把时间分配在这两门学科上。他把某个小时用于学习一门课时,他就必须放弃本来可以学习另一门课的1小时。对于他用于学习一门课的每小时,他都要放弃本来可以用于睡眠、骑车、看电视或打工赚点零花钱的时间。

　　我们的父母对自己的家庭收入进行取舍,他们可以购买食物、衣服或全家度假;他们可以为退休或孩子的大学教育储蓄一部分收入。当他们选择把额外的1元钱用于上述物品中的一种时,他们在其他物品上就要少花1元钱。

　　当人们组成社会时,他们面临各种不同的交替关系。典型的交替关系是"大炮"与"黄油"之间的交替。我们把更多的钱用于国防(大炮)以保卫我们的海岸免受外国入侵时,我们能用于提高国内生活水平的个人物品(黄油)的消费就少了。在现代社会里,同样重要的是清洁的环境和高收入水平之间的交替关系。要求企业减少污染的法律增加了生产物品与劳务的成本。由于成本上升,结果这些企业的利润少了,支付的工资低了,收取的价格高了,或者是这三种结果的某种结合。因此,尽管污染管制给予我们的好处是清洁的环境,以及由此带来的健康水平的提供,但其代价是企业所有者、工人和消费者的收入减少。

　　社会面临的另一种交替关系是效率与平等之间的交替。效率是指社会能从其稀缺资源中得到最多东西,平等是指这些资源的成果公平地分配给社会成员。换句话说,效率是指经济蛋糕的大小,而平等是指如何分割这块蛋糕。在设计政府政策的时候,这两个目标往往是不一致的。

　　认识到人们面临交替关系本身并没有告诉我们,人们将会或应该做出什么决策。一个学生不应该仅仅由于要增加用于学习经济学的时间而放弃心理学的学习。社会不应该仅仅由于环境控制降低了我们的物质生活水平而不再保护环境,也不应该仅仅由于帮助穷人扭曲了工作激励而忽视了他们。然而,认识到生活中的交替关系是重要的,因为人们只有了解他们可以得到的选择,才能做出良好的决策。

　　资料来源:梁小民.微观经济学纵横谈[M].上海:生活·读书·新知三联书店,2000.

二、经济学的三个基本问题

　　在资源稀缺性的这一前提下,经济学研究的一个基本问题就是资源配置(Resources

Allocation)问题。一种资源往往具有一种以上的用途，如土地既可以用于耕种，也可用于放牧，还可用于建工厂，或用于修路、建房等。在土地这种资源数量有限的情况下，一种用途占用的土地数量多了，就必然缩减其他用途的数量。这样人们就必然要做出选择，多少土地用于耕种，多少土地用于建房，多少土地用于建工厂，等等。如果建房的回报更高，就会有更多的土地用于建房的用途，如果修路的价值更高，土地用于修路的数量就会更多……人们必须在"鱼与熊掌不可兼得"中做出选择。人们将在稀缺资源的多种用途中进行权衡比较，根据自己各种需要的强弱缓急做出选择，找到对自己最有利的配置方法。人们对所用或可用的各种资源都必须进行这种选择，以做到物尽其用。总之，在经济学中，人们始终被要求做出各种各样的选择。消费者在一定的收入水平和价格水平下，必须在不同商品的消费中进行选择，还要在消费和储蓄中进行选择；生产者在一定的技术条件下，必须就所使用的各种资源的数量进行选择，以实现最低成本或最大产量；社会在既定的资源条件下，不仅要在不同商品的生产中进行选择，还要在消费和投资中进行选择。

综上所述，由于资源的稀缺性所必须解决的资源配置问题，归纳起来，就是下面三个基本经济问题：

(1) 生产什么(What)？
(2) 如何生产(How)？
(3) 为谁生产(For Whom)？

"生产什么"要解决的问题是如何选择用总量既定的资源来生产哪些产品，并最大限度地满足人们的需要，也包括生产多少的问题；"如何生产"要解决的问题是在生产同一种产品的许多种不同方法中选择一种最有效的方法，这既要从技术角度考虑，也要从经济角度考虑；"为谁生产"是产品为谁所用的问题，这在相当程度上是一个收入分配问题。

第二节 西方经济学的研究对象

一、资源配置、资源利用和经济体制

英国经济学家琼·罗宾逊(John Robinson)指出，当把经济学评述为研究稀缺资源在各种可供选择的用途中进行分配的科学时，英国有300万人失业，而美国的国内生产总值的统计数字则下降为原来水平的一半。她的这个指责，意在说明经济研究偏向于资源配置，而忽视了资源利用。

前面所说的经济社会的三个基本问题，都是研究稀缺的经济资源（劳动、土地、资本、企业级才能）如何分配给各种不同的用途，实质上是在考察生产资源的合理配置问题。但在现实的经济社会中，还有另一方面的问题，那就是劳动者失业、生产设备和自然资源的闲置是经常出现的。因此，对于一个国家来说，实际的总产出水平往往小于这个国家可能达到的总产出水平。这就要进一步地研究，造成这种状况的原因是什么，用什么办法来改进这种状况，从而实现充分就业，使实际的国民收入接近或等于潜在的国民收入，这就是经济资源的充分利用问题。

所以，有些经济学家试图将经济学的定义进一步扩大。美国经济学家里普赛和斯泰

纳在他们所编写的《经济学》中就认为,经济学应该研究的问题,除了生产什么,如何生产,为谁生产这三个问题外,还要研究一国的资源是充分利用了,还是有一些被闲置,从而造成了浪费?货币和储蓄的购买力是不变的,还是由于通货膨胀而下降了?一个社会生产物品的能力是一直在增长呢,还是仍然没变?他们认为前三个属于微观经济学范畴,而后三个则属于宏观经济学范畴。由此他们给经济学下了这样一个定义:按广泛的定义而言,经济学涉及一个社会使用它的资源并把生产成果分配给社会的个人与集团的方式;生产和分配一直在发生变动的方式;经济体制的效率。

这个定义给经济学规定了比较广泛的内容,因而是比较全面的。第一个问题是资源配置问题,属于微观经济学范围;第二个问题是资源利用问题,属于宏观经济学范围;第三个问题说的是经济体制,无论微观经济学还是宏观经济学均要涉及经济体制问题。因为经济资源配置和利用的方式是在一定的经济制度下进行的,不同的经济制度所具有的经济体制必然各有不同,由此所选定的社会经济目标及其决策方式也就不同。另外,不同的经济体制,由于本身的机制不同,其经济效率也有差异。因而研究经济体制对资源配置和利用的方式及其运行机制的作用,也就成为经济学中回避不了的问题。

按照西方经济学家的划分,经济体制大体上可分为下列四种类型:自给经济、计划经济(命令经济)、市场经济和混合经济。不同的经济体制,其实现资源配置和资源利用的方式是不同的。自给经济的特征是,每个家庭生产他们消费的大部分物品,扩大一点说,每个村落生产他们消费的大部分物品,只有极少数消费品是和外界交换获得的。在这种体制下,资源的配置和利用是由居民的直接消费所决定的,经济效率是低下的。计划经济的基本特征是生产资料归政府所有,经济的管理,实际上像一个单一的大公司。在这种体制下,用计划解决资源配置和资源问题,产品的数量、品种、价格、消费和投资的比例、投资方向、就业及工资水平、经济增长速度等均由中央当局的指令性计划来决定。这种体制,从理论上可以证明,资源能够得到最优配置和充分利用。但实践证明,这种体制没能解决好资源配置问题,其效率也是较低的。

市场经济的基本特征是生产资料私有,经济决策高度分散。这种体制被一只"看不见的手"所指引,资源的配置和利用由完全竞争的市场中的价格机制来解决。这种体制的缺点是,不能很好地解决资源利用问题,并且缺乏公平。混合经济的基本特征是生产资料的私人所有和国家所有相结合,自由竞争和国家干预相结合。换句话说,是垄断和竞争的混合制度。政府限制私人的主动性;垄断成分限制完全竞争的作用。在这种体制下,凭借市场制度来解决资源配置问题,依靠国家干预来解决资源利用问题。这种体制被认为是最好的制度,并且效率和公平可以得到较好的协调。

[专栏1-2] 亚当·斯密(Adam Smith,1723—1790)

1776年,斯密因《国民财富的性质和原因的研究》(简称《国富论》)一书而闻名于世,当时正值美国革命爆发之际。这部著作确立了经济学作为一门独立学科的地位,同时也使得自由企业学说开始成为一个无可怀疑的理论。格拉斯哥大学出版的《亚当·斯密著作和通信全集》,展示了斯密全部著作的面貌,表明他不仅是一位经济学家,而且还是一位研究领域极广的理论体系创立者,更确切地说,他并不是完全像人们通常所理解的那样是一位现代思想家,而是一位深受18世纪国民思潮影响的传统的思想家。《国富论》

不过是他最成熟的思想的记载,是他所在时代中对于"商业社会"最具有理解力的分析。这部著作确立了直至1870年"边际革命"以前的论述,构成整个社会的经济思想和分配问题的基本思想方法,并在事实上创立了一个独特的英国古典政治经济学学派。这部著作对于当时的经济政策——斯密称之为"重商主义"的残余——予以了决定性的批判,建立了一个包容了以现代经济为特征的各种日常事务的经济模型。这正是称斯密为政治经济学家的理论依据。对他来说,政治经济学这个词并不是指面向政策的那种经济学,而是指一个国家的经济政策。

斯密出生于柯卡尔迪,该地位于爱丁堡前方的海滨,是一个以捕鱼和采矿为主的城镇。斯密的父亲是一位海关监督员,在斯密出生前就去世了,斯密主要住在苏格兰与他母亲生活在一起,直到其母于1784年去世。他一生未曾婚娶,正如人们所知道的,他从未认真地结交过任何女人。斯密14岁进入格拉斯哥大学,17岁毕业获得硕士学位。之后,他获得了奖学金在牛津大学和巴利奥尔学院学习了6年,这段经历使他终身保有一种古代英国牛津大学和剑桥大学学者的倨傲态度。回到苏格兰后,他在大学做了一系列不同论题的成功讲座,因此,1751年他被格拉斯哥大学聘为逻辑学教授,随后不久,又被聘为更具威望的哲学教授。尽管他对于商人和立法者的行为深为恨疾,并且对政府保持提供那些不可能或不能由私人活动提供的社会服务保留一定的看法,但是,作为一个自由贸易、自由企业、人口和物品自由流动的代言人,他在经济学历史上和西方世界的世界观方面的确树立了一座伟大的里程碑。

资料来源:萨缪尔森. 萨缪尔森辞典[M]. 陈迅,白远良,译释. 北京:京华出版社,2001.

二、微观经济学和宏观经济学

从解决资源配置和资源利用来划分,西方经济学从总体上可分为微观经济学和宏观经济学两大块。前者研究资源配置问题,后者研究资源利用问题。微观经济学(Micro-Economics)的"微观",宏观经济学(Macro-Economics)的"宏观",本意是"微小"和"宏大",原是物理学中的概念,后移用于经济学。

微观经济学的研究以单个经济单位为考察对象,研究其经济行为及经济变量的单项数值的决定。单个的消费者、单个的生产者、单个的市场等都属于单个的经济单位;经济行为包括消费者的购买行为、生产者对产品的提供等;而像单个消费者的收入、支出、某种产品的数量、价格等都属于经济变量的单项数值。微观经济学通过对这些单个经济行为和单个经济变量的分析,阐明它们之间的内在联系,从而确定和实现最优的经济目标。归纳起来,微观经济学的研究主要解决两个问题:一是消费者对各种产品的需求与生产者对产品的供给怎样决定着各种产品的产销量和价格;二是消费者作为生产要素的供给与生产者对生产要素的需求怎样决定着各种生产要素使用量和价格。由于微观经济学所涉及的是市场经济和价格机制的运行问题,所以微观经济学又被称为市场均衡理论或价格理论。它实际上研究的是一个经济社会的既定资源被用来生产哪些产品,生产多少,采用什么生产方法,产品怎样在社会成员之间进行分配。总之是资源配置问题。资源配置的问题是这样来解决的:生产什么、生产多少取决于消费者的货币投票,如何生产取决于不同生产者之间的竞争以及成本与收益的比较,为谁生产取决于由生产要素的供求关系所确定的要素价格。

微观经济学主要内容包括价格理论、消费者行为理论、生产理论、成本理论、厂商均衡理论、分配理论、一般均衡理论、福利经济学、微观经济政策。

宏观经济学的研究以整个国民经济活动为考察对象,研究社会总体问题以及相应经济变量的总量如何决定及其相互关系。宏观经济学考察国民收入水平、经济增长及经济周期,即考察一个经济中资源使用的结果。总体经济问题包括经济周期、经济增长、物价、就业、财政和金融、国际贸易等;而像国民收入水平、就业量、消费量、储蓄量、利息率、通货膨胀率、汇率、国际收支水平等都是经济的总量数值。宏观经济学通过对这些总体经济问题及其经济总量的研究,来解决国民经济中这样几个根本问题:一是已经配置到各个生产部门和企业的经济资源总量的使用情况如何决定着一国的总产量(国民收入)或就业量;二是商品市场、货币市场和劳动市场的总供求如何决定着一国的国民收入水平和一般物价水平;三是国民收入水平和一般物价水平的变动与经济周期及经济增长的关系。其中,国民收入(就业量)的决定和变动是一条主线,所以宏观经济学又称为国民收入决定论或收入分析。它实际上研究的是一国经济资源的利用现状怎样影响着国民经济总体,使用什么手段来改善经济资源的利用,实现潜在的国民收入和经济的稳定增长。所以宏观经济学研究的是经济资源的利用问题。

宏观经济学的内容一般包括国民收入决定理论、就业理论、通货膨胀理论、经济周期理论、经济增长理论、财政与金融问题、国际经济问题、宏观经济政策等。

微观经济学和宏观经济学是西方经济学中互为前提,彼此补充的两个分支学科。西方经济学之所以有宏微之分,主要是因为经济目标与方法有着明显的差异。微观经济学以经济资源的最优配置为目标,采用个量分析方法,而假定资源利用问题已经解决;宏观经济学以经济资源的有效利用为目标,采用总量分析方法,而假定资源配置问题已经解决。所以宏微两学互相把对方的研究对象作为自己的理论前提,互相把对方的理论前提作为自己的研究对象,这叫互为前提。如果没有这种互为前提的假设,不论是资源配置问题还是资源利用问题,都会复杂到难以研究,也无法得出有效的结论。彼此补充是指微观经济学和宏观经济学在研究内容上的相容性。一个经济现象,从一个角度看是微观问题,从另一个角度看可能就是宏观问题。所有的宏观经济问题都有其微观经济基础,都是由微观经济问题构成的,而微观经济问题在具备相关性和加总的情况下构成了宏观经济问题。因此,微观经济学和宏观经济学必须相互结合,全面考察,才有利于完成对经济问题的研究。孤立地考察就会只见树木不见森林,全面考察才不至于流于偏颇。近年来,当代西方经济学出现了微观经济学宏观化,宏观经济学微观化的趋势就是很好的说明。

[专栏1-3] 微观经济学和宏观经济学的分离

从亚当·斯密时期到20世纪30年代,许多经济学家都在致力于现在所说的微观经济学领域的理论研究。当经济学家的研究涉及贸易和交换、理性且信息灵通的消费者与追求利润最大化的企业、垄断和新科技等问题时,其研究的焦点便集中于不同的市场是如何运作的这一点上。但是,从20世纪30年代开始,情况有所改变,因为在这个时期发生了全球性的经济危机,使世界各国的经济陷于瘫痪。1929~1933年期间,美国的经济规模萎缩了30%,1933年的失业率高达25%,到1939年,即第二次世界大战前夕,其失业率仍居高不下,高达17%。从此以后,经济学家们开始着手研究是什么因素决定了像失业率和国内生产总值(GDP)这样的总体经济变量。

现在,即使是那些从未从事过经济学研究的人都知道"微观经济学"和"宏观经济学"的大致划分,但在20世纪早期,直到30年代,经济学家们才开始考虑应如何进行这样的划分。1933年,著名的挪威经济学家鲁格纳·弗瑞希首次清楚地提出了这两个名词在现代意义上的概念,他认为:"微观分析方法是指对于大的经济体系中的某个经济单位在一般条件下的行为进行研究的方法,而宏观分析方法是指对整个经济系统的总体分析。"

凯恩斯也曾于1936年提出了类似的概念,他指出:"经济理论应划分为两个部分,一部分是研究单个产业或公司在既定条件下的产出和利润的理论,另一部分是研究整个经济的产出和就业的理论。"

但令人遗憾的是,这两个伟大的经济学家都没有使用"微观经济学"和"宏观经济学"这样的词语。首次使用这两个名词的是一位在荷兰的统计研究所工作的知名度并不算很高的经济学家彼得·沃尔夫。1941年他在一篇文章中这样写道:"微观经济学描述的是关于个人或家庭的经济关系,而宏观经济学是研究一个大的群体相互之间的关系"。20世纪60年代到70年代期间,许多经济学家已认识到宏观经济学的研究方法和微观经济学的研究方法相去甚远。然而,在这以后的一些最重要的经济文献中,人们开始寻求一些新的研究方法来打破宏观经济学和微观经济学之间的鸿沟,研究理性且信息灵通的消费者与追求利润最大化的企业,对失业、通货膨胀和经济增长的波动将产生哪些相似乃至相同的反应。

第三节 西方经济学的研究方法

一、理性人假定

经济理论的建立是以一定的假设条件作为前提的。在众多的不同经济理论的各自不同的假设条件中,有一个假设条件是所有的经济理论均具备的基本假设条件,这个微观经济学的基本假设条件就是"合乎理性的人"的假设条件。

在经济学里,"合乎理性的人"的假设条件也被简称为"理性人"或者"经济人"的假设条件。所谓的"理性人"或者"经济人"的假设是对在经济社会中从事经济活动的所有人的基本特征的一个一般性的抽象。这个被抽象出来的基本特征就是:每一个从事经济活动的人都是利己的。也可以说,每一个从事经济活动的人所采取的经济行为都是力图以自己的最小经济代价去获得自己的最大的经济利益。

在"理性人"假定中,经济行为主体的基本动力是利益最大化,从而行为准则是既定目标的最优化。这既不意味着它完全符合实际情况,也不意味着它一定是好的或合理的。在现实经济生活中,人们在作出某项决策时,并不总是充满理智和深思熟虑,人们在进行经济决策时,除了经济利益以外,还要受到社会的、政治的以及道德的等多方面的影响和制约。西方经济学家认为,经济分析之所以要作出这样的假定,无非是要在影响人们经济行为的众多复杂的因素中,抽出最主要最基本的因素,在此前提或基础上,可以提出一些重要的结论,并据此对人们有关经济行为作出预测,提供行动方针或政策决策的理论基础。可以设想,如果没有这种假设,如果人们真的对生活好坏抱着无所谓的态度,那么,经济学就很难提出任何有用的理论了。

"合乎理性的人"的假设条件是微观经济学分析的基本前提和方法,它存在于微观经济学的所有不同理论之中。

[专栏1-4] 理性成就快乐

在日常生活中,每个人其实都在自觉不自觉地运用着经济学的知识。比如在自由市场里买东西,我们喜欢与小商小贩讨价还价;到银行存钱,我们要想好是存定期还是活期。经济学对日常生活到底有多大作用,有一则关于经济学家和数学家的故事可以参考。

故事说的是三个经济学家和三个数学家一起乘火车去旅行。数学家讥笑经济学家没有真才实学,做出的学问还摆了诸如"人都是理性的"之类的假设条件;而经济学家则笑话数学家过于迂腐,脑子不会拐弯,缺乏理性选择。最后,经济学家和数学家打赌看谁完成旅行花的钱最少。三个数学家于是每个人买了一张票上车,而三个经济学家却只买了一张火车票。列车员来查票时,三个经济学家就躲到了厕所里,列车员敲厕所门查票时,经济学家们从门缝里递出一张票说,买了票了,就这样蒙混过关了。三个数学家一看经济学家这样就省了两张票钱,很不服气,于是在回程时也如法炮制,只买了一张票,可三个经济学家一张票也没买就跟着上了车。数学家们心想,一张票也没买,看你们怎么混过去。等到列车员开始查票的时候,三个数学家也像经济学家上次一样,躲到厕所里去了,而经济学家们却坐在座位上没动。过了一会儿,厕所门外响起了敲门声,并传来了查票的声音。数学家们乖乖地递出了车票,却不见查票员把车票递回来。原来是经济学家们冒充查票员,把数学家们的票骗走,躲到另外一个厕所里去了。数学家们最后还是被列车员查到了,乖乖地补了三张票,而经济学家们却只掏了一张票的钱,就完成了这次往返旅行。

资料来源:梁小民.微观经济学纵横谈[M].上海:生活·读书·新知三联书店,2000.

二、均衡分析和边际分析

"均衡"(Equilibrium)一词来自物理学,是指物体所受各方面外力正好相互抵消而处于静止状态或匀速直线运动状态。英国经济学家马歇尔(Alfred Marshall)把这一概念引入经济学中,主要指经济中各种对立的、变动着的力量处于一种力量相当、相对静止、不再变动的境界。均衡一旦形成后,如果有另外的力量使它离开原来的均衡位置,则会有其他力量使它恢复到均衡。

在经济分析中,均衡可以表述为:各个经济决策者(消费者、厂商等)所做出的决策正好相容,并且在外界条件不变的情况下,每个人都不愿意再调整自己的决策,从而不再改变其经济行为。比如,某种产品市场实现了均衡,那么,在目前的情况下,买方和卖方的决策应该是相容的,即买方愿意买的数量正好等于卖方愿意卖的数量,买方和卖方都认为单独改变这个数量不会给自己带来更大的好处。因此,在外部条件(消费者收入、其他产品价格、原材料成本等)改变之前,该产品的价格和数量便静止下来,达到均衡。

均衡分析法,就是假定外界诸因素(自变量)及其关系是已知的和固定不变的,然后再研究因变量达到均衡时应具备的条件。均衡分析有局部均衡分析和一般均衡分析两种分析方法。局部均衡分析是假定在其他条件不变的情况下分析某一时间、某一市场的某种商品(生产要素)的供给与需求达到均衡时的价格决定。一般均衡分析在分析某种商品价格决定时,要在各种商品和生产要素的供给、需求、价格相互影响的条件下,分析所有的商品和生产要素的供给和需求同时达到均衡时,这所有的商品的价格如何决定,即这一商品的价格如何同时被决定。局部均衡分析往往只考虑一个市场或部分市场的均衡,而一般均衡分析假定各种商品的供求和价格都是相互影响的,一个市场的均衡只有在其他所有市场都达到均衡的条件下才能实现。

边际分析也是西方经济学中最基本的分析方法之一,边际分析是考察自变量的变化对因变量的影响,有利于精确分析经济变量之间的关系。对于一个函数来说,边际量表示一单位的自变量的变化量所引起的因变量的变化量。边际量就是总量函数的一阶导数,用公式表示就是:

$$边际量 = \frac{因变量的变化量}{自变量的变化量}$$

三、实证分析和规范分析

实证分析和规范分析是相对应的两种分析方法。实证分析回答经济现象"是什么"的问题,具有客观性,有正误之分;规范分析回答经济"应该是什么"的问题,不具有客观性,没有正误之分。对经济问题的分析,要么属于实证分析,要么属于规范分析。相应地,经济学也可以分为实证经济学和规范经济学。

实证分析方法是在分析经济问题和建立经济理论时,撇开对社会经济活动的价值判断。只研究经济活动中各种经济现象之间的相互联系,运用"大胆假设、小心求证,在求证中检验假设"的方法,在作出与经济行为有关的假定前提下,分析和预测人们经济行为的后果。实证经济学所力图说明和回答的问题是:(1) 经济现象是什么? 经济事物的现状如何? (2) 有几种可供选择的方案,将会带来什么后果。它不回答是不是应该作出这样的选择的问题。即它企图超脱和排斥价值判断(即关于社会的目标应该是什么,经济事物是好是坏,对社会有无意义的价值判断),实证经济学所研究的内容具有客观性,是说明客观事物是怎样的实证科学。实证分析主要包括理论分析和经验分析。

规范分析方法是以一定的价值判断作为出发点和基础,提出行为标准,并以此作为处理经济问题和制定经济政策的依据,探讨如何才能符合这些标准的分析和研究方法。规范经济学研究和回答的经济问题是:(1) 经济活动"应该是什么"或社会面临的经济问题应该怎样解决;(2) 什么方案是好的,什么方案是不好的;(3) 采用某种方案是否应该,是否合理,为什么要作出这样的选择。规范经济学涉及对经济行为和经济政策对人们福利的影响和评价问题,涉及是非善恶,合理与否问题,与伦理学、道德学相似,具有根据某种原则规范人们行为的性质。由于人们的立场、观点、伦理和道德观念不同,对同一经济事物、经济政策、同一经济问题会有迥然不同的意见和价值判断。对于应该做什么,应该怎么办的问题,不同的经济学家可能会有完全不同的结论。

西方经济学认为,实证经济学是规范经济学的基础,因此,只有首先了解和掌握经济事物的本质,即用实证经济分析方法研究经济事物活动的特点和规律,才有可能对该事物进行规范分析。另外,规范经济学是实证经济学的前提,任何一个人或经济学家总是生活在一定的社会环境之中,有着个人利益关系基础之上的对世界的认识,因此,在进行实证经济学研究中不可能纯客观而不掺杂任何主观因素,进而在对经济事物研究什么与不研究什么的选题方面,以及在对经济统计资料使用什么与不使用什么、这样处理还是那样处理等方面,都离不开个人的主观态度与偏好。实际上,不论实证经济学还是规范经济学都和经济目标相关。经济目标系统是分层次的,目标层次越低,与经济运行的联系越密切,其研究的实证性越强;目标层次越高,越需要对经济运行进行总体评价,其研究越具有规范性。实证经济学和规范经济学是经济目标在不同层次上的研究,角度不一,但却相互联系相互补充,构成了一个不可分割的整体。所以,在经济学的研究中,不仅要对经济运行过程进行研究,而且要对经济过程作出判断,只有这样,才能说明经济运行过程的全貌。总之,应把两者统一于一个研究整体中。

四、经济模型及经济变量

1. 经济模型

经济理论是在对现实的经济事物的主要特征和内在联系进行概括和抽象的基础上,对现实的经济事物进行的系统描述。西方经济学家认为,由于现实的经济事物是错综复杂的,所以,在研究每一个经济事物时,往往要舍弃一些非基本的因素,只就经济事物的基本因素及其相互之间的联系进行研究,从而使得经济理论能够说明经济事物的主要特征和相关的基本因素之间的因果关系。

经济理论和经济模型的含义大致相同。一个经济理论的建立和运用,可以看成是一个经济模型的建立和使用。所谓经济模型是指用来描述所研究的经济事物的有关经济变量之间相互关系的理论结构。经济模型可以用文字语言或数学的形式(包括几何图形和方程式等)来表示。

下面以均衡价格的决定问题为例,说明经济模型的意义和它不同的表示形式。

决定一种商品的市场价格的因素是极其复杂的。例如,消费者的偏好、生产者的效率、甚至社会事件都是决定的因素。经济学家在研究这一问题时,在众多的因素中精简得只剩下商品的需求、供给和价格三个基本因素。在此基础上,建立起商品的均衡价格是由商品的市场需求量和市场供给量相等时的价格水平所决定的这样一个经济模型。均衡价格决定模型可以用这样的文字语言的形式来表示,也可以用数学形式来表示。

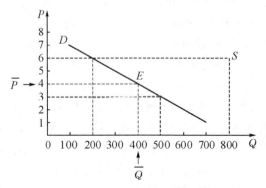

图 1-1 均衡价格模型

图 1-1 就是以数学的几何图形来表示的均衡价格决定模型。该图形准确地说明了均衡价格是由市场需求曲线 D 和市场供给曲线 S 相交点的价格水平所决定的。

除了几何图形以外,在数学方面,还可以用方程式来表示均衡价格决定模型。该模型可以表示为一个方程组:

$$Q_d = \alpha - \beta \cdot P \qquad (1-1)$$

$$Q_s = -\delta + \gamma \cdot P \qquad (1-2)$$

$$Q_d = Q_s \qquad (1-3)$$

式(1-1)和式(1-2)分别是需求曲线和供给曲线的方程,式中,α、β、δ、γ 均为常数,且均大于零。式(1-3)是均衡方程式。将需求曲线方程和供给曲线方程代入均衡方程式,就可以求得价格和数量的均衡解。

假定:$Q_d = 800 - 100P$

$Q_s = -400 + 200P$

$Q_d = Q_s$

求:均衡价格 $\bar{P}$ 和均衡数量 $\bar{Q}$。

解:将供求函数代入均衡条件得:

$800 - 100P = -400 + 200P$

解得:$\bar{P} = 4$

将 $\bar{P} = 4$ 代入需求函数得:

$\bar{Q} = \bar{Q}_d = 800 - 100 \times 4 = 400$

或将 $\bar{P} = 4$ 代入供给函数得:

$\bar{Q} = \bar{Q}_s = -400 + 200 \times 4 = 400$

$\therefore (\bar{P}, \bar{Q}) = (4, 400)$

下面,进一步用数学模型表示需求的变动及其对均衡的影响,以及供给的变动及其对均衡的影响。

第一种情况:需求的变动及其对均衡的影响。

假定供给函数不变,仍为 $Q_s = -400 + 200P$,需求曲线由于收入水平提高而向右平移,由原来的 $Q_d = 800 - 100P$ 改变为 $Q_d = 1100 - 100P$。根据均衡条件有

$-400 + 200P = 1100 - 100P$

解得:$\bar{P} = 5, \bar{Q} = 600$。

与原模型相比,收入增加导致的需求增加,不仅使得均衡价格提高,而且使得均衡数量也增加了。

第二种情况:供给的变动及其对均衡的影响。

假定需求不变,仍为 $Q_d = 800 - 100P$,供给曲线由于生产成本的上升而向左平移,供给曲线变为 $Q_s = -700 + 200P$。根据均衡条件有

$800 - 100P = -700 + 200P$

解得:$\bar{P} = 5, \bar{Q} = 300$。

与原模型相比,成本上升导致的供给减少,不仅使得均衡价格提高,而且使得均衡数量减少。

2. 内生变量、外生变量和参数

经济数学模型一般是用由一组变量所构成的方程式或方程组来表示的,变量是经济模型的基本要素。变量可以被区分为内生变量、外生变量和参数。

在经济模型中,内生变量指该模型所要决定的变量。外生变量指由模型以外的因素所决定的已知变量,它是模型据以建立的外部条件。内生变量可以在模型体系内得到说明,外生变量决定内生变量,而外生变量本身不能在模型体系内得到说明。参数指数值通常不变的变量,也可以理解为可变的常数。参数通常是由模型以外的因素决定的,参数也往往被看成是外生变量。

下面,我们继续利用上面的均衡价格模型以及相应的两种变化情况的例子,来具体说明内生变量、外生变量和参数的含义。在原模型中,外生变量,或者说,参数分别为:$\alpha=800, \beta=100, \delta=400, \gamma=200$,它们取决于模型以外的其他因素;内生变量为 P 和 Q,它们是该模型所要求出的解。

在第一种情况下,人们的收入水平显然是该均衡价格模型以外的因素,因为收入水平及其变化不可能在该均衡价格模型中得到说明,所以,它是一个外生变量或参数。但是,作为外生变量的收入却会影响人们的需求量,且进一步影响作为内生变量的均衡价格和均衡数量水平。在以上的分析中,当收入增加时,我们令参数(即外生变量)α 由 $\alpha=800$ 增加为 $\alpha=1100$,从而最终使得产品市场的均衡价格(即内生变量)由 $\bar{P}=4$ 上升为 $\bar{P}=5$,且均衡数量(即内生变量)由 $\bar{Q}=400$ 增加为 $\bar{Q}=600$。

相类似地,在第二种情况下,厂商的生产成本的高低显然也是该均衡价格模型以外的因素,因为生产成本的高低及其变化不可能用该产品市场的均衡价格模型来说明,所以,它是一个外生变量或参数。但是,作为外生变量的生产成本却会影响厂商的供给量,且进一步影响作为内生变量的均衡价格和均衡数量水平。在以上的分析中,当成本增加时,我们令参数(即外生变量)α 由 $\alpha=400$ 增加为 $\alpha=700$,从而最终使得产品市场的均衡价格(即内生变量)由 $\bar{P}=4$ 上升为 $\bar{P}=5$,且均衡数量(即内生变量)由 $\bar{Q}=400$ 减少为 $\bar{Q}=300$。

五、静态分析、比较静态分析和动态分析

经济模型可以被区分为静态模型和动态模型。从分析方法上讲,与静态模型相联系的有静态分析方法和比较静态分析方法,与动态模型相联系的是动态分析方法。

仍以上面的均衡价格决定模型为例。在该模型中,当需求函数和供给函数中的外生变量 α、β、δ 和 γ 被赋予确定数值以后,便可求出相应的均衡价格 $\bar{P}$ 和均衡数量 $\bar{Q}$ 的数值。这相当于在图 1—1 中由既定需求曲线和供给曲线的交点所表示的数值。这种根据既定的外生变量值来求得内生变量值的分析方法,被称为静态分析。

在上述的均衡价格决定模型中,当外生变量 α、β、δ 和 γ 被确定为不同的数值时,由此得出的内生变量 $\bar{P}$ 和 $\bar{Q}$ 的数值是不相同的。类似地,当外生变量的变化使得需求曲线或供给曲线的位置发生移动时,表示内生变量 $\bar{Q}$ 和 $\bar{P}$ 的数值的均衡点的位置也会发生变化。很显然,在一个经济模型中,当外生变量的数值发生变化时,相应的内生变量的数值也会发生变化。这种研究外生变量变化对内生变量的影响方式,以及分析比较不同数值的外生变量下的内生变量的不同数值,被称为比较静态分析。

上面所提到的分析都冠以"静态"的字样,以便与"动态"相区别。大致说来,在静态模型中,变量所属的时间被抽象掉了,全部变量没有时间先后的差别。因此,在静态分析和比较静态分析中,变量的调整时间被假设为零。例如,在前面的均衡价格决定模型中,所有的外生变量和内生变量都属于同一个时期,或者说,都适用于任何时期。而且,在分析由外生变量变化所引起的内生变量的变化过程中,也假定这种变量的调整时间为零。而在动态模型中,则需要区分变量在时间上的先后差别,研究不同时点上的变量之间的相互关系。根据这种动态模型作出的分析是动态分析。本书第二章的蛛网模型将提供一个动态模型的例子。

由于西方经济学的研究目的往往在于寻找均衡状态,所以,也可以从研究均衡状态的角度来区别和理解静态分析、比较静态分析和动态分析这三种分析方法。所谓静态分析,它是考察在既定的条件下某一经济事物在经济变量的相互作用下所实现的均衡状态。所谓比较静态分析,它是考察当原有的条件或外生变量发生变化时,原有的均衡状态会发生什么变化,并分析比较新旧均衡状态。所谓动态分析,是在引进时间变化序列的基础上,研究不同时点上变量的相互作用在均衡状态的形成和变化过程中所起的作用,考察在时间变化过程中的均衡状态的实际变化过程。

[专栏1-5] 阿尔弗雷德·马歇尔(Marshall Alfred,1842—1924)

马歇尔是所有伟大的、最令人迷惑的经济学家之一。他是从19世纪90年代到20世纪30年代这段时期美国经济学界的中心人物。1890年,他的《经济学原理》出版时,他已经48岁了。而在那以前,除了一些评论和其他并不算多的文章外,他几乎无所建树。1879年出版的小册子:《对外贸易纯理论》和《国内价值纯理论》反映了马歇尔拥有边际主义核心的思想,但没有丝毫效用理论。在《经济学原理》中,他对边际革命进行了权威性的总结,同时成功地把古典经济学与新古典经济学和谐地结合起来。后来他又出版了《工业和贸易》(1918)与《货币、信用与商业》(1923),但这两本书都未能像《经济学原理》那样成功。同样,他在19世纪80、90年代提交给英国皇家研究委员会的大量备忘录和论文也很少扬名于剑桥之外。

马歇尔在剑桥任经济学教授的漫长岁月中桃李满天下,培养了许多优秀学生,其中如A.C.庇古和J.M.凯恩斯等均成为其后的著名学者。他创建剑桥学派,树立一代学风。他在其经济学体系中建立的一些基本观点,为当代经济学的绝大多数流派确定了基本的研究内容和研究方法。例如,关于数量分析,他开拓代数方程式和坐标曲线图解的表述方法,使当代经济学界运用数学的广度和深度均大为提高。关于均衡分析,他首创供求均衡原理和局部均衡方法,从此均衡观点风靡于当代经济学界,进而促进了均衡理论的发展。总之,在经济学的发展中,马歇尔起着承前启后的重要作用,影响广泛而深远。要研究当代西方经济学,必须对他的经济学体系有所了解。

资料来源:萨缪尔森.萨缪尔森辞典[M].陈迅,白远良,译释.北京:京华出版社,2001.

第四节 微观经济学的研究体系和本书的内容安排

从亚当·斯密发表《国富论》开始,现代西方经济学经过了200多年的发展,已经逐步形成了比较完备的理论体系。按照通常的分类,现代西方经济学包括微观经济学和宏观经济学两大分支。与宏观经济学相比,微观经济学的理论体系可以说更加完善。概括起来,微观经济学的研究是在三个逐步深入的层次上进行的。第一个层次是研究单个消费者和单个生产者的最优决策问题,第二个层次是研究单个市场的价格决定问题,第三个层次是研究一个经济社会中所有单个市场的价格的同时决定问题。总体来说,微观经济学所要论证的核心思想就是亚当·斯密的"看不见的手"原理。

下面,我们再结合图1-2对本书涉及的内容作一梳理,以便使读者大概了解微观经济学理论体系的框架。

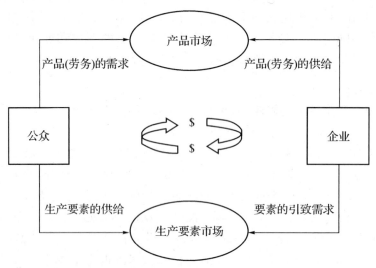

图1-2 经济循环流动图

图中左右两个方框分别表示公众和企业,公众是消费者,企业是生产者。微观经济学的研究主要涉及两个市场:产品市场和生产要素市场。产品市场是包括各种消费品和劳务的市场,生产要素市场是包括各种生产投入品的市场。消费者和生产者要在这两个市场上形成交易关系。在产品市场上,消费者是各种产品和劳务的需求者,用于购买产品和劳务的收入来自于生产要素市场上提供生产要素所得报酬,而生产者是各种产品和劳务的供给者,他们的交易将决定产品市场上的各种产品成交量和价格。在生产要素市场上,消费者是各种生产要素的供给者,而生产者是各种生产要素的需求者,用于购买生产要素的支出来自于产品市场上销售产品和劳务所获得的收入,他们的交易将决定生产要素市场上各种生产要素的使用量和价格。

所有对产品市场和生产要素市场交易行为的分析都是以理性人和完全竞争市场的假设为前提的。在这样的假设前提下,无论是在产品市场上,还是在生产要素市场上,每个消费者和生产者的经济活动都表现为在市场机制的作用下各自追求自身经济利益最大化的过程。正是在这一过程中,每个产品市场和每个生产要素市场,进而所有的市场,都实现了供求相等的均衡状态。在这样的均衡状态中,每一种产品都以最低的成本被生产出来,每一种产品也都以最低的价格在市场上出售,消费者获得了最大的满足,生产者获得了最大的利润,生产要素的提供者根据各自对生产的贡献都得到了相应的报酬。

在以上内容的基础上,微观经济学中的一般均衡理论进一步证明在完全竞争条件下所有单个市场的同时均衡状态是存在的,而福利经济学进而论证了一般均衡状态符合"帕累托最优"的资源有效配置状态。这就是微观经济学所论证的核心思想。

总之,全部微观经济学理论研究的一个核心内容就是,它证明了"看不见的手"的重要作用。当然,由于"市场失灵"的存在,现实经济中也需要"看得见的手"来调节。

按照上述微观经济学的理论体系的框架,本书在内容上作如下安排:

第二章首先介绍价格理论的两个基本概念:需求和供给,在此基础上分析由需求和供给决定的均衡价格;第三章效用理论分析消费者行为,进一步对需求进行深入研究;第四章生产理论、第五章成本理论分析生产者行为,进一步对供给进行深入研究;第六章和第七章介绍厂商决策和市场理论,进一步考察产品市场上均衡价格的形成机制;第八章和第九章从生产要素的需求和供给的方面分析生产要素市场上均衡价格的形成;第十章介绍一般均衡和福利经济学,对市场机制的作用进行总结和评价;第十一章介绍微观经济政策,说明在市场失灵的情况下政府的作用。

本章小结

经济学研究一个经济社会如何进行选择,以利用稀缺的经济资源来生产各种产品,并将它们在社会成员之间进行分配,以满足人们的需要。所有经济问题可以概括为生产什么,如何生产,为谁生产的三个经济基本问题,这三个基本问题在经济运行中又可以归结为经济体制约束下的资源配置和资源利用这样两个经济学的基本目标,并且分解为微观经济学和宏观经济学两大分支学科的研究任务。在经济理论分析中,西方经济学以理性人假定为前提,以均衡分析为核心,以经济模型分析为基本形式,形成了系统的研究方法的体系。微观经济学所要论证的核心思想就是亚当·斯密的"看不见的手"的原理,20世纪西方微观经济学的整个发展过程就是对该原理进行论证和充实的过程。

复习思考题

1. 如何理解经济资源的稀缺性?
2. 每一个经济都要面临的基本选择是什么?
3. 简述微观经济学和宏观经济学的区别与联系。
4. 上大学既要花时间又要交大笔的学费,为什么你还是选择上大学?
5. 西方经济学的研究方法主要有哪些,实证分析和规范分析有什么不同?
6. 西方经济学的研究体系是怎样的,如何认识"看不见的手"的核心思想?

第二章 需求、供给和均衡价格

微观经济学的中心理论是关于价格决定的理论。西方经济学的价格理论,就是用需求和供给来说明市场价格决定的均衡价格论,是由英国经济学家马歇尔提出来的。按照这一理论,在纯粹的市场经济中,需求和供给是决定市场价格的两大基本力量。需求和供给既是现代经济学一般理论分析的逻辑起点,也是贯穿整个现代经济学的中心概念,对需求和供给的初步论述,通常被作为微观经济学分析的出发点。本章从需求和供给的概念出发,分析需求和供给如何决定市场均衡价格和均衡数量。在此基础上从定性的方面分析需求、供给和价格之间变动的相互关系,从定量的方面以弹性理论说明价格变动对需求量和供给量变动的影响。

第一节 需求及其变动

一、需求函数

1. 需求的概念

对一种商品的需求(Demand)是指消费者在一定时期内在各种可能的价格水平愿意而且能够购买的该商品的数量。

需求反映的是消费者对应于商品不同价格的不同购买量,价格不同,购买量就不同。消费者同时具有购买商品的愿望与购买商品的能力是构成需求的两个条件。需求的形成,一方面取决于消费者的偏好,反映的是消费者主观上拥有商品的欲望或意愿;另一方面,需求也要受到消费者收入预算的约束,消费者必须具有相应的支付能力或购买能力,才能实现现实的购买,从而满足自己拥有商品的欲望。需求必须是指消费者既有购买欲望又有购买能力的有效需求,需求反映的是消费者主观偏好和客观能力的统一。

与需求相互联系又相互区别的一个重要概念是需求量。需求量是指在某一时期对应于商品的某一价格消费者愿意而且能够购买的该商品数量。需求量反映的是在某商品特定价格下消费者的购买数量,而需求是商品需求量与该商品价格之间的一种关系,它反映了在不同价格水平下消费者对商品的需求量,即价格不同,需求量就不同。

需求可以分为个人需求与市场需求。个人需求或称个别需求,是个体消费者对一种商品的需求,市场需求是市场上所有消费者对一种商品的总的需求。对一种商品的市场需求可以由所有个人需求水平加总得到。个人需求便于考察消费者购买行为,而市场需求用来说明一种商品价格的决定与变动。

2. 需求函数

消费者对一种商品的需求量是由多种因素决定的。其中重要的因素有:该商品的价格、消费者的收入水平、相关商品的价格、消费者的偏好以及消费者对该商品的价格预期等。这些因素对商品需求量的影响分述如下：

关于商品的自身价格。通常情况下，一种商品的价格越高，消费者对该商品的需求量就会越小；相反，价格越低，其需求量反而越大。

关于消费者的收入水平。对于大多数商品来说，当消费者的收入水平提高时，对商品的需求量就会增加；相反，当消费者收入水平下降时，就会减少对商品的需求量。但对于有些商品，当消费者的收入水平提高时，需求量反而减少。经济学上把随着消费者收入增加需求量相应增加的商品称为正常商品，把消费者收入增加需求量减少的商品称为劣等商品。

关于相关商品的价格。当一种商品本身的价格保持不变，而与它相关的其他商品的价格发生变化时，这种商品本身的需求量也会发生变化。例如，在其他条件不变的前提下，鸡肉的价格不变而猪肉的价格上升时，人们往往就会增加对鸡肉的购买，从而使鸡肉的需求量上升。

关于消费者偏好。消费者偏好可以看成是消费者对自身需要的一种主观心理评价。当消费者对某种商品的偏好增强时，该商品的需求量就会增加；相反，当消费者对某种商品的偏好减弱，其需求量就会减少。

关于消费者对商品的价格预期。当消费者预期某种商品的价格在下一期会上升时，就会增加对该商品的现期需求量；当消费者预期某种商品的价格在下一期会下降时，就会减少对该商品的现期需求量。

把以上所分析的影响需求量的各个因素作为自变量，把消费者对商品的需求量作为因变量，可以建立需求函数。所谓需求函数是指一种商品的需求量与影响该商品需求量的各种因素之间的相互关系。需求函数可以表示为：

$$Q_d = f(P, I, T, P_x, E) \tag{2-1}$$

Q_d 表示消费者对某种商品的需求量，P 代表该商品的价格，I 代表消费者收入，T 用来表示消费者对商品的偏好，P_x 为相关商品的价格，E 表示消费者对价格的预期，需求量是这些影响因素的函数。

如果对影响需求量的多种因素同时进行分析，问题会变得非常复杂。为了分析的方便，需要采取抽象和简化的方式，假定其他影响因素不变，专门考察一种影响因素的变化对需求量变化的影响，需求函数就简化为一元函数，用于考察单一影响因素对需求量的影响。由于一种商品的价格是决定需求量的最基本的因素，所以，我们假定其他因素保持不变，仅仅分析一种商品的价格对商品需求量的影响，即把一种商品的需求量仅仅看成是这种商品的价格的函数，需求函数就可以表示为：

$$Q_d = f(P) \tag{2-2}$$

式中，P 为商品的价格，Q_d 为商品的需求量。

需求函数可能是线性的，也可能是非线性的。线性需求函数的一般表达式为：

$$Q_d = \alpha - \beta \cdot P \tag{2-3}$$

非线性需求函数的一般表达式为：

$$Q_d = \delta P^{-\beta} \qquad (2-4)$$

式(2-3)和式(2-4)中 α、β、δ 为常数,且 α、β、$\delta > 0$。

二、需求曲线和需求规律

1. 需求表和需求曲线

需求函数 $Q_d = f(P)$ 给出了一种商品的需求量和该商品的价格之间存在的一一对应关系。这种一一对应关系可以使用需求表、需求曲线等形式加以表示。

商品的需求表是表示某商品的各种价格水平及其对应的需求量之间关系的数字序列表。表 2-1 是某品牌面包的需求表。

表 2-1 某品牌面包的需求表

价格—数量组合	A	B	C	D	E	F	G
价格(元)	1	2	3	4	5	6	7
需求量(单位数)	700	600	500	400	300	200	100

从表 2-1 可以清楚地看到商品需求量与价格之间的函数关系。需求表所反映出的需求量与价格呈现负相关变动关系的情况,我们在现实的购买活动中经常能够看到。一个需求表所表示的商品需求量与价格之间的关系就构成了一个需求或一个需求函数。

将需求表中商品不同的价格和需求量的组合数据绘制在平面坐标图上就形成了需求曲线,如图 2-1 所示。

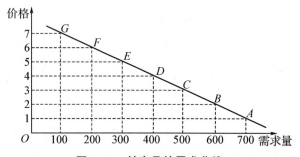

图 2-1 某商品的需求曲线

在图 2-1 中,横轴表示商品的数量,为因变量轴;纵轴表示商品的价格,为自变量轴。根据需求表中每一个商品的价格—需求量组合,在坐标图中描绘出相应的 A、B、C、D、E、F、G 等各点,用来表示在不同价格水平下消费者愿意而且能够购买的商品数量,这些点就构成了需求或需求函数 $Q_d = f(P)$。为了表示一个完整的需求或需求函数,经济学上一般假定商品的价格和相应的需求量的变化具有无限分割性,即价格与需求量的对应关系具有连续性。对应于图中,就是将商品的各个价格—需求量的组合点依次连接起来,构成一条平滑的连续的线条,即需求曲线。

图 2-1 中的需求曲线是一条直线,实际上,需求曲线既可以是直线型的,也可以是曲线型的,这取决于需求函数是线性的还是非线性的。当需求函数是线性函数时,相应的需求曲线是一条直线,直线上各点的斜率相等。当需求函数是非线性函数时,相应的需求曲线是一条曲线,曲线上各点的斜率是不相等的。为了简化分析,在不影响分析结论

的情况下,一般使用线性需求曲线。

[专栏 2-1] "傻子瓜子"与需求规律

20世纪80年代初,安徽芜湖爆出了一条新闻:当时市场上瓜子的价格是2.4元1斤,一家个体户却只卖1.76元1斤,比市场价格便宜6角以上,卖瓜子的人都非常气愤,骂他是个十足的傻子,顾客却欢天喜地,纷纷拥向"傻子"的店铺。"傻子瓜子"粒大饱满,一嗑就开,回味无穷,又比别人的瓜子便宜许多,很快便名扬大江南北,"傻子"年广久也因此迅速扩大了自己的经营,成为风云一时的人物。面对"傻子"的挑战,芜湖市的300多家瓜子摊贩和国营商店也不得不把瓜子的价格降下来,并不断提高瓜子的质量,创造自己的特色。很快,"迎春"、"胡大"等名牌产品纷纷上市,在瓜子市场形成了激烈的竞争局面,使芜湖一度成为全国有名的瓜子城。在这里,需求向下倾斜的规律在"傻子瓜子"的经营中表现得非常明显,"傻子瓜子"价格便宜,需求量上升。

有一点需要说明的是,需求关系中到底价格为自变量,还是需求量为自变量。一般来说,应该是价格为自变量,需求量为因变量。因为消费者是根据价格来决定需求量的,而不是根据需求量来决定价格。数学上的惯例是用横轴表示自变量,用纵轴表示因变量。但是图2-1所绘制的需求曲线正好相反,其原因是经济学家在进行经济分析时常常会把许多图形放在一起进行比较,甚至有时合并在一个图形内。用横轴表示需求量,用纵轴表示价格,方便进行比较、合并工作,同时也不影响实际分析效果。后面的内容中我们会看到许多这种情况。

2. 需求规律及其例外

需求曲线向右下方倾斜,斜率为负,这是需求曲线的基本特征。需求规律反映了需求曲线的这个基本特征。所谓需求规律是指在其他条件不变的情况下,商品的需求量与其价格之间存在反向依存的关系。即某商品的价格越高,需求量越小,价格越低,需求量越大。当一种商品的价格发生变化时,需求量会呈现相反方向的变化。其原因可以从两个方面予以解释。一是购买者人数的变化,二是购买者购买量的变化。从购买者人数方面来看,高价会使得购买者减少,从而减少需求量,低价则会吸引更多的购买者,使需求量增加;从购买者购买量来看,商品高价时,购买者会减少对该商品的购买量,而增加对其他类似商品(可替代品)的购买,商品低价时,会进行相反的选择,从而引起商品需求量的变化。更进一步的解释将在第三章效用理论中进行详细介绍。

需求规律解释了大多数商品的需求量随其价格变动而反向变动的现象,但也有少数商品的需求量与其价格变动关系是不符合需求规律,甚至是反需求规律的。需求规律的例外主要有以下情况:

炫耀性商品的例外。炫耀性商品可以象征较高消费阶层的地位或满足消费者精神方面的特殊需要,如名表、名车、高档服装、珍品字画等。这些商品的共同特点是,价格越高就越能满足人们的需要,从而需求量就越大,其需求曲线呈现向右上倾斜的形状。炫耀性商品的需求曲线如图2-2所示。

"吉芬商品"的例外。"吉芬商品"是指反需求规律的劣等商品,是以19世纪英国的经济学家罗伯特·吉芬的名字命名的。"吉芬商品"的需求曲线如图2-2所示。

投机性商品的例外。人们对投机性商品的需求量主要取决于该商品的价格走势,而非价格本身。如果预期该投机商品的价格将会上升,则会买进,预期价格会下降则会抛出。投机性商品的需求曲线是不规则的,如图2-3所示。

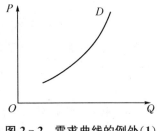

图2-2 需求曲线的例外(1)

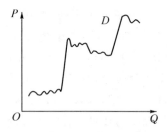

图2-3 需求曲线的例外(2)

[专栏2-2] 吉芬之谜

英国经济学家吉芬在19世纪中期爱尔兰发生饥荒时,研究土豆的销售情况发现,土豆价格下降,需求量也下降,价格上升,需求量也上升,这种反常现象被称为"吉芬之谜"。究其原因,是因为在发生饥荒时,食品价格普遍上涨,越高级的食品价格上涨越高,人们无力购买价格较高的食品,转而越来越多地购买价格相对便宜的土豆维持生存。涨价的土豆需求量增加,说明穷人总数增加和穷人实际收入下降,越穷越多吃土豆。在土豆价格下降时,其他高级食品价格也下降,人们购买力相对提高,就会多购买高级食品而减少对土豆的购买,因此土豆价格下降,需求量也减少。于是,人们发现,所谓的"吉芬商品"多是一些低档生活的必需品。

三、需求量的变动与需求的变动

如前所述,影响商品需求量的因素有很多,当一种商品的价格发生变化时,需求量会发生变化,当价格之外的任一因素发生变化,需求量也会变化。这两种情况在需求曲线图上有不同的表现。为了区分以上两种情况,前者称为"需求量的变动",后者称为"需求的变动"。

1. 需求量的变动

需求量的变动是指其他条件不变,商品自身价格变化引起的需求量变化,表现为需求曲线上点的移动。如图2-4,当商品的价格由 P_0 降为 P_1,需求量由 Q_0 增加到 Q_1,在需求曲线 D 上表现为由组合点 A 点移动到组合点 B 点。需求量的变动只是改变了原有需求中的组合,没有改变需求本身。

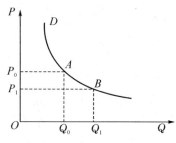

图2-4 需求量的变动

2. 需求的变动

需求的变动是指商品价格之外的因素发生变化引起的需求量变化,表现为需求曲线位置的移动。如图2-5,消费者对某种商品的需求曲线用 D_0 表示,商品的价格为 P_0 时,需求量为 Q_0。在价格不变的情况下,由于消费者

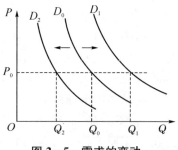

图2-5 需求的变动

收入增加使消费者对该商品的需求量增加到 Q_1,组合点 (P_0,Q_1) 不在原有的需求曲线 D_0 上,而是在另一条需求曲线 D_1 上,这种改变可以认为是由于收入的改变,需求曲线由 D_0 移动到了 D_1。同理,当消费者收入减少时,需求曲线由 D_0 移动到 D_2。需求的变动所改变的不仅仅是一个需求量,而是量价关系,即需求改变了。如果需求曲线向右移动了,就称作需求增加了,如果需求曲线向左移动了,就称作需求减少了。

[专栏2-3] 减少香烟需求量的两种方法

公共政策的制定者经常想减少人们吸烟的数量,达到这一目标的方法有两种。减少吸烟的一种方法是使香烟或其他烟草产品的需求曲线移动。公益广告、香烟盒上有害健康的警示,以及禁止在电视上做香烟广告,都是旨在任何一种既定价格水平下减少香烟需求量的政策。如果成功了,这些政策就会使香烟的需求曲线向左移动。

此外,政策制定者可以试着提高香烟的价格。例如,如果政府对香烟制造商征税,烟草公司就会以高价格的形式把这种税负部分转嫁给消费者。较高的价格鼓励吸烟者减少他们的吸烟量。在这种情况下,吸烟量的减少就不表现为需求曲线的移动。相反,它表示为沿着同一条需求曲线移动到价格更高而数量更少的一点上。

吸烟量对香烟价格变动会有多大的反应呢?经济学家试图通过研究香烟税变动时出现的情况来回答这个问题。他们发现,香烟的价格上升10%会引起吸烟量减少4%。青少年对香烟价格特别敏感:香烟价格上升10%,青少年的吸烟量减少12%。

资料来源:格里高利·曼昆.经济学原理(第三版)[M].梁小民,译.北京:机械工业出版社,2003.

第二节 供给及其变动

一、供给函数

1. 供给的概念

一种商品的供给(Supply)是指生产者在一定时期内在各种可能的价格下愿意而且能够提供出售的该商品的数量。

供给所反映的是不同的价格下生产者对商品的供应量,价格不同,供应量就不同。形成对一种商品的供给需具备两个条件,一是生产者具有提供该商品的愿望,二是生产者有提供该商品的能力,二者缺一不可。生产者只有在占有了一定的资金、技术、材料、劳动等投入品的情况下,才具备对一种产品的提供能力,在此基础上生产者会根据市场信息和自身能力做出提供何种产品的选择,从而向市场提供产量。

与供给相互联系又相互区别的一个重要概念是供给量。供给量是指在某一时期对应于商品的某一价格生产者愿意而且能够提供的该商品数量。供给量反映的是在某商品特定价格下生产者的供应数量,而供给是商品供给量与该商品价格之间的一种关系,它反映了在不同价格水平下生产者对商品的供给量,即价格不同,供给量就不同。

供给也分为个别供给与市场供给。个别供给是单个生产者对某种商品的供给,市场供给反映的是市场上所有生产者对某种商品的供给。市场供给可以由市场上所有个别供给通过水平加总的办法得到。对个别供给的研究有利于考察单个生产者提供产品的行为,市场供给则有利于说明某商品市场价格的决定。

2. 供给函数

对一种商品的供给量受到多种因素的影响,主要的因素有:该商品的价格、生产要素的价格、生产技术和管理水平、生产者可供的其他商品的价格、生产者对未来价格的预期等。这些因素对商品供给量的影响分述如下:

关于商品自身的价格。一般来说,一种商品的价格越高,生产者提供的产量就越大,商品的价格越低,生产者提供的产量就越小。

关于生产要素的价格。生产要素是生产过程中的投入品,其价格高低决定生产成本的高低。生产要素的价格上升会提高生产成本,减少利润,从而使商品的供给量减少;相反,生产要素价格降低会使生产成本下降,增加利润,从而商品的供给量增加。

关于生产技术和管理水平。一般情况下,生产技术和管理水平的提高会导致生产成本下降,增加利润,生产者提供的产量就会增加。反之,产量减少。

关于生产者可供的其他商品的价格。一种商品的价格不变,生产者可供的其他商品价格变化时,出于对利润的追求,生产者往往会改变对两种商品原有的资源投入状况,从而改变两种产品的产量。例如,某企业同时生产电冰箱和空调两种家用电器,在电冰箱的价格不变而空调的价格上升的情况下,企业可能会增加空调的产量而减少电冰箱的产量。

关于生产者对未来价格的预期。如果生产者对未来预期乐观,如预期商品的价格会上涨,则当前往往会扩大生产,增加商品产量;如果生产者对未来预期悲观,如预期商品的价格会下降,则当前往往会缩减生产,减少商品产量。

所有影响一种商品供给量的因素发生变化,都可能使这种商品的供给量产生变化。把这些影响供给量的因素作为自变量,把生产者对商品的供给量作为因变量,可以建立供给函数。所谓供给函数是指一种商品的供给量与影响该商品供给量的各种因素之间的相互关系。供给函数可以表示为:

$$Q_s = f(P, P_i, a, P_r, P_e, \cdots) \tag{2-5}$$

公式中,Q_s 表示对一种商品的供给量,P 为该商品的价格,P_i 表示该商品所用生产要素的价格,a 代表技术和管理水平,P_r 为生产者可供的其他商品的价格,P_e 代表生产者对未来价格的预期,生产者对商品的供给量是这些影响因素的函数。

为了分析的方便,同样需要进行抽象和简化。假定其他影响因素不变,专门考察一种影响因素的变化对供给量变化的影响,供给函数就简化为一元函数,用于考察单一影响因素对供给量的影响。由于一种商品的价格是决定供给量的最基本因素,所以,我们假定其他因素保持不变,仅仅分析一种商品的价格对商品供给量的影响,即把一种商品的供给量仅仅看成是这种商品的价格的函数,供给函数就可以表示为:

$$Q_s = f(P) \tag{2-6}$$

供给函数可能是线性的,也可能是非线性的。

线性供给函数的一般表达式为:

$$Q_s = -a + bP \tag{2-7}$$

非线性供给函数的一般表达式为：

$$Q_s = \lambda P^\alpha \tag{2-8}$$

式(2-7)和式(2-8)中 a、b、λ、α 为常数，且 a、b、λ、$\alpha > 0$。

二、供给曲线和供给规律

1. 供给表和供给曲线

供给函数 $Q = f(P)$ 给出了一种商品的供给量与其价格之间一一对应的关系，这种关系可以用供给表或供给曲线等表示。

商品的供给表是表示某商品的各种价格水平及其对应的供给量之间关系的数字序列表。表 2-2 是某商品的供给表。

表 2-2　某商品的供给表

价格—数量组合	A	B	C	D	E
价格（元）	3	4	5	6	7
供给量（单位数）	0	100	300	500	650

从表 2-2 可以清楚地看到商品的价格和供给量之间的函数关系，例如，当价格为 4 元时，商品的供给量为 100 单位，当价格上升为 6 元时，商品的供给量增加为 500 单位，等等。

把供给表中的价格与供给量的数量组合描绘在平面坐标图上就形成了供给曲线。

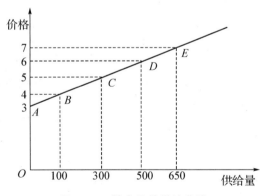

图 2-6　某商品的供给曲线

用图 2-6 来表示供给曲线。图中横轴表示商品的供给量，纵轴表示这种商品的价格，根据表 2-2 可以得到如图 2-6 中 A、B、C、D、E 等供给量和价格的组合点。为了给出一个供给或供给函数的全貌，这里仍然要假设供给量和价格可以无限地划分，这样，供给量和价格的组合点就有无数个，无数个依次排列的供给量和价格的组合点构成了一条供给曲线。

相应地，供给曲线既可以是直线型的，也可以是曲线型的，这取决于供给函数是线性的还是非线性的。当供给函数是线性函数时，相应的供给曲线是一条直线，直线上各点的斜率相等。当供给函数是非线性函数时，相应的供给曲线是一条曲线，曲线上各点的斜率是不相等的。为了简化分析，在不影响分析结论的情况下，一般使用线性供给曲线。

2. 供给规律及其例外

供给曲线向右上方倾斜，斜率为正，这是供给曲线的基本特征。供给规律反映了供给曲线的这个基本特征。所谓供给规律是指在其他条件不变的情况下，商品的供给量与其价格之间存在正向的依存关系。即商品的价格越高，供给量越大，价格越低，供给量越小。

当一种商品的价格发生变化时，供给量会呈现相同方向的变化。其原因可以从两个方面予以解释。一是生产者数量的变化，二是生产者产量的变化。从生产者数量的变化来看（单个生产者产量不变），某产品价格上升有利于生产者利润增加，从而有更多的生产者提供这种产品，使产量增加，价格下降则利润减少，生产者数量下降，使产量减少；从生产者产量的变化来看（生产者数量不变），高价提高了生产者的利润，其产量会增加，低价减少了生产者的利润，使其产量减少。

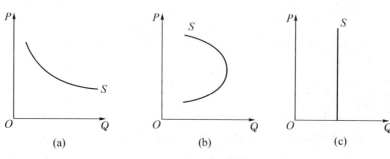

图 2-7 供给曲线的例外

供给规律解释了大多数商品的供给量随其价格变动而变动的现象，但在少数情况下，也会存在供给量与其价格变动关系不符合供给规律，甚至是反供给规律的现象。供给规律的例外主要有以下情况：

技术和规模经营导致成本锐减。主要体现在新产品上，随着产品技术的迅速成熟和生产规模的扩大，即使产品价格下降，供给量也不断增加。供给曲线如图 2-7(a) 所示。

劳动的供给。在劳动价格较低时，供给曲线正斜率，当劳动价格达到很高水平时，供给量随工资水平的提高而减少。供给曲线如图 2-7(b) 所示。

文物、艺术品等数量固定的商品。这类商品，无论价格怎样变化，其供给量不变。供给曲线如图 2-7(c) 所示。

三、供给量的变动和供给的变动

在影响一种商品供给量的诸多因素中，当该商品的价格发生变化时，供给量会发生变化，当价格之外的任一因素发生变化，供给量也会变化。这两种情况在供给曲线图上有不同的表现。为了区分以上两种情况，前者称为"供给量的变动"，后者称为"供给的变动"。

1. 供给量的变动

供给量的变动是指，其他条件不变即影响供给量的其他因素不变，当一种商品的价格发生变化时该商品供给量的变化。供给量的变动表现为供给曲线上点的移动，如图 2-8 所示。

图中，某商品价格为 P_0 时，供给量为 Q_0，价格上升为 P_1 时，供给量增加为 Q_1，这个变化表现为需求曲线上的 A 点移动到了 B 点，这种情况称作供给量增加；当价格下降时，由 B 点移

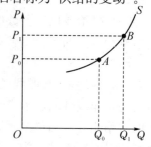

图 2-8 供给量的变动

动到 A 点,称作供给量减少。供给量的变动所改变的只是一个供给中的不同量价对应关系,没有改变整个供给关系。

2. 供给的变动

供给的变动是指商品价格之外的任何因素发生变化而导致供给量的变化,表现为供给曲线的移动,如图 2-9 所示。

图中,某商品的价格为 P_0,供给量为 Q_0,其组合在供给曲线 S_0 上。如果价格之外的因素发生变化,如生产要素价格下降,供给量增加到 Q_1,P_0 与 Q_1 的组合不可能在原供给曲线 S_0 上,而是在一条新的供给曲线 S_1 上,这种情况称作

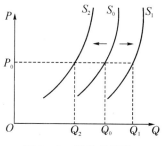

图 2-9 供给的变动

供给增加,用向右移动的一条供给曲线来表示;供给减少则用向左移动的一条供给曲线来表示。供给的变动不仅仅改变了商品价格和供给量的组合,而是改变了整个供给关系。

第三节 均衡价格的决定及变动

均衡原是物理学上的概念,是指两种对立力量在相互作用中达到相等时所处的暂时平衡的状态。英国经济学家阿尔弗里德·马歇尔(Marshall Alfred)1890 年在他的《经济学原理》一书中将均衡应用于经济学中,使之成为一个重要的经济学概念。在马歇尔之前,西方经济学家对商品价值的决定问题,观点不一。以约翰·穆勒(John Mill)为代表的经济学家主张的生产费用决定价值论偏重供给,奥地利学派和英国的杰文斯(Jevons)提出的边际效用决定价值论偏重于需求。马歇尔将需求和供给看成同等重要,并着重强调了市场供求趋于均衡的观点,从市场需求和市场供给的相互关系中建立起他的均衡价格论,从而奠定了整个微观经济学的基本框架。

沿袭马歇尔的均衡价格论。现代经济学认为,在市场上,需求和供给是两种相反的力量,购买者希望得到尽可能低的价格,价格越低,他们购买的商品数量就越多;而生产者希望得到尽可能高的价格,价格越高,他们供给的商品数量就越多。

需求和供给的分析分别说明了在一定的价格下消费者需求量或生产者供给量的情况,以及随价格变化需求量或供给量变化的情况,这些分析主要是以单个的消费者或生产者为基础而进行的,还不能说明一种商品价格决定的问题。根据西方经济学的认识,一种商品的价格是由这种商品的市场需求和市场供给共同决定的,本节将需求和供给结合在一起进行分析,以说明价格决定的问题。

一、均衡价格的决定

经济学中的价格指的是均衡价格(Equilibrium Price)。一种商品的均衡价格是指该商品的市场需求量和市场供给量相等时的价格。从几何意义上说,一种商品的均衡出现在该商品的市场需求曲线和市场供给曲线相交的点上,该交点被称为均衡点,均衡点上的价格和相等的供求量分别被称为均衡价格和均衡数量。市场上需求量和供给量相等的状态,也被称为市场出清的状态。

图 2-10 给出了一种商品的市场均衡价格决定的解释。

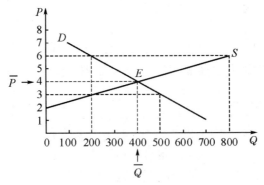

图 2-10 均衡价格的决定

在图 2-10 中，D 曲线表示某商品的市场需求曲线，S 曲线表示这种商品的市场供给曲线。需求曲线 D 和供给曲线 S 相交于 E 点，E 点为均衡点。在均衡点 E 点，$\overline{P}=4$ 元，均衡数量 $\overline{Q}=400$。在均衡价格 4 元的水平上，消费者的购买量和生产者的销售量是相等的，都是 400 单位。反过来说，在均衡数量 400 的水平上，消费者愿意支付的最高价格和生产者愿意接受的最低价格也是相等的，都是 4 元。这样一种状态就是使买卖双方都能感到满意的均衡状态。

表 2-3 均衡价格的形成

价格（元）	6	5	4 均衡	3	2
需求量（单位数）	200	300	400	500	600
供给量（单位数）	800	600	400	200	0

均衡价格的决定也可以用与图 2-10 相对应的表 2-3 来说明。由表 2-3 可知，该商品的均衡价格为 4 元，均衡数量为 400 单位。

商品的均衡价格是如何形成的呢？

商品均衡价格的形成是商品市场上需求和供给这两种相反的力量共同作用的结果，它是在市场的供求力量的自发调节下实现的。当市场价格偏离均衡价格时，市场上就会出现需求量和供给量不相等的非均衡状态。在市场机制的作用下，这种供求不相等的非均衡状态会逐步消失，价格会自动回复到均衡价格水平。

具体地，当某商品的市场价格高于均衡价格，比如为 5 元时，商品的需求量为 300 单位，供给量为 600 单位，供给量超过需求量的缺口为 300 单位。这种超额供给的状况会引起两个方面的变化。一方面，由于商品不能全部出清，供给者会减少商品的供给量，并以较低的价格出售商品；另一方面，需求者在较低的价格下就会增加购买，使需求量增加。这种变化的过程就是供给量和需求量的缺口逐渐缩小的过程，也是价格不断下降的过程，直到实现均衡为止。相反地，当商品的市场价格低于均衡价格，比如为 3 元时，商品的需求量为 500 单位，供给量为 200 单位，需求量超过供给量的缺口为 300 单位。这种超额需求的状况也会引起两个方面的变化。一方面，需求者必须提高对商品的买价才能满足其对商品的购买，而价格提高后需求量就会减少；另一方面，供给者在商品价格提高时会增加对商品的供给量。这种变化的过程就是超额需求的缺口逐渐缩小的过程，也是价格不断上升的过程,直到实现均衡为止。由此可见,当市场上的实际价格偏离均衡价格时,市场上总存在着变化的力量,最终达到市场的均衡或市场出清。

在市场出清价格下,消费者和生产者都得到了满足,消费者正好买到了自己想要数量的产品,而生产者所提供的产品正好全部卖掉。马歇尔将需求和供给比喻为剪刀的一对刀片。他说:"我们讨论价值是由效用决定还是由生产成本所决定,和讨论一张纸是由剪刀的上刀片还是由下刀片剪开一样。"①"两个刀片"就是市场需求曲线 D 和供给曲线 S。

通过以上分析,可以看到,"在市场均衡状态下,任何一个供给者或购买者都没有动力去改变市场价格和市场供求数量。在完全竞争的市场经济中,实际价格总是趋向于均衡价格,即实际价格总趋于供给等于需求时的价格。当然,这并不意味着在每时每刻,价格都正好处于供给曲线和需求曲线的交点。但是,当市场偏离均衡时,总是存在着改变这种不均衡状态的力量,使市场最终达到均衡。"②

需要注意的是,均衡价格是在完全竞争的市场上由供求双方的竞争过程自发形成的,即价格形成的市场应该是完全竞争的,形成过程是完全自发的。如果市场不是完全竞争的,或有外力的干预,例如有垄断力量的存在或国家干预,那么,这种价格就不是均衡价格。

二、均衡价格的变动

一种商品的均衡价格是由该商品的需求曲线和供给曲线的交点所决定的。因此,需求曲线和供给曲线的位置决定了均衡点的位置。当需求曲线或供给曲线的位置发生变动,即需求变动或供给变动时,均衡点就变动了,从而出现新的均衡价格和均衡数量。下面分析需求的变动及供给的变动对均衡状态的影响。

1. 需求变动的影响

需求的变动是商品价格之外的影响因素发生变动所引起的需求量的变动,表现为需求曲线位置的移动。

在供给不变的情况下,需求增加,需求曲线向右移动,引起均衡价格上升,均衡数量增加;需求减少,需求曲线向左移动,引起均衡价格下降,均衡数量减少。如图 2-11 所示。

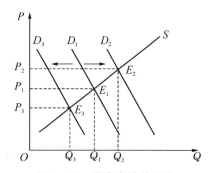

图 2-11 需求变动的影响

在图 2-11 中,需求曲线 D_1 和供给曲线 S 相交于均衡点 E_1 点,均衡价格为 P_1,均衡数量为 Q_1。需求增加使需求曲线向右平移至 D_2,与供给曲线 S 相交于 E_2 点,均衡价格上升为 P_2,均衡数量增加为 Q_2。如果需求减少,需求曲线向左平移至 D_3,与供给曲线 S 相交于 E_3 点,均衡价格下降为 P_3,均衡数量减少为 Q_3。需求变动的影响可总结为:均衡价格和均衡数量与需求同方向变动。

2. 供给变动的影响

供给的变动是商品价格之外的任何因素变动所引起的供给量的变动,表现为供给曲

---

① 马歇尔:《经济学原理》下卷,1981 年版,38 页,商务印书馆
② 斯蒂格利茨著:《经济学》(中译本),第 2 版,81 页,中国人民大学出版社

线位置的移动。

在需求不变的情况下,供给增加,供给曲线向右平移,均衡价格下降,均衡数量增加;供给减少,供给曲线向左平移,均衡价格上升,均衡数量减少。如图 2-12 所示。

在图 2-12 中,供给曲线 S_1 与需求曲线相交于均衡点 E_1 点,均衡价格为 P_1,均衡数量为 Q_1。供给增加使供给曲线向右移动到 S_2,与需求曲线相交于 E_2 点,均衡价格下降为 P_2,均衡数量增加为 Q_2;供给减少使供给曲线向左移动到 S_3,与需求曲线相交于 E_3 点,均衡价格上升为 P_3,均衡数量减少为 Q_3。供给变动的影响可总结为:均衡价格与供给反方向变动,均衡数量与供给同方向变动。

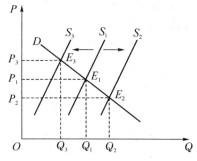

图 2-12 供给变动的影响

综上所述,可以得到供求定理或供求规律:均衡价格与需求同方向变动,与供给反方向变动;均衡数量与需求和供给同方向变动。

[专栏 2-4] 旱灾对供应的冲击

1988 年,美国中西部地区出现了有史以来最严重的旱灾。当年玉米产量比预计下降了 35%,黄豆产量下降超过 20%,大麦和燕麦的产量下降超过 40%。随着灾情的不断发展,经济学家感到有必要对其后果做出预测,以便供政府参考,制定有关应变措施。

首先,旱灾已经大幅度减少了谷物的产量,将使谷物的供给曲线向左移动,在谷物需求曲线不变的情况下,谷物的价格将大幅度上升。实际情况是当年夏天玉米价格上升了 80%,黄豆价格上升了 70%,小麦价格上升了 50%。其次,由于谷物是其他许多产品的原材料,谷物价格的上升使养殖牛羊等各种牲畜的利润下降,农民的积极性受到负面影响,于是农场里出现了提前宰杀牲畜的现象。结果在 1988 年,市场上可供选择的肉类供应量稍稍上升,虽然是短期现象,却引起了肉类价格的轻微下降。另外,谷物作为养鸡场的主要饲料来源,其价格大幅度上升必然导致鸡的数量下降,鸡肉和鸡蛋的供给曲线向左移动,价格因此略微上升。与此同时,农产品的价格上升引起相关替代品的需求曲线向右移动。实际情况正是如此,在 1988 年 7 月,不受中西部旱灾影响的其他农产品的价格上升了 5%。

资料来源:刘继伟,王寒菊主编.微观经济学[M].北京:电子工业出版社,2012.

3. 需求和供给同时变动对均衡的影响

需求与供给同时变动对均衡价格和均衡数量的影响具有复杂性,要根据具体情况而定。可以分为两种情况来看:一种情况是需求与供给同方向变动,即需求和供给同时增加或同时减少;另一种情况是需求和供给反方向变动,即需求增加同时供给减少,或需求减少同时供给增加。

根据供求定理可知,当需求和供给同时增加时,都会引起均衡数量的增加,因此均衡数量是增加的。均衡价格的变动要看需求和供给中哪个变动幅度更大,如果需求增加的更多,价格就趋于上升,若供给增加的更多,价格就趋于下降。同理,当需求和供给同时减少时,均衡数量一定是减少的,而均衡价格的变化要看需求和供给哪个变动的幅度更大,变动幅度大的变量的变动决定价格变动的方向。如果需求减少的更多,均衡价格就下降,如果供给减少的更多,均衡价格就上升。如图2-13所示。

当需求和供给发生相反方向变化时,它们引起均衡价格变动的方向是一致的,而对均衡数量变动方向的影响是相反的。如果需求增加同时供给减少,均衡价格就会上升,均衡数量的变动要看需求及供给变动幅度的比较,若需求增加幅度超过供给减少的幅度,均衡数量增加,如果需求增加幅度小于供给减少幅度,均衡数量减少。同理,当需求减少同时供给增加,均衡价格就会下降,均衡数量变动方向由需求和供给中变动幅度大的那个来决定。如图2-14所示。

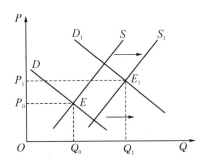

图2-13 需求和供给同时变动的影响(1)

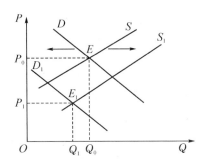

图2-14 需求和供给同时变动的影响(2)

三、政府干预对均衡价格的影响

以上所分析的供求及均衡价格的理论是基于一个很重要的前提,即市场是完全竞争的。在完全竞争的条件下,价格机制将会自发地调节市场中的供求关系,实现市场出清,从而达到资源配置的理想化状态。但在现实的经济中,市场几乎不能免受政府的干预。政府常常运用各种不同的方法来调节市场,限制价格和支持价格就是政府经常使用的干预市场运行的价格政策。

1. 限制价格

限制价格,又称为价格上限、冻结物价或价格天花板,是政府为限制某些产品的价格而对其规定的低于市场均衡价格的最高价格。例如,政府为了防止产成品价格的上涨,往往限制生活必需品、原材料、燃料等的价格。关于限制价格及其后果如图2-15所示。

在图2-15中,如果政府不对竞争的市场进行干预,而由供求自发调节价格,则市场均衡价格为P_0,均衡数量为Q_0。如果政府实行限制价格,把该产品的最高限价定为P_1,由于限制价格P_1低于市场均衡价格P_0,导致

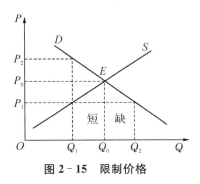

图2-15 限制价格

供给量Q_1小于需求量Q_2,市场供不应求,产品出现短缺Q_2Q_1。如果政府不加限制而由市场自发调节,则价格有上升趋势。因此,政府为维持限制价格,必须要采取措施使市场平衡,通常采用某种配给制在该商品的许多买者之间分配有限的供给量,从而实现在Q_1产量水平上的人为均衡。我国在改革开放前由于生产力低下,供给严重不足,实行凭票供应产品的情况就是一种限制价格措施。

但在这种情况下,黑市交易通常就会发展起来,使实行最高限价的商品常常以高于

法定最高限价的价格非法出售。图 2-15 中 P_2 就是黑市价格。因此，只有在非常特殊的情况下，例如物资匮乏或通货膨胀不可抑制时，否则不应对竞争性产品实行限制价格，因为对竞争性产品实行限价会加剧限价商品更加严重的短缺，扰乱正常的经济秩序。

2. 支持价格

支持价格，又称价格下限或价格地板，是政府为支持某一行业的发展而对该行业产品规定的高于均衡价格的最低限价。如果政府认为由供求自发决定的某种产品的价格太低，不利于该行业的发展，政府就可以对该行业实行支持价格。实行支持价格的后果如图 2-16 所示。

在图 2-16 中，P_0 表示由市场供求自发决定的均衡价格，Q_0 为均衡数量。假定政府为扶持某一行业的发展，将该行业产品的价格规定为 P_1，显然 P_1 高于均衡价格 P_0。在 P_1 价格水平下，供大于求，产品出现了过剩 Q_2Q_1。如果政府任由市场自发调节，价格必然出现下降的趋势。因此，政府为维持支持价格，必须同时采取措施使市场供求达到平衡，通常政府采取收购过剩产品的方法来维持支持价格。支持价格经常被用于农产品市场。

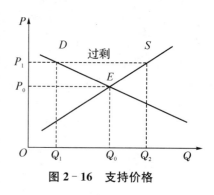

图 2-16 支持价格

四、蛛网模型

在分析市场均衡价格的形成时，均采用静态分析，没有引入时间因素。市场均衡的变动和政府干预均衡价格，采用的是从一种均衡到另一种均衡状态的比较静态分析。事实上，在研究供求变动对市场均衡的影响时，需要引入现实的时间因素进行动态分析。蛛网模型就是用于市场均衡动态分析的一种理论模型。

蛛网模型研究的是一些生产周期较长产品的价格和产量失去均衡时市场上可能出现的各种波动情况。它分别由美国经济学家舒尔茨、荷兰经济学家丁伯根、意大利经济学家里西各自提出。1934 年，英国经济学家卡尔多对这一问题进一步分析，由于它的图形酷似蛛网，因而被命名为"蛛网模型"。

1. 蛛网模型的假设前提

蛛网理论是在一系列假设条件下来分析具有较长生产周期的农产品价格与产量的周期性波动的。其基本假设是：

第一，市场是完全竞争市场。完全竞争的市场上单个生产者的产量不会影响市场价格。

第二，市场供给对价格变动的反应存在一定的时滞。也就是说，生产者从产品生产到产品进入市场，有相当长的一段时间。即在一般的供求模型中，供给量总是被假设为同一时期价格的函数，而在蛛网模型中，供给量被假设为上一时期价格的函数。

第三，市场需求对价格的反应是瞬时的，不存在时滞。本期的需求量取决于同期的价格。

第四，市场均衡的条件是同一时期市场上的供给量与需求量相等。

基于上述假设条件，蛛网模型可以用以下三个方程表述：

$$Qdt = a - bP \tag{2-9}$$
$$Qst = -c + dPt-1 \tag{2-10}$$
$$Qdt = Qst \tag{2-11}$$

式中，a、b、c、d 都是常数，而且都大于零。Qdt 表示 t 时期的市场需求量，Qst 表示 t 时期的市场供给量。

2. 蛛网模型的三种形态

根据商品供求曲线斜率绝对值的大小，当商品的价格和产量一旦失去均衡时，市场上可能会出现下列三种类型的波动：收敛型蛛网、发散型蛛网、封闭型蛛网。

第一种类型：收敛型蛛网。

在这种模型中，供给曲线斜率的绝对值大于需求曲线斜率的绝对值。当市场由于受到干扰偏离原有的均衡状态后，实际价格和实际产量会围绕均衡水平上下波动，但波动的幅度越来越小，最后会恢复到原来的均衡点。以西瓜为例来说明，如图 2-17 所示。

在图 2-17 中，西瓜初始的供给曲线为 S，初始的需求曲线为 D，均衡点为 E，初始的均衡价格为 P_0，均衡数量为 Q_0。

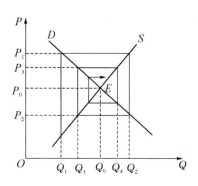

图 2-17 收敛型蛛网

假设第一年由于外在因素年景不好，西瓜的产量即供给量由均衡水平 Q_0 减少到 Q_1，此时，实际价格由均衡水平 P_0 上升到 P_1。根据第一年较高的价格水平 P_1，按照供给曲线，生产者将第二年的产量增加到 Q_2。

第二年，生产者为出售产量 Q_2，接受消费者愿意支付的价格 P_2，因此，实际价格水平下降为 P_2，根据第二年较低的价格水平 P_2，生产者将第三年的产量减少为 Q_3。

第三年，消费者购买全部的产量 Q_2 时，愿意支付的价格水平为 P_3，因此，实际价格水平又上升为 P_3。根据第三年较高的价格水平 P_3，生产者将第四年的产量增加到 Q_4。

如此一直循环下去，可以看到，价格和产量变动的幅度越来越小，均衡点逐步向 E 点收敛，直至最后回到最初均衡点 E 的位置，达到稳定的均衡状态。这是一种稳定的均衡，这种模型被称为收敛式蛛网模型。

第二种类型：发散型蛛网。

在这种模型中，供给曲线斜率的绝对值小于需求曲线斜率的绝对值。当市场由于受到外力的干扰偏离原有的均衡状态以后，实际价格和实际产量上下波动的幅度会越来越大，偏离均衡点越来越远。仍以西瓜为例。如图 2-18 所示。

假设第一年由于外在因素，西瓜的产量由均衡水平 Q_0 减少到 Q_1，此时，消费者愿意支付的价格由均衡水平 P_0 上升到 P_1。根据第一年较高的价格水平 P_1，按照供给曲线，生产者将第二年的产量增加到 Q_2。

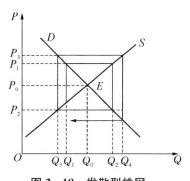

图 2-18 发散型蛛网

第二年,生产者为出售产量 Q_2,接受消费者愿意支付的价格 P_2,因此,实际价格水平下降为 P_2。根据第二年较低的价格水平 P_2,生产者将第三年的产量减少为 Q_3。

第三年,消费者购买全部的产量 Q_3 时,愿意支付的价格水平为 P_3,因此,实际价格水平又上升为 P_3。根据第三年较高的价格水平 P_3,生产者将第四年的产量增加到 Q_4。

如此一直循环下去,可以看到,价格和产量变动的幅度越来越大,均衡点逐步向外扩散,永远也回不到最初均衡点 E 的位置,达不到稳定的均衡状态。这是一种不稳定的均衡。

在图 2-18 中,西瓜价格与产量的循环过程与图 2-17 中的相同,但是,循环趋势与图 2-17 中的相反,它不是逐渐趋向于西瓜最初的均衡位置,而是离均衡位置越来越远。因此,这种模型叫做发散型蛛网模型。

第三种类型:封闭型蛛网。

在这种模型中,供给曲线斜率的绝对值等于需求曲线斜率的绝对值。当市场由于受到外力的干扰偏离原有的均衡状态以后,实际产量和实际价格始终按同一幅度围绕均衡点上下波动,既不进一步偏离均衡点,也不逐步地趋向均衡点。仍以西瓜为例,如图 2-19 所示。

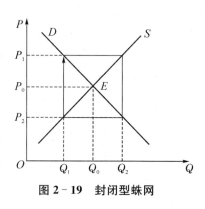

图 2-19 封闭型蛛网

在图 2-19 中所表示的西瓜的价格与产量的循环过程同收敛式和发散式一样,但是,这个模型的循环趋势不同于前面两种模型,它既不趋向于均衡位置,也不离均衡位置越来越远,而是与均衡位置始终保持相等的距离。因此,这种模型叫做封闭蛛网模型。

蛛网模型表明,在现实的经济生活中,各种产品的市场很少会真正达到均衡,经常是处在趋向于均衡的过程之中,这种过程可能是收敛于均衡,也可能是发散于均衡,还可能是封闭的。大量的理论和实证分析表明,世界各国农产品的供求波动大多是呈收敛型蛛网或发散型蛛网。

第四节　需求弹性和供给弹性

需求函数或供给函数所给出的一种商品的需求量或供给量与其影响因素关系的分析属于一种定性分析,还不足以解释一种商品的需求量或供给量发生变化情况的全貌,还需要定量地进行分析。根据前面的分析,我们已经知道,当一种商品的价格变化时,消费者对这种商品的需求量就会变化,当消费者收入变化或其他因素发生变化时,对这种商品的需求量也会变化,同样,价格或成本等因素的变化也会改变一种商品的供给量。除此之外,市场的当事人还会关心的是,当一种商品的价格下降1%时,这种商品的需求量和供给量究竟分别会上升和下降多少呢?当消费者的收入水平上升1%时,对商品的需求量形成了多大幅度的增加?等等。弹性概念就是专门为解决这一类问题而设立的。

一、弹性的含义

弹性用以说明一个经济变量对另一个经济变量变动的反应程度。在价格模型中,弹性主要用来说明价格变动与需求量、供给量变动之间的数量关系。

一般地,只要两个经济变量之间存在着函数关系,我们就可用弹性来表示因变量对自变量变化反应的敏感程度。具体地说,弹性是指当一个经济变量发生1%的变动时,由它引起的另一个经济变量变动的百分比。通常用弹性系数 E 来表示弹性的大小。例如,弹性可以表示当一种商品的价格上升1%时,相应的需求量和供给量的变化的百分比具体是多少。根据弹性的定义,弹性系数的公式一般表示如下:

$$弹性系数 E = \frac{因变量变动的百分比}{自变量变动的百分比}$$

假设两个经济变量之间的函数关系为 $Y=f(X)$,则弹性的一般公式就可以表示为:

$$E = \frac{\Delta Y/Y}{\Delta X/X} = \frac{\Delta Y}{\Delta X} \cdot \frac{X}{Y} \tag{2-12}$$

公式中,E 为弹性系数,ΔX 表示自变量 X 的变动量,ΔY 表示因变量 Y 的变动量。(2-12)式称为弧弹性,指的是一个函数曲线上两点之间一段弧线的弹性。

当经济变量的变化量接近于无穷小,则弹性公式为:

$$E = \lim_{\Delta x \to 0} \frac{\Delta Y/Y}{\Delta X/X} = \frac{\mathrm{d}Y/Y}{\mathrm{d}X/X} = \frac{\mathrm{d}Y}{\mathrm{d}X} \cdot \frac{X}{Y} \tag{2-13}$$

式(2-13)称为点弹性公式,是函数曲线上某一点的弹性大小。

由弹性的公式可以清楚地看到,弹性是两个变量各自变化比例的一个比值,所以,弹性是一个具体的数字,它与自变量和因变量的度量单位无关。

二、需求的价格弹性

1. 需求价格弹性的定义

需求的价格弹性(Elasticity of Demand Price),是某一商品的需求量变动对其价格变动的反应程度。需求的价格弹性是需求弹性中最重要的,也是应用最广泛的弹性,可简称为需求弹性。需求弹性的大小用弹性系数 E_d 来表示。

$$E_d = \frac{需求量变动的百分比}{价格变动的百分比}$$

或

$$E_d = -\frac{\Delta Q/Q}{\Delta P/P} = -\frac{\Delta Q}{\Delta P} \cdot \frac{P}{Q} \tag{2-14}$$

需求的价格弹性实际上是负数。因为其他条件不变时,一种商品的需求量与其价格反向变化。经济学上,习惯在需求弹性公式前面加上一个负号,将其看作是正数。

例如,某种商品价格从5美元降为4美元,需求量从20公斤增为30公斤,则其弹性:

$$E_d = -\frac{\Delta Q/Q}{\Delta P/P} = -\frac{\Delta Q}{\Delta P} \cdot \frac{P}{Q} = -\frac{30-20}{4-5} \cdot \frac{5}{20} = 2.5$$

弹性为2.5的含义是,该商品价格从5美元到4美元,价格下降1%时,使得需求量增加2.5%。该弹性衡量的是需求曲线上两个点(20,5)和(30,4)之间的一段弧线的弹性大小,不论是价格下降还是上升,该段弧线的弹性是不变的。如果该商品价格从4美元

升为 5 美元,需求量从 30 公斤降为 20 公斤,再来计算其弹性:

$$E_d = -\frac{\Delta Q/Q}{\Delta P/P} = -\frac{\Delta Q}{\Delta P} \cdot \frac{P}{Q} = -\frac{20-30}{5-4} \cdot \frac{4}{30} = 1\frac{1}{3}$$

可以发现,在这两种情况下,价格涨跌相同,但弹性系数不同。产生差异的原因在于,据以计算弹性系数的 P 和 Q 在两个场合不同。解决的办法是,用价格(需求量)变动前后两个数值的算术平均数代替定义式中的价格(需求量)。这样,不论价格涨跌,弧弹性的大小不变。通常采用的需求弹性的弧弹性公式为:

$$E_d = -\frac{\Delta Q / \frac{Q_1+Q_2}{2}}{\Delta P / \frac{P_1+P_2}{2}} = -\frac{\Delta Q/Q_1+Q_2}{\Delta P/P_1+P_2} = -\frac{\Delta Q}{\Delta P} \cdot \frac{P_1+P_2}{Q_1+Q_2} \qquad (2-15)$$

再用公式(2-15)来计算弹性大小:

$$E_d = -\frac{\Delta Q / \frac{Q_1+Q_2}{2}}{\Delta P / \frac{P_1+P_2}{2}} = -\frac{\Delta Q/Q_1+Q_2}{\Delta P/P_1+P_2} = -\frac{\Delta Q}{\Delta P} \cdot \frac{P_1+P_2}{Q_1+Q_2} = -\frac{10}{-1} \cdot \frac{5+4}{20+30} = 1.8$$

需求价格弹性的点弹性公式为:

$$E_d = -\lim_{\Delta P \to 0} \frac{\Delta Q/Q}{\Delta P/P} = -\frac{dQ/Q}{dP/P} = -\frac{dQ}{dP} \times \frac{P}{Q} \qquad (2-16)$$

需求价格弧弹性表示一种商品需求曲线上两点之间的需求量的变动对价格变动的反应程度。需求价格点弹性是需求曲线上某一点的需求量的变动对价格变动的反应程度。可以把后者看成是前者的特例。

2. 需求价格弹性的几何意义

需求曲线上各点的弹性是不同的。

对于非线性需求函数 $Q_d = f(P)$,如图 2-20 所示。

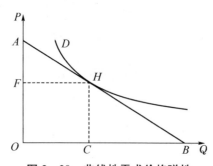

图 2-20 非线性需求价格弹性

在图 2-20 中,过需求曲线上任一点 H 做切线 AB,分别与纵坐标和横坐标相交于 A、B 两点,同样,可根据点弹性的定义求得:

$$E_d = -\frac{dQ}{dP} \times \frac{P}{Q} = -\frac{1}{dP/dQ} \times \frac{P}{Q} = \frac{CB}{CH} \times \frac{CH}{OC} = \frac{CB}{OC} = \frac{HB}{HA}$$

对于线性需求函数 $Q_d = f(P)$,如图 2-21 所示。

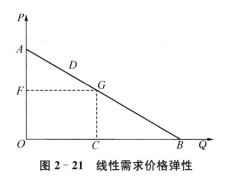

图 2-21 线性需求价格弹性

在图 2-21 中，需求曲线上的任一点 G 的弹性，可根据点弹性的定义求得：

$$E_d = -\frac{dQ}{dP} \times \frac{P}{Q} = -\frac{1}{dP/dQ} \times \frac{P}{Q} = \frac{CB}{CG} \times \frac{CG}{OC} = \frac{CB}{OC} = \frac{GB}{GA}$$

需求价格弹性的几何意义表明，需求曲线上各点的价格弹性是不同的。以线性需求函数为例，图 2-21 中，G 是需求曲线的中点，G 点的需求价格弹性为 $E_d=1$。G 点右下方需求曲线上各点的弹性为 $E_d<1$。G 点左上方需求曲线上各点的弹性为 $E_d>1$。线性需求曲线与纵坐标和横坐标的交点 A 点和 B 点，分别有 $E_d=\infty$ 和 $E_d=0$。也就是说，在线性需求曲线上，点的位置越高，相应的点弹性就越大；相反，点的位置越低，相应的点弹性就越小。

线性需求曲线上任一点的弹性大小可以表示为：

$$E_d = \frac{该点沿着需求曲线到横轴的距离}{该点沿着需求曲线到纵轴的距离}$$

而对于非线性需求函数而言，曲线的形状和曲线上点的位置不同，都会影响需求的价格点弹性的大小，在此从略。

3. 需求价格弹性的分类

需求价格弹性分为以下几种类型：

(1) $E_d=\infty$，称为需求完全弹性。这是一种极端的情况。即使价格发生微小的变化，也会导致需求量发生无穷大的变化，此时，需求曲线是一条完全水平的直线，如图 2-22(a)所示。需求完全弹性的情况在现实市场上是不存在的。

(2) $E_d>1$，称为需求富有弹性。即需求量变动的百分比超过价格变动的百分比，如图 2-22(b)所示，需求曲线是比较平缓的。例如，如果一种商品的价格上升一个百分点，导致需求量下降 3 个百分点，则该商品富有价格弹性。一般地，非必需品往往是需求富有弹性的。

(3) $E_d=1$，称为需求单位弹性。这是指需求量变动百分比恰好等于价格变动的百分比，如图 2-22(c)所示，需求曲线是双曲线的一条。这种情况在现实中偶然的存在。

(4) $E_d<1$，称为需求缺乏弹性。即需求量变动的百分比小于价格变动的百分比，如图 2-22(d)所示，需求曲线是比较陡峭的。生活必需品一般是需求缺乏弹性的，反映了人们对该类商品的需求强度比较大。

(5) $E_d=0$，称为需求完全无弹性。这也是一种极端的情况。是指需求量不对价格变化作任何反应，即价格无论如何变化，需求量都不发生任何改变，如图 2-22(e)所示，需求曲线是一条垂直于横轴的直线。这种情况在现实中也是不存在的,只有一些近似的情况,如特效药、棺材等。

总起来看,对于绝大多数商品,不是需求富有弹性,就是需求缺乏弹性。需求完全弹性、单位弹性、完全无弹性的情况在现实中几乎不存在。

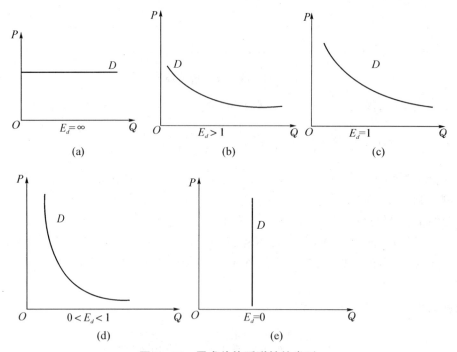

图 2-22 需求价格弧弹性的类型

相应地,需求点弹性也有五种情况,如图 2-23 所示。

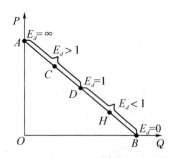

图 2-23 需求价格点弹性的类型

4. 影响需求弹性的因素

一种商品需求弹性大小受很多种因素的影响,主要有:

商品本身的性质。一般情况下,像衣食住行用等方面的一些生活必需品,不论其价格下降或上升,消费者的购买量都不会有太大的变化,所以,这些商品基本上都是缺乏弹性的。而一些高档商品、奢侈品的价格变化时,消费者的需求量就会发生较大变化,这些商品往往是富有弹性的。

商品的替代品数量和可替代程度。一种商品的替代品数目越多,它的需求弹性就越大;相反,一种商品的替代品数目越少,它的需求弹性就越小。对于替代品数目多的商品,如果其价格上升,消费者会转而消费其替代品,从而对这种商品的需求量会减少较多,如果价格下降,消费者就会减少其替代品的消费,转而增加该商品的消费,需求量增加就会较多。替代品数目少的商品,情况正好相反。同样的道理,一种商品越容易被其他商品所替代,该商品的弹性就越大,如果一种商品很难被其他商品所替代,该商品的需求弹性就很小。

购买商品的支出占家庭预算支出的比重。如果一种商品在家庭预算支出中所占的比重越大,其需求价格弹性就越大;相反,其需求价格弹性越小。大家电或家具在家庭支出中的比重往往较大,消费者在购买中就会比较在意其价格的变动,从而愿意付出等待的时间成本,待其价格下降时再购买。对这类商品,一旦商场搞促销降价活动,消费者都会趋之若鹜,竞相购买,从而弹性就大。而对于零食或小件商品的购买,由于占家庭支出比例较小,其需求弹性就较小。

商品用途的广泛性。在其他条件不变的情况下,一种商品的用途越广,其需求的价格弹性就越大,用途越少,弹性也就越小。一种商品的用途越广,其需求量变动的方面就越多,当其价格发生变化时,导致需求量的变动量就越大,需求价格弹性就越大。

人们对价格变动做出反应的时间长短。如果时间比较长,寻找替代品和进行其他调整是比较容易的,因此,需求弹性在长期是比较大的。相反,在短期不仅寻找替代品变得很难,而且有些调整还不能及时进行,所以,需求的弹性就较小。

从实际情况看,上述因素都会影响需求弹性大小。商品需求弹性的大小是各种影响因素共同作用的结果。

5. 需求的弹性与生产者的总收益

需求弹性对于生产者来讲具有重要的意义。大多数生产者在市场上总是会面临着提高价格或降低价格的选择。提价有利于提高收益,从而有利于提高利润,降价则相反。但问题是,商品的需求量与其价格是呈反向变动的,提价会提高收益,但由于销量即需求量下降,又会导致收益倾向于减少,降价时需求量增加,又产生收益增加的因素。提价有利还是降价有利,要看提高价格的收益是否能弥补由此导致需求量减少带来的损失,或降价的损失是否小于由此带来的需求量增加所增加的收益。

总收益是指生产者销售一定数量的商品所得到的全部收益,它等于商品的价格乘以商品的销售量。经济学上,总是假定生产者生产出来的商品数量都能够销售出去,即都被消费者所购买。也就是说,产量等于销售量,也等于实际购买量。

用 TR 表示生产者的总收益,P 表示价格,Q 表示商品的产销量,也就是消费者的需求量,那么有:

$$TR = P \times Q \qquad (2-17)$$

当价格上升时,生产者收益的增加或是减少取决于销售量即需求量减少的幅度。如果生产者的销售量即需求量减少的幅度更小,则总收益倾向于增加;如果生产者的销售量即需求量减少的幅度更大,则总收益倾向于减少。价格下降时,要看需求量增加的更多还是更少。因此,当价格发生变动时,生产者的收益是增加还是减少,要看价格和需求量哪个变动幅度更大,即需求弹性是大还是小。

当 $E_d > 1$ 时,降低价格会增加生产者的总收益,提高价格会减少生产者的总收益。即商品的价格与生产者的总收益呈反方向变动。因为,当 $E_d > 1$ 时,商品需求量变动百分比大于价格变动的百分比,这意味着价格下降所引起的总收益的减少量小于需求量增加所引起的总收益的增加量;价格上升所引起的总收益的增加量小于需求量减少所引起总收益的减少量。如图2-24(a)所示。

在图2-24(a)中,A、B两点之间富有弹性。当价格为P_1时,对应的需求量为Q_1,此时生产者的总收益为矩形OQ_1AP_1的面积。当价格下降到P_2时,对应的需求量为Q_2,此时生产者的总收益为矩形OQ_2BP_2的面积。比较这两者的面积,前者小于后者。即对于需求富有弹性的商品,降价使总收益增加,提价使总收益减少。

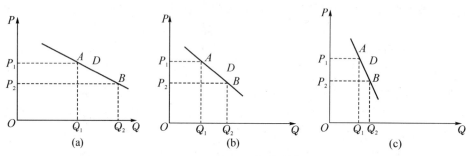

图2-24 需求弹性与总收益

当$E_d=1$时,价格变动不会引起生产者总收益的任何变动。这是因为,当$E_d=1$时,需求量变动的百分比等于价格变动的百分比,故价格下降引起总收益的减少正好等于需求量增加所引起的总收益的增加量;价格上升所引起的总收益的增加正好等于需求量减少所引起的总收益的减少量。如图2-24(b)所示。

当$E_d<1$时,降价会减少生产者的总收益,提价会增加生产者的总收益。商品的价格与生产者的总收益呈正方向变动。这是因为,当$E_d<1$时,需求量变动的百分比小于价格变动的百分比,这意味着价格下降所引起的总收益的减少量大于需求量增加所引起总收益的增加量;价格上升所引起的总收益的增加量大于需求减少所引起的总收益的减少量。如图2-24(c)所示。

$E_d=1$和$E_d<1$时价格变动引起总收益变动的几何分析方法与$E_d>1$类似。

总收益和需求弹性之间的关系可以用表2-4总结。

表2-4 总收益和需求价格弹性

需求弹性	价格上升对收入的影响	价格下降对收入的影响
$E_d>1$	总收益减少	总收益增加
$E_d=1$	总收益不变	总收益不变
$E_d<1$	总收益增加	总收益减少

[专栏2-5] 丰收悖论

丰收悖论是指这样一种经济现象:好年景和丰收的年份,农民的收入反而普遍减少了。这种经济现象就像叶圣陶先生的作品《多收了三五斗》中所描述的那样,是经济中经常会出现的情景。

小麦、玉米等是基本粮食作物,属于生活必需品,需求缺乏弹性。在丰收的年份里,这些粮食作物的供给大量增加,由于供求规律的作用,会导致小麦、玉米等农产品的价格下降。又由于这些农作物是需求缺乏弹性的,价格的下降会超过对需求量的增加,从而导致农民的总收益减少。如图 2-25 所示。

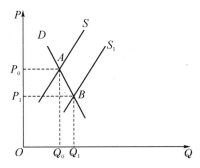

图 2-25 丰收悖论模型

在图 2-25 中,小麦、玉米的需求曲线 D 缺乏弹性,丰收的年份,小麦、玉米的供给增加,供给曲线由 S 右移到 S_1,均衡价格由原来的 P_0 下降到 P_1,均衡数量由原来的 Q_0 增加到 Q_1。由于小麦、玉米缺乏弹性,故均衡价格的下降幅度大于需求量增加的幅度,使总收益的面积由原来的矩形 OQ_0AP_0 减少到 OQ_1BP_1,即农民的收入减少。

由于农产品是缺乏弹性的,过低的农产品价格会减少农户的收益,挫伤农民生产的积极性,因此,许多国家的政府对农产品往往实行支持价格,以平衡市场,保护农民利益。

三、需求的收入弹性和交叉价格弹性

理论上,凡是影响需求量的因素,当其变动时,都会存在一个需求弹性问题。除了需求价格弹性外,比较重要的需求弹性还有需求的收入弹性、需求的交叉价格弹性,对这两者也进行简单的说明。

1. 需求的收入弹性

需求的收入弹性是指一定时期,消费者对一种商品需求量的变动对消费者收入变动的反应程度。或者说,是一定时期内当消费者的收入变动百分之一时所引起的商品需求量变动的百分比。需求的收入弹性用弹性系数 E_M 来表示。

$$E_M = \frac{\text{一种商品需求量变动的百分比}}{\text{消费者收入变动的百分比}}$$

假定一种商品的需求函数为:$Q = f(M)$

该商品的需求收入弧弹性公式为:

$$E_M = \frac{\Delta Q/Q}{\Delta M/M} = \frac{\Delta Q}{\Delta M} \cdot \frac{M}{Q} \tag{2-18}$$

该商品的需求收入点弹性公式为:

$$E_M = \lim_{\Delta M \to 0} \frac{\Delta Q}{\Delta M} \cdot \frac{M}{Q} = \frac{dQ}{dM} \cdot \frac{M}{Q} \tag{2-19}$$

对于不同的商品,消费者收入变动引起需求量变动的情况是有所不同的,反映到弹性上,需求的收入弹性可能是正值,也可能是负值。如果商品的需求量随消费者的收入

提高而增加,即 $E_M>0$,该商品是正常品;如果商品的需求量随消费者的收入增加而减少,即 $E_M<0$,该商品就是劣等品。正常品又可以进一步划分为必需品和奢侈品。如果 $0<E_M<1$,该商品是必需品,收入的变动对需求量的影响较小;如果 $E_M>1$,该商品是奢侈品,收入的变动对需求量影响较大。

随着消费者的收入增加,消费者对于必需品和奢侈品的需求量都会有所增加,但对必需品的增加相对较少,而对奢侈品的增加相对较多。19世纪的德国统计学家恩格尔曾根据统计资料得出一个规律:随着一个家庭收入的增加,食物支出在收入中所占的比重越来越小。也就是说,食物的收入弹性随着家庭收入的增加会越来越小,经济学上把这一规律称为恩格尔定律。许多国家经济发展过程中的资料表明恩格尔定律是成立的。

[专栏2-6] 收入弹性的运用——恩格尔定律与曲线

19世纪德国统计学家恩格尔长期从事家庭消费研究,他发现收入水平不同对需求也有不同的影响。1857年他根据大量统计资料对低收入、中等收入和高收入三类家庭进行比较调查,得出三点结论:首先,食物花费在家庭消费开支中的比重,随着收入水平的提高而逐渐降低;其次,衣着与住房开支在家庭消费支出中的比例,相对稳定,基本没有变化;最后,娱乐方面支出占家庭消费的比重,随收入水平的提高而迅速上升。恩格尔认为随着家庭收入的增加,食物开支所占的比例会越来越小,这就是著名的恩格尔定律。

恩格尔系数是指食物支出与总支出的比例,公式表示为:恩格尔系数=食物支出/总支出。今天,用恩格尔系数大小和变化来反映社会经济与生活水平,是国际间进行比较研究的重要指标。恩格尔定律阐明了收入水平变化对社会消费数量、结构和趋势的影响,对个人或政府作出经济决策、制定经济政策有很重要的意义。另外,恩格尔定律还有以下几点作用:可以反映一个国家、一个地区或一个家庭的生活水平和富裕程度;可以反映出一个国家、一个地区或一个家庭的消费结构和变化趋势;可以反映由商品价格变化而引起的复杂且不同的影响,不同收入水平的家庭、地区或国家对同一价格变化的反应是不同的,比如珍珠钻石等奢侈品价格的上涨,对低收入家庭来说几乎没有影响,而对高收入家庭来说则影响很大。

资料来源:萨缪尔森. 萨缪尔森辞典[M]. 陈迅,白远良,译释. 北京:京华出版社,2001.

2. 需求的交叉价格弹性

需求的交叉价格弹性是指在一定时期,一种商品需求量的变动对与它相关的另一种商品价格变动的反应程度。需求的交叉弹性可以用一种商品需求量变动的百分比除以与它相关的另一种商品的价格变动的百分比,其大小用弹性系数 E_{XY} 来表示。

$$E_{XY}=\frac{\text{一种商品需求量变动的百分比}}{\text{另一种商品价格变动的百分比}}$$

假定一种商品的需求函数为:$Q_X=f(P_Y)$

该商品的需求交叉弧弹性公式为:

$$E_{XY}=\frac{\Delta Q_X/Q_X}{\Delta P_Y/P_Y}=\frac{\Delta Q_X}{\Delta P_Y}\cdot\frac{P_Y}{Q_X} \qquad (2-20)$$

该商品的需求交叉点弹性公式为:

$$E_{XY} = \lim_{\Delta P_Y \to 0} \frac{\Delta Q_X/Q_X}{\Delta P_Y/P_Y} = \frac{\mathrm{d}Q_X/Q_X}{\mathrm{d}P_Y/P_Y} = \frac{\mathrm{d}Q_X}{\mathrm{d}Q_Y} \cdot \frac{P_Y}{Q_X} \qquad (2-21)$$

需求的交叉价格弹性大小可以是正值,也可以是负值,这要视两种商品之间的关系来定。商品之间的相关关系可以分为两种,一种是替代关系,一种是互补关系。如果两种商品可以互相代替以满足消费者的某一种欲望,则称这两种商品之间存在替代关系,这两种商品互为替代品。如面包和蛋糕可以视作互为替代品。如果两种商品必须同时使用才能满足消费者的某一种欲望,则称这两种商品之间存在互补关系,这两种商品互为互补品。如相机和存储卡就是互补商品。如果两种商品之间既不是互补关系,也不是替代关系,则两种商品为无关商品。如面包和电视机就是无关商品。

如果两种商品之间是替代关系,一种商品的价格上升,另一种商品的需求量就会增加,此时,$E_{XY} > 0$。如果两种商品之间是互补关系,一种商品价格上升,另一种商品的需求量就会减少,此时,$E_{XY} < 0$。如果两种商品是无关商品,一种商品的价格变动就不会影响另一种商品的需求量,则 $E_{XY} = 0$。

也可以根据需求交叉弹性的符号,来判断商品和商品之间的关系。如果 $E_{XY} > 0$,就可以判断出两种商品之间是替代关系,如果 $E_{XY} < 0$,两种商品就是互补关系,如果 $E_{XY} = 0$,两种商品为无关商品。需求的收入弹性也遵循同样的原则,即可以根据需求收入弹性的符号,来判断商品的性质。

[专栏 2-7] 互补品

解放前,美孚石油公司初次登陆上海的时候,曾规定买两斤洋油就奉送一盏刻有"请用美孚油"字样的洋油灯。当时油价非常便宜,两斤洋油利润微薄,加之赠送油灯,公司大大亏本。消费者听说有这样的好事后,纷纷加入购买洋油的行列,短短一年中公司送掉洋油灯 80 多万盏,账面上出现巨额赤字。但是,有力洋油灯的消费者都离不开洋油了,他们几乎都成了美孚石油公司的常年顾客,从此,美孚石油公司的洋油盛销不衰,给公司带来了丰厚的利润。美孚石油公司之所以能大获成功,是由于洋油灯和洋油是互补品。离开洋油,洋油灯毫无用处,于是,消费者自然要源源不断地购买洋油。

四、供给的价格弹性

一种商品的供给量与其价格之间存在函数关系,相应地,可以在商品的供给量和其价格之间建立弹性关系。除商品的价格之外,生产要素的价格、其他可供商品的价格、价格预期等都会对供给量产生影响,它们都与商品的供给量之间存在相应的弹性关系。这样,供给弹性就包括供给的价格弹性、供给的交叉价格弹性、供给的预期价格弹性等。这里主要分析一下供给的价格弹性,它通常被简称为供给弹性。

1. 供给价格弹性的定义

供给的价格弹性(Elasticity of Supply Price)表示在一定时期内一种商品的供给量对其市场价格变动的反应程度,也可以用供给量变动的百分比除以价格变动的百分比表示。供给价格弹性通常用弹性系数 E_s 来表示。

$$E_s = \frac{供给量变动的百分比}{价格变动的百分比}$$

假设供给函数为：$Q_s = f(P)$

那么,供给价格弧弹性的公式为：

$$E_s = \frac{\Delta Q/Q}{\Delta P/P} = \frac{\Delta Q}{\Delta P} \times \frac{P}{Q} \tag{2-22}$$

假设某商品供给函数为 $Q_s = 60 + 5P$,当商品价格由 15 元/件上升为 20 元/件,供给量由 20 件增加到 40 件,这时,该商品的供给价格弧弹性为：

①涨价时的供给价格弧弹性

$$E_s = \frac{\Delta Q}{\Delta P} \times \frac{P}{Q} = \frac{40-20}{20-15} \times \frac{15}{20} = 3$$

②降价时的供给价格弧弹性

$$E_s = \frac{\Delta Q}{\Delta P} \times \frac{P}{Q} = \frac{20-40}{15-20} \times \frac{20}{40} = 2$$

这是与前述需求弹性类似的情况。为解决这个问题,可以采用两点价格的平均数 $\frac{P_1+P_2}{2}$ 和数量的平均数 $\frac{Q_1+Q_2}{2}$ 来代替公式中的 P 和 Q 的计算。这样,计算供给价格弧弹性的一般公式为：

$$E_s = \frac{\Delta Q}{\Delta P} \times \frac{\frac{P_1+P_2}{2}}{\frac{Q_1+Q_2}{2}} = \frac{\Delta Q}{\Delta P} \times \frac{P_1+P_2}{Q_1+Q_2} \tag{2-23}$$

供给价格点弹性的公式为：

$$E_s = \lim_{\Delta P \to 0} \frac{\Delta Q/Q}{\Delta P/P} = \frac{dQ/Q}{dP/P} = \frac{dQ}{dP} \times \frac{P}{Q} \tag{2-24}$$

供给价格点弹性是当供给曲线上两点趋于一点时,这一点供给量的变动对价格变动的反应程度。所以,供给价格点弹性也可以看成是供给价格弧弹性的特例。

2. 供给价格弹性的几何意义

假设供给函数 $Q_s = f(P)$ 是非线性的,如图 2-26 所示。

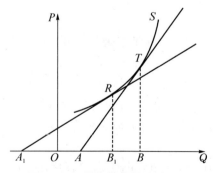

图 2-26 非线性供给价格弹性

在图 2-26 中,T 为供给曲线 S 上的任一点,过 T 点作曲线 S 的切线,和代表供给量的横坐标轴交于 A 点,从 T 点向横坐标轴作垂线,并和横坐标轴交于 B 点,根据点弹性的定义,点 T 的供给价格弹性可以表示为：

$$E_s = \frac{dQ}{dP} \times \frac{P}{Q} = \frac{1}{dP/dQ} \times \frac{P}{Q} = \frac{AB}{TB} \times \frac{TB}{OB} = \frac{AB}{OB}$$

所以,从几何意义看,供给曲线 S 上 T 点的供给价格弹性就表示为线段 AB 与 OB 之比。由于线段 AB 小于线段 OB,所以此供给价格弹性小于1。如果与供给曲线上任一点 R 相切的切线在原点的左侧与横坐标轴相交于 A_1,过 R 点作横坐标轴的垂线,和横坐标轴交于点 B_1,则线段 A_1B_1 大于线段 OB_1,所以此供给价格弹性大于1。如果供给曲线上任一点的切线恰好过原点,则该点的供给价格弹性等于1。

对于线性供给函数,供给曲线上各点的弹性,其几何意义很直观,如图 2-27 所示。

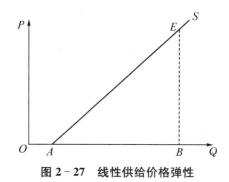

图 2-27 线性供给价格弹性

图 2-27 中,供给曲线上点 E 的供给价格弹性为:

$$E_s = \frac{dQ}{dP} \times \frac{P}{Q} = \frac{1}{dP/dQ} \times \frac{P}{Q} = \frac{AB}{EB} \times \frac{EB}{OB} = \frac{AB}{OB}$$

由此可以看出:如果线性供给曲线在原点的左侧与横坐标轴相交,则该供给曲线上所有点的弹性都大于1。如果线性供给曲线在原点的右侧与横坐标轴相交,则该供给曲线上所有点的弹性都小于1。如果线性供给曲线正好过原点,则该供给曲线上所有点的弹性都等于1。

3. 供给价格弹性的类型

依据供给价格弹性的大小可以分为五种类型:

(1) $E_s = \infty$,称为供给完全弹性。这是一种极端的情况。当价格发生微小的下降时,会使供给量迅速降为零,相反,价格的微小上升会引起无穷多的供给。这种情况下,供给量变动的百分比与价格变动的百分比之间的比率非常高,从而产生了水平供给曲线,如图 2-28(a)所示。

(2) $E_s > 1$,称为供给富有弹性。指的是供给量变动的百分比大于价格变动的百分比,如图 2-28(b)所示。对于一些生产周期较短的商品,如面包等食品,供给是富有弹性的。

(3) $E_s = 1$,称为供给单位弹性。即供给量变动的百分比正好等于价格变动的百分比,如图 2-28(c)所示。这只是一种偶然情况,没有哪一种产品的供给弹性必然为1。

(4) $0 < E_s < 1$,称为供给缺乏弹性。即供给量变动的百分比小于价格变动的百分比,如图 2-28(d)所示。对于一些生产周期比较长的商品,如农产品、重工业品等,供给一般是缺乏弹性的。

(5) $E_s = 0$,称为供给完全无弹性。即不论市场价格如何变化,供给量始终是固定不变的,此时供给曲线是一条垂直于横轴的垂线,如图2-28(e)所示。这也是一种极端的情况。一些不可再生性资源,像土地、文物的供给价格弹性大概可以看成是等于零的。

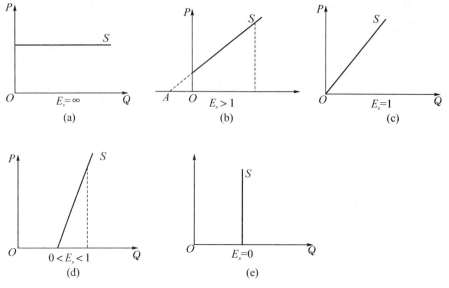

图2-28 供给弹性的类型

4. 影响供给价格弹性的因素

影响供给价格弹性因素主要有:

时期的长短。当某一商品的价格发生变动时,在短时期内,生产者来不及调整全部生产要素来改变供给量,相应的供给弹性就小。但是,在长期内,生产规模的扩大和缩小,甚至是转产,都可以实现,供给量可以对价格变动作出充分的反应,供给弹性也就较大。

增加供给的难易程度。如果在现行的生产条件下,进入或退出某一行业很容易,则当价格发生较小的变动时,供给量会发生很大的变化,相应的供给弹性就大。相反,如果进入或退出某一行业难度很大,当价格发生变化时,供给量基本上变化不大,这时供给弹性会很小。

生产成本随产量增加的程度。如果随着产量的增加,生产成本增加得很快,就会更快地压缩利润空间,产量就难以增加,供给弹性就小。相反,生产成本随产量的增加而增加的越慢,产量就越容易扩大,供给弹性就越大。

产品生产周期的长短。一般而言,某种产品生产周期越长,生产者可以根据市场价格变化及时地调整产量,该产品的供给弹性就小。相反,产品生命周期越短,其供给弹性越大。

除此之外,生产者对价格变化的预期、生产的技术水平等都会影响供给的价格弹性。

本章小结

需求和供给是认识经济现象、理解有关经济学问题的中心概念,由需求和供给决定均衡价格的理论是微观经济学的核心理论。本章在需求和供给的概念介绍基础上,对需求和供给决定均衡价格的理论进行了说明,并通过弹性理论对影响需求和供给的因素进行了进一步的量化分析。

需求是指在一定时期,在各种可能的价格下,消费者愿意而且能够购买的某种商品或服务的数量。

需求反映了对商品的需求量和商品价格之间的一一对应关系,即价格不同,需求量就不同。需求量与价格之间的这种关系反映为需求规律。需求规律是指商品的需求量与其价格之间存在的负相关的变动关系,这种变动关系正是消费者理性选择的结果。除了价格因素外,消费者的收入水平、消费者的偏好、相关商品的价格、消费者的预期等都会对需求量产生影响。任一因素的变化都会引起需求量的变化,对一种商品的需求量是所有影响需求量的各因素的函数。从需求的概念界定出发,所有影响需求量的因素可以分为两类:一类是商品的价格,另一类是价格之外的其他因素。这两类因素对需求量的影响情况是不同的。商品的价格变化对需求量的影响是改变了需求中的量价对应组合,并不改变一个需求所包含的量价对应关系,这种影响可以通过需求曲线上点的位置的变化来表示,称作需求量的变动。商品价格之外的因素发生变化对需求量的影响改变了一个需求所包含的量价关系,出现了新的量价一一对应的关系,即需求整体上发生了变化,这种影响可以通过需求曲线位置的移动来表示,称作需求的变动。

供给是指在一定时期,在各种可能的价格下,生产者愿意而且能够出售的某种商品或服务的数量。供给反映的是对商品的供给量与商品价格之间的一一对应关系,即价格不同,供给量就不同,这种关系通过供给规律来说明。除了价格因素,生产成本、生产要素的价格、管理和技术水平等的变化也会对供给量产生影响,供给量是所有影响供给量的因素的函数。从供给的概念界定出发,所有影响供给量的因素也是分为两类:一类是商品自身的价格,一类是价格外的其他因素。价格的变化改变一个供给所包含的量价对应组合,引起供给曲线上的点的移动,价格之外的因素的变化改变一个供给本身,引起供给曲线的移动。

在竞争市场上,均衡发生在市场需求和市场供给两种力量达到平衡时的价格与数量水平上,均衡价格就是市场供给量和市场需求量相等时的价格,这个价格是市场机制所引起的供求力量自发调整的结果。均衡所反映的往往是市场力量作用的趋势或方向。均衡会由于需求或供给的变动而改变,需求变动引起均衡价格和均衡数量的同方向变动,供给变动引起均衡价格的反方向变动,均衡数量的同方向变动。

弹性理论是关于需求量或供给量对影响需求量或供给量因素变动的敏感程度分析,属于定量分析。价格模型中主要涉及的是需求的价格弹性和供给的价格弹性。价格弹性给出了当商品价格发生变动时,对商品的需求量和供给量变动的程度,有利于从数量上精确地考察价格对需求量或供给量的影响。

复习思考题

一、简述题

1. 简述需求规律的含义及其特例。
2. 简述需求曲线的变动因素。
3. 指出发生下列几种情况时某种蘑菇的需求曲线的移动方向,是左移、右移,还是不变?为什么?
   (1) 卫生组织发布一份报告,称这种蘑菇会致癌;
   (2) 另一种蘑菇价格上涨了;
   (3) 消费者收入增加了;
   (4) 培育蘑菇的工人工资增加了。
4. 根据均衡价格理论,供给变动或需求变动与价格变动的关系如何?这些关系是否与供给规律或需求规律描述的关系相一致?为什么?
5. 简要分析需求减少、供给增加条件下均衡产量与均衡价格的可能变动情况。
6. 为什么不同商品的需求价格弹性不同?
7. 为什么大多数商品供给的长期价格弹性大于短期价格弹性?(请简要说明理由)

8. 如图 2-29,有三条线性的需求曲线 AB、AC、AD。

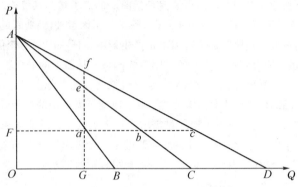

图 2-29 线性需求曲线的需求价格弹性比较

(1) 比较 a、b、c 三点需求的价额点弹性的大小;
(2) 比较 a、e、f 三点需求的价格点弹性的大小。

9. 画图说明直线型需求曲线上弹性的变化,以及这种变化与总收益的关系。

10. 已知需求曲线 $Q=A-BP$,试说明在需求曲线缺乏弹性的部分,经营不可能产生利润。

11. 如果两种商品的需求交叉弹性系数是正值,它们是什么关系?

12. 俗话说"谷贱伤农",即粮食丰收反而会带来农民收入的下降,请分析背后的经济学原因,并说明政府在农业领域可以发挥哪些作用。

13. 用恰当的经济学原理说明"薄利多销"的适用范围。

14. 如果考虑提高生产者收入,那么对农产品、录像机(高档消费品)应采取提价还是降价的办法?为什么?

15. 请用文字和图形描述蛛网模型的内容。

二、计算题

1. 假设商品需求函数为 $Q=\dfrac{M}{2P}$,其中 P 为价格,M 为收入。试求需求的价格点弹性和收入点弹性。

2. 某地方苹果价格从 32 美分提高到 40 美分,涨价后苹果市场的均衡消费量减少 12%,涨价后苹果市场的均衡消费量为 880 万公斤,试求需求的价格弧弹性。

3. 假设某商品的 50% 由 75 个消费者购买,他们每个人的需求价格弹性为 2;另外 50% 由 25 个消费者购买,他们每个人的需求价格弹性为 3。试问这 100 个消费者合计的需求价格弹性为多少?

4. 已知消费者对某种商品的需求函数为 $Q=100-2P$,写出相应的总收益函数和边际收益函数。在什么价格水平上,需求价格弹性系数为 1?

5. 设某商品的需求价格弹性 $E_d=2$,并且当价格 $P=1$ 时,需求量 $Q=10$,求该商品的需求函数。

6. 试构造需求收入弹性为常数的一个需求函数。

7. 如果某种商品的需求函数是 $P=30-2Q$,供给函数是 $P=10+2Q$。求均衡时的价格、交易量、需求价格弹性、消费者剩余。

8. 假定对应价格 P 与需求量 Q 的需求函数为 $P(Q)$,且连续、可微,利用数理方法说明需求价格弹性与收益的关系。

9. 若某商品的需求函数为 $P=100-\sqrt{Q}$,试求在价格 $P=60$ 的情况下,该商品的需求价格弹性,并说明对该商品应采取的涨价或降价的政策。

10. 已知某商品的需求价格弹性系数为 0.5,当价格为每公斤 3.2 元时,销售量为 1 000 公斤。若价格下降 10%,销售量是多少?该商品降价后,总收益是增加了还是减少了?增加或减少了多少?

11. 在某个市场上,需求方程为 $Q=400-P$,供给方程为 $Q=P+100$。

(1) 求均衡价格、均衡交易量和此时的需求价格弹性;

(2) 若政府在消费者购买该商品时对每单位商品征收 10 元的消费税,求新的均衡价格、均衡交易量和相应的需求价格弹性。

12. 已知某产品的需求函数为 $Q=50-2P$,供给函数为 $Q=-25+3P$。

(1) 求均衡点的需求价格弹性和供给价格弹性;

(2) 如果政府对每单位产品征收 5 元的销售税,则买者与卖者各自承担了多少税额?

13. 据估计,居民消费的电力需求的长期价格弹性为 1.2,收入弹性为 0.2。电力与天然气需求的交叉弹性为 0.2。如果长期中电力价格上升 1%,天然气的价格需要变化多少才能抵消电力价格上升对电力需求量的影响?

14. 设汽油的需求价格弹性为 0.15,其价格现为每加仑 1.20 美元,试问汽油价格上涨多少才能使其消费量减少 10%?

15. 对某钢铁公司某种钢的需求受到该种钢的价格 P_x、钢的替代品铝的价格 P_y 以及收入 M 的影响,所估计的各种价格弹性如下:钢需求的价格弹性 $E_d=2.5$;钢需求对于铝价格的交叉弹性 $E_{XY}=2$;钢需求的收入弹性 $E_M=1.5$。下一年,该公司打算将钢的价格提高 8%。根据公司预测,明年收入将增加 6%,铝的价格将下降 2%。

(1) 如果该公司今年钢的销售量是 24 000 吨。在给定以上条件下,该公司明年钢的需求量是多少?

(2) 如果该公司明年将钢的销售量仍维持在 24 000 吨,在收入增加 60%、铝的价格下降 2% 的条件下,钢铁公司将把钢的价格定在多高?

16. 下表是 B 物品的价格(P_B)为 8 元和 12 元时 A 物品的需求表。

P_A	$Q_A(P_B=8元)$	$Q_A(P_B=12元)$	E_{AB}
8	2 000	4 000	
7	4 000	6 000	
6	6 000	8 000	

计算 A 物品为 6、7、8 三种价格时,A 物品与 B 物品之间需求的交叉弹性 E_{AB},然后判断 A 物品和 B 物品是互补品还是替代品?

17. X 公司和 Y 公司是机床行业的两个竞争者,这两家公司主要产品的需求曲线分别为 $P_x=1\,000-5Q_x$,$P_y=1\,600-4Q_y$,这两家公司现在的销售量分别为 100 单位 x 和 250 单位 y。

(1) 求 X 公司和 Y 公司当前的需求价格弹性;

(2) 假定 Y 公司降价后,使 Q_x 增加到 300 单位,同时导致 X 公司的销售量 Q_x 下降到 75 单位,试问 X 公司产品 x 的交叉价格点弹性是多少?

(3) 假定 Y 公司的目标是谋求销售收入极大化,你认为它降价在经济上是否合理?

18. 若一国粮食市场的需求函数为 $Q_d=6-0.5P$,供给函数为 $Q_s=3+P$。为支持粮食生产,政府决定对粮食进行每千克 0.5 元的从量补贴(产量单位为亿吨,价格单位为元/千克)。试问:

(1) 实施补助后,粮食的均衡价格和均衡产量分别是多少?

(2) 每千克 0.5 元的补贴在生产者和消费者之间是如何分配的?

(3) 补贴之后的财政支出增加额是多少?

第三章　效用理论

本章是分析和研究消费者行为的理论。例如钱对于我们来说是稀缺品,所以我们每天都要就如何配置稀缺的钱作出许多选择。我们应该把收入全部花掉,还是储蓄一部分呢?我们应该把有限的收入用来旅游还是购买房产呢?本章将分析消费者如何平衡各种需求和欲望,如何在既定的收入条件下实现效用最大化,并通过对消费者需求的经济行为分析,来进一步探索需求曲线向右下方倾斜的原因。本章的目的,并不是要告诉人们如何实现效用的最大化,而是要使人们更充分地理解他们行为的经济含义。人们不需要一种告诉他们在稀缺的世界里如何做的理论,而是需要一种理解其在稀缺世界行为的理论。

通过本章的学习,有助于了解需求曲线背后的消费者行为,能够用基数效用理论和序数效用理论分析消费者效用最大化的均衡条件,并能够用替代效应和收入效应分析正常商品、低档商品和吉芬商品需求曲线的形状,以及确定性条件下的消费者选择。

第一节　概述

经济学把从事产品消费活动的人们称做消费者。每个消费者都面临着如何合理配置他们自己稀缺的钱和时间的问题。他们需要决定是多花些钱购买漂亮的西装,还是多进几次剧院去欣赏歌剧,或是外出旅游,等等。当他们平衡各种欲望和需求时,就做出了消费选择。

在考察消费者行为时,经济学通常假定:①消费者是高度抽象的理性经济人。他们的行为与其追求的目标具有一致性,并且他们是只按照经济计算而行动的"人"。②消费者具有完备的信息。他们在进行消费选择时,完全了解商品的品质、性能和规格等信息,并且取得这些信息不需要花费任何费用。③消费者倾向于选择在他们看来具有最高价值的商品和劳务。

人们为什么要消费呢?消费的目的是为了满足各种欲望,如吃饭、看电影、欣赏音乐会等。欲望是研究消费者行为的出发点。它的含义是一个人想要得到而没有得到某种东西的一种心理感觉。也就是说,欲望具有不足之感和求足之愿两个基本特点。人们的欲望是多种多样的。当一种欲望得到满足时,就会产生新的欲望。从这个意义上说,欲望具有无限性的特点。但是,对于特定的商品而言人们的欲望又是有限的。在一定的时间内,消费者连续不断地消费同一种商品,他消费该商品的欲望强度总会趋于递减。欲望是通过消费得到满足的。那么,每种消费能在多大程度上满足人们的欲望呢?经济学家用效用(Utility,简写为 U)这一概念来反映消费者从消费物品中得到的满足程度。显然,对消费者而言,一种物品是否有效用或效用程度如何,实际取决于消费者对该物品的欲望大小,即对物品的主观心理评价。

根据经济学家对于效用能否度量的不同观点，效用理论有基数效用论（Cardinal Utility）和序数效用论（Ordinal Utility）之分。基数效用论认为，消费者从消费物品中所获得的满足程度可以用基数（如1，2，3）来度量，度量的单位为尤特尔（Util）。这样，消费者从各种物品的消费得到的满足程度可以加总求和。例如，小王在4月1日那天，先看了一场足球比赛，得到20尤特尔的效用；然后去饭店美美吃了一顿，又得到10尤特尔的效用，结果这两种消费活动给他带来的总满足程度是30尤特尔的效用。基数效用理论是19世纪和20世纪初经济学家解释消费者行为及其福利变化的常用工具。

但这种理论却遭到序数效用论者的反对。序数效用论认为，物品对消费者的效用，并没有一个客观的衡量标准。只能用第一，第二，第三这样的序数来反映消费者对物品的偏好次序。仍以上例来说明。根据序数效用论，消费者小王能够明确排列出他对一场足球赛和一顿美餐的偏好顺序。在能够支付得起的条件下，他将先选择最偏好的那种物品，即若他偏好足球甚于美餐，他先选择足球赛，而后才是美餐；反之，他将先选择美餐，后选择足球赛。根据消费者行为的假设，消费者总是在可能的范围内，追求效用的最大化。消费者行为理论就是讨论消费者在受限制的条件下，如何实现效用最大化的理论。在分析消费者的最优消费选择时，基数效用论和序数效用论分别采取的是边际效用分析法和无差异曲线分析法。以下我们将分别用两种理论详细分析消费者的行为。

第二节　边际效用分析

一、欲望和效用

西方经济学家认为，人的欲望及其满足是一切经济活动的出发点。因此，它也应该是包括对价值观念在内的一切经济分析的出发点。

1. 欲望

欲望是指人们的需要。或指一种缺乏的感觉与求得满足的愿望，是一种心理现象。根据马斯洛的需要层次理论，可以把欲望由低到高分为五个层次，即：

a. 基本的生理需要——即生存的需要。
b. 安全的需要——希望未来生活有保障，如免于伤害、不受剥削、避免失业等。
c. 社会的需要——心理需要。如感情、爱情、归属感的需要。
d. 受尊重的需要——即需要有自尊心以及受到别人尊重的需要。
e. 自我实现的需要——出于对人生的看法，需要实现自己的理想。

人的欲望是无穷无尽的，当较低层次的欲望满足之后，又会产生新的更高层次的欲望。然而，满足人们的欲望的方式却是有限的。理由是：

a. 客观所能提供的物品是有限的。由于资源的稀缺性，所以一定的资源只能提供一定量的产品。
b. 时间是有限的。在人的有限生命中，不可能使一切欲望与需要得到满足。
c. 他人提供的劳务是有限的。欲望或需要的满足是以他人提供的劳务为前提的。

在一定时期内，一个人对某物品的欲望强度随着该物品的增加而减小，即强度递减规律。同时，随着欲望的满足，人们得到的享受也是递减的，即享受递减规律。

2. 效用

经济学把消费者在某种物品的消费中所获得的满足程度称为效用,是指商品满足人的欲望和需要的能力和程度。

效用与欲望一样是一种心理感觉。某种物品效用的大小没有客观标准,完全取决于消费者在消费某种物品时的主观感受。因而同一物品给人带来的效用因人、因时、因地而不同。

[专栏 3-1] 最好吃的东西

兔子和猫争论,世界上什么东西最好吃。兔子说:"世界上萝卜最好吃。萝卜又甜又脆又解渴,我一想起萝卜就要流口水。"猫不同意,说,"世界上最好吃的东西是老鼠。老鼠的肉非常嫩,嚼起来又酥又松,味道美极了!"兔子和猫争论不休、相持不下,跑去请猴子评理。猴子听了,不由得大笑起来:"瞧你们这两个傻瓜蛋,连这点儿常识都不懂!世界上最好吃的东西是什么?是桃子呀!桃子不但美味可口,而且长得漂亮。我每天做梦都梦见吃桃子。"兔子和猫听了,全都直摇头。那么,世界上到底什么东西最好吃呢?

[专栏 3-2] 珍贵的礼物

一个穷人家徒四壁,只得头顶着一只旧木碗四处流浪。

一天,穷人上一只渔船去帮工。不幸的是,渔船在航行中遇到了特大风浪,船上的人几乎都淹死了,穷人幸免于难。

穷人被海水冲到一个小岛上,岛上的酋长看见穷人头顶的木碗,感到非常新奇,便用一大口袋最好的珍珠宝石换走了木碗,派人把穷人送回了家。

一个富翁听到了穷人的奇遇,心中暗想,一只木碗都能换回这么多宝贝,如果我送去很多可口的食物,该换回多少宝贝!于是,富翁装了满满一船山珍海味和美酒,找到了穷人去过的小岛。

酋长接受了富人送来的礼物,品尝之后赞不绝口,声称要送给他最珍贵的东西。富人心中暗自得意。一抬头,富人猛然看见酋长双手捧着的"珍贵礼物",不由得愣住了!

人们之所以要消费商品和服务,是因为通过消费他们的一些需要和爱好能得到满足,例如消费食品能充饥,多穿衣服能御寒,看电影能得到精神享受,等等。我们把这种从商品和服务的消费中能得到的满足感称为效用。这里所说的效用,不仅依存于物品本身具有的满足人们某种欲望的客观的物质属性(如面包可以充饥,衣服可以御寒),而且物品有无效用和效用大小,还依存于消费者的主观感受。一种商品或劳务是否具有效用,看它能否满足人的欲望或需要,而不论这一欲望或需要的好坏。从这个意义上讲,效用是中性的,没有伦理学的规范。例如,吸毒从伦理学看是坏欲望,但鸦片、吗啡等毒品却能满足这种欲望,它就具有效用。满足程度高就是效用大,反之,满足程度低就是效用小。如果消费者在商品消费中感到快乐,则效用为正;反之,如果消费者感到痛苦,则效用为负。

就正效用而言,假设消费者喜欢一种商品胜过另一种商品,说明这种商品给消费者带来的效用水平高于另一种商品给他带来的效用水平。如果商品不能使消费者得到满足,该商品的效用就等于零。例如,酒对喝酒的人具有效用,对不喝酒的人则无效用。南方人喜欢吃大米,北方人喜欢吃面食,那么大米对南方人的效用则大于对北方人的效用,而面食对南方人的效用小于对北方人的效用。

而负效用则表示商品给消费者带来不舒适感。例如,过量饮酒给人带来不舒服的感受,超过适量部分的酒就具有负效用;一个饥饿的人吃馒头,第一个很好吃,效用最高,越到最后,越没有感觉,如果继续吃下去,可能会恶心呕吐,产生负效用。

美国经济学家萨缪尔森提出一种"幸福方程式",这种方程式是:幸福=效用/欲望。因此,研究消费者行为一般假设消费者欲望是既定的,于是研究消费者实现幸福最大化的问题就变成了研究消费者获得效用最大化(或追求最大的满足)的问题,因此,研究消费者行为,就必须先从效用开始。

二、总效用和边际效用

前面提到,在效用的度量问题上有两种分析思路或方法,分别是基数效用论(Theory of Cardianl Utility)的边际效用分析(Marginal Utility Analysis)方法和序数效用论(Theory of Ordinal Utility)的无差异曲线分析(Indifference Curve Analysis)方法。

基数效用论者认为,效用如同长度、质量等概念一样,可以具体衡量并加总求和,具体的效用量之间的比较是有意义的。不同物品或同一物品对一个人的效用大小可用效用单位多少来衡量。其大小可以用1、2、3、…个效用单位来衡量,正如重量可以用千克来计量一样。不同商品的效用和同一商品各单位的效用是可以加总而得出总效用的。例如,一件上衣对某人的效用为十个单位,一块面包对他的效用是两个单位,等等。因此,效用是可以用基数来表示的。这是一种按绝对数衡量效用的方法。这种基数效用分析方法为边际效用分析方法。

序数效用论者认为,效用的大小不可以具体度量,只能根据消费者偏好的程度排列出效用水平的顺序,是指按第一、第二、第三等序数来反映效用的序数或等级,这是一种按偏好程度进行排列顺序的方法。本节主要讨论基数效用论。

[专栏3-3] W. S. 杰文斯(William Stanley Jevens,1835—1882)

杰文斯是边际效用理论的主要发现者,因其对应用经济学的研究和他所写的逻辑学教科书而著名。《煤的问题》(1865)使他声名大振,他把煤看成是英国工业发展的基本资源,并预测到了英国作为工业领导强国地位的衰落和美国新兴工业力量的崛起。在他去世后才被出版者收集在其《通货与财政的研究》一书中的定量研究,涉及经济活动中大量的季节性和周期性的波动。这些研究对探索有关指标的确立作出了最早的贡献,其中也包括根据太阳黑子活动的周期性变化去探索商业周期这一失败了的尝试。在1862年送往英国经济学家协会并于1866年发表的一篇短文中公布了他所发现的边际效用概念,此概念在《政治经济学理论》(1871)中得到了详尽的发展。尽管这本书只提供了全部微观经济领域中的一半理论——消费者行为理论而不是商家理论,但这和差不多同时发表的门格尔(Menger)和瓦尔拉斯(Walras)的论文一起被公认为开创了经济理论的新时期,标志着后来被称为"边际革命"的开始。

基数效用论者将效用区分为总效用和边际效用。总效用(Total Utility,TU)是指消费者在一定时间内从消费一定量某物品中所得到的效用量的总和。假定消费者消费 X 商品,消费数量为 Q,则总效用函数(Utility Function)为:

$$TU=f(Q)$$

边际效用(Marginal Utility,MU)是指消费者在一定时间内对某物品的消费量每增加一个单位所引起的总效用的增量。或者说,边际效用指增加最后一单位物品或劳务所带来的效用。还可以说,边际效用指消费量每增加一个单位所增加的满足程度。如果用 MU 表示边际效用,ΔTU 表示总效用增量,ΔQ 表示商品数量增量,则边际效用函数可表示为:

$$MU=\Delta TU/\Delta Q$$

基数效用论者认为,货币如同商品一样,也具有效用。消费者用货币购买商品,就是用货币的效用去交换商品的效用。

表 3-1 给出了某消费者消费某种商品(比如是瓶装水)的效用情况。

表 3-1　效用和边际效用

消费商品的数量(Q)	总效用(TU)	边际效用(MU)
0	0	0
1	10	10
2	18	8
3	24	6
4	28	4
5	30	2
6	30	0
7	28	−2

一个人口渴时,第 1 瓶水给他的满足最大,其效用为 10,第 2 瓶给他的满足有所减少,效用为 8,当他喝到第 3、4、5 瓶时,其效用水平逐步下降为 6、4、2;当他喝到第 6 瓶时,已经不想喝了,效用为零,如果再喝第 7 瓶就会感到难受,效用为负。

根据表 3-1 的数据,以商品数量 Q 为横轴,以总效用 TU 和边际效用 MU 为纵轴作出图 3-1 和图 3-2。

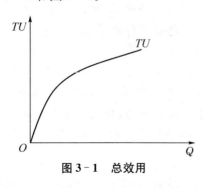

图 3-1　总效用

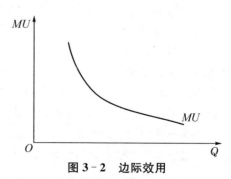

图 3-2　边际效用

由图3-1、3-2可知,总效用在一定范围内会增加(如从第1瓶水到第5瓶水,其总效用从10增加到30),但边际效用则是递减的,从最初的10逐渐减少。当总效用最大时,边际效用为0。

三、边际效用递减规律

从表3-1和图3-1、图3-2可以看出,随着某物品消费数量的增加,消费者获得的总效用不断增加(增加的幅度越来越小),但边际效用却一直是递减的,甚至会减少到零或负数,说明同一物品的每一单位对消费者的满足程度是不同的。这种现象存在于一切物品的消费中,西方经济学家把这一现象称为边际效用递减规律。

边际效用递减规律是指其他条件不变,在一定时间内,随着对物品消费数量的不断增加,消费者从单位物品中获得的满足程度不断减少。

当消费者对其他物品的消费量不变,在一定时间内不断增加某种物品的消费时,就会出现边际效用递减的情况。当对某种物品的消费超过一定数量后,不但不能增加消费者的满足和享受,反而会引发痛苦的感觉。

边际效用递减规律是在人们的消费活动中普遍存在的一个规律。为什么会出现边际效用递减呢?根据西方经济学的解释,边际效用递减主要可以从两个方面来看,一是生理或心理的原因,二是物品用途的多样性。从生理或心理方面来说,当消费者消费某物品时,就接受到了来自该物品的刺激,产生生理或心理的反应。刺激来自于物品所具有的物理的或化学的结构或特征,如气味、形状、声音、口味、触觉等。尽管每个单位的物品消费所形成的刺激是一样的,但人们的反应不一样。刚开始接受到的刺激是新鲜的,生理或心理形成的反应就是强烈的,因而效用大,而对反复接受到的同样刺激就会形成越来越小的反应,因而效用也越来越小。从物品用途的多样性来说,一种物品往往具有多个方面的用途,消费者使用物品的过程实际上就是选择物品用途的过程。在使用物品时,消费者总是首先把物品用于最重要的用途,然后不断地用于重要性递减的用途。当把物品用于最重要的用途时,效用最大,当把物品用于越来越不重要的用途时,其效用递减。

[专栏3-4] **食品券的发放**

20世纪30年代,美国政府通过各种计划将剩余食品分配给困难家庭。有一天,政府将剩余的橘子发给困难家庭。有人看到贫困家庭的孩子把一些橘子当球踢着玩,感到非常震惊和气愤。然而,这种气愤用得不是地方。他应该对着哪些政府官员发泄,因为他们分给这个地方的贫困家庭的橘子显然是"太多了",事实上多到使这些橘子的边际效用等于零。

资料来源:徐春秀,顾建平.微观经济学.北京:中国财政经济出版社,2004:102-103.

货币是一种特殊的商品,其边际效用也是递减的。对于一个消费者来说,随着货币收入量的不断增加,单位货币的效用不断减少。同样是1元钱,对一个身无分文的乞丐和对一个腰缠万贯的富豪来说,其重要性显然是不同的。但在分析消费者行为时,基数效用论者通常假定货币的边际效用是不变的。因为在一般情况下,单位商品的价格只占消费者总货币收入量中的很小部分,所以,当消费者对某种商品的购买量发生很小的变化时,所支出的货币的边际效用的变化是非常小的。为了分析的方便,对于这种微小的货币边际效用的变化,往往忽略不计。

亚当·斯密在《国富论》第一卷第四章中提出著名的价值悖论:"没有什么能比水更有用,然而水很少能交换到任何东西。相反,钻石几乎没有任何实用价值,但却经常可以交换到大量的其他物品。"现在我们用边际效用来解释"价值悖论"。因为有边际效用递减规律的存在,我们知道,当我们对某种物品消费越多,其最后一单位的边际效用也就越小。我们用的水是很多的,因此最后一单位水所带来的边际效用就微不足道了。相对于水而言,钻石的总效用并不大,但由于我们购买的钻石极少,所以,它的边际效用就大。"物以稀为贵"的道理在于"稀缺"的物品边际效用高。

[专栏3-5] 从春晚看边际效用递减规律

大约从20世纪的80年代初期开始,我国老百姓在过春节的年夜饭中增添了一套诱人的内容,那就是春节联欢晚会。记得1982年第1届春节联欢晚会的出台,在当时娱乐事业尚不发达的我国引起了极大的轰动。晚会的节目成为全国老百姓在街头巷尾和茶余饭后津津乐道的题材。

晚会年复一年地办下来了,投入的人力物力越来越大,技术效果越来越先进,场面设计越来越宏大,节目种类也越来越丰富。但不知从哪一年起,人们对春节联欢晚会的评价却越来越差了,原先在街头巷尾和茶余饭后的赞美之词变成了一片骂声,春节联欢晚会成了一道众口难调的大菜,晚会也陷入了"年年办,年年骂;年年骂,年年办"的怪圈。

春晚本不该代人受过,问题其实与边际效用递减规律有关。在其他条件不变的前提下,当一个人在消费某种物品时,随着消费量的增加,他(她)从中得到的效用是越来越少的,这种现象普遍存在,就被视为一种规律。边际效用递减规律虽然是一种主观感受,但在其背后也有生理学的基础:反复接受某种刺激,反应神经就会越来越迟钝。第一届春节联欢晚会让我们欢呼雀跃,但举办次数多了,由于刺激反应弱化,尽管节目本身的质量在整体提升,但人们对晚会节目的感觉却越来越差了。

边际效用递减规律时时在支配着我们的生活,尽管有时我们没有明确地意识到。在大多数情况下,边际效用递减规律决定了第一次最重要。难怪人们最难忘的是自己的初恋,最难忘恋爱中第一次约会的地点。

摘自:李仁君.吃苹果与看晚会[N].海南日报,2002-9-25.

问题1:举例说明什么是边际效用递减规律?
问题2:边际效用递减规律的启示是什么?

四、消费者均衡

任何一个消费者都面临着商品消费决策的"两难问题"。一方面,消费欲望是无限的,人们总是追求对更多商品的消费;另一方面,资源是有限的,人们满足欲望的手段总是不足的。因此,研究消费者在消费资源约束条件下实现消费者效用最大化时,必须引进消费者均衡(Consumer's Equilibrium)概念。

消费者均衡指的是消费者达到最大满足程度,也即消费者从消费中得到的总效用最大时的一种状态。当然,理性的消费总是以效用最大化为目标的,但任何现实的消费行为总要受到诸多限制和制约,比如消费者收入的限制,商品价格的约束以及购买多种商品的取舍等。因此,效用最大化总是特定条件下的最大化效用。

在经济学上,消费者均衡是指在预算收入、商品价格、货币效用以及消费偏好既定的条件下,消费者把有限的收入合理而充分地用于各种商品的购买或消费选择上,以获得最大效用。简而言之,消费者均衡就是特定条件下的效用最大化。那么,消费者根据什么原则来购买商品,从而实现效用最大化呢?或者说消费者均衡的条件是什么呢?

假定前提:

①消费者的嗜好与偏好是给定的,就是说,消费者对各种消费品的效用和边际效用是已知和既定的;

②消费者决定买进各种消费品 X、Y 和 Z,X 的价格 P_X、Y 的价格 P_Y 和 Z 的价格 P_Z 是已知和既定的;

③消费者的收入 M 是既定的。还假定他的收入全部用来购买这几种商品。

我们知道,由于收入(即他用来买进 X、Y 与 Z 的货币)是固定不变的,他买进某种商品的数量越多相应地能够买进其他商品的数量就越少。而随着数量的增加,该种商品的边际效用递减;与此同时,相应地递减的商品的数量使其边际效用递增。为了使得他花费 M 元所换得的各种商品效用之和即总效用达到极大值,他将调整其买进的各种商品的数量,将所购得边际效用较低的那一单位的货币转过来购买边际效用较高的那一种商品,直到他买进的各种商品的边际效用之比等于它们的价格之比;或者换一种说法:他花费的每一元钱所买进的每种商品之边际效用都相等。

$$X \text{ 的边际效用}/P_X = Y \text{ 的边际效用}/P_Y = Z \text{ 的边际效用}/P_Z$$
$$= \text{单位货币(一元钱)的边际效用}$$

在这个时候,他花费一定量收入于 X、Y 和 Z 所得到的效用总和已达到极大值。如果再改变这一组合,将移用购买某种商品的钱去增加购买另一种商品,就会使得因少买前一种商品所损失的效用,超过他多买后一种商品所增加的效用(因为边际效用递减)。因此在这时,他不会再改变其购入的 X、Y 和 Z 的数量,亦即消费者在这个问题上的决策行为已达到均衡状态。所购各种商品的边际效用之比等于它们的价格之比,这就是消费者均衡的条件。

用一般的形式表示,消费者均衡的条件可写为:

在 $P_1 \cdot Q_1 + P_2 \cdot Q_2 + P_3 \cdot Q_3 + \cdots + P_n \cdot Q_n = M$ 的限制条件下,

$$MU_1/P_1 = MU_2/P_2 = MU_3/P_3 = \cdots = MU_n/P_n = MU_m$$

式中,$P_1, P_2, P_3, \cdots, P_n$ 为某种物品的价格,$Q_1, Q_2, Q_3, \cdots, Q_n$ 为某种物品的购买量,M 为消费者的收入,$MU_1, MU_2, MU_3, \cdots, MU_n$ 为某种物品的边际效用。MU_m 为每一单位货币的边际效用。消费者花费的每一元钱所获得的每种商品的边际效用都相等(每元边际效用相等)。

基数效用论运用边际效用分析法,得出消费者均衡的实现条件是,人们用全部收入购买多种商品,用在各种商品购买上的货币的边际效用相等,且都等于货币自身的边际效用。

用来购买某种商品的货币的边际效用是指增加单位货币所购买的商品带来的边际效用。它通常用商品的边际效用与商品价格的比值来表示大小。

即：$\dfrac{MU}{P}\begin{array}{l}\longrightarrow 商品的边际效用\\ \longrightarrow 商品的价格\end{array}$

比如，一块巧克力的价格为 5 美分，它提供的边际效用为 10 效用单位，则购买巧克力的货币的边际效用 $=MU/P=10/5=2$。即增加 1 美分就要使总效用增加 2 个效用单位。如果用 MU_m 表示每一单位货币的边际效用，$P_1, P_2, \cdots, P_n$ 表示各种商品的价格，$MU_1, MU_2, \cdots, MU_n$ 表示相应的商品的边际效用，则消费者均衡的实现条件可写为：

$$\frac{MU_1}{P_1}=\frac{MU_2}{P_2}=\frac{MU_n}{P_n}=MU_m$$

一般假定货币的边际效用固定不变，因为每次购买所用货币数量不大，其边际效用变化甚微，所以可以忽略不计。

消费者均衡的实现过程就是消费者不断调整各种所购买商品的数量从而调整各种商品的边际效用大小的过程。当消费者实现了花在各种商品上的每一元钱能得到相同的效用时，就实现了均衡。

如果 $\dfrac{MU_X}{P_X} > \dfrac{MU_Y}{P_Y}$

即用在 X 商品上的货币边际效用大于用在 Y 商品上的货币的边际效用，显然消费者不能实现效用最大化，调整的办法是把购买 Y 商品的部分货币转用于增加对 X 商品的购买上，从而增加总效用。

如果 $\dfrac{MU_X}{P_X} < \dfrac{MU_Y}{P_Y}$

即用在 X 商品上的货币边际效用小于用在 Y 商品上的货币的边际效用。消费者就会把购买 X 商品的部分货币转用于增加对 Y 商品的购买上，从而增加总效用。

在收入(即消费者用来购买 X、Y 的货币)既定的情况下，消费者买进 X 的数量越多，相应地能够买进 Y 的数量就越少，而随着 X 数量的增加，X 的边际效用递减。与此同时，相应地递减的 Y 的数量使 Y 的边际效用递增。消费者为了使得他花费 M 元所获得的 X 的全部效用和 Y 的全部效用之和达到极大值，他将调整其购买进 X 和 Y 的数量，一直达到他买进 X 的一定数量中最后一个单位的效用同他相应买进的 Y 的一定数量中最后一个单位的效用之比，即 X 与 Y 的边际效用之比，恰好等于 X 的价格 P_X 与 Y 的价格 P_Y 之比。因为在这个时候，他花费一定量收入购买 X 和 Y 所得到的效用总和已达到极大值，他将不再改变其购入 X 与 Y 的数量，亦即消费者在这个问题上的决策行为已达到均衡状态(或最佳状态)。

下面举例说明消费者均衡的条件：

假定消费者准备以 10 元购买三种彼此无关的产品 X、Y、Z，其市场价格 P_x、P_y、P_z 分别为每公斤 1 元、2 元、3 元，其边际效用 MU_X、MU_Y、MU_Z，如表 3-2 所列。

表 3-2 预算限制下的消费选择

消费量 (KG)	产品 X P=1		产品 Y P=2		产品 Z P=3	
	边际效用 $MU_X=\frac{\Delta TU}{\Delta X}$	每元所得边际效用 $\frac{MU_X}{P_X}$	边际效用 $MU_Y=\frac{\Delta TU}{\Delta Y}$	每元所得边际效用 $\frac{MU_Y}{P_Y}$	边际效用 $MU_Z=\frac{\Delta TU}{\Delta Z}$	每元所得边际效用 $\frac{MU_Z}{P_Z}$
1	12	12 *	18	9 *	24	8 *
2	10	10 *	16	8 *	21	7
3	8	8 *	14	7	18	6
4	7	7	12	6	15	5
5	6	6	10	5	12	4
6	5	5	8	4	9	3
7	4	4	6	3	6	2
8	3	3	4	2	3	1
9	2	2	2	1	0	0
10	0	0	0	0	0	0
合计 TU	57 (买10个)		70 (买10个)		68 (买 $3\frac{1}{3}$ 个)	

如果消费者把 10 元全部用于其中的某一种产品如仅购买产品 X,只得总效用 57 utils。但是,如果他按每元所得边际效用的高低,依次选择总额为 10 元的三种 X 产品 3 公斤,Y 产品 2 公斤,Z 产品 1 公斤,则在各产品每元所得边际效用都等于 8 utils 时,可得最大效用 88 utils,比全部买 X 产品多得效用 31 utils。

即

$$\frac{MU_X}{P_X}=\frac{MU_Y}{P_Y}=\frac{MU_Z}{P_Z}=8$$

当消费者以一定的货币收入消费多种产品,或者对一种产品采取多种消费方式时,一定要使最后一元货币所取得的边际效用彼此均等,才能取得总效用的最大化。这就叫作边际效用均等法则,或戈森第二法则,也叫效用最大法则(Law of Maximizing Utility)。

消费者均衡的实现条件实际上是对人们日常生活经验的理论概括。无论人们是否了解这种理论,他们实际上都在自觉或不自觉地按这一原则进行消费和购买。

前面讨论的是,消费者在每元货币的边际效用相等时,就能达到最大效用,实现均衡,这是一种情况,更为一般性的原则,是把"单位边际收益相等原则"作为决策的工具。

面对有限的资源(时间、金钱等),决策者分配资源给不同用途时,应使其在每一用途上的边际收益相等。

再举个例子,假设你想最大化你在各门功课中的知识量,但你只有有限的可利用的时间。你应该在每一门功课上花费相同的学习时间吗?当然不是,你可能发现,在经济学、哲学和数学上花费相同的学习时间时,各门课所用的最后一分钟,并没有给你带来相同的知识量。如果花费在经济学上的最后一分钟产生的边际知识量要大于数学,那么,把学习时间从数学转移到经济学上,直到花费在每一门功课上的最后一分钟所产生的知识增量相等时为止,那么,你就会提高你的知识总量。

也可以用代数法证明效用最大化的条件。

如果消费者只购买两种产品 X 和 Y,约束条件为货币收入 M,则:

目标函数:$\max \quad TU=f(X,Y)$ ①

约束条件:$s.t \quad P_X X + P_Y Y = M$ ②

将②代入①得:

$$Y = \frac{M - P_X \cdot X}{P_Y}$$

将上式代入①:

$TU = f[X, (M - P_X X)/P_Y]$ ③

为求得 TU 最大,令式③的一阶导数为 0,根据全微分理论则有:

$$\frac{dTU}{dX} = \frac{\partial f}{\partial X} + \frac{\partial f}{\partial Y}\left(-\frac{P_X}{P_Y}\right) = 0 \quad \frac{\partial f}{\partial X} - \frac{\partial f}{\partial Y}\left(\frac{P_X}{P_Y}\right) = 0$$

$$\frac{\partial f/\partial X}{\partial f/\partial Y} = \frac{P_X}{P_Y} \quad \frac{\partial f/\partial X}{P_X} = \frac{\partial f/\partial Y}{P_Y}$$

因为,$\partial f/\partial X = MU_X$,$\partial f/\partial Y = MU_Y$

所以,

$$\frac{MU_X}{P_X} = \frac{MU_Y}{P_Y}$$

要说明的是,效用是一种心里现象,很难用确定的效用单位衡量其大小。由于每个人的偏好不同,因而某种物品是否具有效用或效用大小完全因人而异。尽管边际效用递减规律存在于现实生活中,但我们导出的效用最大化的条件,要回答"在既定收入条件之下,为使效用最大化应购买 X、Y 的数量为多少"这样的问题,只能因人而异,完全取决于消费者在消费某种物品时所得到的满足程度或自我感受。

五、边际效用递减规律与需求规律

消费者购买商品的过程就是一个用货币的效用交换商品的效用的过程。从总体上来看,购买的商品数量越多,总效用越大,消费者就愿意付出更多的货币总量;购买的商品数量越少,总效用越小,消费者就只愿意付出较少的货币总量。具体到单个商品,一种商品的价格高低(即消费者需为该商品付出货币的多少)取决于这个单位的商品能给消费者带来多大的效用,即取决于商品的边际效用。商品的购买量少,商品的边际效用就大,消费者愿意支付的货币量就多,即愿意接受的价格就高;商品的购买量多,商品的边际效用就小,消费者愿意支付的价格就低。

当消费者不断增加对一种商品的购买时,由于边际效用递减,消费者愿意接受的价格就不断降低,从而出现商品的购买量与商品的价格之间的负相关变动关系。也就是说,需求规律所呈现出的需求量与价格之间的负相关关系是由边际效用递减规律所揭示的边际效用与消费量之间的负相关关系所决定的,即需求规律是由边际效用递减规律决定的,需求曲线是由边际效用曲线决定的。

当一种商品的价格上升时,消费者必须为一个单位的这种商品付出更多的货币,这意味着消费者必须从一个单位的该商品消费者中得到更多的效用,他就必须减少对该商品的购买量;相反,当一种商品的价格下降时,消费者只需为一个单位的这种商品付出更少的货币,消费者从一个单位商品中获得的效用也可以下降到更低的水平,他就可以增加这种商品的购买量。正是由边际效用递减规律所决定的这种消费者购买行为的特征,使得需求曲线呈现出向右下方倾斜的特点。

六、消费者剩余

在商品市场上,消费者能够购买大量商品,就其中任何一种商品而言,消费者愿意支付的金额都比他(或她)实际支付的金额要多得多。消费者对所要购买的一定量商品所愿支付的金额同其实际支付的金额的差额,就是消费者剩余。

在西方经济学家中,最早提出消费者剩余概念的是英国19世纪著名经济学家马歇尔(Alfred Marshall,1842—1924)。马歇尔在《经济学原理》中为消费者剩余下了这样的定义:"一个人对一物所付的价格,决不会超过,而且也很少达到他宁愿支付而不愿得不到此物的价格。因此,他从购买此物所得到的满足,通常超过他因付出此物的代价而放弃的满足,这样,他就从这种购买中得到一种满足的剩余。他宁愿付出而不愿得不到此物的价格,超过他实际付出的价格部分,是这种剩余满足的经济衡量。这个部分可称为消费者剩余。"①

消费者剩余＝消费者愿意付出的价格－消费者实际付出的价格
　　　　　＝边际效用－实际价格

当消费者剩余＝0时,边际效用＝实际价格

边际效用等于实际价格的价格称为边际价格。

以购买演唱会门票为例,假设某消费者愿意为一张演唱会门票支付160元,而一张演唱会门票的实际价格为140元,那么这位消费者所获得的消费者剩余就是20(160－140)元。在表3-3中,消费者实际支付的演唱会门票价格为140元,而愿意支付的门票价格却不相同。第一张门票消费者愿意支付200元,消费者从中获得的剩余为60元;第二张门票消费者愿意支付180元,消费者剩余为40元;第三张门票消费者愿意支付160元,消费者剩余为20元;第四张门票愿意支付140元,消费者剩余为0。因此,理性消费者在选择购买多少张门票时,最多会购买4张演唱会门票,且此时获得的总消费者剩余为120(60＋40＋20＋0)元。

---

① 马歇尔:《经济学原理》中译本,商务印书馆,1990年版,第142页。

表 3-3 消费者剩余表

门票数量	消费者愿意支付的价格（边际效用）	消费者实际支付的价格（实际价格）	消费者剩余边际效用与实际效用的差额
1	200	140	60
2	180	140	40
3	160	140	20
4	140	140	0
总计	680	560	120

只要消费者愿意付出的价格大于消费者实际支付的价格，消费者心理上就得到了较大满足，也就是使消费者得到了福利（效用）。

消费者剩余与一种物品的需求曲线密切相关。如果知道需求曲线，就能够很容易地计算出消费者剩余。消费者剩余就是个人需求曲线以下、价格曲线以上部分的面积。同时，消费者剩余概念也可以运用到整个市场，在整个市场上消费者剩余就是市场需求曲线以下、市场价格曲线以上部分的面积。其坐标图如图 3-3 所示。

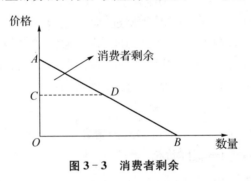

图 3-3 消费者剩余

在其他条件不变时，消费者剩余主要取决于商品购买量。随购买量的增加，边际效用递减，消费者实际支付的价格下降，消费者剩余就要增大。从这个意义上讲，丰裕社会的消费者福利大，短缺经济社会的消费者福利小。

消费者剩余说明了消费者的购买行为是如何发生的，消费者的购买活动必须以存在消费者剩余为前提。当然，消费者剩余是一种心理现象，消费者在购买过程中并未真正得到实在的利益，只不过他在心理上认为得到了。商家有时将此作为一种促销手段，先将价格（故意）定得很高，然后打折，报出一个比原价低很多的价格，就可以更好地吸引消费者购买。

七、边际效用理论的应用

1. 消费者对不同商品的选择

货币有限时，各种不同商品的效用在消费者心目中形成先后次序和高低等级。一般地，消费者总是用有限的货币先购买对他来说边际效用大，从而是重要的产品。当货币有剩余时，才考虑购买边际效用小，从而是次要些的产品。

2. 对现期消费与未来消费的选择

货币有限的条件下，合理安排消费支出是必要的。如果现期消费多了，未来消费就少，反之则反是。消费者将手头的有限收入作适当的分配，其目的在于使自己得到尽可能大的边际效用。如多少用于现期消费，多少用于未来消费。

3. 用于对一定资源的利用

边际效用递减规律适用于生产领域。当生产者面临一定量的经济资源可利用时，他将根据边际效用的大小合理地分配该种资源的各种用途。

4. 用于时间的分配

工作之余，每个人总有一些可自由支配的时间，在这段时间里，是去学习，还是用于消遣？一般来说，边际效用哪个最大哪个最重要，或者说哪个效用大，他将会先考虑哪个。

总之，不管人们是否意识到，在现实生活中，我们经常会遇到运用边际效用的概念来如何使用手中的货币，如何利用各种经济资源，以及如何利用可自由支配的时间等问题。

我们再举一个例子：一位大学生即将参加三门课的期终考试，他能够用来复习功课的时间只有6天。假设每门功课占用的复习时间和相应会有的成绩见表3-4，试运用消费者行为理论分析该同学怎样分配复习时间才能使三门课的总成绩最高。

表3-4 复习时间对三门课程成绩的影响

天数	0	1	2	3	4	5	6
经济学分数	30	44	65	75	83	88	90
管理学分数	40	52	62	70	77	83	98
统计学分数	70	80	88	90	91	92	93

分析：首先将各门课程占用的时间与相应的边际效用计算出来，并列成表3-5。

表3-5 三门课的复习时间及相应的边际效用

天数	0	1	2	3	4	5	6
经济学 MU		14	11	10	8	5	2
管理学 MU		12	10	8	7	6	5
统计学 MU		10	8	2	1	1	1

由表3-5可以看出，经济学用3天，其边际效用是10分；管理学用2天，其边际效用是10分；统计学用1天，其边际效用也是10分。而且3门课程所用的时间正好是6天。由消费者均衡条件可知，该同学把6天时间作如上的分配时，总分最高。

总分：经济学75分+管理学62分+统计学80分=217分

第三节 无差异曲线分析

本章前面关于消费者行为的分析，所应用的经济学知识和分析工具属于西方经济学家所说的基数效用论。本节关于消费者行为的分析，则应用西方经济学家所说的序数效用论的知识和分析工具。序数效用论，或称无差异曲线分析。用英国著名经济学家希克斯的话说,是在"偏好尺度的假定上"建立起来的"一种关于消费者需求的完全理论"。与基数效用论依赖于嗜好和偏好的可测性不同,序数效用论或无差异曲线分析仅仅依赖于根据偏好的次序排列物品的可能性。

一、关于偏好的假定

偏好是决定消费者行为的重要因素,消费者的偏好表示为对一种物品或者几种物品组合的排列,这种排列表示了消费者对不同物品或者物品组合的喜好程度或者说欲望的强烈程度,所以可以代表消费者的偏好。如消费者对苹果和面包的排序是面包先于苹果,这就表示消费者对面包的偏好大于苹果。

一般地,设消费者面临的商品组合为 X 和 Y,如果消费者认为 X 绝对好于 Y,则称消费者对 X 是严格偏好,表示为 $X > Y$;如果消费者认为 X 至少同 Y 一样好,或 X 不比 Y 差,则称消费者对 X 是弱偏好,表示为 $X \gtrsim Y$;如果消费者认为 X 与 Y 一样好,则称 X 与 Y 是无差异的,表示为 $X \sim Y$。

序数效用论者提出了关于消费者偏好的三个基本假定:

第一个假定是偏好的完全性。偏好的完全性指消费者总是可以比较和排列所给出的不同商品组合。或者说,对于任何两个商品组合 A 和 B,消费者总是可以作出,而且也仅仅只能作出以下三种判断中的一种:对 A 的偏好大于对 B 的偏好;或者对 B 的偏好大于对 A 的偏好;或者对 A 和 B 的偏好相同(即 A 和 B 是无差异的)。偏好的完全性的假定保证了消费者对偏好的表达方式是完备的,消费者总是可以把自己的偏好评价准确地表达出来。

第二个假定是偏好的可传递性。可传递性指对于任何三个商品组合 A、B、C(当然,组合数可以是无数个),如果消费者对 A 的偏好大于对 B 的偏好,对 B 的偏好大于对 C 的偏好,那么,在 A、C 这两个组合中,消费者必定有对 A 的偏好大于对 C 的偏好。偏好的可传递性假定保证了消费者偏好的一致性,因而也是理性的。

第三个假定是偏好的非饱和性。该假定指如果两个商品组合的区别仅在于其中一种商品的数量不相同,那么,消费者总是偏好于含有这种商品数量较多的那个商品组合。这就是说消费者对每一种商品的消费都没有达到饱和点,或者说,对于任何一种商品,消费者总是认为数量多比数量少要好。此外,这个假定还意味着,消费者认为值得拥有的商品都是"好的东西",而不是"坏的东西"。在这里,"坏的东西"指诸如空气污染、噪音等只能给消费者带来负效用的东西。

[专栏 3-6] 一个经济探案的故事

著名经济学家斯蒂格利茨曾经说到过这样一个经济探案的故事:有一个名叫史蒂文森的罪犯在犯罪后潜逃他国。经过侦察,将可能的嫌疑对象圈定为加拿大的布朗、法国的葛朗台和德国的许瓦茨,并拿到了这三名疑犯的起居、消费记录。大侦探福尔摩斯接手了此案,但在几经分析之后因为没有新的发现只好宣布证据不足,无法定案。这时他的朋友萨谬尔森正好在一旁,他研究了史蒂文森和三名疑犯的消费记录之后发现:

1. 史蒂文森在潜逃之前每周消费 10 公斤香肠和 20 升啤酒,啤酒每升 1 镑,香肠每公斤为 1 镑。

2. 布朗每周消费 20 公斤香肠和 5 升啤酒,啤酒每升 1 加元,香肠每公斤为 2 加元。
3. 葛朗台每周消费 5 公斤香肠和 10 升啤酒,1 升啤酒和 1 公斤香肠均为 2 法郎。
4. 许瓦茨每周消费 5 公斤香肠和 30 升啤酒,1 升啤酒 1 马克,1 公斤香肠 2 马克。

萨谬尔森在做出四个人的预算之后,分析指出,除非史蒂文森改变其偏好,否则布朗不必受到怀疑(因为布朗所消耗的香肠比例大于其啤酒比例,其他三人则均相反)。在剩下的两名疑犯中,萨谬尔森又指出,史蒂文森自然选择前往某地,其处境一定比以前好。只要其偏好未改变,他就一定是德国的许瓦茨(因为葛朗台的总消费水平与史蒂文森具有相同的效用,而许瓦茨则更大)。后来经过追查,果然罪犯为许瓦茨。

故事自然是虚构的,然而我们却能在其中发现两个有意义的结论:

1. 一个人的消费偏好一旦确定,往往难以变更。
2. 一个人的生活条件发生改变时(无论这种改变是由远赴异国还是由收入增加引起的),他往往会倾向于选择一种更好的处境,但仍然不会改变其消费偏好。

资料来源:肖力.经济探案与消费偏好[N].经济学消息报,2001-06-22(4).

二、无差异曲线及特征

无差异曲线(Indifference Curve)是序数效用论者分析消费者行为、度量消费者效用水平的重要方法。用来表示消费者在一定的偏好、技术和资源条件下,选择商品时对不同商品组合的满足程度是无区别的曲线(或提供的效用是相同的)。或者说,能够使消费者得到同样满足程度的两种商品不同组合的轨迹。

例如,现在有 X、Y 两种商品可供消费者选择,它们有六种组合,这六种组合可以给消费者带来同样的效用或满足程度。如表 3-6 所列。

表 3-6 X 和 Y 的不同组合

组合方式	X 商品	Y 商品
a	5	30
b	10	18
c	15	13
d	20	10
e	25	8
f	30	7

根据表 3-6,用横轴代表 X 商品,纵轴代表 Y 商品,U 为经过六种商品组合的一条无差异曲线,如图 3-4 所示。

无差异曲线 U 表明,消费者对这六种商品组合的偏好是无差异的。即线上的任何一点,给某个消费者的满足程度是相同的。如果消费者从商品组合 a 移向 c,放弃了 17 个单位的 Y 商品而多获得 10 个单位的 X 商品,此时消费者不会感到效用状况有所好转,也不会感到效用状况有所恶化。同样,在点

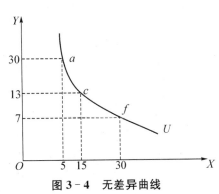

图 3-4 无差异曲线

c 和 f 之间，放弃 6 单位的 Y 而多获得 15 单位的 X，消费者偏好也是无差异的。

一般来说，无差异曲线具有如下三个重要特征：

第一，无差异曲线向右下方倾斜，具有负斜率。一般情况下，无差异曲线在任一点切线的斜率小于零，表明其向右下方倾斜，斜率为负。这说明在收入、价格既定的条件下，为获得同样的满足程度，增加一种商品就必须减少另一种商品。两种商品不能同时增加或减少。

由于斜率为负，无差异曲线是一条凸向原点的曲线。这意味着无差异曲线的每个点都在其切线的上方。有关这一点，下面还要用边际替代（换）率的概念说明。

第二，在同一坐标平面图上可以做出无数条无差异曲线，在无差异曲线簇中，离原点越远的无差异曲线所代表的总效用越大，满足程度越高；离原点越近的无差异曲线，所代表的满足程度越低。在图 3-5 中，$U_1 < U_2 < U_3$。也就是说，在同一条无差异曲线上，满足程度是相同的。不同的无差异曲线上，满足程度是不相同的。

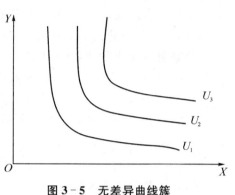

图 3-5 无差异曲线簇

第三，任意两条无差异曲线不相交。这一点可以用反证法来说明。假设两条无差异曲线相交，那么交点同时在两条无差异曲线上，由于不同的无差异曲线代表不同的满足程度，这就意味着交点代表的同一商品组合对消费者来说具有不同的满足程度，这显然是不可能的。如图 3-6 所示，无差异曲线 U_1 与 U_2 相交于 B 点，A、C 分别是两条无差异曲线上除 B 点之外的任意点。推导的结果是 A、B、C 三点具有相同的效用水平，但由于 A 和 C 分别在不同的无差异曲线上，效用不同。因此由无差异曲线相交所推导的结果不成立，无差异曲线只能是平行的。

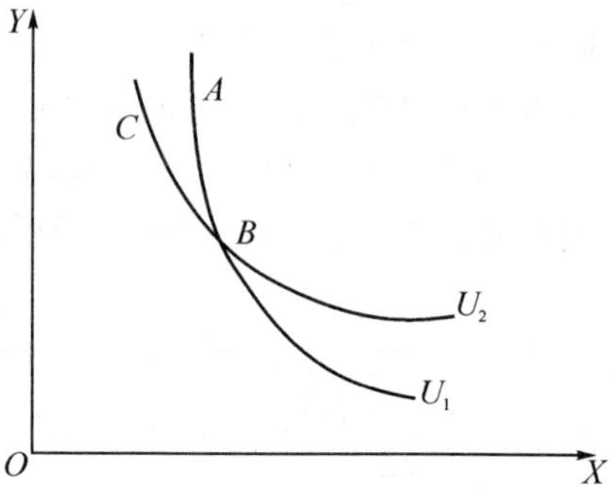

图 3-6 两条无差异曲线不相交

由于商品彼此间的关系不同，消费者对于不同的商品有着不同的无差异曲线。以下是几种常见的无差异曲线：性状良好型（图 3-7(a)）、完全互补型（图 3-7(b)）和完全替代型（图 3-7(c)）。性状良好型无差异曲线具备上述所有特征，是经济学家研究消费者偏好和消费行为经常使用的一种类型。在商品之间有完全互补关系的条件下，无差异曲线的形状为直角折线，这表明消费者对这两种商品的消费依赖于它们之间的固定比率。例如，眼镜架和眼镜片是互补商品，可以有各种不同的组合方式。但眼镜架和眼镜片必须按严格的比例来组合，太多的眼镜架或太多的眼镜片，一点也增加不了效用。而完全替代型无差异曲线则反映了另一种极端的情况，两种商品的使用价值完全相同，比如圆珠笔和钢笔，雪碧和可乐等，消费者一般只会选择其中一种商品（假设消费者对这些商品不挑剔，认为它们完全可以互相替代）。

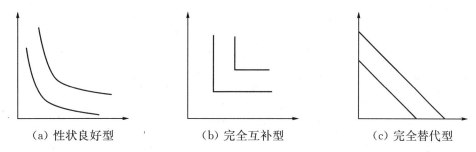

(a) 性状良好型　　　　(b) 完全互补型　　　　(c) 完全替代型

图 3-7　几种常见的无差异曲线

需要说明的是,无差异曲线只表示消费者对可能存在的商品组合的主观反应,并不能说明消费者将选择哪些商品组合的商品束。

[专栏 3-7] 纽约州预算资金的配置

1993 年,纽约州大约有 30 亿美元的政府收入(来源于联邦政府转移支付和州汽油税)要在 20 世纪 90 年代中期以前用于建筑高速公路或提供大众交通设施(地铁、公共汽车、城市铁路线)。高速公路和大众交通设施都可以用于满足纽约州居民对运输的需要。但应该怎样在两者间配置这些政府收入呢? 换句话说,有多少应用于修筑高速公路? 有多少应用于提供大众交通设施? 这是一项重大的决策,一项涉及巨额资金和大量时间、关系着许多人的舒适与便利的决策。

在解决纽约州预算资金配置问题时,经济学家们指出:让我们把纽约州政府看做是一位消费者,把高速公路和大众交通设施看做是州政府要购买的两种商品,每种商品都有一个价格,但用于购买这两种商品的货币量是固定的。在假设州政府想使州运输体系发挥最大实效的情况下,让我们用州政府的无差异曲线表示能够使州总运输能力得到某种预期提高的额外高速公路英里数与额外大众交通设施英里数的组合。显然,这种能力预期提高的幅度越大,无差异曲线就越高。然后,让我们找到预算线上位于最高无差异曲线 L 的那点,这样的点就表示预算资金最优配置。

近些年来,此类经济分析在许多政府部门的政策制定过程中发挥着重要作用。当然,在实践中,衡量"运输能力"或"社会价值"通常是极为困难的,因而也就不可能非常准确地画出无差异曲线。但这并不意味着这种分析是没有用的。相反,由于它提供了思考问题的正确方法,因而被证明是有意义的。它能够使人们的注意力集中在相关的因素上,并使人们正确认识这些因素所起的作用。

三、边际替代率(Marginal Rate of Substitution)

无差异曲线能够清晰解释消费者在两种或两种以上商品中进行选择时所面临的权衡抉择。现引入边际替代率概念来解释消费者面临的消费抉择,边际替代率是指在维持满足程度不变的前提下,为增加一单位某种商品而需要减少的另一种商品的单位(数量)。

设有 X、Y 两种商品,X 替代 Y 的边际替代率 MRS_{XY} 为:

$$MRS_{XY} = \frac{\Delta Y}{\Delta X}$$

式中，ΔY 表示 Y 商品的减少量，ΔX 表示 X 商品的增加量。

由于在无差异曲线中，ΔX 与 ΔY 的变动方向总是相反，所以边际替代率 $\Delta Y/\Delta X$ 总是负数。为简便起见，通常取其绝对值。

边际替代率递减规律是指在保持总效用不变的前提下，为得到某一单位某种物品而愿意牺牲（放弃）的另一种物品的数量是递减的。或者说，在连续增加某一种商品时，人们所愿意放弃的另一种商品的数量是递减的。表 3-7 和图 3-8 描述了 X 商品和 Y 商品之间的替代情况。

表 3-7　X 商品和 Y 商品之间的替代情况

组合方式	X	Y	变动情况	X 增加量	Y 减少量	MRS_{XY} 绝对值
a	5	30				
b	10	18	$a \rightarrow b$	5	12	2.4
c	15	13	$b \rightarrow c$	5	5	1.0
d	20	10	$c \rightarrow d$	5	3	0.6
e	25	8	$d \rightarrow e$	5	2	0.4
f	30	7	$e \rightarrow f$	5	1	0.2

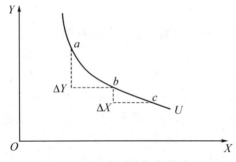

图 3-8　边际替代率递减

在图 3-8 中，随 X 商品的逐渐增加，为保持满足程度（效用）不变，每增加 1 单位 X 商品所能替代的 Y 商品的数量是逐渐减少的。原因是，随着 X 商品数量的增加，其满足程度（或边际效用水平）逐渐减少，而 Y 商品的满足程度（或边际效用）则逐渐提高。

从数学上说，边际替代率（MRS）等于无差异曲线斜率的绝对值。众所周知，任何直线的斜率都是该直线的两点间的垂直变化被相应的水平变化除。因此，无差异曲线的边际替代率可以从曲线上任何相邻的两个点的数值计算出来。

例如，在图 3-8 中，从 $a \rightarrow b$ 的边际替代率就是无差异曲线上从 $a \rightarrow b$ 的斜率。

若 X 的增量 $\Delta X \rightarrow 0$，则 $\Delta Y \rightarrow 0$，而 $\Delta Y/\Delta X$ 则趋于一个极限值。即：

$$\lim_{\Delta X \rightarrow 0} \frac{\Delta Y}{\Delta X} = \frac{dY}{dX}$$

这个导数的数值，即无差异曲线上任一点的边际替代率，可用过该点对曲线所作切线的斜率来表示。由于无差异曲线的斜率是逐渐减少的，所以无差异曲线必为一条凸向原点的曲线。

事实上,边际效用递减规律暗含了边际替代率递减规律。

例如,在图 3-4 中,比较点 a 与点 c,消费者愿意放弃 17 单位 Y 商品以增加 10 单位 X 商品,即 $\Delta X=10, \Delta Y=-17$。也就是说,增加 10 单位 X 商品的效用等于减少 17 单位 Y 商品的效用。同理,从 c 点到 f 点的移动中,增加 15 单位 X 商品的效用等于减少 6 单位 Y 商品的效用。由此可见,在无差异曲线上从点 a 经点 c 向点 f 的移动,所引起的 X 商品的增加而得到的效用正好等于 Y 商品的减少而失去的效用,即用数学公式表示为:

$$\Delta X \cdot MU_X = -\Delta Y \cdot MU_Y$$

即商品边际替代率等于两种商品的边际效用之比,其数学表达式为:

$$MRS_{XY} = -\Delta Y/\Delta X = MU_X/MU_Y$$

随着商品 X 的增加,MU_X 递减,随着商品 Y 的减少,MU_Y 递增,MU_X/MU_Y 也就递减了,这也说明了商品边际替代率递减规律。

四、消费者预算线

消费者一方面追求效用最大化,一方面又受货币收入的限制。假定牛奶的价格为每单位 4 美元,可乐的价格为每单位 2 美元,消费者的预算为 20 美元。如果消费者把其全部 20 美元的预算都用来购买可乐,可购买 10 单位可乐;如果消费者把其全部 20 美元的预算都用来购买牛奶,可购买 5 单位牛奶。减少一点牛奶的购买,便可增加一点可乐的购买,这样便在 10 单位可乐和 5 单位牛奶之间形成一系列反映其最大购买能力的商品组合,这就是预算线(Budget-Line)。

预算约束线(Budget Constraint Curve)简称预算线,又称作消费可能性曲线,指在消费者收入既定和商品价格已知的条件下,消费者全部收入所能购买到的各种商品的所有数量组合。预算线给出了消费者购买的约束条件,即消费者对商品的购买数量只能在预算线上,而不能在预算线以外。

假设消费者在某一定时期的收入(M)既定或已知,且用收入(M)只能购买 X、Y 两种商品,又知商品 X、Y 的价格为 P_X、P_Y,则有预算线方程:

$P_X X + P_Y Y \leqslant M$

考虑直线方程:$P_X X + P_Y Y = M$

解得:

$$Y = \frac{1}{P_Y} \cdot M - \frac{P_X}{P_Y} \cdot X$$

其中,$-P_X/P_Y$ 表示预算线的斜率。该式是一线方程,有一个纵向的截距和一个斜率。截距表示消费者在不消费某种商品时,能够购买的另一种商品的最大数量,斜率为两种商品价格的负比率。也就是说,为了多消费某种商品必须放弃另外一种商品,他们之间的数量关系由两种商品价格之比决定。因此,预算线斜率的大小反映两种商品在不改变总支出数量的前提下可以互相替代的比率。

预算线也可以用平面坐标图表示。根据下列三个不等式所定义的商品空间的一个区域,即预算空间,如图 3-9 所示。

$$P_X X + P_Y Y \leqslant M$$
$$X \geqslant 0, Y \geqslant 0$$

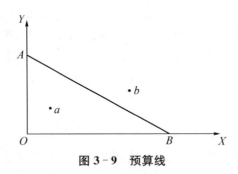

图 3-9 预算线

预算空间说明,在消费可能线 AB 以内任意一点(如 a)表明消费者还有潜力,即还能用他的收入买到更多的商品,以得到更大程度的满足。而 AB 线以外的任意一点(如 b),表示消费者在既定收入和价格之下无法达到这样的水平。在 AB 线上任意一点,则是消费者在现有的收入条件下所能实现的最大限度的商品购买组合。

由于预算线是在消费者收入和商品价格既定的情况下给出的,当消费者收入或商品价格发生变化时,预算线方程发生变化,预算线的位置就会发生变化。一般情况下,有以下三种可能:

第一种情况,消费者收入发生了变化(图 3-10)。

从

$$Y = \frac{1}{P_Y} \cdot M - \frac{P_X}{P_Y} \cdot X$$

可以看出:

① 当 P_X、P_Y 不变时,若收入(M)增加,消费可能线向右上方平移,这时预算空间的范围扩大了。

② 当 P_X、P_Y 不变时,若收入(M)减少,消费可能线向左下方平移,这时预算空间的范围缩小了。

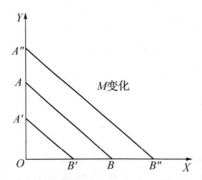

图 3-10 收入变化对预算线的影响

第二种情况,商品的价格发生了变化(图 3-11)。

① 当 M、P_Y 不变时,若 P_X 提高,导致 P_X/P_Y 增加(斜率变大),消费可能线向顺时针方向移动。

②当 M、P_Y 不变时,若 P_X 降低,导致 P_X/P_Y 减少(斜率变小),消费可能线向逆时针方向移动。

③当 M 不变,P_X 和 P_Y 同比变化,则预算线平移。因为 P_X/P_Y 不变。P 同比下降,预算线右移,P 同比上升,预算线左移。

④当 M 不变,P_X 不变而 P_Y 变化(或 P_Y 不变而 P_X 变化)时,不仅预算线的斜率 P_X/P_Y 会发生变化,而且预算线的截距也发生变化。

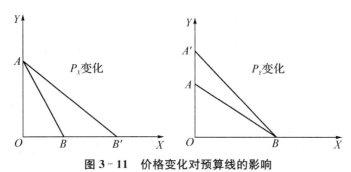

图 3-11 价格变化对预算线的影响

第三种情况,消费者收入和商品价格同时发生变化。

当消费者的收入和两种商品的价格都同比例同方向变化时,预算线不发生变化。这是因为,此时预算线的斜率不会发生变化,其截距也不会发生变化。这说明消费者的全部收入用来购买其中任何一种商品的数量都是不变的。

相对价格(P_X/P_Y)是很重要的概念,它与消费者的消费决策有关。P_X/P_Y 的比值发生变化,意味着相对价格的变化。一般来说:

当名义收入(M)不变,而 X、Y 的名义价格 P_X、P_Y 按比例增加时,P_X/P_Y(相对价格)不变,这相当于实际收入减少。

当名义收入(M)不变、Y 的名义价格 P_Y 不变,而 X 的名义价格 P_X 上升时,等效于 Y 对 X 的相对价格(P_Y/P_X)的减少,或 X 对 Y 的相对价格(P_X/P_Y)的增加。在这种情况下,消费者将减少 X 的购买量,增加 Y 的购买数量。

五、消费者均衡——效用最大化的条件

消费者均衡就是消费者在一定的预算收入和商品价格条件下的效用最大化状态。很明显,消费者均衡既包含消费偏好或消费意愿,即效用最大化;又包含消费约束,即预算收入和商品价格。在序数效用论中,消费者的主观偏好是无差异曲线表示的,而消费者的客观限制又是用预算线表示的。因此,研究消费者均衡的实现,就应该而且可以把无差异曲线和预算线结合起来运用。

无差异曲线代表的是消费者对不同商品组合的主观态度,而预算线约束则显示了消费者有支付能力的商品消费的客观条件,将两者放在一起,就能决定消费者的最后选择。

把无差异曲线与预算线合在一个图上,按照序数效用论的说法,在预算线既定时,它可能同多条无差异曲线相交,但只能而且一定能与一条无差异曲线相切,在这个切点上就实现了消费者均衡。

序数效用论把预算线与无差异曲线的切点称为消费者均衡点。消费者均衡点表示消费者选择的商品组合,既在预算线线上,同时又在一条尽可能高的无差异曲线上。

当商品之间有替代关系时,无差异曲线属标准情形,即必定凸向原点。在二维空间的平面图上,我们可以给出无数条无差异曲线。

现以消费者选择两种商品为例,说明消费者的最优购买行为。如图 3-8 所示,当我们知道消费者的收入 M,商品 X、Y 的价格既定时,则可由 $P_X X + P_Y Y = M$ 绘出一条预算线。当将预算线绘在与无差异曲线同一平面时,必有一条无差异曲线与其相切(如图 3-12 中的 P 点)。最佳消费行为必定在无差异曲线 U_2 与预算线 AB 相切的 P 点上。且在 P 点,X 与 Y 的边际替代率相等。即:

$$\frac{Y \text{的减少量}(\Delta Y)}{X \text{的增加量}(\Delta X)} = \frac{X \text{的价格}(P_X)}{Y \text{的价格}(P_Y)}$$

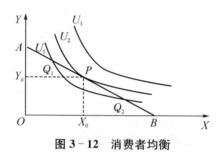

图 3-12 消费者均衡

也就是说,在 P 点上,无差异曲线的负斜率($\Delta Y/\Delta X$,即边际替代率)与预算线的负斜率 P_X/P_Y(X、Y 的价格比)相等。即:

$$MRS_{XY} = \Delta Y/\Delta X = P_X/P_Y = dY/dX \text{(均衡条件)}$$

为什么只有在这个切点时才能实现消费者均衡呢?在比它离原点远的无差异曲线 U_3 所代表的效用大于 U_2,但预算线 AB 同它既不相交又不相切,这说明达到 Y_3 效用水平的 X 商品与 Y 商品的数量组合在收入与价格既定的条件下是无法实现的。而在比它离原点近的无差异曲线 U_1,虽然 AB 线同它有两个交点 Q_1 和 Q_2,说明在 Q_1 和 Q_2 点上所购买的 X 商品与 Y 商品的数量也是收入与价格既定的条件下最大的组合,但 $U_1 < U_2$,因此,在点 Q_1 和点 Q_2 时 X 商品与 Y 商品的组合并不能使消费者达到最大的效用。

为什么只有当 $MRS_{XY} = P_X/P_Y$ 时,才能获得最大满足呢?

若 $MRS_{XY} = dY/dX > P_X/P_Y$,即无差异曲线的斜率大于预算线的斜率的绝对值。在图中为 Q_1 点。理性的消费者会沿着预算线 AB 减少对商品 Y 的购买而增加商品 X 的购买,直到达到均衡点 P。此时,消费者才能处于一种既不想再增加也不想再减少任何一种商品购买量的一种均衡状态。

若 $MRS_{XY} = dY/dX < P_X/P_Y$,即无差异曲线的斜率小于预算线的斜率的绝对值。在图中为 Q_2 点。理性的消费者会沿着预算线 AB 减少对商品 X 的购买而增加商品 Y 的购买,直到达到均衡点 P。此时,消费者才能处于一种既不想再增加也不想再减少任何一种商品购买量的一种均衡状态。

总之,当达到均衡状态时,消费者用有限的收入 M,在既定价格之下购买商品 X 的数量为 X_0,购买商品 Y 的数量为 Y_0,则可达到最大限度地满足。

第四节 价格变化和收入变化对消费者均衡的影响

如前所述,一旦均衡条件发生了变化,例如,消费者收入的变化,或者两种商品或两种商品之一的价格发生了变化,都将使消费者调整其需求或购买行为,使之实现其新的最大效用均衡。换言之,使消费者最大效用均衡发生变动。

市场需求时消费者个人需求的水平相加,而且消费者个人需求曲线可以通过价格—消费曲线来推导。本节将以比较静态分析方法对商品价格变化和消费者收入变化对消费者均衡变动的影响进行分析,并在此基础上推导出消费者需求曲线和恩格尔曲线。

一、替代效应、收入效应和价格效应

1. 替代效应和收入效应的含义

当一种商品的价格发生变化时,会对消费者产生两种影响:一是使消费者的实际收入水平发生变化,二是使商品的相对价格发生变化。在这里,实际收入水平的变化被定义为效用水平的变化。这两种变化都会引起消费者对该种商品需求量的变化。

例如,在消费者同时消费商品 X 和商品 Y 两种商品的情况下,当商品 X 的价格下降时,一方面,对于消费者来说,虽然名义货币收入不变,但是现有的货币收入的购买力增强了,也就是说实际收入水平提高了。实际水平的提高,会使消费者改变对这两种商品的购买量,从而达到更高的效用水平,这就是收入效应(Income Effect)。

另一方面,商品 X 价格的下降,使得商品 X 相对于价格不变的商品 Y 来说,较以前便宜了。商品相对价格的这种变化,会使消费者增加对商品 X 的购买而减少对商品 Y 的购买,这就是替代效应(Substitution Effect)。显然,替代效应不考虑实际收入水平变动的影响,所以,替代效应不改变消费者的效用水平。

总之,一种商品价格变动所引起的该商品需求量变动的总效应即价格效应可以被分解为替代效应和收入效应两个部分,即:

$$价格效应 = 替代效应 + 收入效应$$

一般来说,正常商品需求量与消费者收入水平呈同方向变动,劣等商品需求量与消费者收入水平呈反方向变动。相应可以得出,正常商品价格下降或上升将导致消费者实际收入水平提高或下降时,消费者会增加或减少该商品的需求量。也就是说,正常商品的收入效应与价格呈反方向变动,劣等商品的收入效应与价格呈同方向变动。由于正常商品与劣等商品的区别不对它们各自的替代效应产生影响,所以,对于所有商品,替代效应与价格呈反方向变动。

2. 正常商品的替代效应和收入效应

假定消费者选择两种商品 X 和 Y 为正常商品,商品价格分别为 P_X 和 P_Y。如图 3-13 所示,在商品 Y 价格和消费者收入不变的条件下,当商品 X 的价格下降时,预算约束线将由 AB 变为 AB_1,消费者最优均衡点从 E_1 变为 E_2,此时商品 X 的消费量由 X_1 增加至 X_3,所以需求量为 X_1X_3。这个 X_1X_3 就是由于价格变化所产生的总效应即价格效应。价格效应包括收入效应和替代效应,现在问题在于总效应中替代效应是多少,收入效应是多少?

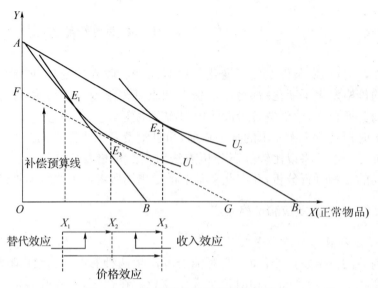

图 3-13 正常商品的替代和收入效应

先来看替代效应。

商品 X 的价格下降使得消费者的效用水平提高了,消费者新的均衡点 E_2 不是在原来的无差异曲线 U_1 而是在更高的无差异曲线 U_2 上。为了得到替代效应,必须剔除实际收入水平变化的影响,使消费者回到原来的无差异曲线 U_1 上去。要做到这一点,需要利用补偿预算线这一分析工具。

补偿预算线(Compensated Budget Constraint Curve):当商品的价格发生变化引起消费者的实际收入水平发生变化时,补偿预算线是用来表示以假设的货币收入的增减来维持消费者的实际收入水平不变的一种分析工具。

具体地说,在商品价格下降引起消费者的实际收入水平提高时,假设可以取走消费者的一部分货币收入,以使消费者的实际收入维持原有的水平,则补偿预算线在此就可以用来表示使消费者的货币收入下降到只能维持原有的无差异曲线的效用水平(即原有的实际收入水平)这一情况。

相反,在商品价格上升引起消费者的实际收入水平下降时,假设可以对消费者的损失给予一定的货币补偿,以使消费者的实际收入维持原有的水平,则补偿预算线在此就可以用来表示使消费者的货币收入提高到只得以维持原有的无差异曲线的效用水平(即原有的实际收入水平)这一情况。

为了剔除实际收入水平变化的影响,使消费者能够回到原有的无差异曲线 U_1 上去,其具体做法是:作一条平行于预算线 AB_1 且与无差异曲线 U_1 相切的补偿预算线 FG。这一做法的含义是:补偿预算线 FG 与无差异曲线 U_1 相切,表示假设的货币收入的减少(预算线的位置由 AB_1 向左平移到 FG)刚好能使消费者回到原有的效用水平。

补偿预算线 FG 与无差异曲线 U_1 相切于均衡点 E_3,与原来的均衡点相比,需求量的增加量为 X_1X_2,这个增加量就是在剔除了实际收入水平变化影响后的替代效应。它显然归因于商品相对价格的变化,它不改变消费者的效用水平。在这里,商品 X 的价格下降所引起的需求量的增加量 X_1X_2 是一个正值,即替代效应的符号为正。也就是说,正常物品的替代效应与价格成反方向的变动。

再来看收入效应。

收入效应是总效应的另一个组成部分。设想一下,把补偿预算线 FG 再推回到 AB_1 的位置上去,于是,消费者的效用最大化的均衡点就会由无差异曲线 U_1 的 E_3 点回复到无差异曲线 U_2 的 E_2 点,相应的需求量的变化量 X_2X_3 就是收入效应。这是因为,在上面分析替代效应时,是为了剔除实际收入水平的影响,才将预算线 AB_1 移到补偿预算线 FG 的位置的。所以,当预算线由 FG 的位置再回复到 AB_1 的位置时,相应的需求量的增加量 X_2X_3 必然就是收入效应。收入效应显然归因于商品 X 的价格变化所引起的实际收入水平的变化,它改变了消费者的效应水平。

在这里,收入效应 X_2X_3 是一个正值。这是因为,当 X 的价格下降使得消费者的实际收入水平提高时,消费者必定会增加对正常物品 X 的购买。也就是说,正常物品的收入效应与价格呈反方向变动。

综上所述,对于正常物品来说,替代效应与价格成反方向的变动,收入效应也与价格成反方向的变动,在它们的共同作用下,总效应即价格效应必定与价格成反方向的变动。正因为如此,正常物品的需求曲线是向右下方倾斜的。

3. 劣等商品的替代效应和收入效应

假定消费者选择两种商品 X 和 Y 是劣等商品,商品价格分别为 P_X 和 P_Y。如图 3-14 所示,在商品 Y 价格和消费者收入不变的条件下,当商品 X 的价格下降时,预算约束线将由 AB 变为 AB_1,消费者实现效用最大化的均衡点从 E_1 变为 E_2,此时商品 X 的消费量由 X_1 增加至 X_2,所以需求量为 X_1X_2。这个 X_1X_2 就是由于价格变化所产生的总效应。现分析替代效应和收入效应是多少。如同正常商品收入效应和替代效应分析一样,作出一条补偿预算线 FG。

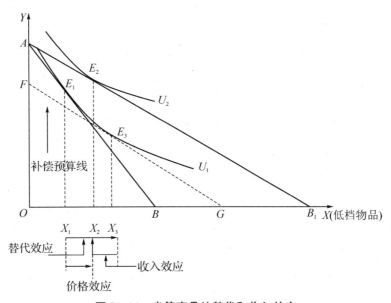

图 3-14 劣等商品的替代和收入效应

从图 3-14 可知,E_1E_3 的水平距离表示在原有效用水平及新价格水平下,消费者所愿意用商品 X 来代替商品 Y 的增加量,这就是替代效应,与其价格成反方向变化。E_3E_2 的水平距离表示由于商品 X 价格下降使得消费者的实际收入上升所引起需求的减少量,这是收入效应，与价格成同方向变化。但是，此时替代效应大于收入效应，因此，总效应大于零，表明总效应最终与价格成反方向变化。

综上所述，对于低档物品来说，替代效应与价格成反方向的变动，收入效应与价格成同方向的变动。而且，在大多数的场合，收入效应的作用小于替代效应的作用，所以，总效应即价格效应与价格成反方向的变动，相应的需求曲线是向右下方倾斜的。

但是，在少数场合，某些低档物品的收入效应的作用会大于替代效应的作用，造成总效应为负值，与价格成同方向变化，于是，就会出现违反需求曲线向右下方倾斜的现象。这类物品被称为吉芬商品（Giffen Goods）。

4. 吉芬商品的替代效应和收入效应

英国人吉芬于19世纪发现，1845年爱尔兰发生灾荒，土豆价格上升，但是土豆需求量反而却增加了。这一现象在当时被称为"吉芬"难题。这类需求量与价格成同方向变动的特殊商品以后也因此被称做吉芬商品。

为什么吉芬商品的需求曲线向右上方倾斜呢？下面借助图3-15分析吉芬商品的替代效应和收入效应。如图3-15所示，由于商品X价格下降所引致的总效应为X_2X_1，其中替代效应为X_2X_3，与价格成反方向变化，收入效应为X_3X_1，与价格成同方向变化，且收入效应大于替代效应（$X_3X_1 > X_2X_3$），所以总效应为负值，与价格成同方向变化。

吉芬商品是一种特殊的低档物品。作为低档物品，吉芬商品的替代效应与价格呈反方向的变动，收入效应则与价格成同方向的变动。

吉芬商品的特殊性在于：它的收入效应的作用很大，以至于超过了替代效应的作用，从而使得总效应与价格成同方向的变动。这也就是吉芬商品的需求曲线呈现出向右上方倾斜的特殊形状的原因。

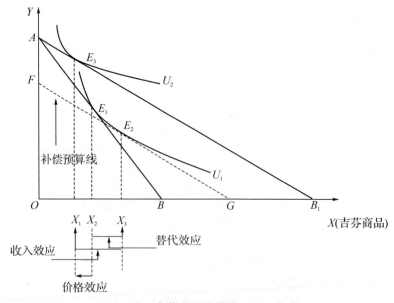

图3-15 吉芬商品的替代和收入效应

综上所述，可以将正常商品、劣等商品和吉芬商品的替代效应和收入效应列表如表3-8所示。

表 3-8 商品价格变化与替代效应和收入效应

商品类别	替代效应与价格关系	收入效应与价格关系	总效应与价格关系	需求曲线的形状
正常商品	反方向变化	反方向变化	反方向变化	向右下方倾斜
劣等商品	反方向变化	同方向变化	反方向变化	向右下方倾斜
吉芬商品	反方向变化	同方向变化	同方向变化	向右上方倾斜

[专栏 3-8] 保姆赚"小费"的故事

记得在初学经济学时,无论是运用 Slutsky 还是 Hicks 分解方法,总觉得消费支出中的价格效应,包括替代效应和收入效应不怎么好理解。最近听说一个保姆的故事,却很好地体现了其原理,又一次体会到"经济学原来就在生活之中"。

一朋友虽事业蒸蒸日上,但为特别爱哭泣的小孩伤透了脑筋。为此两口子想了不少办法,但收效甚微,经过一段时间的摸索,最后总算找到了偏方:小孩特别爱吃一种小颗粒糖,也爱玩,所以每当小宝贝快要哭的时候,破一两个欢乐球或吃几粒糖,小孩很快就会安静下来,若多些球或糖,小孩甚至还会高兴得手舞足蹈。要是不让宝贝哭,每周至少得破费 50 多元(大致 54 元),包括购买 100 来个(大致为 105 个)价格为 0.25 元的欢乐球和约 280 粒价格为 0.1 元的糖。

有一天,他们从保姆市场雇了一保姆专门照顾小孩,基本要求是不能让宝贝哭,当然每周的预算仍然是 54 元左右。在主人的帮助下,保姆很快学会了如何买球和糖以及对付小孩哭泣的招数。然而,一个多月以后,欢乐球降价了,由原来的 0.25 元降到 0.15 元。保姆当然很高兴,因为现在虽然买 280 粒糖仍需 28 元,但买 105 个欢乐球不需要 26 元了,而只需要 16 元,每周就可以省出 10 元。但保姆没有把省出的钱交还给主人,而是进了自己的腰包,算是赚点"小费"。就这样,降价后保姆每次花约 44 元买 105 个球和 280 粒糖,并赚 10 元小费,主人全然不知。日复一日,循环往复,但保姆总琢磨着,既然球降价了,为什么不多买点球,而少买点糖。经过不断尝试,她觉得花上 44 元,买 145 个球和 220 粒糖效果最好,不仅能制止小孩哭泣,有时还会看到小孩的笑脸。

一次周末,保姆利用每周给的一天假,到正在上经济系研究生的哥哥处串门,并洋洋得意的把在主人家的故事一五一十讲给哥哥听。哥哥听后,觉得挺有意思,夸妹妹有心计,但仔细想想,心计还不够,因为让小孩高兴当然好,但这并不是妹妹的本职工作,她完全可以在不让小孩哭泣的前提下,更好的组合球与糖,省出更多的钱,赚更多的"小费"。经此点拨,妹妹觉得言之有理。回去之后,又经过不断尝试,她每次买大约 140 个球和 210 粒糖,花费约 42 元,就能保证小孩不哭。结果,每次可赚约 12 元"小费",比哥哥点拨前多赚 2 元。转眼间已是春节临近,保姆打算回家过年,期间只能由主人替代去买东西和照顾小孩。她知道,如果主人去买东西,必使其赚"小费"之事暴露无遗。为此,她以退为进,开始将每次能省出的 12 元分文不要,即把主人所给的 54 元全部购买球和糖。至于购买的数量,经尝试,最后觉得每周买 180 个球和 270 粒糖,能使小孩最高兴。见此情景,主人当然非常高兴,夸保姆很能干,而保姆就将球降价的事告诉主人,还得了个"诚实"的美名。

案例来源:曲辰.保姆赚"小费"的故事[N].经济学消息报,2001-12-28(6).

这虽然只是一个保姆赚"小费"的故事,却揭示了消费中包括的替代效应和收入效应原理,有趣的是还体现了 Slutsky 和 Hicks 两种分解方法。在此不妨假设小孩不哭为低的无差异曲线 1,小孩高兴为较高的无差异曲线 2,而小孩最高兴为无差异曲线 3。起初在糖和球的价格分别是 0.25 元和 0.1 元的条件下,总预算为 54 元就达到了无差异曲线 1,糖和球的均衡量分别为 105 个和 280 粒。当球的价格降至 0.15 元后,理性的保姆经过调整商品组合,不仅赚了 10 元"小费",还使小孩的效用提高到无差异曲线 2。事实上,在这里体现了 Slutsky 分解方法,这 10 元"小费"是 Slutsky 补偿预算线下形成的成本差额,球由 105 增至 145,这增加的 40 就是球的替代效应。后来在哥哥的指点下,她又调整了商品组合,体现了 Hicks 分解方法。所赚 12 元"小费"就是 Hicks 补偿预算线下形成的补偿变量,而球的均衡数量由降价的 105 增至 140 个,这增加的 35 就是替代效果。最后,由于怕暴露目标保姆放弃所能得到的"小费",达到了最高的无差异曲线 3 的效用水平,球的均衡数量达到了 180 个,比降价前增加了 75 个,这就是欢乐球的全部降价效应。很显然采用不同的分解方法,收入效应也是不一样的,Slutsky 和 Hicks 分解的结果分别是 35 和 40。

由此可以看出,Slutsky 和 Hicks 两种分解方法的总效应是一样的,但由于补偿预算线的不同,导致了两者的替代效应和收入效应各异,前者替代效应应大于后者,而收入效应则相反,但两者差异很小,所以结果大同小异。

二、价格—消费曲线与需求曲线

在其他条件保持不变的条件下,当一种商品价格发生变化时,以同样的货币收入可以购买到更多的这种商品,即消费者效用最大化的均衡点位置会发生移动。价格对消费者均衡的影响可以通过价格—消费曲线来分析。

价格—消费曲线(Price-Consumption Curve)是在消费者的偏好、收入以及其他商品价格不变的条件下,与某一种商品的不同价格水平相联系的消费者效用最大化的均衡点的轨迹。具体以图 3-16(a)来说明价格—消费曲线的形成。

在图 3-16(a)中,纵坐标表示商品 Y,横坐标表示商品 X,AB_1、AB_2、AB_3 表示消费者预算约束曲线,U_1、U_2、U_3 表示消费者在既定偏好条件下的无差异曲线。在初始情况下,预算约束曲线 AB_1 与无差异曲线 U_1 相切,并在 E_1 点时实现消费者均衡。

现在假设商品 Y 和消费者收入及偏好既定,商品 X 价格下降,消费者预算约束曲线在 X 轴上的端点将向远离原点的方向移动,即从初始的 AB_1 位置移动到新的位置 AB_2、AB_3,这是由于在货币收入不变的条件下,物价的下跌使消费者购买力增加,消费者可以购买到更多的商品 X。新的预算约束曲线分别与更高的无差异曲线相切,产生了新的消费均衡点 E_2 和 E_3。因此,在商品 X 价格变化时,消费者均衡点变化的轨迹就是消费者价格—消费曲线。

由消费者的价格—消费曲线可以推导出消费者的需求曲线(Consumer Demand Curve)。如在图 3-16(b)中,横坐标表示商品 X 的数量,纵坐标表示商品 X 的价格,这条曲线就是消费者需求曲线,将消费者需求曲线水平加总,就可以得到这种商品的市场需求曲线。需求曲线表示消费者需求量与所消费商品的价格之间的关系。

这里介绍的是序数效用论者是如何从对消费者经济行为的分析中推导出消费者的需求曲线。由图 3-16(b)可见,序数效用论者所推导的需求曲线是向右下方倾斜的,它表示商品的价格和需求量成反方向变化。尤其是,需求曲线上与每一价格水平相对应的商品需求量都是可以给消费者带来最大效用的均衡数量。

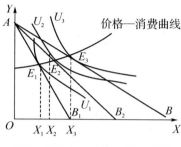

图 3-16(a) 价格—消费曲线

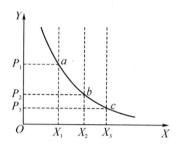

图 3-16(b) 消费需求曲线

三、收入—消费曲线与恩格尔曲线

1. 收入—消费曲线

同样,在其他条件保持不变的情况下,假定商品价格不变、消费者收入发生变动,消费者的预算约束曲线也会发生变动。

在同一无差异曲线图中,预算线的变动又会引起消费者最大效用均衡的变动。因为,在货币收入提高的情况下,变动后的预算线可以与另外的处于更高水平、具有更大效用的无差异曲线相切,形成新的最大效用均衡点。或者,在货币收入下降的情况下,变动后的预算线可能与较低水平、具有较小效用的无差异曲线相切,形成新的最大效用均衡点。因此,在其他条件不变时,一种商品价格的变化会使消费者效用最大化的均衡点的位置发生移动。

在无差异分析方法中,分析消费者行为对收入变动的反应,是通过收入—消费曲线(Income Consumption Curve)表示的。收入—消费曲线是指在消费者的偏好和商品价格不变的条件下,与消费者不同收入水平相联系的消费者效用最大化的均衡数量的轨迹。

如图 3-17(a)所示,纵坐标表示商品 Y,横坐标表示商品 X,A_0B_0、A_1B_1、A_2B_2 表示消费者预算约束线,U_1、U_2、U_3 表示消费者既定偏好的无差异曲线。初始情况下,预算线 A_0B_0 与无差异曲线 U_1 相切,并在 E_1 点时实现消费者均衡。现假定收入不断增加,预算线由 A_0B_0 向外移至 A_1B_1,再移至 A_2B_2,并与无差异曲线 U_2、U_3 相切形成新的消费均衡点 E_2 和 E_3。因此,在消费者收入变化时,消费者均衡点变化的轨迹就是消费者的收入—消费曲线。

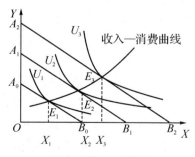

图 3-17(a) 正常品

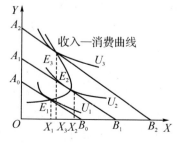

图 3-17(b) 劣等品

当收入—消费曲线的斜率为正数时,需求量随收入增加而增加,需求的收入弹性为正数。在这种情况下,商品称作正常商品(Normal Goods)。图3-17(a)中显示的是正常商品的收入—消费曲线,这种情况下,曲线的斜率为正数,消费者需求量与收入成同方向变化。

而在图3-17(b)中的收入—消费曲线是向后弯曲的,这表示:随着收入水平的增加,消费者对商品X的需求量开始是增加的,但当收入上升到一定水平之后,消费者对商品X的需求量反而减少了,即需求收入弹性为负数,这种商品被称为劣等商品(Inferior Goods)。此时,收入—消费曲线的斜率为负数,消费者的需求量与收入成反方向变化。

例如,对某些消费者来说,在收入水平较低时,玉米是正常品;而在收入水平较高时,玉米就有可能成为劣等品。因为在他们变得较富裕的时候,他们可能会减少对玉米的消费量,而增加对其他肉类与食物的消费量。

2. 恩格尔曲线

由消费者的收入—消费曲线可以推导出消费者的恩格尔曲线。恩格尔曲线(Engel Curve)表示消费者在每一收入水平上对某种商品的需求量。

正常商品的恩格尔曲线为向右上方倾斜的一条曲线,其斜率为正,说明需求量与收入成同方向变化(图3-18(a))。劣等商品的恩格尔曲线为向右下方倾斜的一条曲线,其斜率为负,说明需求量与收入成反方向变化(图3-18(b))。

如果用$X=f(I)$表示恩格尔曲线函数,其中,I为收入水平,X为某种商品的需求量,则可以绘制出如图3-18所示的恩格尔曲线。

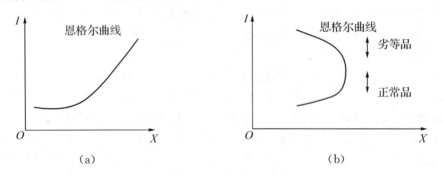

图3-18 恩格尔曲线

[专栏3-9]"恩格尔系数"降到50%以下标志着什么?

"吃了吗?"这是过去相当一段时期中国人见面后再熟悉不过的口头语。那用意几乎相当于国际流行的"你好吗"。渐渐地,"吃了吗"这口头语我们听得越来越少了,因为"吃"对于中国人越来越不像过去那样重要了。换句话说,"吃"在中国人生活中所占的比重越来越小了。此现象在经济学上就叫做"恩格尔系数"降低。

何谓"恩格尔系数"?恩格尔是19世纪德国统计学家,他在研究人们的消费结构变化时发现了一条规律,即一个家庭收入越少,这个家庭用来购买食物的支出所占的比例就越大。反过来也是一样。而这个家庭用以购买食物的支出与这个家庭的总收入之比,就叫恩格尔系数。由此可以得出结论,对一个国家而言,这个国家越穷,其恩格尔系数就越高;反之,这个国家越富,其恩格尔系数越是下降。这就是世界经济学界所公认的恩格尔定律。

经济学上的名词不一定也没必要每个人都懂，但生活的变化和感受却是实实在在的。

国家统计局发布的数据显示，我国居民消费结构发生了显著变化，以恩格尔系数衡量，城镇居民由1999年的41.9%下降到2011年的36.3%，农村居民则由52.6%下降到40.4%。这是一个了不起的成就。

本章小结

消费者均衡。每一个消费者的消费决策行为都取决于两方面因素：第一，消费者偏好；第二，消费者在现实收入水平下的购买力大小。消费者消费决策的目的就是实现商品消费的效用最大化。西方经济学家先后提出了基数效用论和序数效用论，并分析了消费者在既定偏好和收入约束条件下如何实现效用最大化。基数效用论者使用总效用和边际效用方法来分析消费者均衡，序数效用论者使用无差异曲线和预算线方法来分析消费者均衡。虽然两者在研究方法上存在差异，但是最终结论是统一的：消费者均衡条件是边际替代率等于商品价格之比，也就是消费商品的边际收益等于边际成本。

需求曲线和恩格尔曲线。价格和收入对消费者均衡变化的影响可以通过价格—消费曲线和收入消费曲线来分析。价格—消费曲线表示两种商品的最优组合随着某种商品价格的变化而变化的轨迹。收入—消费曲线表示一系列的最优商品组合如何随着消费者收入的变化而变化的轨迹。通过价格—消费曲线可以推导出某商品的个人需求曲线，并在此基础上推导出市场需求曲线，因为市场需求曲线是个人需求曲线的水平相加。恩格尔曲线是通过收入—消费曲线推导出来的。根据商品的不同类型可以推导出不同类型的恩格尔曲线。正常商品的恩格尔曲线斜率为正，劣等商品的恩格尔曲线斜率为负。

收入效应和替代效应。价格变化给某种商品的需求量带来的效应由两部分构成：替代效应和收入效应。替代效应是在保持效用水平不变的情况下，商品价格变化引起的需求量变化。收入效应是在保持价格不变的情况下，收入水平变化引起的需求量变化。对任一种商品来说，替代效应与价格成反方向变化，但是收入效应有时为正，有时为负，所以价格变化对需求量的影响也可大可小。通过收入效应和替代效应的相互作用可以区分为正常商品、劣等商品和吉芬商品。吉芬商品是特殊的劣等商品，其收入效应大于替代效应。

复习思考题

一、问答题

1. 基数效用论和序数效用论的基本观点是什么？它们各采取何种分析方法？
2. 举例说明什么是边际效用递减规律。
3. 简述实现消费者均衡的条件。
4. 用序数效用理论说明正常物品的需求曲线为什么斜率为负。
5. 试说明恩格尔曲线的经济含义。
6. 用替代效应和收入效应理论说明正常物品的需求曲线为什么向下倾斜。
7. 用替代效应和收入效应理论说明吉芬商品的需求曲线为什么斜率为正。
8. 假定某消费者只买 X、Y 两种商品，试说明：当他购买时情况为 $MU_X/P_X > MU_Y/P_Y$，而总支出水平和 P_X、P_Y 又既定不变，则他应当多买些 X 而少买些 Y 才能使总效用增加。
9. 假定某消费者购买 X 和 Y 两种商品，最初的 $MU_X/P_X = MU_Y/P_Y$，若 P_X 下跌，P_Y 保持不变，又假定 X 的需求价格弹性小于1，则 Y 的购买量情况如何变化？

二、计算题

1. 据下表计算:面包的消费量

面包的消费量	总效用	边际效用
1	25	20
2	30	
3		5

(1) 消费第二个面包时的边际效用是多少?
(2) 消费三个面包的总效用是多少?

2. 某消费者收入为120元,用于购买 X 和 Y 两种商品,X 商品的价格 $P_X=20$ 元,Y 商品的价格 $P_Y=10$ 元:

(1) 计算出该消费者所购买的 X 和 Y 有多少种数量组合,各种组合的 X 商品和 Y 商品各是多少?
(2) 作出一条消费可能线。
(3) 所购买的 X 商品为4,Y 商品为6时,应该是哪一点?在不在消费可能线上?它说明了什么?
(4) 所购买的 X 商品为3,Y 商品为3时,应该是哪一点?在不在消费可能线上?它说明了什么?

3. 已知某人的效用函数为 $U=XY$,他打算购买 X 和 Y 两种商品,当其每月收入为120元,$P_X=2$ 元,$P_Y=3$ 元时,试问:

(1) 为获得最大效用,他应该如何选择 X 和 Y 的组合?
(2) 总效用是多少?
(3) 假设 X 的价格提高44%,Y 的价格不变,他必须增加多少收入才能保持原有的效用水平?

4. 某个学生即将参加研究生考试,现只有6天时间复习,每门课的复习时间与对应的预期成绩如下:

天数	0	1	2	3	4	5	6
数学分数	30	44	65	75	83	88	90
英语分数	40	52	62	70	77	83	88
经济学分数	70	80	88	90	91	92	93

问:为使三门课的预期成绩总分最高,应如何安排复习时间?并说明你的理由。

5. 设有一居民李四,其效用函数为:

$U(X,Y)=X^{1/4}Y^{3/4}$

其中,X 为食品消费量;Y 为其他商品消费量。另外,该居民的收入为5 000元,X 与 Y 的价格均为10元,请计算:

(1) 该居民的最优消费组合。
(2) 若政府提供该居民2 000元的食品兑换券,此兑换券只能用于食品消费,则该居民的消费组合有何变化?

6. 假设一个消费者的效用函数为:

$U(X_1,X_2)=X_1^2 X_2$

其中,X_1 为食品的消费量;X_2 表示所有其他商品的消费量。
假设食品的价格为 P_1,所有其他商品的价格为 P_2,消费者的收入为 M 元。

(1) 求最优的食品需求量。食品对该消费者来说是低档物品吗?食品对消费者来说是吉芬商品吗?

(2) 在许多国家,穷人的食品消费会得到政府的补贴,常见的补贴办法是政府向穷人出售食品券。当然,食品券的价格要低于食品的市场价格。假如我们这里考虑的消费者是一个受补贴的穷人,食品券的价格为 $P_1^s=1$,而食品的市场价格为 $P_1=2$,所有其他商品的价格被标准化为 $P_2=1$,消费者的收入为 $M=150$。在得到补助后,消费者的消费行为会发生怎样的变化?

7. 已知效用函数为:
$U(X,Y)=a\ln X+b\ln Y$
若收入为 M,商品 X 和商品 Y 的价格分别为 P_X、P_Y,求:
(1) 两种商品的需求函数。
(2) 当 $P_X=1,P_Y=2,M=120$ 时,求边际替代率,并求出此时商品 X 和商品 Y 的需求价格弹性及收入弹性。

8. 某人仅消费商品 X 和商品 Y 两种商品,其效用函数为:
$U=50X-0.5X^2+100Y-Y^2+100$,其收入 $I=672,P_X=4$。
(1) 推导出此人对商品 Y 的需求函数。
(2) 如果 $P_X=14$,此人将消费多少商品 X?
(3) 在均衡状态下,计算此人对商品 X 的需求收入点弹性 E_i。

9. 老王每月收入 120 元,全部用来购买商品 X 和商品 Y,他的效用函数为:
$U=XY+10$
若商品 X 的价格是 2 元,商品 Y 的价格是 3 元,试求:
(1) 为使老王的效用最大化,他购买的商品 X 和商品 Y 各为多少?
(2) 他获得的总效用是多少?每单位货币的边际效用是多少?
(3) 假设商品 X 的价格提高 0.44 元,商品 Y 的价格不变,为使老王获得的效用水平不变,其收入应该增加多少?

10. 如果效用函数为柯布—道格拉斯型:
$U(X,Y)=X^{\alpha}Y^{\beta}$
$\alpha+\beta=1$
要求:计算对于任意价格 (P_X,P_Y) 与收入 Y,使效用最大化的 X 和 Y 的消费量。

11. 假定消费者效用函数 $U=Q^{0.5}+2M$,Q 为消费的商品量,M 为货币收入。求:
(1) 商品需求曲线。
(2) 商品反需求曲线。
(3) $P=0.05,Q=25$ 时的消费剩余。

12. 某君的爱好是葡萄酒,当其他商品价格固定不变时,他对高质量红葡萄酒的需求函数为:$Q=0.02\times M-2P$,收入 $M=7\,500$ 元,价格 $P=30$ 元。现在价格上升到 40 元,问价格上涨的收入效应、替代效应分别是多少瓶酒?

13. 某人的全部收入都用于购买商品 X 和商品 Y 两种商品,其效用函数为 $U=XY$。此人的初始收入为 100,商品 Y 的价格为 10。当商品 X 的价格由 2 变为 8 时,求保持其效用不变所需的最小收入。

14. 假定某消费者的效用函数 $U=XY$,商品 X 和商品 Y 的价格分别为 $P_X=P_Y=2$,收入 $M=40$ 元。
(1) 该消费者的均衡购买量是多少?最大的效用是多少?
(2) 若 P_Y 降为 1,替代效应使其购买的两种商品数量变为多少?收入效应使其购买的两种商品数量变为多少?

15. 某君每月收入 120 元,全部花费于商品 X 和商品 Y 两种商品,他的效用函数 $U=XY$,商品 X 的价格是 2 元,商品 Y 的价格为 3 元。求:
(1) 为使获得的效用最大,他购买的商品 X 和商品 Y 各为多少?
(2) 货币的边际效用和他获得的总效用各为多少?

(3) 假如商品 X 的价格提高 44%，商品 Y 的价格不变，为使他保持原有的效用水平，其收入必须增加多少？

(4) 假如某君原有的消费品组合恰好代表全社会的平均数，因而他原来的购买可作为消费品价格指数的加权数，当商品 X 的价格提高 44% 时，消费品价格指数提高多少？

(5) 为使他保持原有的效用水平，他的收入必须提高多少个百分比？

(6) 你关于(4)和(5)的答案是否相同？假如不同，请解释为什么某君的效用水平能保持不变。

16. 设某君的效用函数 $U=f(m)=3m^{\delta}(1<\delta)$，这里的 m 代表货币量。如果他在一次抽奖活动中，有 20% 的几率获得 200 元，有 80% 的几率获得 75 元，抽奖的费用为 100 元，试问他会不会参加这一活动？

附录 1：需求曲线的推导

运用边际效用递减规律和消费者均衡概念，我们就能导出个人对某一特定商品的需求曲线。

商品的需求价格：指消费者在一定时期内对一定量的某种商品所愿意支付的价格。基数效用论者认为，商品的需求价格取决于商品的边际效用。具体地说，如果一定数量的某种商品的边际效用越大，则消费者为购买这些数量的该种商品所愿支付的价格就越高；相反，如果一定数量的某种商品的边际效用越小，则消费者为购买这些数量的该种商品所愿支付的价格就越低。进一步地，联系消费者效用最大化的均衡条件进行分析。考虑消费者购买一种商品的情况，那么，均衡者均衡的条件可以写为：$MU/P=\lambda$。它表示，消费者对任何一种商品的最优购买量应该是最后一元钱购买该商品所带来的边际效用和所付出的这一元钱的货币的边际效用相等。

该式还意味着：由于对于任何一种商品来说，随着需求量的不断增加，边际效用 MU 是递减的，于是，为了保证该式均衡条件的实现，在货币的边际效用 λ 不变的前提下，商品的需求价格 P 必须同比例于 MU 的递减而递减。

需求曲线 $Q_d=f(P)$ 是向右下方倾斜的，表示，商品的需求量随商品的价格的上升而减少，随价格的下降而增加。即 Q_d 与 P 呈反方向变动。

附录 2：基数效用论与序数效用论的比较

基数效用论和序数效用论作为两种不同的消费者行为理论，既有一定的区别，又有一定的联系。

（一）基数效用论和序数效用论的区别

第一，各自的假设不同。基数效用论者认为，效用的大小可以用基数度量并可以加总。就是说消费者消费某一商品或劳务所得到的满足程度可以用效用单位来进行衡量。消费者消费几种物品所得到的满足程度可以加总而得出总效用。而序数效用论者认为，效用作为一种主观感受无法计量。也不能加总求和，只能表示出满足程度的高低和顺序，因此，效用只能用序数来表示。

第二，分析工具和方法不同。基数效用论主要采用边际效用分析方法，利用边际效用递减规律来推导消费者均衡。序数效用论主要采用无差异曲线分析法，利用预算约束线和无差异曲线来推导消费者均衡。

(二) 基数效用论和序数效用论的联系

第一,所得出的消费者均衡条件实质上是相同的。下面的推导将说明这一点。在保持效用水平不变的前提下,消费者增加一单位某一商品的消费量所带来的效用的增加量和相应减少的另一商品的消费量所带来的效用的减少量必定是相等的。即有:

$$|MU_1 \cdot \Delta X_1| = |MU_2 \cdot \Delta X_2|$$

上式又可以写为

$$MRS_{12} = \left|\frac{\Delta X_2}{\Delta X_1}\right| = \frac{MU_1}{MU_2}$$

又因为在预算约束条件下,消费者增加一单位某一商品的货币支出和相应减少的另一商品的货币收入是相等的,因此以下等式成立:

$$|\Delta X_1 \cdot P_1| = |\Delta X_2 \cdot P_2|$$

结合以上两式可得,序数效用论关于消费者均衡的条件为

$$MRS_{12} = \frac{MU_1}{MU_2} = \frac{P_1}{P_2}$$

或者

$$\frac{MU_1}{P_1} = \frac{MU_2}{P_2} = \lambda$$

该式与基数效用论关于消费者均衡的条件是相同的。

第二,基数效用论和序数效用论都是一种消费者行为理论,研究的问题都是消费者如何在既定收入约束条件下追求效用最大化的过程。

第三,基数效用论和序数效用论推导的需求曲线具有相同的趋势,即需求曲线向右下方倾斜,符合需求定律,且需求曲线上的任何一点消费者都获得了效用最大化。

第四章 生产理论

在上一章效用理论中,我们从需求方面研究了需求函数背后的消费者行为理论。而厂商理论是从不同方面研究生产者行为,也就是说是从供给方面研究生产函数背后的生产者理论。生产者行为理论的中心问题是以利润最大化为目标,最有效地分配和使用稀缺资源。要实现利润最大化,就涉及两个方面的问题:一是从实物角度分析投入的生产要素与产出之间的物质技术关系,即生产理论;二是从货币角度分析投入的成本与其带来的收益之间的经济价值关系,即成本、收益理论。所以,厂商理论具有两重性,可以从两方面进行研究。生产理论与成本理论是同一生产者行为的两个方面,只是表现形态不同。对生产理论、成本收益理论的分析方法,基本上是消费理论中所使用过的方法。

研究生产者行为就要从厂商的目标开始,厂商的目标是实现利润最大化。而厂商利润最大化的实现涉及三个问题:第一,投入的生产要素与产量之间的物质技术关系,如何增加生产要素以便产量达到最大;第二,成本与收益问题,即对各种成本与收益的经济分析。研究生产者是怎样实现利润最大化的;第三,市场问题,即研究厂商在各种不同的市场条件下是如何实现利润的最大化。本章主要解决的是前两个问题以及后一个问题的一部分(完全竞争市场条件)。

第一节 生产函数概述

一、企业的涵义及其分类

1. 企业的含义

人类社会的经济活动,总是通过各种经济主体的活动来完成的。在人类社会发展的历史上,随着生产力的发展和社会生产关系的演进,出现过各种不同的经济主体,企业作为现代市场经济的基本组成部分,它是经济活动的细胞。市场经济的运行离不开千千万万个企业的生产经营活动。

在日常生活中一提到企业,我们马上想到的是钢铁厂、纺织厂等生产单位。这种常识性的认识抓住了企业的一个基本特征,即它首先是一个生产单位,但这种认识并不完整,例如工厂里的一个车间就不能叫企业。企业或称为厂商,是指能够作出统一的生产决策的单个经济单位。

2. 企业的类型

从不同的角度,按照不同的标准可将企业划分成不同的类型。

按企业的经济性质,可将企业分为全民所有制企业、集体所有制企业、私营企业、混合所有制企业。采用这种划分方法除了可明确企业财产所有权的归属外,还可使国家对不同经济性质的企业采用不同的经济政策和监管办法。

全民所有制企业,也称国有企业,它的全部生产资料和劳动成果归全体劳动者所有,或归代表全体劳动者利益的国家所有,它是一种非公司制的经济组织,不包括有限责任公司中的国有独资公司。集体所有制企业指企业的全部生产资料和劳动成果归一定范围内的劳动者共同所有。混合所有制企业是指具有两种或两种以上所有制经济成分的企业,如中外合资经营企业、中外合作经营企业、国内具有多种经济成分的股份制企业等。中外合资经营企业是由外国企业、个人或其他经济组织与我国企业共同投资开办、共同管理、共担风险、共负盈亏的企业。它在法律上表现为股权式企业,即合资各方的各种投资或提供的合作条件必须以货币形式进行估价,按股本多少分配企业收益和承担责任。它必须是中国法人。中外合作经营企业是由外国企业、个人或其他经济组织与我国企业或其他经济组织共同投资或提供合作条件在中国境内共同举办,以合同形式规定双方权利和义务关系的企业。它可以具备中国法人资格,也可不具备。合作各方依照合同的约定进行收益或产品的分配,承担风险和亏损,并可依合同规定收回投资。

按企业制度的形态构成不同,可将企业分为业主制企业、合伙制企业和公司制企业。这是国际上对企业进行分类的一种常用方法。

业主制企业(或称单一业主制企业)是最原始的企业组织形式,它是由一个人出资设立的企业,又称个人企业。出资者就是企业主,企业主对企业的财务、业务、人事等重大问题有决定性的控制权。他独享企业的利润,独自承担企业风险,对企业债务负无限责任。从法律上看,业主制企业不是法人,是一个自然人。

合伙制企业是以两个或以上业主的个体财产为基础建立起来的企业,合伙人对企业合作经营,分享企业所得,共同承担债务责任。合伙企业的合伙人之间是一种契约关系,不具备法人的基本条件,不是法人。普通合伙企业由普通合伙人组成,合伙人对合伙企业债务承担无限连带责任。有限合伙企业由普通合伙人和有限合伙人组成,普通合伙人对合伙企业债务承担无限连带责任,有限合伙人以其认缴的出资额为限对合伙企业债务承担责任。

业主制企业和合伙制企业统称为古典企业。

公司制企业。公司是指依公司法设立,具有资本联合属性并以营利为目的社会经济组织。对公司制企业,以公司资本结构和股东对公司债务承担责任的方式为标准,可将公司分为无限公司、有限责任公司、股份有限公司和两合公司。无限公司是指由两个以上的股东出资设立,全体股东对公司的债务承担无限连带责任的公司。无限公司与合伙具有基本相同的法律特征,但不同的是有些国家规定无限公司具有法人资格。有限责任公司(又称有限公司)是指由一定数量(我国新《公司法》规定为 50 个以下)的股东出资设立,股东以其认缴的出资额为限对公司承担责任,公司以其全部财产对公司的债务承担的公司。股份有限公司(又称股份公司)是指由一定数量(我国公司法规定为 2~200 个)以上的股东出资设立,将其全部资本分为均等股份,股东以其所认购的股份为限对公司债务承担责任,公司以其全部财产对公司债务承担责任的公司。两合公司是指由负无限责任的股东和负有限责任的股东组成,无限责任股东对公司债务负无限连带责任,而有限责任股东仅以出资额为限对公司债务承担责任的公司。其中,无限责任股东是公司的经营管理者,有限责任股东则是不参与经营管理的出资者。所以"两合"是指经营资本与管理劳务的结合,或是指无限责任股东与有限责任股东的结合。

按出资者的身份不同,可将企业分为内资企业和外商投资企业。内资企业主要有国有企业、集体企业、联营企业、有限责任公司和股份有限公司等。联营企业是指两个及两个以上相同或不同所有制性质的企业法人或事业单位法人,按自愿、平等、互利的原则,共同投资组成的经济组织。外商投资企业主要有中外合资经营企业、中外合作经营企业、外资企业等。这样划分的目的是适应国家统计、宏观决策的需要,也是适应国家管理的需要。

按企业生产经营业务的性质不同,可将企业分为工业企业、农业企业、商业企业、物资企业、交通运输企业、金融企业、邮电企业、旅游企业,等等。工业企业是从事工业品生产的企业,为社会提供工业产品和工业性服务。农业企业是从事农、林、牧、副、渔业生产的企业,为社会提供农副产品。商业企业是从事生活资料流通和流通服务的企业。物资企业是从事工业品生产资料流通或流通服务的企业。交通运输企业是为社会提供交通运输服务的企业。金融企业是专门经营货币或信用业务的企业。这种分类方法也是我国常用的企业分类方法。而且,我国企业的上级主管部门也是按这一分类来设置管理机构的。

企业按照其他分类标准还有其他的分类方法,如按照企业规模的大小或企业的生产能力,企业可以划分为大型企业、中型企业、小型企业;按照产品生产中各种生产要素含量比重状况,企业也可以分为生产劳动密集型产品的企业、生产资本密集型产品的企业、生产知识技术密集型产品的企业。

二、企业经营管理的目标

企业经营目标是在分析企业外部环境和内部条件的基础上确定的企业各项活动的发展方向和奋斗目标,是企业经营思想或宗旨的具体化,它是企业经济行为的核心。企业经营目标为企业决策指明了方向,是企业计划的重要内容,也是衡量企业经营成效的标准。

传统经济学认为,企业经营的目标是追求利润最大化。所谓利润最大化是指企业从事生产经营,获得收益与所费成本的差额力图最大。因为利润代表了企业新创造的财富,利润越多说明企业的财富增加得越多,越接近企业的目标。我国新颁布的企业财务会计制度也规定,以利润为中心的企业考核指标体系代替过去的产量指标或者税利指标,因为在产量或税利总额增长的同时,利润也有可能下降。但由于税率是统一规定的,利润才是企业经营绩效的综合指标。

[专栏 4-1] 赠报的免费午餐

经济学上有一句话:"天下没有免费的午餐。"就是说要想得到什么就必须付出一定的其他东西。应该说,天下没有免费的午餐可以解释许多行为和现象,但是尚不存在金科玉律,任何概括都有例外。本文所说的赠报行为或许便是一例。

每年的 12 月份,各大报刊都作了大量的广告,以期留住老客户,吸引新客户。在 2002 年的元旦笔者到收发室拿报纸,看到这样一则通知,本地的一家晚报向各个单位赠送一个月的报纸,并且可以在以后进行退订。笔者当初没有注意,商家总要赠送一些试品嘛,报社的这种行为当然也是可以理解的。不过令人奇怪的是,一个月以后,这种赠送行为仍然在进行,笔者就有了疑惑。

从订报者如一个单位来说,在元旦这几天如果要订一份报纸的话,那么就会选择用较少的钱来订阅较多的报纸,也可以称之为追求阅读福利的最大化。那么,被赠阅的这个单位就会订阅其他报纸,其阅读福利肯定会比订阅那份赠阅的报纸要多。报社的赠阅行为岂不是相当的非理性?其直接后果是驱逐了其中一部分本来会订阅该报纸的客户,而大部分报刊是不会赠阅的。

但从成本收益的角度来分析,报社的这种赠阅行为却可能是符合成本收益的。从短期分析看,报社的成本不一定会因为赠报而增加,办过报纸的人应该很清楚,报纸是存在规模经济的典型产品,发行达到一定数量时,报社所花的成本最低。况且报纸这种产品,其产品的边际成本是很低的。对报社来讲,如果今年的订阅量比上一年增加,那么报社应该增加印数,如果今年的订阅量比上一年有少量降低,那么报社可以按上一年的订阅量印刷,因为报社形成的生产要素可以不去调整,减少要素的投入来达到减少产量的做法可能会导致成本的提高。因为报社原有的工作人员、运作程序等就需要进行调整,以便把多余的报纸送出去,所以这种赠送根本就不会增加成本。况且在受赠的客户中,有一部分会订阅该报刊,因为他们可以用11个月的钱来看12个月的报纸。这对报社来说,也会增加这后来订阅该报刊的小部分收益。更为重要的是,报社的这种赠阅行为有如公益行为,扩大了该报刊的知名度,这也是一种收益,而且比金钱的收益更加重要。

从长期分析看,一份报纸是可以形成偏好的,读者基本上不会因为报社的赠阅行为而改变对该报的偏好程度。事实上,一个读者既然可以在文化支出上订一份报刊,那么他也不会因为可能享受那点赠阅而改变偏好,所以他们基本上不会在乎这种赠阅行为。即使读者对那点赠阅有心,他也不可能获得该额外阅读的福利,因为报社处于信息有利的一面,读者既不知道报社在哪一年要进行赠阅,也不知道赠阅的对象是谁。笔者看来,学校的班级受赠的概率较高,但学校的班级也不会这样去总结规律,或者说等到总结规律时已经毕业了。因此,赠阅行为的信息和主动权掌握在报社手中,报社不会因为赠报而减少客户。从长期分析来看,报社的长期赠阅仍然可以理解,不知道这份报纸还会不会继续赠阅下去,这有待于实践来检验。

从以上的分析中可以看出,赠报的行为表面上是驱逐订阅客户的行为,但实质上符合成本收益的分析,报社这一生产者是追求利润最大化的。对受赠的客户来说,他们因为报社在追求利润最大化的行为而享受到了免费的午餐。

本案例选自:吕明晓.赠报的免费午餐[N].经济学消息报,2002-05-31(2).在引用过程中作了适当删改。

但是,经济学家所说的利润,不同于会计学家所说的目前的、短期的利润,而是指在长期内,通过适当方法折现,并且扣除业主所提供的资本和劳动的报酬之后的利润。

生产者利润最大化的实现涉及以下三个问题。

第一,投入的生产要素与产量的关系,即如何在生产要素既定时使产量最大,或者在产量既定时使投入的生产要素最少。这就是关于如何使用各种生产要素的问题。

第二,成本与收益的关系。要使利润最大化,就是要使扣除成本后的收益达到最大化。这就要进行成本—收益分析,并确定一个利润最大化的原则。

第三,市场问题。市场有各种结构,即竞争和垄断的程度不同。当厂商处于不同的市场时,应该如何确定自己产品的产量与价格。

三、生产函数

1. 生产与生产要素

生产,是指与提供物质产品和劳务有关的一切活动过程。生产过程就是对各种生产要素进行组合,并产出产品的行为。或者说,就是把投入变为产出的过程。对生产的研究,是微观经济学的一个重要组成部分。

任何一种生产都需要投入各种不同的生产要素(Factors of Production)。生产要素即在生产中所使用的各种经济资源,西方经济学中把经济资源分为四种:

a. 劳动(Labor),指劳动者在生产过程中所提供的劳务,包括脑力劳动和体力劳动;

b. 土地(Land),指生产中使用的各种自然资源,这是一个广义的概念,包括土地以及地上地下的各种自然资源;

c. 资本(Capital),指由劳动和土地两种要素生产出来,再用于生产过程的中间产品,包括实物形态和货币形态;

d. 企业家才能(Entrepreneurship),指企业家经营企业的组织能力、管理能力和创新能力。企业家才能这种要素是由熊彼特首先发现的。

通过对生产要素的运用,厂商既可以提供实物产品,也可以提供各种无形产品,如医疗服务、教育服务等。

根据生产要素在生产过程中数量变化的特点,可分为固定生产要素和可变生产要素。固定生产要素是指在一定时期内数量难以增加或减少的生产要素,如厂房、设备等,其投入数量不随产量的变动而变动;可变生产要素指在一定时期内数量容易变化的生产要素,如劳动量、原材料等,它的投入数量随产量的变动而变动。

[专栏 4-2] 约瑟夫·熊彼特(Joseph Schumpeter,1883—1950)

熊彼特是20世纪经济学上的巨人之一,西方经济学界认为,他对整个经济学的发展所作出的贡献并不亚于亚当·斯密和卡尔·马克思。他的经典著作《经济发展理论》(1912)是熊彼特在其还不满30岁时写出的一部旷世巨著。在该书中,他认为能动的、富有革新精神的企业家是资本主义制度的支柱,他们既担负技术进步的任务,又能使资本带来确定的利润率,并以此来反对马克思指出的贪婪的、吸血的资本家理论。在阐述发明和革新的区别时,熊彼特特别强调科学和技术发明如果不被采用,就毫无价值可言;而采用科学和技术,需要科学家和工程师当初在进行创作发明时所表现出来的想象力和胆识。另外,熊彼特还认为,关于经济发展的革新的内容不仅局限于采用众所周知的新机器,还包括研制新产品,供应新的原料,设立新的工业机构和财政机构,以及建立新的生产方式。

19世纪初期古典经济学家经常混淆资本家和企业家的作用,对此,他持尖锐的反对态度。与他同时代的几乎所有经济学家们,由于被静态利润问题所困扰,没有看到具有革新精神的企业家的核心作用,对此一现象,熊彼特进行了深刻的批判。他的关于企业家的理论一直是后来对企业家问题进行探讨的基础。熊彼特是一位对社会科学的各方面进行过广泛的研究,个人生活极其浪漫多彩的传奇式学者,他的三个理想是:世界上最伟大的经济学家、奥地利最伟大的骑手、维也纳最伟大的情人!

2. 生产函数(Production Function)

生产函数就是在一定时期和一定技术条件下，生产要素的某一种组合与其所能达到的最大产量之间的依存关系，它说明生产过程中投入与产出之间的数量关系。简洁地说，产出是投入的函数。

如果用 $X_1, X_2, \cdots, X_n$ 代表各种生产要素的投入量，用 Q 表示确定要素投入下可能的最大产出量，则生产函数的一般形式为：

$$Q = f(X_1, X_2, \cdots, X_n)$$

式中，Q 为产量；$X_1, X_2, \cdots, X_n$ 则为各种投入的生产要素，如原材料、设备、劳力、资本等。

在既定技术条件下，某一时期内为生产出 Q 数量的产品，取决于所用的上述生产要素的投入量。当技术一定时，若 $X_1, X_2, \cdots, X_n$ 已知，可以推出 Q；反之，若 Q 已知，则可推求出 $X_1, X_2, \cdots, X_n$ 等要素的投入量。

必须指出，生产函数中的产量，是指一定的投入要素组合所可能生产的最大产品数量。也就是说，生产函数所反映的投入与产出之间的关系是以企业经营得很好，一切投入要素的使用都非常有效为假设的。

一个生产体系的投入、产出关系取决于该生产体系的设备、原材料、劳力等要素的技术水平。反过来说，任何生产方法(包括生产技术、生产规模等)的改进，又都会导致产生新的投入、产出关系。因此，不同的生产函数可以代表不同的生产方法。

通过寻找最优的投入、产出关系，就可以选择哪一种生产方法是最合理的。如果企业的产量已定，寻找最优的投入、产出关系，就是寻找最优的投入要素的数量和组合，这种投入要素的数量和组合应能使企业以最少的费用生产出这一定量的产品来。

3. 生产函数的种类

为了简化生产函数，通常会假定生产中只使用劳动和资本这两种生产要素。若以 L 表示劳动投入量，K 表示资本投入量，则生产函数为：

$$Q = f(L, K)$$

生产不同的产品时，厂商所投入的各种生产要素的配合比例是不同的。这种为生产一定数量的某种产品所需要的各种生产要素的配比称为技术系数。根据生产某种产品时所需的各种生产要素的配比是否能改变，可以把生产函数分为固定技术系数的生产函数和可变技术系数的生产函数。固定技术系数的生产函数是指生产某种产品所使用的生产要素投入(如 L 与 K)的配合比例是固定不变的。可变技术系数的生产函数则指生产某种产品所使用的生产要素投入的配合比例是可以变化的。在这种情况下，生产要素可互相替代。

本教材中所探讨的生产函数主要是可变技术系数的生产函数，除此，常见的生产函数简述如下：

a. 柯布—道格拉斯生产函数(Cobb-Douglas Production Function)

20 世纪 30 年代初，美国数学家柯布和经济学家道格拉斯根据 1899—1922 年的工业生产统计资料，提出了一种能够反映这一期间美国的生产函数：

$$Q = aK^b L^c$$

这就是经济学中著名的柯布—道格拉斯生产函数。该生产函数中,Q 表示产量;K 表示资本;L 表示劳动力;a,b,c 均为常数。产量 Q 的大小取决于生产要素 K、L 的投入量。并且,在总产量中,资本收益的相对份额为 b,工资收益的相对份额为 c。

若对柯布—道格拉斯生产函数中的 K、L 都乘以 k 倍,则有:

$$hQ = a(k \cdot K)^b (k \cdot L)^c = k^{(b+c)} Q$$

故:$h = k^{(b+c)}$。从 $(b+c)$ 的大小,可以判断这个函数规模报酬的类型。

①若 $(b+c)=1$,则 $h=k$,说明规模报酬不变。即生产要素使用量增加的倍数与产量增加的倍数相同。

②若 $(b+c)>1$,则 $h>k$,说明规模报酬递增。即 K、L 这两种投入要素都增加 k 倍时,使产出量增加的倍数大于 k。

③若 $(b+c)<1$,则 $h<k$,说明规模报酬递减。意味着产出量增长的倍数小于 k。

例:设某企业的生产函数 $Q=f(L,X)=10L^{0.3}K^{0.7}$,试证明此生产函数为规模报酬固定。

解:根据规模报酬固定的定义,将所有的投入要素都增加到 λ 倍,则:

$$f(\lambda L, \lambda K) = 10(\lambda L)^{0.3}(\lambda K)^{0.7} = 10\lambda^{0.3}L^{0.3}\lambda^{0.7}K^{0.7} = 10\lambda L^{0.3}K^{0.7} = \lambda f(L,K)$$

这说明产出量也增加到原来的 λ 倍。由规模报酬固定的定义可知,

$f(L,X) = 10L^{0.3}K^{0.7}$ 为规模报酬固定。

值得指出的是,对于幂函数中各指数之和 $(b+c)$ 恰好等于 1 的情形,说明该生产函数既是线性函数,又是齐次函数。在这种情况下,线性规划法能够很好地用来测定企业的最佳投入组合与产出的关系。

柯布和道格拉斯在大量的研究中发现,b 一般在 $0.25 \sim 0.30$ 之间,而 c 一般在 $0.70 \sim 0.75$ 之间,并且一般来说有 $b+c=1$。所以,对幂函数的规模报酬是不变的。

b. 固定投入比例生产函数

固定投入比例生产函数,指在每一个产量水平上任何一对要素投入量之间的比例都是固定的生产函数。假定生产中只使用劳动力 L 和资本 K 两种生产要素,则固定投入比例生产函数通常写为:

$$Q = \min(L/U, K/V)$$

其中,Q 表示一种产品的产量,U 和 V 分别表示劳动力和资本的固定生产要素,L/U,K/V 分别表示生产一单位产品所需的固定的劳动投入量和资本投入量。该生产函数表示:产量 Q 取决于 L/U 和 K/V 这两个比值中较小的一个。这是因为 Q 的生产被假定为必须按照劳动力和资本之间的固定比例,当一种生产要素固定时,另一种生产要素数量再多也不能增加产量。

该生产函数一般又假定劳动 L 和资本 K 两种生产要素都满足最小的要素投入组合的要求,则有:

$$Q = \frac{L}{U} = \frac{K}{V}, \text{即} \frac{K}{L} = \frac{V}{U}$$

上式表示,两种生产要素的固定投入比例等于两种生产要素的固定生产技术系数之比。就固定投入比例生产函数而言,当产量发生变化时,各要素的投入量以相同的比例发生变化,故各要素的投入量之间的比例维持不变。

第二节 短期生产理论:一种可变生产要素的生产函数

生产理论可分为短期生产理论和长期生产理论。短期生产和长期生产的划分不是以时间的绝对长短来划分的,而是以生产者是否能够变动全部要素投入数量作为划分标准的。短期是指生产者来不及调整全部生产要素投入量,至少有一种生产要素的投入量保持不变的时间周期。长期是指生产者可以调整全部生产要素投入量的时间周期。

由于短期内不能改变生产规模,因此有些生产资源或生产要素,可以看做是固定的,例如厂房、机器设备等;有些生产资源或生产要素可以看做是可变的,例如原材料、燃料、劳动等。短期生产也意味着技术不变,在技术不变的情况下,随着投入要素的变动,便会出现收益递减的规律,或边际报酬递减规律。

本节所讨论的是一种简单的短期生产理论,即只有一种要素投入是可变的。为简化分析,我们假定厂商只使用资本 K 和劳动力 L 进行生产,资本的投入量是固定不变的,只有劳动力的投入是可变的,则短期生产函数可表示为:

$$Q=f(L)$$

根据短期生产函数,当资本投入量保持不变时,可得到劳动的总产量、平均产量和边际产量的概念。

一、总产量、平均产量、边际产量

1. 总产量

总产量(Total Product,TP)是指在一定的技术条件下,可变投入和一定量的其他固定投入相结合所能生产的全部产量。可表示为:

$$TP=Q$$

2. 平均产量

平均产量(Average Product,AP)是指在一定技术条件下,总产量与所使用的可变要素的投入量之比,即平均每单位变动投入 L 所生产的产量。可表示为:

$$AP=TP/L=Q/L$$

3. 边际产量

边际产量(Marginal Product,MP)是指在一定技术条件下,每增加一单位某种投入要素引起总产量 Q 的变化量,或增加最后一单位某种要素所带来的产量。可表示为:

$$MP=\Delta TP/\Delta L$$

若投入要素的投入量并非增量变化而为连续变化,即 $\Delta L \to 0$ 时,则

$$MP = \lim_{\Delta L \to 0} \frac{\Delta TP}{\Delta L} = \frac{dTP}{dL}$$

举例分析:假设某服装厂有 100 个工人,一天可生产出 1 000 套西装,则这 1 000 套西装就是 100 个工人一天的总产量。平均产量是指平均每个工人一天生产出来的产量,此例中每个工人的平均产量是 10 套西装。边际产量是指每增加一单位劳动所增加的产量,此例中如果服装厂增加一个工人,即有 101 个工人时,一天的总产量为 1 009 套西装,每天多生产的 9 套西装就是增加一个工人的边际产量。

二、总产量曲线、平均产量曲线和边际产量曲线的形状分析

根据以上公式,假定生产某种产品所用的生产要素是资本和劳动,其中资本是固定要素,劳动是可变要素,下面以某印刷车间印刷图书为例来分别绘制总产量曲线、平均产量曲线以及边际产量曲线,并且进一步分析劳动力数量变动对产量的影响以及 TP、AP、MP 曲线之间的关系。

某印刷车间用 4 台印刷机印刷某种书刊,印刷车间每天的总产量、边际产量和平均产量如表 4-1 所示。

表 4-1 印刷车间每天的总产量、边际产量和平均产量

劳动投入量	总产量(TP)	边际产量(MP)	平均产量(AP)
0	0		0
1	13	13	13
2	30	17	15
3	60	30	20
4	104	44	26
5	134	30	26.8
6	156	22	26
7	168	12	24
8	176	8	22
9	180	4	20
10	180	0	18
11	176	−4	16

根据印刷车间每天的总产量、边际产量和平均产量,绘出总产量、边际产量和平均产量的三条曲线,如图 4-1 所示。

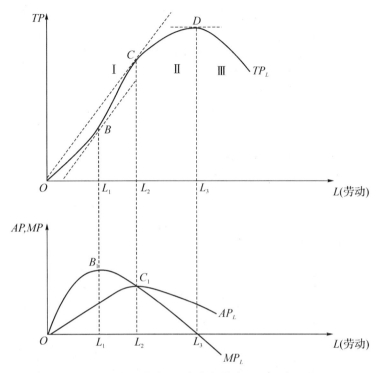

图 4-1 总产量曲线、平均产量曲线和边际产量曲线

从图形上可以看出,总产量、平均产量和边际产量之间的关系有如下几个特点:

第一,在资本量不变的情况下,随着劳动投入量的增加,最初总产量、平均产量和边际产量都是递增的,但是各自增加到一定程度后就开始分别递减,并且总产量和平均产量一直趋向于零,但始终不会等于零,而边际产量不仅可以为零,还可以为负数,所以总产量曲线、平均产量曲线和边际产量曲线都是先上升而后下降。

第二,边际产量曲线与平均产量曲线相交于平均产量曲线的最高点。在相交前,平均产量是递增的,边际产量大于平均产量(即 AP 上升时,$MP>AP$);在相交后,平均产量是递减的,边际产量小于平均产量(即 AP 下降时,$MP<AP$);在相交时,平均产量达到最大,边际产量等于平均产量(即 AP 最大时,$MP=AP$)。

第三,当边际产量为正值时,总产量一直增加;当边际产量为零时,总产量达到最大;当边际产量为负数时,总产量减少(即 TP 最大时,$MP=0$;$MP<0$,TP 下降)。

三、生产要素的边际产量(收益)递减规律

西方经济学家认为,短期生产函数一般都遵循边际收益递减规律(Law of Diminishing Marginal Returns)。边际收益递减规律简称报酬递减规律,它的基本内容是:在技术水平不变的情况下,如果其他生产要素的投入量固定不变,且不断增加某种要素的投入量,最初这种生产要素的增加会使产量增加,但当它的增加超过一定限度时,增加的产量将会递减,最终还会使产量绝对减少。

关于边际收益递减规律需要作以下几点说明:

第一,边际产量递减规律,是以生产技术固定为前提的。若技术进步了,显然可使生产要素报酬递减现象延后出现,但不会使报酬递减现象消失。

第二,随着可变要素的连续增加,边际产量经历着先递增,接着递减,最后变为负数的过程。递增是因为固定要素在可变要素很少时,效率未充分发挥,当固定要素潜在效率完全发挥后,边际产量就开始递减。值得注意的是,边际产量递增与报酬递减规律并不矛盾。因为此规律的意义在于,当一种要素连续增加时,迟早会出现边际产量递减的趋势,而不规定它一开始就递减。

第三,边际收益递减规律是以其他生产要素固定不变为前提,来考察一种可变要素发生变化时,其边际产量的变化情况。若每种要素同比例变化,即各种生产要素投入量按原比例同时增加,边际产量不一定递减。

第四,所增加的生产要素需具有同样的效率。如果增加的第二单位的生产要素比第一单位有更大的效率,那么边际产量则可能不是递减,而是递增。

边际报酬递减规律是现实生活中的一个经验总结,是一个经过实际经济现象观察的简单陈述,是我们研究一种生产要素合理投入的出发点。

[专栏4-3] 马尔萨斯人口论与边际报酬递减规律

经济学家马尔萨斯(1766—1834)的人口论的一个主要依据便是边际收益递减定律。他认为,随着人口的膨胀,越来越多的劳动耕种土地,地球上有限的土地将无法提供足够的食物,最终劳动的边际产出与平均产出下降,但又有更多的人需要食物,因而会产生大的饥荒。幸运的是,人类的历史并没有按马尔萨斯的预言发展(尽管他正确地指出了"劳动边际报酬"递减)。

在20世纪,技术发展突飞猛进,改变了许多国家(包括发展中国家,如印度)的食物的生产方式,劳动的平均产出因而上升。这些进步包括高产抗病的良种、更高效的化肥、更先进的收割机械。在"二战"结束后,世界上总的食物生产的增幅总是或多或少地高于同期人口的增长。

粮食产量增长的源泉之一是农用土地的增加。例如,从1961~1975年,非洲农业用地所占的百分比从32%上升至33.3%,拉丁美洲则从19.6%上升至22.4%,在远东地区,该比值则从21.9%上升至22.6%。但同时,北美的农业用地则从26.1%下降至25.5%,西欧由46.3%下降至43.7%。显然,粮食产量的增加更大程度上是由于技术的改进,而不是农业用地的增加。

在一些地区,如非洲的撒哈拉,饥荒仍是个严重的问题。劳动生产率低下是原因之一。虽然其他一些国家存在着农业剩余,但由于食物从生产率高的地区向生产率低的地区的再分配的困难和生产率低的地区收入也低的缘故,饥荒仍威胁着部分人群。

本案例选自平狄克,鲁宾费尔德.微观经济学.北京:经济科学出版社,2002.

四、一种可变要素投入的三个阶段

根据总产量曲线、平均产量曲线和边际产量曲线之间的关系,按照边际产量曲线和平均产量曲线所处的状态,可以把短期生产函数形式的生产划分为三个阶段,在图4-1中表现为Ⅰ、Ⅱ、Ⅲ三个区域,下面通过这种方法来分析生产要素的生产效率。如图4-1所示。

第Ⅰ阶段:即从原点至L_1,为边际报酬递增阶段。该阶段的特点是变动投入要素的收益率(边际产量)先递增,后递减。这一阶段中,由于总产量呈上升趋势,所以,单位产品中的固定生产要素成本(即固定成本,如设备)呈下降趋势;又由于平均产量呈上升趋势,所以单位产品中的可变投入要素的成本(如工资)也呈下降趋势。二者都呈下降趋势,说明在这一阶段,增加可变投入要素的数量能进一步降低成本。所以,可变投入要素的数量停留在这一阶段在经济上是不合理的。

这一阶段中,总产量和平均产量都是递增的,且边际产量的递增快于平均产量,即 $MP>AP$,说明这时增加劳力的数量是有利的(因为相对于固定资本来说,劳力缺乏,所以劳动量的增加可使资本的作用得到充分发挥)。即使是为了获得最大平均利润,劳动力也一定要增加到 L_1 为止。或者说,企业如只考虑单位产品的成本,不要求得到最大产量,劳力的投入也以 L_1 为最恰当(因为此时的平均产量 AP)最大。

第Ⅱ阶段:即 $L_1 \to L_2$ 之间,为边际报酬递减阶段。换句话说,第Ⅱ阶段是在变动投入的边际产量递减的区域内开始,一直到总产量最大,边际产量为 0 之点。

这一阶段的特点是,在这整个区域中,变动投入要素的收益率(边际产量)始终递减。也就是说,在该投入结合比例区域中,虽然总产量在增加,但其增长率却在不断下降。此时,平均产量 AP 开始下降,但因 $MP>0$,所以总产量 TP 仍保持递增,直到总产量达到最大值。

这一阶段中,由于总产量呈上升趋势,所以单位产品的固定成本呈下降趋势;又由于平均产量呈下降趋势,故单位变动成本呈上升趋势。固定成本和变动成本的变动方向相反,说明在这一阶段,有可能找到一点使两种成本的变动恰好抵消。在这一点上,再增加或减少投入要素的数量都会导致成本的增加。所以,第Ⅱ阶段是经济上合理的阶段。因为最优的可变投入要素的投入量只能在第Ⅱ阶段中选择。

如果厂商不考虑单位产品的成本,而只希望得到最大产量,那么,某一生产要素的投入量以 L_3 为最恰当,因为此时的总产量最大。当然,劳力的投入究竟应在这个区域的哪一点,还得结合成本来考虑。

第Ⅲ阶段:即越过 L_2 之后,为边际负报酬阶段。这一阶段的特点为,总产量 TP 不断下降,变动投入要素的边际产量出现负值。即可变投入的增加,使产出减少,而可变投入减少时,反而会使总产出增加。也就是说,相对于固定资本劳力过多,劳力的增加使资本的作用不能得到发挥。显然,这是一个低效率的生产阶段,对任何生产者来说,都不会在这个阶段进行生产。

通过上述分析可知,第Ⅱ阶段是经济上合理的阶段。至于厂商在该区域最终将选定哪一点的要素组合方式进行生产,还必须对所处的市场类型及要素价格和产品价格等因素进行综合分析,加以论证,因为厂商的目标不是最大产量,而是利润最大化,而利润的高低又受到总收益和总成本的共同影响。

五、单一可变投入要素最优投入量的确定

为了确定单一可变投入要素的最优投入量,需要把实物单位表示的边际产量换算为用货币单位表示的边际产量,后者称之为边际产量收入。即:

$MRP=$ 实物的边际产量 $\times$ 单位产品的价格

$MRP=MP \times P_X$ (此处假定 P 不变)

或:$MRP = MP \times MR$ （P 不变时,$P=MR$)

上例中,假定印刷品的价格为每单位 0.3 元,假定工人的日工资率为 2.4 元。假定工人是该车间唯一的可变投入要素,该车间应雇佣多少工人？

$$P \cdot \frac{\partial Q}{\partial L} = \frac{\partial C}{\partial L}$$

假定工人是该车间唯一的可变投入要素时,该车间各种工人人数的边际产量收入和边际支出 ME_C（即支付给工人的工资 P_L）计算如表 4-2 所示。

表 4-2 可变要素投入的最优数量

工人人数(1)	1	2	3	4	5	6	7	8	9	10
边际产量 MP_L(2)	13	17	30	44	30	22	12	8	4	0
边际产量收入 $MRP=0.3\times(2)$	3.9	5.1	9.0	13.2	9.0	6.6	3.6	2.4	1.2	0
边际支出 $ME_C=P_L=2.4$	2.4	2.4	2.4	2.4	2.4	2.4	2.4	2.4	2.4	2.4

从表 4-2 可以看出：

当雇佣 7 名工人时,$MRP(3.6) > P_L(2.4)$,不是最优。

当雇佣 9 名工人时,$MRP(1.2) < P_L(2.4)$,不是最优。

当雇佣 8 名工人时,$MRP(2.4) = P_L(2.4)$,利润达到最大。

由此可以得出结论：当 $MRP = P_L$ 时,可变投入要素的投入量为最优。此时,利润最大。

$MRP > P_L$,增加 L 的投入量使利润增加；

$MRP < P_L$,增加 L 的投入量使利润减少；

$MRP = P_L$,利润最大。

总之,在短期内,劳力的工资水平一般不随产量的增加而增长,而且产品的价格也不变。在这种情况下,企业只有将劳力使用的数量确定在边际产量收入等于劳力工资水平的那一点上,才能实现利润最大化。如果变动投入要素 L 的边际产量大于增加单位劳力所支付的工资,增加投入的使用量会使利润增加。与此相反,当增加单位劳力所支付的工资大于它的边际产量时,减少劳力的使用量会增加利润。

现将投入要素 K 固定,单独研究要素 L 的投入量与边际产量收入的关系。

设：总产量 $Q=f(L,K)$；生产成本 $C=g(L,K)$；销售价格为 P；利润为 π。

显然,$\pi = P \times Q - C$（K 既定,利润 π 是劳力 L 的函数）。若要使利润最大,必有：

即

$$\frac{\partial \pi}{\partial L} = P \cdot \frac{\partial Q}{\partial L} - \frac{\partial C}{\partial L} = 0$$

因为

$$P \cdot \frac{\partial Q}{\partial L} = MR_L （或 MRP_L）$$

$$\frac{\partial C}{\partial L} = MC_L$$

所以 MR_L（或 MRP_L）$= MC_L = (P_L)$

由此可得出结论:企业要想使利润最大,总是要增加某投入要素的使用量,直到它的边际产量收入等于它的边际成本为止。

如果 $MR_L > MC_L$,则继续增加 L 的投入量,可以增加利润;

如果 $MR_L < MC_L$,则减少 L 的投入量反而会增加利润。

只有 L 的使用量在 $MR_L = MC_L$ 的水平上,利润才能达到最大,劳动力 L 这种投入要素才算得到最佳利用(对投入要素 K 来说也是这样)。

第三节 长期生产理论:两种可变生产要素的生产函数

在产品的生产过程中,往往需要有多种投入要素,而且各种投入要素之间有可能在一定限度内互相替代。因而同一产量的某种产品就可以通过不同比例的投入要素来生产。在这种情况下,企业将面临以下两种选择:一是在资源(如资金)既定情况下,如何优化投入组合,才能实现产量最大化。二是在保持一定的产量水平下,如何通过优化投入组合,才能使成本达到最小。

本节对长期生产函数进行考察,将以两种可变生产要素的生产函数,来讨论可变生产要素的投入组合和产量之间的关系。

一、长期生产函数

在长期内(Long Run),所有生产要素的投入量都是可变的,多种可变生产要素的长期生产函数可以写为:

$$Q = f(X_1, X_2, \cdots, X_n)$$

其中,Q 代表产量,$X_i(i=1,2,\cdots,n)$ 代表第 i 种可变生产要素的投入量。该生产函数表示,长期内在技术水平不变的条件下,由 n 种可变要素投入量的一定组合所能生产的最大产量。

在生产者行为理论中,通常以两种可变生产要素的生产函数来考察长期生产问题。假定生产者使用劳动和资本两种可变生产要素生产一种产品,则两种可变生产要素的长期生产函数可以写为:

$$Q = f(L, K)$$

其中,L 表示可变要素劳动的投入量,K 表示可变要素资本的投入量,Q 表示产量。

二、等产量曲线

1. 等产量曲线的定义

等产量曲线(Equal Product Curve)是用来表示在一定技术条件下,生产出某一固定产量所需两种生产要素之各种可能的组合的曲线。以 Q 表示既定的产量水平,则与等产量曲线相对应的生产函数为:$Q = f(L, K)$。

例如,现在资本和劳动两种生产要素 L 和 K,如果 $L=3, K=8; L=4, K=6; L=6, K=4; L=8, K=3$ 等组合都可以生产出 20 件某种产品(表 4-4),那么把这些点连接起来的曲线就是产量为 20 件的等产量曲线。

表 4-4　生产相同产量的两种要素的组合

组合方式	劳动(L)	资本(K)	产量(Q)
A	3	8	20
B	4	6	20
C	6	4	20
D	8	3	20

根据表 4-4 中数据，可以作出等产量曲线图，如图 4-2 所示。

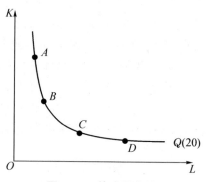

图 4-2　等产量曲线

等产量曲线上的任何一点都表示一定量的劳动和一定量的资本组合，任何一种组合都能得到 Q 个单位的产出。根据给定的生产函数，可以在同一坐标图上画出无数条等产量曲线，每一条等产量曲线分别表示一定的产量。如图 4-3 所示。

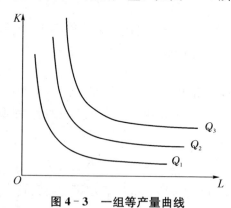

图 4-3　一组等产量曲线

2. 等产量曲线的特征

（1）在同一平面内，可以有无数条等产量曲线。同一条等产量曲线代表同样的产量，不同的等产量曲线代表不同的产量。离原点越远（或处于较高位置）的等产量曲线所代表的产量越高，反之则越低。在图 4-3 中，Q_1、Q_2、Q_3 是三条不同的等产量曲线，其代表的产量水平大小依次为：$Q_1 < Q_2 < Q_3$。

（2）在同一平面上，任意两条等产量曲线不能相交。因为两条等产量曲线的交点代表两种要素的同一种组合，而同一种组合的要素投入是不可能生产出两个不同产出量。

（3）在等产量曲线上，产出维持不变，但投入要素的比例不断变化，没有一处相同。

（4）等产量曲线的斜率可以为正、负、零或趋于无穷大。在投入要素有效替代范围内，等产量曲线的斜率为负，是一条向右下方倾斜的线。这就表明，在生产者的资源与生产要素价格既定的条件下，为了达到相同的产量，在增加一种生产要素的同时，必须减少另一种生产要素的投入量。两种生产要素的同时增加，是资源既定时无法实现的；而两种生产要素的同时减少又无法保持相等的产量水平。

（5）等产量曲线是一条凸向原点的曲线，其斜率的绝对值是递减的。这是边际技术替代率递减所决定的。

等产量曲线与无差异曲线代表着不同的经济含义：无差异曲线代表消费者对两种消费品不同组合的主观评价，而等产量曲线代表的是两种生产要素的不同组合与产量之间的技术联系。

三、边际技术替代率

长期生产的主要特征是不同比例的要素组合可以生产同一产量水平，向右下方倾斜的等产量曲线也表明，两种要素投入的各种不同组合可以带来相同的产量水平，这就意味着在维持同一产量水平时，两种生产要素之间存在一定程度的替代关系。边际技术替代率（Marginal Rate Technical Substitution, MRTS）是研究要素之间替代关系的一个重要概念，它是指在维持产量水平不变的条件下，增加一单位某种生产要素投入量时所减少的另一种要素的投入数量。边际技术替代率用来衡量产出不变情况下，一种投入要素的一个单位能替代另一种投入要素的多少个单位。以 $MRTS_{LK}$ 表示劳动对资本的边际技术替代率，则：

$$MRTS_{LK} = -\frac{\Delta K}{\Delta L}$$

式中，ΔK 和 ΔL 分别表示资本投入量的变化量和劳动投入量的变化量，式中加负号是为了使 $MRTS_{LK}$ 为正值，以便于比较。

如果要素投入量的变化量为无穷小，上式变为：

$$MRTS_{LK} = \lim_{\Delta \to 0} -\frac{\Delta K}{\Delta L} = -\frac{dK}{dL}$$

上式说明等产量曲线上某一点的边际技术替代率就是等产量曲线该点斜率的绝对值。

边际技术替代率为负值，因为在代表一给定产量的等产量曲线上，作为代表一种技术上有效率的组合，意味着为生产同一产量，增加 L 的使用量，必须减少 K 的使用量，两者反方向变化。

边际技术替代率与边际产量的关系：

边际技术替代率（绝对值）等于两种要素的边际产量之比。

设生产函数 $Q = f(L, K)$ 则：

$$dQ = \frac{dQ}{dL} \cdot dL + \frac{dQ}{dK} \cdot dK = MP_L \cdot dL + MP_K \cdot dK$$

由于同一条等产量线上产量相等，即 $dQ = 0$，则上式变为：

$$MP_L \cdot dL + MP_K \cdot dK = 0$$

即：$-\dfrac{dK}{dL} = \dfrac{MP_L}{MP_K}$

由边际技术替代率公式可知：

$$MRTS_{LK} = \dfrac{MP_L}{MP_K}$$

上述关系是因为边际技术替代率是建立在等产量曲线的基础上，所以对于任意一条给定的等产量曲线来说，当用劳动投入代替资本投入时，在维持产量水平不变的前提下，由增加劳动投入量所带来的总产量的增加量和由减少资本量所带来的总产量的减少量必然相等。

在两种生产要素相互替代的过程中，普遍存在一种现象：在维持产量不变的前提下，当一种要素的投入量不断增加时，每一单位的这种要素所能代替的另一种生产要素的数量是递减的。这一现象被称为边际技术替代率递减规律。由于边际技术替代率代表了等产量曲线切线的斜率绝对值，因此它的递减必定使等产量曲线凸向原点。

以图4-4为例，当要素组合沿着等产量曲线由 a 点按顺序移动到 b、c 和 d 点的过程中，劳动投入等量的由 L_1 增加到 L_2、L_3 和 L_4。即：$L_2 - L_1 = L_3 - L_2 = L_4 - L_3$，相应的资本投入的减少量为 $K_1K_2 > K_2K_3 > K_3K_4$，这恰好说明了边际技术替代率是递减的。

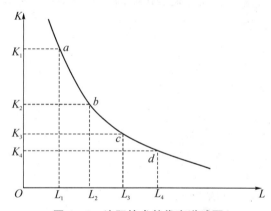

图4-4 边际技术替代率递减图

边际技术替代率递减的主要原因是：在一定的技术条件下，因为边际产量是逐渐下降的。其一，当资本量不变时，随着劳动投入量的增加，则劳动的边际产量有递减趋势；其二，当资本量也下降时，劳动的边际产量会下降得更多。

等产量线上的切线斜率即边际技术替代率绝对值递减，使等产量线从左上方向右下方倾斜，并凸向原点。但是，等产量曲线也存在如下两种特殊情况：

（1）完全替代

完全替代指两种生产要素之间完全可以替代，边际技术替代率保持不变，等产量曲线的形状是一条直线。例如，在农业生产中，如果可以全部用劳动不用资本，或者可以全部用资本不用劳动，我们就称这两种投入要素是完全可以替代的。如图4-5所示。

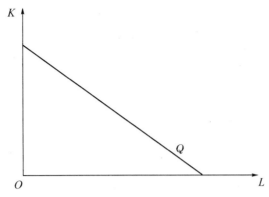

图 4-5　边际技术替代率保持不变的等产量曲线

（2）完全不能替代

完全不能替代指两种生产要素之间的比例是固定的，不存在替代关系，即固定投入比例生产函数，如生产自行车，在投入要素车架和车轮之间是完全不能替代的。这种等产量曲线的形状是一条直角线。如图 4-6 所示。

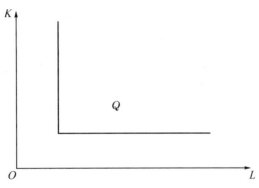

图 4-6　固定投入比例生产函数的等产量曲线

四、生产的经济区域

虽然等产量曲线上所有个点表示的两种生产要素的组合都能生产出相同的产量，但生产者并不会任意选择某一种组合来组织生产，因为在一条完整的等产量曲线上的某些区域所表示的生产要素的组合是明显不合理的。

在图 4-7 中，Q_1、Q_2、Q_3 是三条等产量曲线，我们用曲线 EF 将这三条等产量曲线分成三部分。中间部分的等产量曲线的斜率是负值，也是生产要素的合理组合阶段，它也构成了企业生产的经济区域。在这个区域内，生产要素可以相互替代，等产量曲线的斜率为负值。它表示：可以通过对两种生产要素投入量的相互替代，来达到某一既定的产量水平。生产的不经济区域为脊线 OF 以下和脊线 OE 以上的区域。脊线 OF 以下和脊线 OE 以上的区域的等产量曲线的斜率为正值，表示两种生产要素投入量都同时增加，也只能维持某一既定的产量水平。

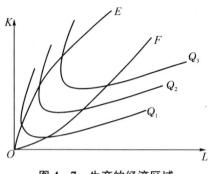

图 4-7 生产的经济区域

五、等成本曲线

厂商在生产中所能投入的生产要素量受其所拥有的成本和要素价格的制约。等成本线(Equal Cost Line)就是表示在既定成本(经费)之下,可以购买的各种生产要素(或投入要素)的数量的最大组合。如果用 C 表示既定的总成本, P_L 和 P_K 分别代表劳动 L 和资本 K 的价格, L 和 K 分别代表劳动和资本的数量,则等成本线的方程为:

$$K = \frac{1}{P_K} \cdot C - \frac{P_L}{P_K} \cdot L$$

上式也可以写为: $P_L \cdot L + P_K \cdot K = C$

根据上述等成本曲线的方程,可以画出一条等成本曲线。如图 4-8 所示。

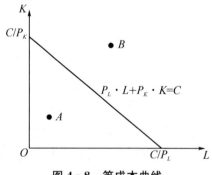

图 4-8 等成本曲线

等成本线斜率的绝对值等于两种生产要素价格之比(P_L/P_K),等成本线与纵轴相交的坐标(C/P_K)表示全部成本用来购买资本所得到的资本的数量,等成本线与横轴相交的坐标(C/P_L)表示全部成本用来购买劳动力所得到的劳动的数量。生产成本和生产要素价格的变动,都会使等成本线发生变动。等成本线与预算线的变动类似。

等成本线把坐标空间分成三部分:等成本线左下方区域、右上方区域和等成本线本身。厂商在购买了等成本线左下方区域中任一点(如点 A)所代表的生产要素组合后,既定的成本仍有剩余;等成本线右上方区域中任一点(如点 B)所代表的生产要素组合,在现有的成本约束条件下,厂商买不起。等成本线上各点所代表的生产要素组合,厂商不仅负担得起,而且正好可以完全利用既定的成本。

只要两种生产要素的价格既定不变,等成本线必定是一条直线。而且,在不同的成本之下,移动也是平行移动,即任一条等成本线的斜率相同。在此前提条件下,总成本的增加(或减少)表现为等成本线向右上方(或左下方)平行移动,离原点越远的等成本线表示的总成本越大,如图4-9所示。如果投入要素的价格发生变化,则成本线的斜率发生变化。

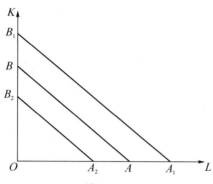

图4-9 等成本曲线的移动

六、生产要素的最佳组合:生产者均衡

从长期考虑,所有生产要素的投入数量都是可变的,生产者均衡是指在长期生产者怎样选择两种生产要素的最优组合,从而实现利润最大化。生产者的利润最大化既可以是在既定成本下的产量最大化,也可以是在既定产量下的成本最小化。下面结合等成本线和等产量曲线来进一步分析。

1. 既定成本条件下的产量最大化

在一定技术条件下,生产者用两种可变生产要素资本和劳动来生产产品,其中资本价格 r 和劳动价格 w 是已知的,且固定不变,当生产者用于购买全部要素的成本 C 同样不变时,我们可以作出一条确定的等成本线。如果将既定的等成本线与无数条等产量曲线合在一个坐标图上,这条既定的等成本线必定与其中一条等产量曲线相切。切点所表示的生产要素数量组合方式就实现了既定成本条件下的产量最大化,即利润最大化的生产者均衡。

如图4-10所示,AB线是既定生产要素价格条件下的一条等成本线,Q_1、Q_2、Q_3是无数条等产量曲线中的三条等产量曲线。唯一的等成本曲线 AB 与一条等产量曲线 Q_1 相切于点 E,在该点,劳动投入量和资本投入量分别为 OL_1 和 OK_1,即生产要素投入组合 L_1K_1 则是成本既定时产量最大的生产者均衡点。

在图4-10中,虽然 Q_3 的产量水平大于 Q_1,但是在既定的成本条件下无法实现 Q_3 的产量水平。如果生产者选择等成本线与 Q_2 的交点 R(或 S),那么厂商在既定的成本下只需要沿着等成本线向右下方(或者左上方)移动,即增加劳动(资本),减少资本(劳动)就可以把产量从 Q_2 提高到 Q_1。所以,均衡点 E 的要素组合代表了厂商在既定成本下能够实现的最高产量。

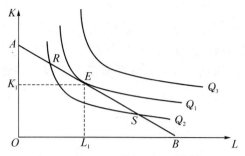

图 4-10 既定成本条件下的产量最大化

在生产者均衡点即点 E 上,等产量曲线的斜率或边际技术替代率($MRTS=\Delta K/\Delta L=MP_L/MP_K$)与等成本曲线的斜率($w/r$)相等。因此,生产要素最优组合的平衡条件就是边际技术替代率等于两种要素的价格之比,可表示为:

$$MP_L/MP_K=w/r$$

该式表示:厂商应该通过对两要素投入量的不断调整,使得两要素的边际技术替代率等于两要素的价格之比,从而实现既定成本条件下的最大产量。

约束条件为:$w·L+r·K=C$

或

$$\frac{MP_X}{P_X}=\frac{MP_Y}{P_Y}=单位投入要素的边际产量$$

推广:

$$\frac{MP_X}{P_X}=\frac{MP_Y}{P_Y}=\frac{MP_Z}{P_Z}=\cdots$$

由此可得出结论:厂商可以通过对两种要素投入量的不断调整,使得最后一单位的货币成本无论用来购买哪一种生产要素所获得的边际产量都相等时,投入要素的组合才是最优的。凡是 MP_X 对 P_X 的比值小的要减少投入量;凡是 MP_X 对 P_X 的比值大的要增加投入量,这样可以保证用最低成本生产同样数量的产量。

即为了能在既定成本下所生产的产量最大,厂商必须调整两要素的投入比例,使其最后一单位成本支出花费在劳动和资本上的边际产量都相等,这就是两种生产要素最佳组合的原则。

2. 既定产量条件下的成本最小化

在生产者产量目标既定的条件下,可以作出一条确定的等产量曲线,如图 4-11 中的 Q 线。我们将这条确定的等产量曲线与无数条等成本线中的三条等成本线 AB、A_1B_1、A_2B_2 放在同一个坐标图上,既定的等产量曲线与等成本线 A_1B_1 相切于 E 点,切点 E 所表示的生产要素组合便是既定产量条件下成本最小的要素组合点,在该点劳动投入量和资本投入量分别为 OL_1 和 OK_1。等成本线 AB 虽然与既定的等产量线 Q 相交与 R、S 两点,但其代表的成本高于 E 点。等成本线 A_2B_2 代表的成本虽然较低,但在现有条件下无法实现等产量曲线 Q 所代表的产量。

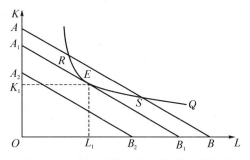

图 4-11 既定产量条件下的成本最小化

既定产量条件下的成本最小化均衡条件是代表既定产量的等产量曲线与它可能达到的最低成本曲线相切，在切点有：$MRTS_{LK}=w/r$。

它表示：厂商应该通过对两种要素投入量的不断调整，使得两要素的边际技术替代率等于两要素的价格之比，从而实现既定产量条件下的最小成本。

又由 $MRTS_{LK}=MP_L/MP_K=w/r$，可得 $MP_L/w=MP_K/r$。

和既定成本条件下的产量最大化的均衡条件一样，为了能在既定产量下生产的成本最小，厂商必须调整两要素的投入比例，使其最后一单位成本支出花费在劳动和资本上的边际产量都相等，这就是两种生产要素最佳组合的原则。

由此可见，在既定产量条件下实现最小成本和在既定成本条件下实现最大产量的两要素的最优组合原则是相同的。

七、生产扩展线

如果厂商的经费支出增加，他想扩大生产要素投入以增加产量。这就是生产扩展的概念。扩展线表示在生产要素价格、生产技术和其他条件不变的情况下，企业扩大生产规模所引起的生产要素最优组合点移动的轨迹。

如果生产要素价格不变，厂商的经费支出增加，等成本线会平行地向上移动；如果厂商改变产量，等产量线也会发生平移。这些等产量曲线将与相应的等成本线相切，形成一系列生产者均衡点，把所有这些切点连接起来形成的曲线叫做生产扩展线。因此，生产扩展线是在生产要素价格不变的情况下，产量沿着该线扩展的一条特别的等斜连线。如图 4-12 所示。

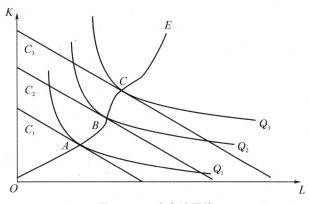

图 4-12 生产扩展线

扩展线表明,当生产函数的价格保持不变时,生产要素投入的组合如何随产出或成本支出的变化而变化。对于一般的生产函数而言,随着产出的扩展,生产要素投入组合的比例将会发生变化。

扩展线是企业进行长期生产计划时必须遵循的路线。企业如何在生产要素价格不变的条件下选择最佳要素投入组合,以便达到既定的产量扩展(或收缩)的目的,是与生产要素的边际生产力(要素的边际生产力体现在边际技术替代率上)密切相关的。厂商进行产量扩展时,要考虑生产要素的边际生产力以便确定要素投入的组合。

扩展线的经济学含义是:在企业不断增加成本或不断提高产量,即不断扩大生产规模的过程中,只要将生产要素沿着扩展线进行组合,总能保证既定产量条件下实现成本最小,或者既定成本条件下实现产量最大,即实现利润最大化。

第四节 规模报酬分析

一、规模报酬的含义

经济学里另一个关于产量随投入量变化而变化的概念是规模报酬(Returns to Scale)。前两节,我们集中研究在总成本一定的条件下,各种投入要素怎样结合才是最佳的问题。与此密切联系的另一个概念是,如果按比例地增加所有投入要素的使用量(相应地总成本也按比例增加)将如何影响总产量,这就是生产规模报酬的问题。

一般而言,当生产规模发生变动时,规模报酬的变动有三种情况,即规模报酬递增、规模报酬不变和规模报酬递减。

(1) 规模报酬递增(Increasing Returns to Scale)。产出增长的比例大于投入增长的比例。或者说,所有投入要素的投入量都增加一倍时(或任何百分数),产量的增加超过一倍(或超过增加的百分数)。

(2) 规模报酬不变(Constant Returns to Scale)。产出增长的比例等于投入增长的比例。

(3) 规模报酬递减(Decreasing Returns to Scale)。产出增长的比例小于投入增长的比例。

规模报酬一般先递增,然后递减。这种现象带有普遍意义,其原理与投入要素的收益递减率十分相似。

对于一个生产体系来说,随着生产规模的不断扩大,在生产过程中可以使用受过专门训练的工人从事专项工作,并在专业分工的基础上加强协作。同时,又可以采用高效能的大型机器,这样会使规模报酬率递增。但是,如果生产规模的扩大超过了一定限度,不仅限制了从专业化协作方面带来的好处,而且由此产生的协调问题也会导致成本的大大提高。只要协调费用大于专业化协作带来的经济效果,规模报酬率就会开始变为递减。

规模报酬递减的另一个原因就是资源的有限性。比如在同一渔场,捕鱼船队扩大一倍,不会使捕到的鱼也增加一倍,因为鱼的数量是有限的。

二、规模报酬类型的判定

我们可以用生产函数的代数式来判定该生产函数规模报酬的类型。可以假设生产函数为：

$$Q=f(X,Y,Z)$$

然后令所有的投入要素的使用量都按因子 k 的比例增加，即所有投入要素的使用量都乘以常数 k（即都增加 k 倍），同时假设每个投入要素的使用量增加 k 倍后产量增加了 h 倍，则生产函数的形式变为：

$$hQ=f(kX,kY,kZ)$$

下面，我们根据 h 和 k 值的大小即可判定该生产函数规模报酬类型：

(1) 如果 $h>k$，则表明该生产函数为规模报酬递增；
(2) 如果 $h=k$，则表明该生产函数为规模报酬不变；
(3) 如果 $h<k$，则表明该生产函数为规模报酬递减。

例 1 假设生产函数为：$Q=X^{0.4}Y^{0.2}Z^{0.8}$，如果所有投入要素都增加 k 倍（且 $k>1$），那么 $hQ=(kX)^{0.4}(kY)^{0.2}(kZ)^{0.8}=k^{1.4}X^{0.4}Y^{0.2}Z^{0.8}=k^{1.4}Q$

在这个函数里，$h=k^{1.4}$，所以，h 一定大于 $k(1.4>1)$，

因此，这一生产函数的规模报酬是递增的。

例 2 设：$Q=2X+3Y+4Z$

$hQ=2(kX)+3(kY)+4(kZ)=k(2X+3Y+4Z)=kQ$

$h=k$，生产规模报酬不变。

例 3 设：

$Q=\sqrt[3]{X_1^2+2X_2^2+0.1X_1X_2}$

$hQ=\sqrt[3]{(kX_1)^2+2(kX_2)^2+0.1(kX_1)(kX_2)}=\sqrt[3]{k^2(X_1^2+2X_2^2+0.1X_1X_2)}=k^{2/3}Q$

$h=k^{2/3}$，h 必小于 k，生产规模报酬递减。

根据以上分析，可以得出判定某生产函数规模报酬的类型的一般方法如下：

在有的生产函数中，如果把所有投入要素都乘以常数 k，可以把 k 作为公因子分解出来，那么，这种生产函数就称均匀生产函数（或称齐次生产函数）。凡属均匀生产函数，都有可能分辨其规模报酬的类型。

方法是把所有的投入要素都乘以 k，然后把 k 作为公因子分解出来，得：

$$hQ=k^n f(X,Y,Z)$$

其中，n 这个指数可以用来判定规模报酬的类型。

$n>1$，说明规模报酬递增。
$n=1$，说明规模报酬不变。
$n<1$，说明规模报酬递减。

三、影响规模报酬的因素：内在经济与内在不经济

企业自身生产规模的扩大之所以会引起产量和收益的不同变化，可以用内在经济

(Internal Economics)和内在不经济(Internal Diseconomics)来解释。促使规模报酬递增的原因是内在经济,促使规模报酬递减的原因则是内在不经济。

1. 内在经济

内在经济是指企业本身规模扩大所引起的规模报酬递增。引起内在经济的因素主要有:

(1) 企业可以实现专业化生产。在大规模生产中,专业化分工可以更加精细,这样可以进一步提高工人的技术水平和熟练程度,从而提高劳动生产率。

(2) 企业采用更加先进的设备和技术。只有在大规模生产中,大型设备才能充分发挥作用,从而提高生产效率。

(3) 企业可以降低生产要素的购买价格。大规模生产所需的生产要素数量较大,企业不仅可以从供应商那里按批发价购买生产要素,还有可能在生产要素市场上形成垄断,从而以更低的价格购买生产要素,进而降低生产成本。

(4) 企业可以对原材料综合利用。如大规模生产便于实行联合化和多种经营,因此企业可以生产很多副产品,从而提高资源利用效率。

2. 内在不经济

任何事情都是有利有弊的。生产规模的过度扩大也有可能造成规模报酬递减,这就是所谓的内在不经济。引起内在不经济的主要因素有:

(1) 管理和协调问题。中间环节越多,官僚主义越严重,会大大降低管理效率,从而导致规模报酬递减。

(2) 企业生产要素的价格提高。在生产要素供给量有限的情况下,如企业规模过大,会导致生产要素的需求量大幅度增加,有可能引起生产要素价格的上升,从而导致生产成本提高。

(3) 企业产品价格下降及销售费用提高。在市场需求有限的情况下,如企业规模过大,产品供给过多,有可能造成产品供过于求,使产品价格下降、产品销售出现困难。此时企业如果增加销售人员又会导致企业销售费用增加。

因此,企业规模扩大有可能造成内在经济,也有可能造成内在不经济。总之,绝大多数生产都有一个最佳规模,这一规模通常被称为适度规模(Moderation Scale)。适度规模是指企业得到了生产规模扩大所带来的产量或收益递增的全部好处之后,将规模保持在规模报酬不变的阶段,而绝不应将规模扩大到规模报酬递减的阶段。

[专栏4-4] 规模经济案例:全球每四个微波炉就有一台格兰仕

面临着越来越广阔的市场,每个企业都有两种战略选择:一是多产业、小规模,低市场占有率;二是少产业,大规模,高市场占有率。格兰仕选择的是后者。格兰仕的微波炉,在国内已达到70%的市场占有率;在国外已达到35%的市场占有率。

格兰仕的成功就是运用规模经济的理论,即某种产品的生产,只有达到一定的规模时,才能取得较好的效益。微波炉生产的最小经济规模为100万台。早在1996~1997年间,格兰仕就达到了这一规模。随后,规模每上一个台阶,生产成本就下降一个台阶。这就为企业的产品降价提供了条件。格兰仕的做法是,当生产规模达到100万台时,将出厂价定在规模为80万台企业的成本价以下;当规模达到400万台时,将出厂价又调到规模为 200 万台的企业的成本价以下；而现在规模达到 1 000 万台以上时，又把出厂价降到规模为 500 万台企业的成本价以下。这种在成本下降的基础上所进行的降价，是一种合理的降价。降价的结果是将价格平衡点以下的企业一次又一次大规模淘汰，使行业的集中度不断提高，使行业的规模经济水平不断提高，由此带动整个行业社会必要劳动时间不断下降，进而带来整个行业的成本不断下降。

成本低价格必然就低，降价最大的受益者是广大消费者。从 1993 年格兰仕进入微波炉行业到现在的 20 年之内，微波炉的价格由每台 3 000 元以上降到每台 300 元左右，降掉了 90% 以上，这不能不说是格兰仕的功劳，不能不说是格兰仕对中国广大消费者的巨大贡献。

本章小结

西方经济学的生产理论，涉及的是生产过程中各种要素投入的组合与产量之间的技术关系。本章从生产函数出发，以一种可变生产要素的生产函数，考察短期生产理论，以两种可变生产要素的生产函数考察长期生产理论。

在短期生产理论中，经济学家提出了边际报酬递减规律，根据一种可变要素劳动的总产量曲线、平均产量曲线和边际产量曲线之间的关系，将生产划分为三个不同阶段。任何理性的生产者既不会将生产停留在第一阶段，也不会按第三阶段进行生产。一种生产要素的合理投入区域就在第二阶段，其起点处是劳动的平均产量曲线和边际产量曲线的相交点，即劳动的平均产量达到最高点，其终点处劳动的边际产量曲线与横轴相交，即劳动的边际产量为零。

在长期生产理论中，将等产量曲线与等成本曲线结合在一起，研究生产者是如何选择最优的要素组合，来实现既定成本条件下的最大产量，或实现既定产量条件下的最小成本。通过对两要素投入量的不断调整使得花费在两要素上的最后一单位货币成本所带来的边际产量相等，即 $MP_L/P_L = MP_K/P_K$。

本章最后还分析了规模报酬的三种情况，即规模报酬递增、规模报酬不变和规模报酬递减。理性的生产者应选择适度规模进行生产。

复习思考题

一、名词解释

生产函数　　边际产量　　等产量线　　柯布—道格拉斯生产函数　　边际技术替代率等成本线　　规模报酬　　边际报酬递减规律　　内在经济　　内在不经济

二、选择题

1. 在追求利润的过程中，厂商要回答的问题是（　　）。
   A. 何时生产，如何生产　　　　　　B. 如何生产，为什么生产
   C. 生产什么，何时生产　　　　　　D. 生产什么，如何生产
2. 厂商用来生产产品的劳动、原材料和资本商品叫做（　　）。
   A. 现付要素　　B. 生产要素　　C. 现付成本　　D. 折算要素
3. 如果厂商 A 的劳动 L 对资本 K 的边际技术替代率是 1/3，厂商 B 的是 2/3，那么（　　）。
   A. 只有厂商 A 的生产成本是递减的
   B. 只有厂商 B 的生产成本是递减的
   C. 厂商 A 的资本投入是厂商 B 的两倍
   D. 如果厂商 A 用 3 单位劳动与厂商 B 的 2 单位资本相交换，厂商 A 的产量将增加
4. 等成本曲线平行向外移动表明（　　）。
   A. 产量提高了

B. 成本增加了

C. 生产要素的价格按相同比例提高了

D. 生产要素的价格按不同比例提高了

5. 在边际产量发生递减时,如果要增加同样数量的产品,应该(　　)。

　　A. 增加变动生产要素的投入量　　　　B. 减少变动生产要素的投入量

　　C. 停止增加变动生产要素　　　　　　D. 同比例增加各种生产要素

6. 规模报酬递减是在下述(　　)情况下发生的。

　　A. 按比例连续增加各种生产要素

　　B. 不按比例连续增加各种生产要素

　　C. 连续的投入某种生产要素而保持其他生产要素不变

　　D. 上述都正确

7. 生产要素最适度组合的选择条件是(　　)。

　　A. $MRTS = P_1/P_2$　　　　　　　　B. $MU_1/MU_2 = P_1/P_2$

　　C. $MRTS_{LK} = w/r$　　　　　　　　D. $MP_L/MP_K = r/w$

8. 当生产中的两种生产要素是完全可以替代时,则下列说法正确的有(　　)。

　　A. 边际技术替代率为零　　　　　　　B. 边际技术替代率为无穷大

　　C. 边际技术替代率保持不变　　　　　D. 以上三种情况均有可能

三、问答题

1. 在只有一种生产要素可变的条件下,厂商应如何选择合理投入区?

2. 什么是边际收益递减规律?解释这一规律存在的原因。

3. 在两种生产要素可变的条件下,厂商应如何选择生产的经济区域?

4. 什么是规模报酬?怎样判定规模报酬的类型?

5. 作图说明厂商在既定成本条件下是如何实现最大产量的最优组合的。

6. 作图说明厂商在既定产量条件下是如何实现最小成本的最优组合的。

四、计算题

1. 已知生产函数为 $Q = L^{0.5}K^{0.5}$。试证明:

(1) 该生产过程是规模报酬不变。

(2) 受报酬递减规律的支配。

2. 已知某厂商的短期生产函数为:$Q = 21L + 9L^2 - L^3$,求:

(1) 总产量 TP_L 的最大值;

(2) 平均产量 AP_L 的最大值;

(3) 边际产量 MP_L 的最大值。

3. 假定某企业的生产函数为:$Q = 10L^{0.5}K^{0.5}$,其中,劳力 L 的价格为 50 元,资本 K 的价格为 80 元。

(1) 如果企业希望生产 400 个单位的产品,应投入 L 和 K 各多少才能使成本最低?此时成本是多少?

(2) 如果企业打算在劳力和资本上总共投入 6 000 元,它在 K 和 L 上各应投入多少才能使产量最大?最大产量是多少?

4. 某企业生产一种产品,劳动为唯一可变要素,固定成本既定。短期生产函数为 $Q = -0.1L^3 + 6L^2 + 12L$

求:(1) 劳动的平均产量函数和边际产量函数。

(2) 企业雇佣工人的合理范围是多少?

(3) 若已知劳动的价格为 $W = 480$,产品 Q 的价格为 40,则当利润最大时,企业生产多少产品 Q?

5. 厂商的短期生产函数 $Q=72L+15L^2-L^3$，其中 Q 和 L 分别代表一定时间内的产量和可变要素的投入量。求：

(1) MP_L 及 AP_L 函数。

(2) L 投入量为多大时，MP_L 将开始面临递减？

(3) 该厂商的最大产量是多少？为达到这个最大产量，L 的投入量应为多少？

6. 假设短期生产函数 $Q=f(K,L)=KL-0.5L^2-0.32K^2$，长期生产函数 $Q=2K^{1/2}L^{1/2}$。其中 Q 表示产量，K 表示资本，L 表示劳动。短期 $K=10$，$P_L=4$，$P_K=1$，分别求总产量、平均产量和边际产量极大值时的劳动量及其极大值。

7. 甲公司和乙公司生产同类产品，甲公司的生产函数为 $Q=10K^{1/2}L^{1/2}$，乙公司的生产函数为 $Q=10K^{0.6}L^{0.4}$，K 为机器工作时数，L 为劳动工作时数。

(1) 如果两个公司所使用的资本与劳动数量相同，哪一个公司生产的产量高？

(2) 假定资本投入固定为 9 小时，而劳动投入不受限制，哪一个公司的劳动边际产量高？

8. 假定某种商品的生产函数 $Q=F(L,K)=LK^2$，单位资本的价格为 20 元，单位劳动的价格为 5 元，求产量一定时成本最小化的资本与劳动的组合比例。

9. 已知某厂商的生产函数 $Q=L^{3/8}K^{5/8}$，设 $P_L=3$ 元，$P_K=5$ 元。

(1) 求产量 $Q=10$ 时的最低成本支出和使用的 L 与 K 的数量。

(2) 求产量 $Q=25$ 时的最低成本支出和使用的 L 与 K 的数量。

10. 已知生产函数为 $Q=\min(3K,4L)$。

(1) 画出 $Q=100$ 的等产量曲线。

(2) 推导边际技术替代率函数。

(3) 讨论其规模报酬情况。

11. 在一个农业经济的案例中，有人对玉米产量与每公顷土地所种植的玉米棵数和使用的肥料量做了调查。玉米产量与每公顷所种植的玉米棵数和所使用的肥料量之间的关系如下表所示：

肥料量	棵树				
	9 000	12 000	15 000	18 000	21 000
0	50.6	54.2	53.5	48.5	39.2
50	78.7	85.9	88.8	87.5	81.9
100	94.4	105.3	111.9	114.2	112.2
150	97.8	112.4	122.6	128.6	130.3
200	88.9	107.1	121	130.6	135.9

假设玉米产量只依赖于所使用的种子（每公顷所种植的玉米棵树）和每公顷使用的肥料量，而与其他因素无关。

(1) 请分析说明上述调查报告是否反映了生产要素的边际产量递减规律？

(2) 请分析说明玉米生产满足了规模报酬递增、规模报酬不变还是规模报酬递减的规律？

12. 已知生产函数 $Q=f(L,K)=2L^{0.2}K^{0.6}$，请问：

(1) 该生产函数是否为齐次函数？次数为多少？

(2) 该生产函数的规模报酬情况。

(3) 假如 L 与 K 均按其边际产量取得报酬，当 L 与 K 取得报酬后，尚有多少剩余价值？

附录：运用数学方法推导生产者均衡

设生产函数为 $Q=f(X,Y)$，若其各偏导数都存在且连续，则由全微分理论可以得到，在某一点上 Q 的增量为：

$$dQ=\frac{\partial Q}{\partial X}\cdot dX+\frac{\partial Q}{\partial Y}\cdot dY \qquad ①$$

等成本线的方程为：$C=P_X\cdot X+P_Y\cdot Y$

成本的增量为：$dC=P_X\cdot dX+P_Y\cdot dY$

为维持成本不变，则有：$P_X\cdot dX+P_Y\cdot dY=0$

即：$P_Y\cdot dY=-P_X\cdot dX$

或 $dY=(-P_X/P_Y)\cdot dX \qquad ②$

将②代入①式得：

$$dQ=\frac{\partial Q}{\partial X}\cdot dX-\frac{P_X}{P_Y}\cdot\frac{\partial Q}{\partial Y}\cdot dX=\left[\frac{\partial Q}{\partial X}-\left(\frac{P_X}{P_Y}\cdot\frac{\partial Q}{\partial Y}\right)\right]\cdot dX$$

在产出最大之下，$dQ/dX=0$，故有：

$$\frac{\partial Q}{\partial X}=\frac{P_X}{P_Y}\cdot\frac{\partial Q}{\partial Y} \qquad \frac{\partial Q/\partial X}{\partial Q/\partial Y}=\frac{P_X}{P_Y}$$

因为 $\partial Q/\partial X=MP_X$；$\partial Q/\partial Y=MP_Y$

所以 $(MRTS=\Delta Y/\Delta X=\frac{P_X}{P_Y})$

$MP_X/MP_Y=P_X/P_Y$

结论：投入价格比等于边际技术替代率时生产效率最高。

或者：经费既定之下，优化组合，使产量实现最大化。

生产者在既定经费 C 之下只能购买两种产品 X 和 Y 两种生产要素，则：

目标函数：$\max Q=f(X,Y) \qquad ①$

约束条件：$s.t: P_XX+P_YY=C \qquad ②$

由②式得：$Y=(C-P_XX)/P_Y \qquad ③$

将③代入①：$Q=f[X,(C-P_XX)/P_Y] \qquad ④$

为求得 Q 最大，令式④的一阶导数为 0，根据全微分理论，则有：

$$\frac{dQ}{dX}=\frac{\partial f}{\partial X}+\frac{\partial f}{\partial Y}\left(-\frac{P_X}{P_Y}\right)=0$$

$$\frac{\partial f}{\partial X}-\frac{\partial f}{\partial Y}\left(\frac{P_X}{P_Y}\right)=0 \qquad \frac{\partial f/\partial X}{\partial f/\partial Y}=\frac{P_X}{P_Y} \qquad \frac{\partial f/\partial X}{P_X}=\frac{\partial f/\partial Y}{P_Y}$$

因为，$\partial f/\partial X=MP_X$，$\partial f/\partial Y=MP_Y$，所以，$MP_X/P_X=MP_Y/P_Y$

第五章 成本理论

与消费者行为相似,生产者的生产决策取决于两方面的因素:一是产品生产的技术状况,即生产函数;二是各种投入要素的支出状况,即成本函数。因此,生产者为了实现利润最大化,不仅要考虑投入和产出之间的物质技术效率关系,而且还要考虑生产要素最佳投入量背后的成本与产量背后的收益之间的经济效率关系。因为产量最大并不等于利润最大,投入量少并不等于成本最小,于是就引出了成本与收益的讨论。

本章首先介绍了经济学中的成本概念以及成本函数,即投入的生产成本与产出量之间的关系函数;接着分析了短期中的各种成本函数、图形以及它们之间的相互关系,然后从短期成本推导出了各种长期成本;最后结合收益分析,引出了厂商实现利润最大化必须满足的条件,即边际收益等于边际成本。

第一节 成本的概念

有时候走进一家商店,会发现同样的商品标价却不同,店主的解释通常是:"标价低的商品是成本较低、进货较早的一批货。"这个答案其实是错误的,因为它把成本同实际支出或历史成本混为一谈。这表明经济学家对于成本的看法与关心企业财务报告的会计人员或未接受过经济学专业训练的人对于成本的看法是不同的。

在经济学的成本理论中,包括机会成本、显性成本、隐性成本以及沉没成本等概念,并通过对经济成本和会计成本加以区分,进而掌握利润的含义,这样才能避免发生不必要的错误。

一、会计成本与机会成本

1. 会计成本

会计成本是指会计师在账面上记录下来的成本,是一种历史成本,它反映企业的实际支出。会计成本虽不直接用于经济决策,但它却是确定相关成本的基础。经济决策分析用的相关成本往往通过会计数据的调整来求得。因此,会计数据的准确性,对经济决策分析也很重要。

2. 机会成本(Opportunity Cost)

微观经济学研究的是单个经济体面对稀缺的经济资源时是如何合理配置的。从经济资源的稀缺性这一前提出发,当一个经济主体或一个企业用一定的经济资源生产一定数量的一种或几种产品时,这些经济资源就不能同时被使用在其他的生产用途方面。因此,机会成本(即经济成本)是指某种资源用于某一特定用途时所放弃的其他有利用途的代价。

例如,假定一位刚刚获得 MBA 的 A 先生,自己投资 200 万(当前市场利率 10%)开设一家企业;如果受雇,其年薪为 100 万元。自己开公司,预计年销售额 800 万元,会计成本690万元。那么,A先生自己开公司"净赚"多少?答案是A先生自己开公司"净赚"—10万元。原因是这样,因为A先生自己开公司,可以赚110万元,但机会成本是120万元,其中工资收入100万元,200万银行利息收入20万元,合计120万元。选择了自己开公司,就放弃了自己受雇的工资和200万元的银行存款利息,A先生放弃的这部分收益就是他自己开公司的机会成本。

那么,通常如何去计算机会成本呢?机会成本的计算方法一般有以下几种:

(1) 业主用自己的资金办企业的机会成本,等于他把这笔资金如果借给别人可能得到的利息;

(2) 业主自己兼任经理(自己管理企业)的机会成本,等于他如在别处从事其他工作可能得到的薪水收入;

(3) 机器如果原来是闲置的,现在用来生产某种产品的机会成本是零;

(4) 机器如果原来是生产产品A,可得一笔利润收入,现在用来生产产品B的机会成本,就是它生产产品A可能得到的利润收入;

(5) 过去买进的物料,现在市价变了,其机会成本就应当按市价来计算(即这批物料如不用于生产,而用于出售可能得到的收入);

(6) 使用按目前市场价格购进的物料,按目前市场工资水平雇佣的职工以及按目前市场利息率贷入的资金的机会成本,与它们的会计成本是一致的。

当然,使用机会成本概念,必须具备相应的前提条件:(1) 资源应具备多种用途;(2) 资源可以自由流动。如果这两个条件不具备,机会成本的概念就无从谈起。

[专栏5-1] "下海"明智吗?

在"下海"的浪潮中,某服装公司处长小王与夫人用自己的20万元资金办了一个服装厂。一年结束时,会计拿来了收支报表。当小王正看报表时,他的一个经济学家朋友小李来了。小李看完报表后说,我的算法和你的会计不同。小李也列出一份收支报表。这两份报表如下:

会计的报表(即会计成本)		经济学家的报表(即机会成本)	
销售收入	100	销售收入	100
设备折旧	3	设备折旧	3
厂房租金	3	厂房租金	3
原材料	60	原材料	60
电力费用	3	电力费用	3
工资支出	10	工资支出	10
贷款利息	15	贷款利息	15
总成本	94	小王和夫人应得工资	6
		自有资金利息	2
		总成本	102
利润	6	利润	—2

思考:根据这两个报表判断,服装公司处长小王与夫人的"下海"是否明智?

二、显性成本与隐性成本

企业的生产成本可以分为显性成本和隐性成本两类。

1. 显性成本

显性成本(Explicit Cost)就是一般会计学上的成本概念,是指厂商在生产要素市场上购买或租用所需要的生产要素的实际支出,这些支出是在会计账目上作为成本项目记入账上的各项费用支出。它包括厂商支付所雇佣的管理人员和工人的工资、所借贷资金的利息、租借土地、厂房的租金以及用于购买原材料或机器设备、工具和支付交通能源费用等支出的总额,即厂商对投入要素的全部货币支付。从机会成本角度讲,这笔支出的总价格必须等于相同的生产要素用作其他用途时所能得到的最大收入,否则企业就不能购买或租用这些生产要素并保持对它们的使用权。

2. 隐性成本

隐性成本(Implicit Cost)是对厂商自己拥有的,且被用于该企业生产过程的那些生产要素所应支付的费用。这些费用并没有在企业的会计账目上反映出来,所以称为隐性成本。例如厂商将自有的房屋建筑作为厂房,在会计账目上并无租金支出,不属于显性成本。但西方经济认为既然租用他人的房屋需要支付租金,那么当使用厂商自有房屋时,也应支付这笔租金,所不同的是这时厂商是向自己支付租金。从机会成本的角度看,隐性成本必须按照企业自有生产要素在其他最佳用途中所能得到的收入来支付,否则,厂商就会把自有生产要素转移到其他用途上,以获得更多的报酬。

隐性成本主要包括三部分,一是折旧费,二是使用自有资金应得的利息,三是使用自己的劳动应得的报酬,后两部分又称为正常利润。正常利润是企业正常经营的必要条件。

经济学中的成本概念与会计学成本概念之间的关系,可以用下列公式表示:

会计成本＝显性成本＋折旧费

经济成本＝显性成本＋隐性成本＝会计成本＋正常利润

企业成本的构成如表5-1所示。

表5-1 企业成本的构成

显性成本	隐性成本
租金	所有者的土地(放弃的租金收入)
贷款利息	所有者的资金(放弃的投资收入)
经理的薪水	所有者的时间(放弃的劳动收入)
工人的工资	
原材料的成本	

总之,隐性成本必须从机会成本的角度按照企业自有生产要素在其最佳用途中所能得到的收入来支付,否则,厂商会把自有生产要素转出企业,以获得更高的报酬。企业的所有显性成本和隐性成本之和构成总成本。

三、增量成本与沉没成本

增量成本是指因做出某一特定的决策而引起的总成本的变化。或者说,指因决策的选择而变动的成本。而沉没成本是指不受决策中各种选择影响的成本。即不管决策的有关行动方案如何变化,成本的数额都不改变。因此,增量成本属于变动成本,而沉没成本属于固定成本。

例如,一家企业原来生产任务不足,现在要接受新订货。新订货会引起全部变动成本(如直接人工费、直接材料费等)的增加,但不会引起全部固定成本(如折旧、房租等)的变化。在这里,变动成本的增加量是接受新订货的增量成本,固定成本则是沉没成本。决策时予以考虑的是变动成本的增加量——即增量成本,而不予考虑的是固定成本——即沉没成本。

要注意的是:增量成本必须包括由于决策而引起变化的一切成本,但又只能包括哪些由于决策而在实际上起了变化的成本(如上例中,变化的是变动成本)。闲置的生产要素,没有其他用途,使用它并不需要增加成本,因而对现行的特定决策来说,可以看作是没有成本的。同样,过去花在建筑物、机器设备方面的支出,不应进入决策过程,除非它们的机会成本是正值。也就是说,除非这类设备另有其他用途,否则,它在现行决策中的增量成本将是零。

凡过去发生的上述此类费用支出,不是现在或将来任何决策所能改变的成本,称做沉没成本(上例中,虽新增订货,但固定成本未发生变化)。

沉没成本的概念与增量成本相对应,也很重要。假定一个企业付出5万元购买了一台专用机器。这5万元的机器投资就成了沉没成本,过去发生的事情就算过去了。事后可能认识到这项购买是不明智的,但懊悔也没有用,木已成舟,任何未来的决策都不能取消这项成本。这5万元从决策的观点看已经失去,不论你将来采取什么行动方案都必须承担这项支出,这就叫沉没成本。

四、私人成本与社会成本

社会成本(Social Cost)是从社会整体来看待的成本。私人成本(Private Cost)是个人活动由他本人负担的成本。私人经济活动往往对社会造成影响,从而产生社会成本。在本书的稍后部分的讨论中我们会发现,如果市场是一个完全竞争的市场,私人经济活动不产生外部性(Externality),而市场又是一个完全竞争的市场,则私人成本与社会成本完全一致。若存在外部性,则私人成本与社会成本不一致。

以下所讨论的厂商的成本是从私人成本的角度讨论的。

五、短期成本与长期成本

厂商在短期内,只能对部分要素进行调整而不能对全部要素进行调整,这一时期内所发生的成本为短期成本。在长期生产过程中,对一切要素均可调整,这一时期内发生的成本称为长期成本。

短期成本可以分为固定成本和变动成本。变动成本是指随产量变动而变动的成本,是厂商在短期内可以调整的可变要素的费用。如劳动报酬、材料费用等。固定成本指在一定产量范围内,不随产量变动而变动的成本,是厂商在短期内不能调整的固定要素投入的费用。如折旧费、地租等。固定成本只是一个相对的概念,在短期内存在不可调整的要素投入时才有固定成本和变动成本之分,而在长期内所有要素都是可变的,故不存在固定成本。

六、会计利润与经济利润

在分析了企业的各项成本之后,有必要分析一下会计利润和经济利润这一对概念。会计利润是企业在一定时期的经营成果。可简单表示为:会计利润＝收益－会计成本,分析会计利润有利于评价企业的盈利能力,有利于分析企业经营成果,有利于考核管理层的工作绩效。经济利润是指企业销售产品的收益减去经济成本(显性成本＋隐性成本)的余额,即经济利润＝收益－经济成本。

举个例子,厂商用它自己拥有的大楼办公,在会计人员看来这是没有支出的,因而没有成本。但是经济学家看来,如果将大楼出租,将会带来租金,因而这些租金应该计入企业的成本。即大楼自己用了,就不能拿来出租,也就没有租金可拿了。这个就是机会成本了,是指因选择而放弃的其他机会所造成的代价。

经济学意义上的利润与会计利润是不同的,主要区别是经济利润不包含正常利润。这就是说,经济学中所指的利润是超出正常水平的那一部分利润,即超额利润。为什么会出现经济利润和会计利润这两个概念？主要是经济学家和会计人员的看法是不一样的,会计人员更关心厂商在过去的实际支付,以便对以往的经济行为作出评价。而经济学家则从厂商对未来机会进行选择的角度出发来考察成本的。

[专栏5-2] 上大学值吗？

最近看一报刊上报道,天津市投资教育的支出是全国第一,北京是私家车消费支出全国第一,上海是投资保险支出全国第一,广州是旅游支出全国第一。是否准确,我们暂且不论。我们用经济学的观点分析一下,为什么家长舍得把大把的钱花在子女教育上？

我们简单地介绍经济学说所的成本。经济学所说的成本有两种:一个是实际发生的成本,即会计成本;另一个是机会成本。会计成本是厂商在生产过程中按市场价格直接支付的一切费用,这些费用一般均可以通过会计账目反映出来。利用这个原理我们计算一个大学生上大学四年的会计成本是上大学的学费、书费和生活费,按照现行价格标准,一个普通家庭培养一个大学生的这三项费用之和是4万元。大学生如果不上学,会找份工作,按照现行劳动力价格标准假如也是4万元,也就是说一个大学生上大学四年的机会成本也是4万元。大学生上大学经济学概念的成本是8万元。这还没算上在未进大学校门前,家长为了让孩子接受最好的教育从小学到中学的择校费用。

上大学成本如此之高,为什么家长还选择让孩子上大学,因为这种选择符合经济学理论,收益的最大化原则。我们算一下上大学与不上大学一生的成本与收益。不上大学18岁工作,工作到60岁,共42年,平均每年收入是1万,共42万元。上大学22岁工作,工作到60岁,共38年,平均收入是2万元,共76万元,减去上大学的经济学成本8万元,剩下68万元。与不上大学收入比较,上大学多得到的收入是26万元。这还没考虑学历高所带来的名誉、地位等其他效应。为什么家长舍得在子女教育上投入,就在情理之中了。这里说的"选择"是有两种机会,你能考上大学的情况下。另外我们说的只是一般情况。

在这里顺便纠正一个错误的说法,有人说教育是消费行为,其实教育不是消费而是投资。消费与投资的区别是消费不会给你增值一分钱,比如你今年买一台电视,明年再卖,会大大的贬值不会增值;投资是有可能增值,一个大学生尽管投资8万元,但与不投资的比较多得的收益是26万元。但投资是有风险的,如果一个家长不考虑孩子的实际情况,从小学到中学在教育上的高投入,如果考不上大学或考上大学毕不了业,其投入与产出之比是可想而知的。

但对一些特殊的人,情况就不是这样了。比如,一个有足球天才的青年,如果在高中毕业后去踢足球,每年可收入200万元人民币。这样,他上大学的机会成本就是800万元人民币。这远远高于一个大学生一生的收入。因此,有这种天才的青年,即使学校提供全额奖学金也不去上大学。这就是把机会成本作为上大学的代价。不上大学的决策就是正确的。同样,有些具备当模特气质与条件的姑娘,放弃上大学也是因为当模特时收入高,上大学机会成本太大。当你了解机会成本后就知道为什么有些年轻人不上大学的原因了。可见机会成本这个概念对我们日常生活决策是十分重要的。

第二节 短期成本分析

当企业生产他们计划出售的物品与劳务时就引起了成本。从本节起我们具体考察企业生产过程与其总成本之间的联系。厂商要增加产量,就必须增加生产要素投入量,因而支付生产要素的费用即成本就会增加。由此可见,成本同产量之间具有量上的依存关系,即成本随产量的变动而变动。

在短期内,厂商收到固定生产要素如厂房、机器设备以及高级管理人员等的限制,生产规模(或最大生产能力)是给定的,这时决策的目标是在既定的生产规模下选择最优的产出量。与生产理论相对应,短期内厂商的成本可以划分为两个范畴:固定成本和变动成本。简单地说,固定成本是对固定资源的支付,变动成本是对变动资源的支付。按照定义,固定成本仅仅在短期是固定的,因为固定的资源不变,甚至在产出量增长的时候,固定资源也不变。而变动成本,顾名思义,是对变动资源的支付。当产出增加的时候,所应用的变动资源也增加.所以对变动资源的支付也增加。本节将分析短期成本如何随产量的变化而变化,以及各类短期成本的特征。

一、成本函数

成本函数是反映产品的成本C与产量Q之间的依存关系的函数式,其一般形式为:

$$C = f(Q)$$

对应于生产函数分析中的短期分析和长期分析,成本函数分析也分为短期成本分析和长期成本分析。

决定产品成本函数的因素主要有两个,即产品的生产函数和投入要素的价格。生产函数表明投入与产出之间的技术关系。这种技术关系与投入要素的价格相结合,就决定产品的成本函数。

成本函数与生产函数的变动关系存在以下三种情况：

(1) 如果在整个时期投入要素的价格不变,且生产函数属于规模收益不变(即产量的变化与投入量的变化成正比关系),那么,它的成本函数,即总成本和产量之间的关系也是线性关系。如图 5-1(a)、(b)所示。

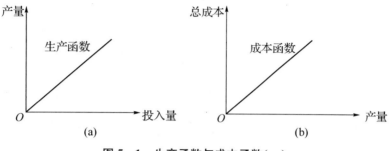

图 5-1　生产函数与成本函数(一)

(2) 如果投入要素价格不变,而生产函数属于规模收益递增(即产量的增加速度随投入量的增加而递增),那么,它的成本函数是:总成本的增加速度随产量的增加而递减。如图 5-2(a)、(b)所示。

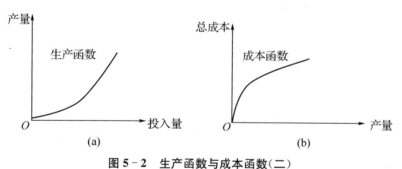

图 5-2　生产函数与成本函数(二)

(3) 如果投入要素价格不变,而生产函数属于规模收益递减(即产量的增加速度随投入量的增加而递减),那么,它的成本函数是:总成本的增加速度随产量的增加而递增。如图5-3(a)、(b)所示。

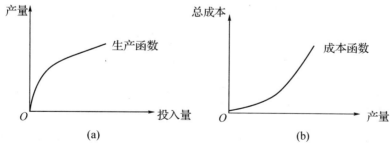

图 5-3　生产函数与成本函数(三)

由上可见,成本函数的推导源于它的生产函数,只要知道某种产品的生产函数,以及投入要素的价格,就可以推导出它的成本函数。

在后面的分析生产和定价决策时,我们会用到几种相关的成本衡量,为了说明如何得出这些相关的变量,我们先来看表 5-2 中的例子。这个例子提供了某家咖啡店的相关经营情况。

表 5-2 的第一栏表示该家咖啡店可以生产的咖啡杯数,每小时从零到十杯。第二栏表示该家咖啡店生产咖啡的总成本。

表 5-2 成本的各种衡量(某咖啡店)

咖啡的数量（每小时杯）	总成本（元）	固定成本（元）	可变成本（元）	平均固定成本（元）	平均可变成本（元）	平均总成本（元）	边际成本（元）
0	3.00	3.00	0.00	—	—	—	
1	3.30	3.00	0.30	3.00	0.30	3.30	0.30
2	3.80	3.00	0.80	1.50	0.40	1.90	0.50
3	4.50	3.00	1.50	1.00	0.50	1.50	0.70
4	5.40	3.00	2.40	0.75	0.60	1.35	0.90
5	6.50	3.00	3.50	0.60	0.70	1.30	1.10
6	7.80	3.00	4.80	0.50	0.80	1.30	1.30
7	9.30	3.00	6.30	0.43	0.90	1.33	1.50
8	11.00	3.00	8.00	0.38	1.00	1.38	1.70
9	12.90	3.00	9.90	0.33	1.10	1.43	1.90
10	15.00	3.00	12.00	0.30	1.20	1.50	2.10

二、总成本、边际成本与平均成本

1. 总成本(Total Cost,TC)

总成本是指企业为生产一定量产品所消耗(或支付)的全部成本(费用)。从短期看,总成本由两部分组成:

(1) 总固定成本(Total Fixed Cost,TFC):是企业在短期内必须支付的固定生产要素的全部费用,其中主要包括厂房和设备的折旧、借入资金的利息以及管理人员的工资等。这种成本一般不随产量的变动而变动,即在短期内是固定的,即使产量为零也必须支付的费用总额。

比如咖啡店的固定成本包括其所要支付的租金,因为无论生产多少杯咖啡,这种成本是不变的。同样,如果咖啡店需要雇佣全职店员,无论生产多少咖啡,店员的薪水是固定成本。表 5-2 的第三栏表示咖啡店的固定成本,在这个例子中是每小时 3 元。

(2) 总变动成本(Total Variable Cost,TVC):是企业在可变要素上发生的成本,即总成本中随产量增加而增加的费用总额。总变动成本是产量的函数,如果用 TVC 表示变动成本,则其函数表达式为

$$TVC = f(Q)$$

总变动成本随企业产量的增加而上升,这是因为较高的产量需要投入较多的可变要素,从而引起较高的可变成本。比如原材料等都属于变动成本。

咖啡店的变动成本包括咖啡豆、淡奶和糖的成本：咖啡店制造的咖啡越多，则需要购买的咖啡豆、淡奶和糖就越多。同样，如果咖啡店必须多雇佣店员以便多生产咖啡，那么，这些工人的薪水就是可变成本。表的第四栏表示咖啡店的可变成本。如果不生产咖啡，可变成本就为零，如果生产一杯咖啡，可变成本是 0.3 元，如果生产两杯咖啡，可变成本是 0.8 元，等等。

总变动成本加上总固定成本就等于总成本。用公式表示则为：

$$TC = TFC + TVC$$

在表 5-2 中，第二栏的总成本等于第三栏的固定成本加上第四栏的可变成本。这里要注意，从长期来看，是不存在任何固定成本的，因为在长期内一切成本都是可变的。

2. 边际成本（Marginal Cost，MC）

边际成本是指在短期内厂商每增加一单位产量所引起总成本的改变量。用 MC 表示短期边际成本，以 ΔQ 表示增加的产量，则有：

$$MC = \frac{\Delta TC}{\Delta Q}$$

若 ΔQ 趋向于无穷小，则有

$$MC = \lim_{\Delta Q \to 0} \frac{\Delta TC}{\Delta Q} = \frac{dTC}{dQ} = \frac{d(TFC+TFC)}{dQ} = \frac{dTFC}{dQ} = f'(Q)$$

这里要注意的是，短期中固定成本并不随产量的变动而变动，所以，短期边际成本实际上是就固定成本而言的。

3. 平均成本（Average Cost，AC）

平均成本是指短期内生产每一单位产品平均所消耗的成本（费用）。短期平均成本分为平均固定成本（AFC）和平均可变成本（AVC），两者均随产量的变动而变动。平均成本可以表示为：

$$AC = \frac{TC}{Q} = \frac{TFC+TVC}{Q} = \frac{TFC}{Q} + \frac{TVC}{Q} = AFC + AVC$$

（1）平均固定成本（AFC）是平均每单位产品所消耗的固定成本。由于在短期内，总固定成本是常数，因此，随着产量的增加，单位产品负担的固定成本是逐渐减少的。

（2）平均变动成本（AVC）是平均每单位产品所消耗的变动成本，它随产量的变动而变动。随着产量的增加，平均变动成本先下降，后上升。

三、短期成本曲线及其特征

所谓"短期"，是指这个时期很短，以致在诸种投入要素中至少有一种或若干种投入要素的数量不变。短期的特点就在于，有固定成本与变动成本之分。

例如，对一家已经建成的钢铁厂来说，无论产量如何变化，厂房和设备总是固定不变的，可变的只是劳力和原材料的数量。在这种条件下形成的产量和成本之间的关系，就叫做短期成本函数。其几何表现（或图形）就是短期成本曲线。显然，在短期成本中，因为有一部分投入要素固定不变，所以，它除了包括变动成本之外，还包括固定成本。

短期成本函数通常用来反映现有企业中产量与成本的关系，所以，它主要用于日常

的经营决策。短期成本曲线如图 5-4 所示。

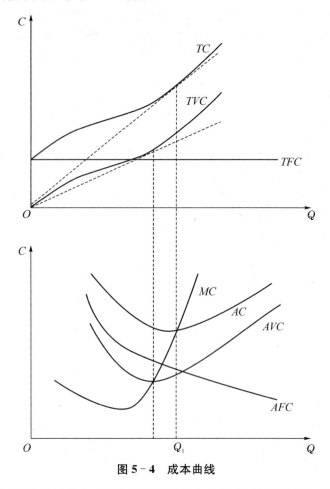

图 5-4 成本曲线

根据图 5-4，可以总结出如下所述的短期成本曲线的变动特征及其相互关系。

(1) 总固定成本曲线：由于固定成本在短期内不随产量的增减而变动，所以总固定成本曲线是一条平行于 X 轴（横轴）的直线。即 TFC 曲线与横轴平行，它不随产量的增减而变动。

(2) 总成本曲线：其斜率的变动趋势是由大变小，再由小变大，并且在变化过程中有一拐点出现（该点对应于 Q_1 之上）。TC 曲线的形状取决于 TVC 的变动。由于总成本（TC）减去总固定成本（TFC）等于总变动成本（TVC），所以 TC 曲线只不过是 TVC 曲线向上平移一个常数（即 TFC）的产物。

(3) 总可变成本曲线：其变化与总成本曲线类似，斜率也是由大变小，再由小变大，同样也有一拐点出现。并且它与 TC 曲线变动的斜率（在每个产量水平上）相同。

(4) 平均固定成本曲线：该曲线向右下方倾斜，并且一直减少。开始时下降的幅度大，后来下降幅度逐渐变小，并且渐渐向横轴接近。因为 $AFC=TFC/Q$，TFC 不变，Q 增加时将导致 AFC 下降。

(5) 平均可变成本曲线：该曲线是先下降而后上升，呈现出"U"形。即开始随产量的增加而减少，减少到一定程度后，到达最低点，之后又随产量的增加而增加。

由于 $AVC=TVC/Q$，所以，某一产量水平上的平均变动成本等于 TVC 曲线图上连接原点到 TVC 曲线上该点的连接线的斜率。它的斜率最小点就是平均变动成本曲线的最低点。在最低点以前，AVC 呈下降趋势，最低点以后则呈上升趋势，所以 AVC 曲线呈"U"形。

（6）平均成本曲线：先下降而后上升，呈"U"形。

$AC=AFC+AVC$ 或 $AC=TC/Q$

从几何上看，某一产量水平上的平均成本等于 TC 曲线上相应点与原点的连接线的斜率。从原点作总成本曲线的切线，其切点是平均成本的最低点，原因是切点的斜率最小。类似于 AVC 曲线，AC 曲线也呈"U"形。由于 AFC 曲线向零点接近，所以，随着产量的增加，AC 曲线和 AVC 曲线也趋于接近。

（7）边际成本曲线：先下降而后上升，呈"U"形。变动先于 AVC 曲线和 AC 曲线。

$MC=\Delta TC/\Delta Q=\Delta(TFC+TVC)/\Delta Q=\Delta TVC/\Delta Q$

某产量水平上的 MC 等于 TC 曲线上该点的斜率。TC 曲线的斜率一般是由大变小，所以，MC 曲线也呈"U"形。其最低点处于总成本曲线上的拐点，因为拐点的斜率最小。

① MC 曲线与 AC 曲线在 AC 的最低点相交。此时，$MC=AC$。

$MC<AC$ 时，AC 下降；$MC>AC$ 时，AC 上升。

② MC 与 AVC 在 AVC 曲线的最低点相交。此时，$MC=AVC$。

$MC<AVC$ 时，AVC 下降；$MC>AVC$ 时，AVC 上升。

四、平均成本和边际成本的关系

虽然边际成本和平均成本是两个不同的概念，但是两者之间有着重要的联系。从图 5-4 中可以看到，MC 曲线、AVC 曲线和 AC 曲线均是先下降后上升，但却不是同时发生。MC 曲线比 AVC 曲线和 AC 曲线先降至最低点。更进一步可以发现，MC 曲线与每一条平均成本曲线的最低点相交。这些曲线的特点并不是偶然现象，事实上，它们与数学规律相符合。为了理解这一点，下面来看一个相关的例子。

假设你在一个学期的经济学课程中共参加了五次考试，结果如表 5-3 所示。第一次考试，你超常发挥，得了满分 100 分。这样你的总分即学期开始以来你所得的分数总和是 100 分，你的边际分数即由最近一次考试而带来的总分变化也是 100 分，而且到目前为止你的平均分也是 100 分。

表 5-3 平均考分与边际考分

考试次数	总分	边际分数	平均分数
0	0		
		100	
1	100		100
		50	
2	150		75
		60	
3	210		70
		70	
4	280		70
		80	
5	360		72

现在假设,第二次考试,由于你很骄傲,学习不努力,精力不集中,还经常逃课,结果你只得了50分,边际分数也是50分。由于这个分数比你之前的平均分100分要低,第二次考试就把你的平均分拉下来了。当然,只要你的得分比之前的平均分低,都会降低平均分。在表5-3中,我们看到两次考试后你的平均分降到了75分。

现在你开始担心并抓紧学习,结果第三次考试得了60分。这次分数的进步即从50分到60分,会不会提高你的平均分呢?当然没有。你的平均分又一次降低了,因为你的边际分数60分还是比之前的平均分75分低。如我们所知,当你的分数比之前的平均分低时,即使你在进步,仍会拉低平均分。在表5-3中,你的平均分降到了70分。

第四次考试,你学得更认真了些,进一步提高了学习效率,并得了70分。这一次,由于你的分数刚好与之前的平均分相等,平均分依然保持为70分。

最后在你的第五次考试也就是期末考试中,你的得分又有上升,这次你拿到了80分。你的分数比之前的平均分要高,从而把平均分拉到了72分。

这个例子比较容易理解,因为你习惯于在每次考试后计算课程的平均分,但是例子中所体现的边际和平均的关系是普遍的。

第三节 长期成本分析

在现实生活中,我们接触的大部分企业,如超级市场、百货公司、通信服务商等,都已经存在不短的时间了。它们有长期经营计划,也有短期经营计划。但是到目前为止,我们仅仅讨论了短期成本,现在来考察长期成本。

在长期中,生产的表现与短期是不同的:厂商可以根据产量的要求调整全部生产要素的投入量,甚至进入或退出一个行业。在长期内,因为厂商的各个方面都是可以调整变动的,因此不存在固定成本和变动成本之分。这样,把长期成本分为长期总成本、长期平均成本和长期边际成本三类。

一、长期总成本分析

长期成本指企业在长时间内可以调整一切生产要素。或者说,在诸种投入要素中无论哪一种要素的投入量都是可变的。因此,有可能在各种产量水平上,选择最优的投入要素结合比例。在这种条件下所形成的产量与成本之间的关系,就是长期成本函数,其几何表现就是长期成本曲线。

从长期看,企业有可能选择最优的规模、最优的技术来生产一定数量的产品,因而各种投入要素都是可变的。正因为这样,长期成本曲线实际上就是长期变动成本曲线,它没有长期固定成本曲线。长期成本可分为:长期总成本(LTC)、长期平均成本(LAC)、长期边际成本(LMC)。

长期总成本曲线:这是一条从原点出发,起先斜率大,然后平缓,最后斜率大的向右上方倾斜的曲线。如图5-5所示。

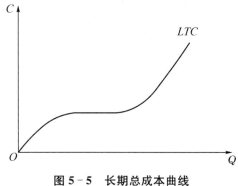

图 5-5 长期总成本曲线

二、长期平均成本分析

长期平均成本曲线：由无数条短期平均成本曲线的切线点所连成的曲线。它反映产量与平均成本之间的关系。它与短期平均成本曲线不同之处在于企业可以根据不同产量选择最优的规模。它所表达的是厂商如何计划它在一段相当长的时期内的经营规模、产量、成本等方面的资料。

图 5-6 中，SAC_1、SAC_2、SAC_3 是三条表示不同生产规模的短期平均成本曲线。当产量小于 OQ_1 时，按 SAC_1 进行生产，AC 最低。在短期中，厂商无法调整生产规模，所以难以保证在任何时候都达到最低 AC。从长期看，由于随着产量的变化，生产规模可以变更和选择，所以其平均成本曲线为 $KHGJ$ 线，即各短期平均成本曲线交点以下的线段。交点以上的部分与长期平均成本无关。

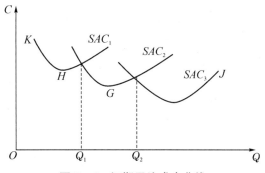

图 5-6 短期平均成本曲线

在长期中，企业可以根据它所要求达到的产量来调整生产规模，从而始终处于最低 AC 状态。所以，LAC 曲线可视为许多条短期 AC 曲线的包线。即由无数条短期 AC 曲线交点以下部分构成，其形状也呈"U"形。如图 5-7 所示。

长期平均成本曲线呈"U"形，表明产量与 LAC 之间存在着一种一般规律。当规模很小时，一般是规模收益递增，平均成本呈下降趋势。这是因为这时扩大规模可以提高企业劳动生产率和机器的专业化水平，可以使用大功率、高效率的先进技术。但当规模继续增大时，由于专业化的效果到了一定限度，技术水平的提高也会受到当前技术的限制，此时，规模收益近乎不变，平均成本趋于稳定。如果规模再扩大，往往会造成管理上的困难，这时规模收益处于递减阶段，AC 曲线又开始上升。长期平均成本曲线的最低点，就是工厂的最优规模,它的数量为 OQ^*。

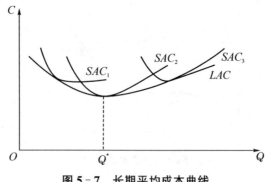

图 5-7 长期平均成本曲线

三、长期边际成本分析

长期边际成本曲线:LAC 曲线有其相应的 LMC 曲线,它是一条先下降而后上升的变动较平缓的"U"形曲线。类似于 SAC 与 SMC 曲线相交的情况,LAC 曲线与 LMC 曲线亦相交于 LAC 曲线的最低点。如图 5-8 所示。

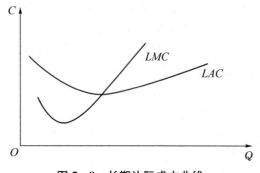

图 5-8 长期边际成本曲线

[专栏 5-3] 固定成本和可变成本

对于许多企业来说,总成本分为固定成本和可变成本取决于时间框架。例如,考虑一家汽车公司,比如福特汽车公司。在只有几个月的时期内,福特公司不能调整它汽车工厂的数量与规模。它可以生产额外一辆汽车的唯一方法是,在已有的工厂中多雇佣工人。因此,这些工厂的成本在短期中是固定成本。与此相比,在几年的时间里,福特公司可以扩大其工厂规模,建立新工厂和关闭旧工厂。因此,其工厂的成本在长期中是可变成本。

由于许多成本在短期中是固定的,但在长期中是可变的,所以,企业的长期成本曲线不同于其短期成本曲线。长期平均成本曲线是比短期平均成本曲线平坦得多的"U"形曲线。此外,所有短期成本曲线在长期成本曲线以上(含在其上)。这些特点的产生,是因为企业在长期中有更大的灵活性。实际上,在长期中,企业可以选择它想用的任何一条短期成本曲线。但在短期中,它不得不用它过去选择的任何一条短期成本曲线。

当福特公司想把每天的产量从 1 000 辆汽车增加到 1 200 辆时,在短期内除了在现有的中等规模工厂中多雇工人之外别无选择。由于边际产量递减,每辆汽车的平均总成本从 1 万美元增加到 1.2 万美元。但是,在长期中,福特公司可以扩大工厂和车间的规模,而平均总成本保持在 1 万美元的水平上。

对一个企业来说,长期是多长时间呢?回答取决于企业。对于一个大型制造业企业来说,例如汽车公司,可能是一年或更长。与此相比,一个人经营的咖啡店可以在一小时甚至更短的时间去购买一个水罐。

思考:1. 什么是短期?什么是长期?
     2. 长期中有固定成本吗?

四、长期平均成本的动态变化:规模经济、范围经济和学习效应

1. 规模经济与规模不经济

规模经济(Economies of Scale)是指由于生产规模扩大而导致长期平均成本下降的情况。规模经济与规模报酬不是同一概念。规模报酬是所有要素投入都扩大相同的倍数所引起的产出的变化情况,所涉及的是投入与产出的关系。规模经济涉及规模大小与成本的关系。不过规模报酬递增是产生规模经济的原因之一。

产生规模经济的主要原因是劳动分工与专业化,以及技术因素。企业规模扩大后使得劳动分工更细,专业化程度更高,这将大大地提高劳动生产率,降低企业的长期平均成本。

技术因素是指规模扩大后可以使生产要素得到充分的利用。例如,某企业产品需经过生产与包装两道工序。生产车间每台生产机械每天生产 30 000 件产品。包装车间每台包装机械每天包装 45 000 件产品。如果只用一台生产机械与一台包装机械的小规模方式生产,会造成包装机械生产能力的闲置。因此,扩大生产规模,利用三台生产机械与两台包装机械进行生产会使企业生产能力得到充分利用。从技术上讲,大型机械比小型机械具有许多优越性。一辆能装载 50 吨货的大型货车所花费的成本也许会大大低于 10 台装载 5 吨货物小型货车的成本;也不需要 10 倍的驾驶员与占用 10 倍的空间。

规模不经济对长期平均成本所起的作用与规模经济所起的作用完全相反。规模不经济(Diseconomies of Scale)是指企业由于规模扩大使得管理无效而导致长期平均成本上升的情况。规模过大会造成管理人员信息不通、企业内部公文履行、决策失误等,这都会造成企业长期平均成本上升。

[专栏 5-4] 长期平均成本曲线的位置移动

企业的规模经济和规模不经济是就一条给定的长期平均成本(LAC)曲线而言的。至于长期平均成本(LAC)曲线的位置变化的原因,则需要用企业的外在经济和外在不经济的概念来解释。

外在经济是由于厂商的生产活动所依赖的生产环境得到改善而产生的。例如,整个行业的发展,可以使行业内的单个厂商从中受益(更加方便的交通辅助设施,更多的信息和更好的人才)。相反,如果厂商的生产活动所依赖的生产环境恶化了,则是外在不经济。例如,整个行业的过度发展,使得竞争更加激烈(争夺产品销售市场),生产要素的价格上升,交通运输紧张,从而给行业内的单个厂商的生产带来困难。外在经济和外在不经济是由企业以外的因素所引起的,它影响厂商的长期平均成本曲线的位置:外在经济使 LAC 曲线向下移动;外在不经济使 LAC 曲线向上移动。

2. 范围经济

范围经济是引起企业长期平均成本下降的又一重要因素。范围经济产生于多产品生产而不是单一产品生产的情况。

范围经济是指在相同的投入下，由一个单一的企业生产联产品比多个不同的企业分别生产这些联产品中每一个单一产品的产出水平要高。如果在相同的投入下，由一个单一的企业生产联产品比多个不同的企业分别生产这些联产品中每一个单一产品的产出水平要低，则称该种生产过程为范围不经济(Diseconomies of Scope)。当将不同的产品放在一起生产会发生生产上的冲突时，会造成范围不经济。

范围经济与递增规模报酬是两个不同的概念，二者间并无直接的关系。一个生产多产品的企业其生产过程可能不存在递增规模报酬，但是却获得范围经济。以笛子的生产为例，只有使用高技艺的工人在较小规模的工厂生产笛子才是有效的，利用稍大一点的规模进行生产便会出现递减规模报酬。但是在一个小的工厂里同时生产长笛与短笛两种笛子却可以产生范围经济。同样，一个工厂用较大的规模只生产某一种产品可能会产生递增规模报酬，但是同时生产两种以上的产品却不会产生范围经济。例如，由一个大的工厂同时向某一城市提供自来水与电话服务可能不会产生范围经济而有可能导致范围不经济。但是由两个工厂分别只生产这两种产品中的其中一种产品，即一个工厂提供自来水服务，另一个工厂提供电话服务，两个工厂都会出现递增规模报酬。范围经济的特征也可以通过研究产品的成本情况加以揭示。

3. 学习效应(学习曲线)

学习效应(Learning Effects)是引起企业长期平均成本下降的另一重要因素。学习效应是指，在长期的生产过程中，企业的工人、技术人员、经理人员等可以积累起产品生产、产品的技术设计以及管理方面的经验，从而导致长期平均成本的下降。学习效应通常用学习曲线(Learning Curve)来表示。学习曲线所描述的是企业的累积性产品产量与每一单位产量所需要的投入物数量之间的关系。

学习曲线对于一个企业进入一个新的行业从事新产品生产的决策是非常重要的。当一个企业从事某种新产品的生产时，生产的最初阶段产品的成本是很高的，这往往使得不少企业在进入这一新行业时望而却步。但是若该行业产品生产过程中存在学习效应，则企业不应该被产品生产开始阶段较高的生产成本所吓倒。从长期看，进入该行业也许是有利的。

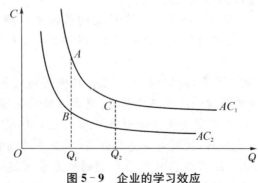

图 5-9 企业的学习效应

如图 5-9 所示，当企业生产处在规模报酬递增阶段时，平均成本曲线 AC_1 的 A 点将

移到 C 点,对应产量为 Q_2。而在学习效应作用下,尽管产量为 Q_1(当然其累积产量较高),平均成本却显著下降,由平均成本曲线 AC_1 上的 A 点下移至 AC_2 上的 B 点。从 A 点到 C 点称为规模报酬效应,而从 A 点到 B 点则称为学习效应。学习效应和规模经济效应的发生机制是不一样的,两种效应的发生时间却是可以交织的。

[专栏 5-5] 企业生产中的学习效应

包头海业羊绒公司是一家专门生产羊绒围巾的民营企业,该企业产品主要用于出口,经济效益较好。生产羊绒围巾有多道生产环节,其中搓穗工序完全是手工操作,劳动密集度很高,每年需要雇佣 200 名左右工人,主要是来自包头郊区附近农村的女工。搓穗工序生产季节性较强,人员流动性较高,工人轮换率大约在一半上下。新进厂的搓穗工需要经过一段时期实习,技术达到一定水平后才进入正式独立生产序列。不难理解,搓穗工劳动绩效即其单位时间完成的羊绒穗产量(条),与工人累计搓穗数量具有正相关关系:累计搓穗工作时间越长或累计搓穗数量越大,单位时间(每天或每小时)完成的羊绒穗数量越大。

成本与产出是不同经济活动面临的普遍经济关系,降低单位产出成本是管理实践的基本目标之一。经济学提炼出规模经济、学习效应、范围经济等概念,从不同角度对成本产出关系特征加以分析概况。学习效应是指工人或其他从业人员通过实际工作经验累积带来能力提升和降低生产成本的影响,也就是"干中学"带来的成本节省效应。

在羊绒搓穗生产工序中,由于用单位时间产量的倒数,去度量单位产量的平均劳动成本(由于该工序完全是手工劳动,平均劳动成本几乎是平均总成本的全部),因而单位时间羊绒穗产量与工人累计搓穗数量之间的正相关关系,也就是羊绒穗产品劳动成本与搓穗工累计产量之间的反相关关系,体现了学习效应的含义。

通过调查可以知道,工人在工作初期每搓一个穗所需要的时间较长,随着工作时间延长和累计产量增加,他们变得越来越熟练;搓穗速度加快了,每搓一条穗所需要的时间越来越短,体现了学习效应的作用。但是,学习效应随着生产效率提高逐渐消失,很可能收敛在单位产品需要 0.3~0.4 小时的水平。

资料来源:卢锋. 商业世界的经济学观察[M]. 北京:北京大学出版社,2003.

思考:1. 什么是规模经济?影响规模经济的因素有哪些?
   2. 学习效应如何影响规模经济?怎么来衡量?
   3. 试举出几个身边发生的学习效应的例子。

第四节 收益、利润与利润最大化

厂商从事生产的目的是追求利润最大化,而利润等于厂商所获得的收益与所支付的成本的差额。前面已经分析了厂商的成本,这一节先介绍厂商收益的概念,再来分析厂商如何确定产量以实现利润最大化。

一、收益的概念

收益是指厂商销售商品或劳务所获得的货币收入。与产量和成本概念类似,收益也有三个重要的概念:总收益、平均收益、边际收益。

1. 总收益

总收益(Total Revenue)是指厂商生产并销售一定数量商品和劳务所获得的货币收入总额,也即全部的销售收入。公式为:

$$TR = P \cdot Q$$

式中,P 表示价格,Q 表示销售量。西方经济分析中假定厂商能顺利地出售产品,即销售量等于产量,且销售量也正是市场对该产品的需求量。

当产品的市场价格为一定时,厂商的产品都按照这一价格销售。这样,当销售量为 0 时,$TR=0$,随着销售量的增加,TR 不断上升。因此 TR 是一条从圆点出发的正斜率的直线,该曲线的斜率的比值实际就是固定不变的价格,如图 5-10 所示。

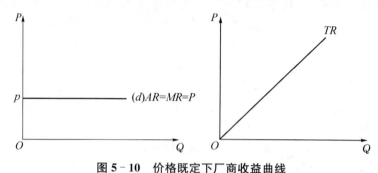

图 5-10 价格既定下厂商收益曲线

2. 平均收益

平均收益是指厂商平均出售每一单位的商品和劳务所能得到的货币收入。公式为:

$$AR = \frac{TR}{Q} = \frac{P \cdot Q}{Q} = P$$

当所有商品按同一价格销售时,平均收益就是每一单位商品的售价。实际上,在任何情况下,平均收益总是该销售量下的单位商品价格。当价格是既定时,平均收益曲线是一条水平线。

3. 边际收益

边际收益是指厂商增加销售每一单位的商品和劳务所引起的总收益的变动量。公式为:

$$MR = \frac{\Delta TR}{\Delta Q}$$

如果 $\Delta Q \rightarrow 0$,则:$MR = \lim\limits_{\Delta Q \rightarrow 0} \frac{\Delta TR}{\Delta Q} = \frac{\mathrm{d}TR}{\mathrm{d}Q}$

当价格为既定时,边际收益等于既定价格。

从厂商的收益概念看,厂商收益取决于两个因素:价格 P 和产量 Q。产量 Q 可根据厂商的生产函数和所投入的要素数量来确定;而价格与 Q 之间的关系则是由市场需求曲线确定的。因此,厂商收益从根本上取决于厂商的需求曲线,而需求曲线又是由市场结构确定。在分析市场结构之前,无从知道厂商的需求曲线的形状,因而也无从确定厂商的收益。如果假定厂商的需求曲线既定,收益就成了产量的函数,随产量的变化而变化。

二、利润最大化原则

1. 数学推导

如果用 π 表示厂商的利润,可表示为:$\pi=TR-TC$。所谓利润最大化就是使 TR 与 TC 之间的差额最大。因为 TR 与 TC 都是产量的函数,都随产量的变化而变化,所以 π 是产量的函数。厂商要实现利润最大化,就是要确定一个适当的产量,在这一产量水平上,TR 与 TC 之间的差额最大。也就是求 π 的极大值问题。用 $\pi_{\max}$ 表示最大利润,Q_0 表示此时的产量水平,则:

$$\pi_{\max}=TR(Q_0)-TC(Q_0)$$

厂商在追求利润最大化的过程中,要受到以下两个原则的制约:

第一个原则是利润最大化原则。由 $\dfrac{\mathrm{d}\pi}{\mathrm{d}Q}=0$ 可得利润最大化的必要条件:

即 $\dfrac{\mathrm{d}\pi}{\mathrm{d}Q}=\dfrac{\mathrm{d}(TR-TC)}{\mathrm{d}Q}=\dfrac{\mathrm{d}TR}{\mathrm{d}Q}-\dfrac{\mathrm{d}TC}{\mathrm{d}Q}=0$

$\dfrac{\mathrm{d}TR}{\mathrm{d}Q}=MR,\dfrac{\mathrm{d}TC}{\mathrm{d}Q}=MC,MR=MC$

即厂商利润最大化的必要条件是 $MR=MC$。如果 $MR>MC$,则厂商每增加一单位产量所带来的收益大于生产这一单位产量的成本,所以厂商增加产量有利于厂商利润总额的提高;反之,如果 $MR<MC$,则厂商每增加一单位产量所能带来的收益小于生产这一单位产量的成本,所以厂商增加产量将导致利润总额减少;只有当 $MR=MC$ 时,虽然最后一单位产量的收支相似,无利润可赚,但以前生产的产量使总利润达到最大程度。因此,$MR=MC$ 是厂商利润最大化的基本原则。但仅满足这一条还不行,还必须保证厂商的损失最小,即第二个原则。

第二个原则是损失最小化原则。这是利润最大化的充分条件。

在短期中,如果 $AR\leqslant AVC$,它将完全不会进行生产。这是因为在这种情况下,如果厂商进行生产,那么它的损失等于可变成本加上固定成本。而如果厂商不生产,则损失固定成本。只有当平均收益(或价格)大于平均可变成本时,厂商进行生产才是值得的,因为这时不仅可收回全部可变成本,还可收回部分固定成本,从而减少自己的经济损失。

在长期中全部成本都是可变的,只有当 $P\geqslant AC$ 时厂商才会生产,否则厂商就会离开该行业。

从以上两个原则可以看出,厂商进行生产首先要满足损失最小的原则,其次再按利润最大化原则调整到最佳生产规模,以实现最大利润。

例如,如果企业考虑生产 10 个单位的产品,可以用两种方法来生产:一种花费 6 000 元,一种花费 5 000 元,很明显企业会选择后一种,因为成本更低。如果它选择前一种,最终也可以有 10 个单位的产出,但是不能挣得最高的可能利润。但是,值得注意的是,5 000 元不是企业的"最低可能成本",它仅仅是生产 10 个单位产品时的最低可能成本。

2. 图形分析

图 5-11 中，$MR=AR$，是一条水平线，MC 曲线先下降后上升，两线交点 E，即 $MR=MC$，为厂商利润最大化的均衡点。

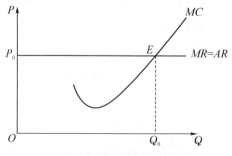

图 5-11 利润最大化均衡

图中 E 点，$MR=MC$，在 E 点的左边，$MR>MC$，表示增加单位产量可使增加的收益 > 增加的成本，从而增加厂商的利益，厂商将扩大产量，使利润进一步增加。而在 E 点的右边，$MR<MC$，此时增加单位产量使得成本的增加 > 收益的增加，利润下降，厂商会减少产量。只有在 E 点，$MR=MC$，才是利润最大化的均衡点。

必须明确：虽然 $MR=MC$ 是利润最大化原则，但这必须在考虑 TR 与 TC 对比情况下，才能判断是否有利润。实现 $MR=MC$，可使厂商处于有利状态，但并不意味着必定保证获得经济利润（前面已经证明），可能盈利，也可能亏损。可以确定的是：若厂商有盈利，按此原则确定产量，一定是利润最大；若厂商有亏损，按此原则确定产量，一定亏损最小。总是处于最优状态。

本章小结

成本是指生产过程中所投入的各种要素的费用总和。在西方经济学中成本的概念比较多，有机会成本，显性成本和隐性成本，沉没成本和增量成本、固定成本和变动成本等范畴。成本函数反映的是厂商投入的生产费用与产出量之间的关系。

在短期生产中，只有部分要素可以改变，因此，厂商的成本有不变成本部分和可变成本部分之分。具体讲，厂商的短期成本有以下七种：总不变成本、总可变成本、总成本、平均不变成本、平均可变成本、平均总成本和边际成本。其中，短期总成本是固定成本与变动成本之和，短期平均成本是短期平均固定成本和短期平均变动成本之和，短期边际成本则是产量每增加一个单位所引起的短期总成本的增量。此外，总成本曲线、平均成本曲线与边际成本曲线之间也具有一定的相互关系，这一点在学习中务必理解清楚。

在长期内，厂商可以根据产量的要求调整全部的生产要素投入量，甚至进入或退出一个行业，因此，厂商所有的成本都是可变的。厂商的长期成本可以分为长期总成本、长期平均成本和长期边际成本。长期总成本曲线是无数条短期总成本曲线的包络线，在这条包络线上，在连续变化的每一个产量水平上，都存在着 LTC 曲线与一条 STC 曲线的相切点，该 STC 曲线所代表的生产规模就是生产该产量的最优生产规模，该切点所对应的总成本就是生产该产量的最低总成本。

此外，本章最后还提到规模经济和规模不经济的概念。在企业生产扩张的开始阶段，厂商由于扩大生产规模而使经济效益得到提高，这叫规模经济；当生产扩张到一定的规模以后，厂商继续扩大生产规模，就会使经济效益下降，这叫规模不经济。

复习思考题

一、名词解释

沉没成本　　隐性成本　　联合需求　　变动成本　　短期成本　　长期成本　　规模经济　　范围经济　　学习效应

二、选择题

1. 经济学中的经济利润是指　　　　　　　　　　　　　　　　　　　　　　　　（　　）
   A. 总收益与显性成本之间的差额　　　　B. 正常利润
   C. 总收益与隐性成本之间的差额　　　　D. 超额利润

2. 由企业购买或使用任何生产要素所发生的成本是指　　　　　　　　　　　　　（　　）
   A. 显性成本　　　　　　　　　　　　　B. 隐性成本
   C. 变动成本　　　　　　　　　　　　　D. 固定成本

3. 让 MC=边际成本，MP=边际产出，w=工资，TC=总成本，VC=可变成本，MC 可以表示为

   （　　）
   A. wMP　　　　　　　　　　　　　　B. $(TC+VC)/w$
   C. MP/w　　　　　　　　　　　　　　D. w/MP

4. 如果劳动是唯一的可变投入，而且劳动的收益递减，则总成本曲线　　　　　　（　　）
   A. 斜率为正，越来越陡　　　　　　　　B. 斜率为正，越来越缓
   C. 斜率为正，斜率不变　　　　　　　　D. 斜率为负，越来越陡

5. 边际成本递增是（　　）的结果。
   A. 规模经济　　　　　　　　　　　　　B. 规模不经济
   C. 收益递增　　　　　　　　　　　　　D. 收益递减

6. 已知某企业只有劳动一种要素，当 $L=2$ 时边际产量达到最大值 8，则　　　（　　）
   A. 平均可变成本达到最大值
   B. 劳动的总产量达到最大
   C. 若劳动的工资率 $w=4$ 时，劳动的边际成本为 0.5
   D. 以上均不正确

三、问答题

1. 机会成本与会计成本区别是什么？
2. 试说明短期总产量曲线与短期总成本曲线的关系。
3. 试说明总成本曲线、总变动成本曲线、平均成本曲线、平均变动成本曲线、边际成本曲线的关系。
4. 长期总成本曲线、长期平均成本曲线和长期边际成本曲线是怎样导出的？
5. 经济学家眼中一个企业的利润与会计师核算出来的该企业的会计利润有何不同？
6. 为什么短时期平均成本曲线和长期平均成本曲线都是"U"形曲线？
7. 为什么当产量扩大时，平均总成本曲线和平均可变成本曲线越来越接近？
8. 请说明为什么平均成本的最低点一定在平均可变成本曲线最低点的右边。

四、计算题

1. 已知某厂商总成本函数为：$TC=0.2Q^2-12Q+200$，总收益函数为：$TR=20Q$，试问生产多少件时利润最大？其利润为多大？

2. 已知某厂商的需求函数为：$Q=6\,750-50P$，总成本函数为：$TC=12\,000+0.025Q^2$。求：
   （1）利润最大化时的产量和价格。
   （2）最大利润是多少？

3. 某企业生产某种日用小商品,每件卖价 0.4 元。当销售额为 10 000 元时,变动成本为 5 000 元,固定成本为 2 000 元。问:

(1) 盈亏平衡时的销售收入为多少?

(2) 实现 2 000 元的目标利润,最少要生产多少件?

(3) 如果售价不变,固定成本增加 200 元,单位产品变动成本降低 10%,产量为 25 000 件时的利润为多少?

4. 割草机制造公司出售剪草机系列产品。该公司现在生产能力是年产 400 000 架剪草机。第二年的销售量估计为 360 000 架,但该公司刚接到国外一家公园设备推销商要求订货 100 000 架。在国内市场上,每架剪草机标准价为 50 元,而外商出价 40 元。剪草机的单位制造成本如下:

原材料	15
直接人工	12
变动间接费用	6
固定间接费用	2
全部单位成本	35(元)

利用贡献分析法分析该公司要不要接受这笔订货?

5. 假定成本函数 $STC=2Q^3-5Q^2+17Q+66$,写出相应的成本函数 TVC、AC、AVC、AFC、MC。

6. 已知厂商短期总成本函数 $STC=Q^3-5Q^2+20Q+1$,求 $Q=1$ 时的短期边际成本值。

7. 已知某企业的短期成本函数 $STC=0.8Q^3-16Q^2+100Q+50$,求最小的平均可变成本值。

8. 假设某产品的边际成本函数 $MC=3Q^2+5Q+80$,当生产 3 单位产品时,总成本为 292。试求总成本函数,平均成本函数和平均可变成本函数。

9. 已知生产函数 $Q=L^{1/2}K^{1/2}$,若短期资本 $K=4$,$P_K=25$,$P_L=10$:

(1) 求均衡劳动量。

(2) 求总成本函数、边际成本函数、平均成本函数。

(3) 当总收益最大时,求产量。

10. 已知厂商的生产函数 $Q=L^{3/8}K^{5/8}$;假设 $P_L=4$ 元,$P_K=5$ 元。求该厂商生产 200 单位产品时应使用多少 L 和 K 才能使成本降至最低?

11. 设某厂商的生产函数 $Q=4L^{0.5}K^{0.5}$,Q 为每月产量,K、L 为每月投入的生产要素。

(1) 在短期,K 为固定投入,投入量为 1;L 为可变投入,其价格分别为 $P_L=2$,$P_K=1$。求厂商的短期总成本函数和边际成本函数。

(2) 在长期,K 与 L 均为可变投入,其价格同上。求厂商的长期总成本函数和边际成本函数。

(3) 若不论短期还是长期,L 与 K 均按照边际产量支付报酬,则当 K 与 L 取得报酬以后,厂商还剩余多少?

12. 已知某厂商的长期生产函数 $Q=aA^{0.5}B^{0.5}C^{0.25}$,其中 Q 为每月产量,A、B、C 为每月投入的三种生产要素,其价格分别为 $P_A=1$ 元,$P_B=9$ 元,$P_C=8$ 元。

(1) 推导该厂商的长期总成本函数、长期平均成本函数和长期边际成本函数。

(2) 在短期内,要素 C 为固定生产要素,A 与 B 是可变要素,推导出该厂商的短期总成本函数、短期平均成本函数、短期平均可变成本函数和长期边际成本函数。

13. 公司用两个工厂生产同一种产品,甲厂的产量为 x,乙厂的产量为 y,其总成本函数 $C=x^3+3y^2-xy$,预计公司的总产量为 30。

(1) 为使总成本最低,求两厂各应生产多少?请用拉格朗日函数求解。

(2) 解释在用拉格朗日函数求解时 λ 的经济意义。

14. 公司正在考虑建造一个工厂,现有两个方案,方案 A 的短期生产成本函数 $TC_A = 80 + 2Q_A + 0.5Q_A^2$,方案 B 的短期生产成本函数 $TC_B = 50 + 0.5Q_B^2$。

(1) 如果市场需求量仅有 9.98 单位产量,厂商应该选择哪个方案?

(2) 如果选择方案 A,市场需求量至少为多少?

(3) 如果公司已经采用两个方案分别建造一个工厂,且市场对其产品的需求量相当大,公司是否必须使用这两个工厂?如果计划产量为 16 个单位,厂商应如何在两个工厂之间分配产量,以使总成本最低?

15. 假定某厂商的需求函数 $Q = 5\,000 - 50P$,其中 Q 为产量,P 为价格。厂商平均成本函数 $AC = (6\,000/Q) + 20$。

(1) 使厂商利润最大化的价格和产量是多少?最大化的利润是多少?

(2) 如果政府对每单位产品征收 10 元税收,使厂商利润最大化的新价格与产量为多少?新的利润是多少?

附录:短期产量曲线与短期成本曲线之间的关系

现将短期生产条件下的生产函数和成本函数之间的对应关系作进一步分析。

假定短期生产函数为:

$Q = f(L, K)$

短期成本函数为:

$TC(Q) = TVC(Q) + TFC$

$TVC(Q) = w \cdot L(Q)$

且假定生产要素劳动的价格 w 是既定的。

(1) 边际产量和边际成本

$TC(Q) = TVC(Q) + TFC = w \cdot L(Q) + TFC$

式中,TFC 为常数。

由上式可得:

$MC = dTC/dQ = w \cdot 1/(dQ/dL) = w \cdot 1/MP_L$

由此可以得出两点结论:

第一,边际成本 MC 和边际产量 MP_L 两者的变动方向是相反的。呈"U"形的 MC 曲线和呈倒"U"形的 MP_L 曲线,MP_L 曲线的下降段对应 MC 曲线的上升段;MP_L 曲线的上升段对应 MC 曲线的下降段;MP_L 的最高点对应着 MC 的最低点。

第二,由以上的边际产量和边际成本的对应关系可以推知,总产量和总成本之间也存在对应关系。当 TP_L 向上凸时,表示此时劳动增加的速度小于产量增加的速度,也就是产量增加的速度大于成本增加的速度,这使得 TVC 向下凹;同理,当 TP_L 向下凹时,产量增加的速度小于成本增加的速度,TVC 向上凸;当总产量 TP_L 曲线存在一个拐点时,总成本 TC 曲线和总可变成本 TVC 曲线也各存在一个拐点。

(2) 平均产量和平均可变成本

$AVC = TVC/Q = w \cdot L/Q = w \cdot 1/(Q/L) = w \cdot 1/AP_L$

从上式我们可以得出两点结论：

第一，平均可变成本 AVC 和平均产量 AP_L 两者的变动方向是相反的。AP_L 呈递增时，AVC 呈递减；AP_L 呈递减时，AVC 呈递增；AP_L 最高点对应着 AVC 的最低点。

第二，MC 曲线和 AVC 曲线的交点与 MP_L 曲线和 AP_L 的交点是对应的。MC 与 AVC 相交于 AVC 的最低点同 MP_L 与 AP_L 相交于 AP_L 的最高点对应。

以上结论也可以从表 5-4 中体现出来。

表 5-4　生产函数和成本函数的对偶性

类型	生产函数	成本
总量	TP 先以递增速度增加，过拐点后，再以递减的速度增加	TC 和 TVC 先以递减的速度增加，过拐点后，再以递增的速度增加
平均量	AP 增加到最大值，然后递减	AC 和 AVC 下降到最小值，然后递增
边际量	MP 先上升再下降，在 AP 的最大之处与其相交	MC 先下降，再上升，并分别在 AVC 和 AC 的最小值处与其相交

第六章　完全竞争的市场

任何市场都是有供给和需求两个方面,在前面的章节,从单方面分别系统考查了消费者行为和生产者行为,我们现在将这两个部分合在一起,以考察市场的整体行为。作为单个产业组织分析的开篇,本章分析完全竞争市场中的厂商行为。这是一个理想化的市场,在这个市场上,所有厂商生产相同的产品,每个厂商相对于行业而言微不足道,所有厂商的生产决策和单个消费者行为的影响都太小,以至于无法影响到市场的价格。然后依据短期和长期的划分,考查竞争性企业在供给方面的决策。本章的结论表明,完全竞争市场是有效率的。在掌握了完全竞争的核心理论之后,将在下一章节分析不完全竞争的形式。

在本章,我们将看到一个完全竞争性的厂商在短期和长期是如何选择产量水平以使它的利润最大化,当生产成本或投入要素价格变动时,厂商选择的产量如何变动,由此分析如何推导出厂商的供给曲线,然后我们将各个单个厂商的供给曲线加总起来,得到行业的供给曲线。在短期,某个行业的厂商选择生产一定水平的产量,实现利润最大化。在长期,厂商不仅选择产量,还可以选择是否留在市场上。

第一节　市场结构

一、市场

市场是指从事物品买卖的交易场所或接洽点。即一个市场可以是一个有形的买卖物品的交易场所,也可以是利用现代化通信工具进行物品交易的接洽点。从本质上讲,市场是买卖双方相互作用并得以解决其交易价格和交易数量的一种组织形式或制度安排。

任何一种物品的交易都有一个市场。经济中有多少物品交易,就相应有多少个市场,如土地市场、棉花市场、自行车市场、面包市场、服装市场等。经济中所有可交易的物品可以分为商品和生产要素两类,相应地,经济中所有的市场也可以分为商品市场和生产要素市场两类。本章和下一章研究商品市场,生产要素市场将在第八章和第九章进行研究。

二、市场的类型

根据商品市场上不同市场结构的特征可以对市场进行分类。市场结构是指市场的构成,可以从交易者即买方或卖方、交易对象、组织形式等多个方面进行划分。经济学一般是从卖方的角度来划分不同市场结构,将市场划分为完全竞争市场、垄断竞争市场、寡头垄断市场和完全垄断市场四种类型。这四种市场类型,从完全竞争到完全垄断,竞争性依次递减,垄断性依次递增。

决定市场划分的主要因素有四个:

第一,市场上厂商的数目。厂商数目是影响一个市场竞争程度的重要指标,对市场的竞争程度有重要影响。一个市场上厂商数目越多,这个市场的竞争性就越强,相反,市场上厂商数目越少,市场的垄断性就越强。

第二,厂商生产的产品的差别程度。产品的差别程度也是决定市场竞争性或垄断性的重要依据。如果不同厂商生产的同种产品差别程度小,则消费者不易于辨识或形成偏好,厂商之间就表现出较强的竞争性,相反,如果不同厂商生产的同种产品差别大,则厂商易于控制价格,并对消费者施加影响,市场的垄断性就强。

第三,单个厂商对市场价格的控制程度。对价格的控制程度是指厂商对市场价格的决定权大小。厂商对市场价格的控制程度小,说明他们之间主要是竞争关系,厂商对市场价格的影响力越大,则市场的垄断程度就越高。

第四,厂商进入或退出一个行业的难易程度。这是指生产要素在行业间是否能够自由地流动。如果一个厂商在退出一个行业并进入一个新的行业过程中不需要付出较大的成本,即厂商进入或退出行业比较容易,说明生产要素在行业间的流动比较自由,市场的竞争性就强,相反的情况,厂商难以在行业间进出,说明市场的垄断性强。

一般来讲,以上第一个因素和第二个因素是决定市场类型的最基本因素,第三个因素是第一个和第二个因素的必然结果,而第四个因素是第一个因素的延伸。以上四种市场类型的划分及其相应特征可以用表6-1来简单地概括和说明。

表 6-1 市场类型的划分及特征

市场类型	厂商数目	产品差别程度	对价格的控制程度	进出行业的难易程度	接近哪种产品市场
完全竞争	很多	完全无差别	没有	很容易	农业
垄断竞争	很多	差别很小	有一些	比较容易	轻工业、零售业
寡头垄断	很少	有差别或无差别	相当程度	比较困难	重工业、基础工业
完全垄断	唯一	唯一产品且无替代品	很大程度,经常受管制	很困难,几乎不可能	公用事业,如水、电

三、行业

与市场对应的另一个概念是行业。行业是指为同一个商品市场生产和提供商品的所有的厂商的总体。市场与行业的类型是一致的,比如,完全竞争市场对应的是完全竞争行业,垄断竞争市场对应的是垄断竞争行业,等等。

第二节 完全竞争厂商的需求曲线

一、完全竞争市场的条件

在第二章我们用供给需求分析解释了各种产品其市场价格如何随市场情况的变化

而变化。我们看到每一种产品的均衡价格和产量都是由供给曲线和需求曲线的交点所决定的,但是这一分析的隐含条件是完全竞争市场模型。完全竞争市场模型对很多市场的研究都非常重要,如农产品、燃料、日用品、住房、服务业、金融市场等,所以我们需要先来研究完全竞争市场所满足的条件。

完全竞争又称纯粹竞争。完全竞争的含义是指丝毫不存在垄断因素的市场结构,市场是完全非个人化的市场。完全竞争理论的成立依赖于以下四个条件:

第一,大量的买者和卖者。由于市场上有大量的买者和卖者,所以相对于整个市场的总需求量和总供给量而言,每一个买者的需求量和每一个卖者的供给量都是微不足道的。

从卖者的角度来说,市场上存在很多厂商,每一个厂商都要与很多规模较小的直接竞争者进行竞争,因为每个厂商出售的产量占全部行业产量的比重极其微小,以至于其决策对市场价格不产生影响,所以完全竞争市场上的厂商被动地接受市场给定的价格。例如:假设你是一家电灯泡分销商店的拥有者,你从生产商那里购买大量的灯泡,然后将其零售。但是市场上像卖这种灯泡的零售商有很多家,而你仅仅是很多零售商中的一个,所以你会发现同顾客讨价还价的余地很小。如果你不以市场决定的价格出售,顾客很可能会去其他地方购买。

从买者的角度来说,在完全竞争市场上,每一个顾客购买的数量相对于整个行业的销量来说,也是微乎其微的,以至于对市场价格完全没有影响,他们也将市场价格视为给定。

所以,在完全竞争市场中,每一个消费者或者每一个厂商对市场价格没有任何的控制力量,他们只能被动地接受既定的市场价格,成为价格的接受者。

第二,产品同质。产品同质指市场上的厂商(大量的卖者)生产(提供)完全相同无差别的产品,厂商的产品相互之间是完全替代的。这里的完全相同不仅指商品的质量、规格、商标是完全相同的,还包括购物环节、售后服务等方面也完全相同。因此,对于消费者来说,购买任何一家厂商的产品都是一样的。任何一个厂商如果想将其产品的价格提高到市场价格之上,他的产品就会完全卖不出去。当然,单个厂商也没有必要降价,因为,在这种市场环境中,单个厂商总是可以按照既定的市场价格卖掉自己所生产的全部产品。所以,在完全竞争市场中,厂商既不会单独提价,也不会单独降价。当然,世界上几乎没有哪个市场是完全竞争的。像农业这样的产业可以近似地看成是完全竞争的。以谷物为例,因为同一区域内所有农场生产的产品质量比较类似,购买者也不会过问究竟是哪个农场生产的。石油、汽油和诸如铜、铁、木材、棉花及钢板之类的原材料也基本是同质的,经济学家通常认为这些同质产品为农(矿)产品。

第三,自由地进入与退出。行业中现有厂商由于无法盈利而退出时,不会有特别的成本发生。如果一家厂商在行业中看到盈利机会,它也可以自由地进入该行业。换句话说,即任何一种资源都可以及时地投向能获得最大利润的生产领域,并能及时地从亏损的生产中退出。对于购买者来讲,可以很容易地从一家厂商转向另一家厂商,即如果顾客发现现有销售商提高价格,他可以很容易地转向其他销售商。自由进入与退出这个假设对于完全竞争的有效性非常重要,由于厂商或购买者可以自由的进入与退出,厂商才会更加有效率的生产,淘汰掉缺乏效率的厂商。

第四，信息是完全的。即市场上的每一个买者和卖者都能充分掌握与自己的经济决策有关的一切信息。这样，每一个消费者和每一个厂商都可以根据自己所掌握的完全的信息，做出自己的最优的经济决策，从而获得最大的经济利益。而且由于每一个买者和卖者都知道既定的市场价格，并都按照这一既定的市场价格进行交易，所以也就排除了由于信息不通畅而可能导致的一个市场同时按照不同的价格进行交易的情况。

符合以上四个假定条件的市场即被称为完全竞争市场。经济学家认为，完全竞争市场是一个非差异化的市场。市场中的每一个买者和卖者都是市场价格的被动接受者，他们中的任何一个成员都既不会也没必要去改变市场价格；每个厂商生产的产品都是完全相同的，毫无自身的特点；所有资源都是可以完全自由流动的，不存在同种资源之间的报酬差距；市场上的信息是完全的，任何一个交易者都不具备信息优势。因此，完全竞争市场中不存在现实经济生活中的那种真正意义上的竞争。

由以上分析可见，完全竞争市场成立的理论条件假设是非常苛刻的，在现实经济生活中，真正符合以上四个条件的市场是不存在的，除了一些农（矿）产品市场比较接近完全竞争市场。虽然现实经济生活中不存在完全竞争市场，但是西方经济学家认为，从对完全竞争市场模型的分析中，可以得到关于市场机制及其配置资源的一些基本原理，并且该模型也可以为其他类型市场的经济效率的分析和评价提供一个参照对象。

[专栏6-1] 爱克斯城的火油市场

洛克菲勒是有名的美国石油大王。19世纪50年代，洛克菲勒还是某商行的小职员，一次出差时，他与旅客在轮船上聊天，听说船上装着大量的火油。人们还告诉他，这批火油将在爱克斯城卸下，那里的居民正等着火油点灯。轮船快抵达某港口时，突然在海上爆炸了。死里逃生的旅客，或忙着晾干衣服，或忙着寻找吃饭和住宿的地方。洛克菲勒则租了一匹快马，长途跋涉来到爱克斯城。

当时，美国没有发电厂，也没有电话或电报，爱克斯城无人知道轮船失事的消息。洛克菲勒走进一家杂货店，买下了全部库存火油，并对那里的老板说："老板，我先存放在这儿，两天之内来提货。"老板想到两天后轮船就会把火油运来，如此干脆地清理掉库存，实在是求之不得。接着，洛克菲勒把城里的火油全部都买下，而且都存放在店里。第二天中午，其他落水旅客带来轮船失事的消息。居民闻讯后，立即去杂货店抢购火油。但是，所有杂货店的火油全都卖出去了。这时候，洛克菲勒来了，他说："我的火油可以不拿走，但要付双倍的钱。"所有的老板都同意了，洛克菲勒辞去了商行的工作，拿赚来的钱开始从事石油交易。

故事中爱克斯城的火油市场，在洛克菲勒介入前基本上属于完全竞争市场。这里有很多卖者和很多顾客；火油同质无差异；杂货店资金很少，技术简单，资源进出不会有太大的障碍；市场信息可以比较自由地流动。因此，在洛克菲勒介入前，没有一个杂货店老板能够控制火油价格，他们只能根据市场价格出售火油，这是一个完全竞争的市场。洛克菲勒介入之后，就不是完全竞争市场了，因为他垄断了市场信息，继而垄断了整个市场——成为唯一的火油供给者，对市场价格的形成起了决定性的作用。

二、完全竞争厂商的需求曲线

在完全竞争市场中的每个厂商的销售仅仅占整个行业销售量的极小部分,所以厂商决定生产多少产品对产品的市场价格没有影响。市场价格是由行业需求曲线与供给曲线决定的。厂商也知道自己的产量决策将不会对产品价格产生影响,厂商在竞争性市场上是价格的接受者,所以,完全竞争厂商的需求曲线是一条由既定市场价格水平出发的水平直线。

为了把市场需求和单个厂商面对的需求曲线区别开了来。在本章,我们用大写字母来表示市场产量(Q)、需求(D)、供给(S)及由市场需求曲线和供给曲线相交形成的均衡点 E 所决定的市场均衡价格为 P_e;用小写字母来表示厂商的产量(q)和需求(d)。例如,当某农场主考虑未来的某一年该种植多少亩小麦时,他可以将小麦的市场价格(2元/千克)看成给定的,这一价格不受他种植面积决策的影响。由于厂商是价格的接受者,单个竞争性厂商面对的需求曲线由一条水平线给出。在图 6-1(a)为市场需求曲线和市场供给曲线,市场需求曲线表示在每一价格水平上所有消费者愿意且能够购买的小麦数量,因此市场需求曲线是向下倾斜的,在较低的市场价格下,消费者愿意购买更多的小麦。在 2 元/千克的价格下整个行业的小麦产量为 1 亿千克,价格取决于市场上所有的厂商与消费者的相互作用,而不是由单个厂商的产量决定。图 6-1(b)中农场主的需求曲线对应于 2 元/千克的价格,横轴代表农场主能售出的小麦数量①,纵轴代表价格;厂商面对水平的需求曲线时,表示他不降低价格就能售出一单位额外的产量,厂商销售额外一单位产品增加的总收入等于价格。因此,在完全竞争市场上,单个厂商面对的需求曲线 d 既是它的平均收益曲线,又是它的边际收益曲线。在这条曲线上,边际收益等于价格。

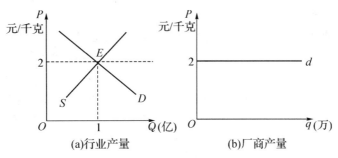

图 6-1 完全竞争厂商的需求曲线

需要特别注意的是,在完全竞争市场中,单个消费者和单个厂商都是无力影响市场价格的,他们只能被动地接受既定的市场价格,但是这并不意味着完全竞争市场的价格是固定不变的,因为所有关于消费者的偏好改变、收入水平的提高或者下降、或者政府有关政策的出台等,都会使得众多消费者的需求和众多生产者的供给发生变化,从而引起需求曲线和供给曲线的位置发生移动,从而形成新的均衡价格和均衡产量。这样就会得到与新的均衡价格对应的厂商需求曲线,图 6-2 所示,开始时的市场需求曲线为 D_1,市

---

① 由于图(a)表示市场的供求状况,图(b)表示一个厂商所面临的需求情况,而一个厂商所面临的需求量仅占市场总需求中的极小一个份额,所以图(a)中的数量横轴的单位刻度以亿表示远远大于图(b)中的数量横轴的单位刻度以万表示。在以后类似的图表处理中,均作如此处理。

场供给曲线为 S_1，市场均衡价格为 P_1，相对应的厂商的需求曲线是由价格 P_1 出发的一条水平线 d_1。但是，目前由于所有消费者收入水平的提高，带来消费者需求的增加，从而引起市场需求曲线由 D_1 移至 D_2，同时由于某种原因，所有厂商都扩大了生产规模，带来市场供给的增加，使市场供给曲线由 S_1 移至 S_2，新的市场需求曲线和新的市场供给曲线相交，形成新的均衡价格为 P_2，于是相对应的厂商需求曲线是由新的价格水平 P_2 出发的另一条水平线 d_2。所以，厂商的需求曲线出自各个不同的给定的市场均衡价格，并且他们总是呈水平线的形状。

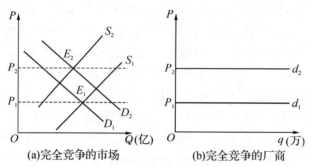

图 6-2　完全竞争市场价格的变动和厂商的需求曲线

第三节　边际收益和利润最大化

利润就像是厂商的净盈利或者实得收益，它们代表一个企业能够用于股东分红、投资于新工厂和设备，或者用于金融投资的资金数量，所有这些活动都提高了企业对于其所有者的价值。

企业之所以要实现利润最大化，是因为这样才能使企业带给其所有者的经济利益最大化，允许一个低于最大化的利润水平，就好比是降低企业所有者的薪酬，几乎没有任何一个企业的所有者会自愿接受。

利润最大化要求企业进行卓有成效的内部管理（防止浪费、激励员工、选择有效的生产工艺等），并且做出明智的市场决策（以最低成本购买数量适当的投入品，并选择最优的产量水平）。

不管该厂商是在完全竞争市场上经营还是在属于那种能影响价格的市场环境中经营，利润总是等于总收入与总成本的差额，关于企业的成本结构问题，在上一章的成本理论中已经详细说明。所以，为了确定厂商利润最大化的产量水平，我们现在对收入进行详细的解释说明。

一、与厂商收益相关的概念

厂商的收益就是厂商的销售收入的总额。其收益可以分为总收益、平均收益和边际收益。他们分别用英文简写为 TR，AR 和 MR。

总收益指厂商按一定价格出售一定量产品时所获得的全部收入。以 P 表示既定的市场价格，以 q 表示厂商的销售总量，总收益的定义公式为：

$$TR(q)=Pq \tag{6-1}$$

平均收益指厂商在平均每一单位产品销售上所获得的收入。平均收益的定义公式为：

$$AR(q) = \frac{TR(q)}{q} = P \qquad (6-2)$$

边际收益指厂商增加一单位产品销售所获得的总收入的增量。边际收益的定义公式为：

$$MR(q) = \frac{\Delta TR(q)}{\Delta q} \qquad (6-3)$$

或者

$$MR(q) = \lim_{\Delta q \to 0} \frac{\Delta TR(q)}{\Delta q} = \frac{\mathrm{d}TR(q)}{\mathrm{d}q} = P \qquad (6-4)$$

由(6-4)式可知，边际收益的值就是相应的总收益曲线的斜率。完全竞争市场中，在每一销售量上[①]，厂商的销售价格是固定不变的，所以必然会有厂商的平均收益等于边际收益，且等于既定的市场价格的结论，即 $AR=MR=P$。因此，完全竞争厂商的平均收益 AR 曲线、边际收益 MR 曲线和需求曲线 d 三条线重合。由于厂商的需求曲线本身就是一条既定价格水平出发的水平线，所以我们可以得出，完全竞争厂商的总收益 TR 曲线是一条由原点出发的斜率不变的上升的直线。图 6-3 体现了完全竞争厂商的收益曲线的特征。

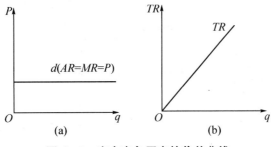

图 6-3　完全竞争厂商的收益曲线

二、厂商的利润最大化

利润最大化是任何一个厂商所追求的目标，因此确定厂商利润最大化时的产量水平是非常重要的，下面我们先从短期来决策开始分析。

在短期，当厂商生产规模固定不变时，如何通过选择它的可变要素（劳动和原材料）水平以使利润最大化。图 6-4 显示了某完全竞争厂商的短期决策。平均收益曲线和边际收益曲线都画成水平线，价格等于 40 元。在图中，我们画出了平均总成本曲线 ATC，

---

①在以后的分析中，我们均假定厂商的销售量等于厂商所面临的需求量。此假定是一个合理的假定，因为，此假定意味着厂商是根据市场上对其产品的需求量来决定其销售量的。

平均可变成本曲线 AVC,以及边际成本曲线 MC[①],这样我们更容易看出使厂商利润最大化的均衡产量。

利润在 E 点最大,相应的产量为 $q^*=5$,价格为 40 元。即 E 点就是厂商实现最大利润的生产均衡点。这是因为,如果厂商在一个较低的产量水平下生产,假设为 $q_1=4$,那么边际收益大于边际成本,即厂商增加一单位产量所带来的总收益的增加量大于所付出的总成本的增加量,也就是说厂商增加产量是有利的,那么厂商会不断的增加产量。随着产量的增加,厂商的边际收益保持不变而厂商的边际成本 SMC 却是逐步增加的,直到 $MR=MC$。在这一变动过程中,厂商得到了扩大产量所带来的全部好处,获得了它所能得到的最大利润($q_1=4$ 和 q^* 之间的阴影部分表示厂商这一变动过程所增加的利润总额)。相反,当 $q_2=6$ 时,边际收益小于边际成本,这表明如果厂商继续增加产量所带来的总收益的增加量是小于所付出的总成本的增加量。换句话说,厂商继续增加产量会使利润减少。所以厂商就会减少产量,直到 $MR=MC$,使利润达到最高的水平。

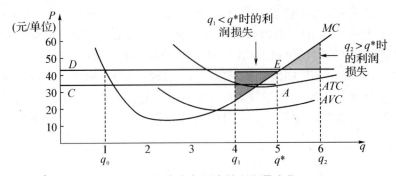

图 6-4 完全竞争厂商的利润最大化

说明:在短期,完全竞争性厂商通过选择边际成本 MC 与产品价格 P(或边际收益 MR)相等的产量来实现利润最大化。厂商的利润由矩形 $ACDE$ 表示,任意较低的产量 q_1 或较高产量 q_2 都将导致利润的下降。

由此可见,不管是增加产量还是减少产量,厂商都在寻找能够带来最大利润的均衡产量,而这个均衡产量就是使得 $MR=MC$ 的产量。但是 MR 和 MC 曲线在产量为 q_0 处也相等,但在 q_0 的产量点,利润显然并没有最大化。超过 q_0 的产量增加,导致利润增加,只要总是存在边际成本低于边际收益,厂商就会不断的增加产量。所以,利润最大化的条件是:在边际成本曲线处于上升阶段时,边际收益等于边际成本时为利润最大化的均衡点。需要注意的是,该结论非常重要,它应用于完全竞争或非完全竞争市场中的厂商决策中。

此外,$MR=MC$ 的利润最大化的均衡条件,也可以用数学方法证明如下:

令厂商的利润等式为:

$\pi(q)=TR(q)-TC(q)$

满足上式利润最大化的一阶条件为:

$\dfrac{\mathrm{d}\pi(q)}{\mathrm{d}q}=\dfrac{\mathrm{d}TR(q)}{\mathrm{d}q}-\dfrac{\mathrm{d}TC(q)}{\mathrm{d}q}=MR(q)-MC(q)=0$

[①] 在图 6-4 中,纵轴 P 表示价格。由于纵轴表示的是货币数量,所以,它可以同时用来表示收益 R、成本 C 和利润 π。在以后类似的图中,均作相同的处理。

即 $MR(q) = MC(q)$

因此,厂商应该根据 $MR=MC$ 的原则来做出最优的生产决策,以实现最大的利润[①]。但是,需要特别说明的是 $MR=MC$ 这个均衡条件,有时也会被称为利润最大或者亏损最小的均衡条件。因为在厂商实现了 $MR=MC$ 时,并不意味着厂商一定能获得利润。$MR=MC$ 表示的是既定成本状况和既定收益状况下厂商最好的处境。也就是说,如果在 $MR=MC$ 时,厂商可以获得利润,则厂商获得的一定是既定成本条件下的最大化的利润;反之,如果在 $MR=MC$ 时,厂商是亏损的,则厂商遭受的一定是既定成本条件下的最小的亏损。

[专栏6-2] 托马斯·罗伯特·马尔萨斯(Thmas Robert Malthus,1766—1834)

在西方,有这样一种观点,19世纪最著名的社会学家不是大卫·李嘉图或卡尔·马克思,而是马尔萨斯,后者的这些名望实际上主要基于他的一本很长的小册子《人口论》,因为该书的基本结论就像它的论题本身一样产生了巨大影响。当时,鲁索、葛德文和康多斯特,他们都认为友爱和教育就能产生一个完美的社会秩序。而《人口论》却反驳这三人的观点,认为贫困的根源不在于社会制度,而在于人口和社会资源的不平衡增长。该书进一步指出,除穷人对家庭规模作自愿限制外,没有任何东西能阻挡人口增长的潮流。由此入手,他深刻地阐明了贫困存在的本质原因,并很快拥有了名望以及随之而来的辱骂。

马尔萨斯的人口增长理论使所有近代经济学家赞同的生存工资理论合理化(由于高工资会刺激人口增长,所以工资总是趋于降低到工人生存所需要的水平),也使他自己成了政治经济学这一"沉闷科学"的象征,受到许许多多改良者和作家的鄙视,结果使人们在攻击经济学时,通常把马尔萨斯而不是亚当·斯密或李嘉图当作首恶者。后来马尔萨斯改写了他的《人口论》,在改写的过程中,他抛弃了许多以前的观点,过去他认为制止超过食物供应的人口增长的办法通常有两种:直接抑制和间接抑制,即批评者们常说的"贫困和罪恶"。现在他则认为人口抑制能够通过某种"道德抑制"的方法去实现,这一概念的补充淡化了原来那种悲观的论调,从而为他逃避任何敌对的经验式的攻击提供了绝妙的借口。

像当时的所有人一样,马尔萨斯本人也认为节制生育即使不是明确的犯罪,也是道德所不能接受的,但在马氏死后的几十年内,节制生育运动的倡导者们利用他的人口理论为他们的活动进行辩护,并宣称他们自己为新的"马尔萨斯主义者"。这样一来,马尔萨斯人口增长理论便最终成了维多利亚时代改良者的宗旨。

到了20世纪最初的25年里,马尔萨斯人口过剩的幽灵让位给了凯恩斯人口不足的

---

① 正文中略去了利润最大化的二阶条件,即 $\dfrac{d^2\pi(q)}{dq^2} = MR'(q) - MC'(q) < 0$ 也就是 $MR'(q) < MC'(q)$,边际收益曲线的斜率小于边际成本曲线的斜率。只有满足该二阶条件且满足一阶条件 $MR(q)=MC(q)$ 时,厂商才会实现实现利润最大化。如果仅仅是满足一阶条件为零,那么求出的均衡产量就可能是图6-4的 q_0,即 MR 曲线和 SMC 曲线左边的交点,但不是利润最大化的均衡点。因为在该点上,虽然 $MR=SMC$,但 $MR'>MC'$,即利润最大化的二阶条件不成立,它恰恰满足利润最小化的二阶条件。所以,$MR=MC$ 是厂商利润最大化的必要条件而非充分条件。

幽灵,当然,他的影响也相应地衰落了。但是,现在不发达国家的人口问题,使马尔萨斯的人口理论再度成为宠儿,从而也使他获得了新的生命。

公正地说,马尔萨斯活着时的名望基于他的人口增长理论,而其作为经济学家的现代声望更多的则是基于他对萨伊市场定律和近代李嘉图主义者不可能存在总过剩的说法的反驳。

资料来源:萨缪尔森.萨缪尔森辞典[M].陈迅,白远良,译释.北京:京华出版社.2001.

第四节 完全竞争厂商的短期均衡分析

一、完全竞争厂商的短期均衡

在完全竞争厂商的短期生产中,厂商出售商品的价格是由市场价格给定不变的。而且由于调整固定资本的规模需要较长时间,所以厂商的生产规模在短期是固定不变的。在短期,在既定的生产规模下,厂商只能通过对产量的调整来实现利润最大化或者亏损最小。

由上一节关于利润最大化的分析可知,当厂商实现 $MR=SMC$ 时,厂商在短期未必总是获得利润的,也有可能亏损。根据理论分析,短期均衡共存在五种情况:

①$P>ATC$,厂商获得经济利润,如上一节图6-4所示,均衡点为 MC 曲线和 MR 曲线的交点 E,均衡产量为 q^*,在均衡产量上,平均收益为 Eq^*,平均固定成本为 Aq^*,厂商单位产品的利润为 EA,产量为 DE,两者的乘积 $EA*DE$,即矩形 $ACDE$ 的面积等于总利润。在产品价格高于平均总成本,生产决策很容易制定,因为厂商继续生产将有利可图,而停止生产就没有利润。

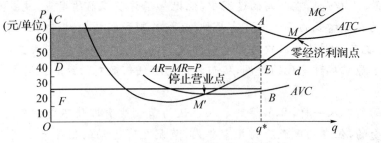

图6-5 完全竞争厂商短期均衡分析

②$ATC>P>AVC$,如图6-5所示,厂商是亏损的,其亏损量相当于图中阴影部分 $AEDC$ 的面积,但是厂商在其亏损的状态之下,是否会仍然继续生产呢?在短期,厂商在亏损状态下可能继续经营,因为它预期将来当产品价格上升或生产成本下降时就可获得经济利润,如果厂商因为暂时的亏损关闭工厂、解雇经理及关掉点灯,它会避免目前的损失。但是如果未来的价格上升,重开厂房、雇佣和培训新的经理会有很高的成本。厂商将会后悔关闭的决策。更确切地说,如果厂商想长期持续的经营,它将会在其使用资本的数量上保持灵活性,从而减少平均成本。而且只有继续经营,厂商才能用全部收益弥补全部可变成本之后有剩余,以弥补短期内总是存在的固定成本的一部分,即图6-5中矩形 $BEDF$ 的面积(代表继续生产获得的收益可以弥补固定成本的大小)。所以,在这种

亏损情况下,继续生产会使厂商的亏损最少,并且能弥补其全部的平均可变成本,它不大可能会关闭厂房。

③$P<AVC$,即产品价格低于平均可变成本(把厂商需求曲线 DE 移至平均可变成本曲线以下),厂商会怎样做?此时厂商肯定会停止生产,因为在每一生产单位上都是亏损的。在这种情况下,如果厂商继续生产,不但固定成本无法弥补,获得的全部收益连可变成本都无法全部收回。但是只要停止生产,可变成本就会降为零,厂房闲置,对于厂商来说亏损只有固定成本。所以,只要产品价格低于利润最大化时的平均可变成本,厂商就应该停止生产。

④零经济利润点,即厂商的需求曲线 d 相切于 ATC 曲线的最低点,这一点是 ATC 曲线和 MC 曲线的交点,恰好也是 $MR=MC$ 的利润最大化的均衡点,在均衡产量 q^* 上,平均收益等于平均成本,厂商经济利润①为零,但是厂商的正常利润实现了。由于在这一均衡点上,厂商既没有利润,也没有亏损,所以该点也被称为厂商的收支相抵点(如图 6-5 中点 M 所示)。

⑤停止营业点,即厂商的需求曲线 d 相切于平均可变成本 AVC 曲线的最低点,这一点是 AVC 曲线和 MC 曲线的交点,这一点恰好也是 $MR=MC$ 的利润最大化的均衡点,在均衡产量 q^* 上,厂商是亏损的其亏损额为厂商所拥有的整个不变成本的大小,厂商继续生产所获得的收益仅仅可以弥补生产所消耗的可变成本,不变成本得不到任何的弥补。厂商不生产的话,厂商虽然不必支付可变成本,但是全部的不变成本仍然存在。所以在这一均衡点上,厂商处于关闭企业的临界点,该点故被称为停止营业点(如图 6-5 中点 M' 所示)。

[专栏 6-3] 采油业中闲置的钻井队

典型的"停工待业"情况往往出现在石油行业。新的油井往往由老钻井台团队开钻。每个钻井队就像是一个小型企业,它的开工或停业,要视其盈利状况而定。1999 年,石油供应商之间爆发了价格战,许多供应商都停止了生产,从而使美国实际运营的钻井队的数量降至不足 500 个。难道说是油田干涸了吗?当然不是。这是因为过低的油价挫伤了供应商进行生产的动力。是利润枯竭,而不是油田干涸。

等到 21 世纪初油价飙升时,钻井业又呈现出什么样的情况呢?从 2002 年到 2008 年,油价翻了 4 倍,同期实际运营的钻井数也几乎上升为原先的 4 倍。油价上升时,这些企业相当于沿着 MC 供给曲线(与图 6-5 类似)向上倾斜的部分上移。

资料来源:萨缪尔森,诺德豪斯.微观经济学[M].19 版.北京:人民邮电出版社,2012:141.

二、完全竞争厂商的短期供给曲线

在前面供给和需求理论里面,我们已经知道,所谓的供给曲线是用来表示在每一价格水平上厂商愿意且能够提供的产品数量。而通过上面对完全竞争厂商短期均衡的分

---

① 经济利润是要考虑机会成本的,零经济利润表明厂商的投资获得了正常的收益,即厂商将其资金用于购买资本和投到其他用途是一样好的,零经济利润并不是说明厂商的经营不好,相反,它只表明厂商所在行业是竞争性的。

析可知,完全竞争厂商增加产量直到价格等于边际成本,但如果价格低于平均可变成本,厂商则会停止生产。因此,对于正的产量而言,厂商供给曲线就是位于平均可变成本曲线以上的边际成本曲线部分。具体分析如下。

对于完全竞争厂商来说,由于 $P=MR$,所以,完全竞争厂商实现利润最大化的均衡条件可以写成 $P=MC(q)$。根据函数关系的定义,该式表示在每一给定的价格水平 P,完全竞争厂商应该选择的最优产量应该为 q,价格 P 和厂商的最优产量 q(即厂商愿意且能够提供的产量)之间存在一一对应的关系。图 6-6 描述了短期供给曲线,对于任何大于最低平均可变成本的价格 P,利润最大化产量可以从图上直接得到。当市场价格分别为 P_1、P_2、P_3 和 P_4 时,厂商根据 $MR=MC$ 的原则,选择的最优产量依次为 q_1、q_2、q_3 和 q_4。但必须注意到的是,厂商只有在 $P \geqslant AVC$ 时,才会进行生产,对于小于最低 AVC 的 P,厂商会停止生产,利润最大化产量为 0。如图 6-6(b)所示,整个供给曲线为纵轴(价格低于最低平均成本时)加粗部分和边际成本曲线(价格高于平均可变成本时)的实线部分。由图可示,完全竞争厂商的短期供给曲线是向右上方倾斜的,这和一种或几种生产要素报酬递减导致边际成本增加的原因一样。由此,市场价格上升,将促使市场上的那些厂商增加产量。

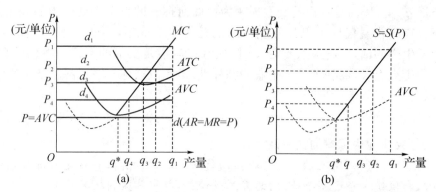

图 6-6 完全竞争厂商短期边际成本曲线到短期供给曲线

三、完全竞争行业的短期供给曲线

短期市场供给曲线表示在每一可能的价格下行业在短期内生产的产量。行业的产量等于所有私人厂商供给数量的总和。因此,假定生产要素的价格不变,则一个行业的短期供给曲线可以通过加总所有厂商各自的短期供给曲线获得①。图 6-7 显示了短期生产成本各不相同的三个厂商是如何被加总形成市场供给曲线的。每个厂商的边际成本曲线都只画出位于其平均可变成本曲线以上的那一部分(只分析三个厂商是为了作图方便,但这一分析同样适用于有很多厂商的情况)。

在低于 P_1 的价位上,行业将不生产,因为 P_1 是成本最低的厂商的最小平均可变成

---

① 若要考虑到行业产量变化对生产要素价格的影响,那么,关于完全竞争行业的短期供给曲线是行业内所有厂商短期供给曲线的水平加总而构成的这一结论,就成了一种粗略的或者不准确的说法。因为生产要素价格的变化会使厂商短期生产成本和相应的短期成本曲线的位置发生移动,从而使得厂商的短期供给曲线的位置发生移动,并进一步影响了整个行业的供给曲线的位置形状。但是为了说明厂商供给曲线和行业供给曲线之间的关系,所以才设立了生产要素价格不变的假定。

本。在 P_1 和 P_2 间的价格上,只有厂商3生产,所以行业供给曲线等于厂商3在这一价格段中的边际成本曲线 MC_3。在价格 P_2 上,行业供给曲线将等于所有三个厂商供给量的总和,此时厂商1供应2个单位,厂商2供应5个单位,厂商3供应8个单位。因此,此时行业供给量等于15单位。在价格 P_3 上,厂商1供应4个单位,厂商2供应7个单位,厂商3供应10个单位,整个行业总供应21个单位。连接这些行业供给量的均衡点我们发现市场供给曲线是向右上倾斜的,但是在价格 P_2 处有一个折点。但是在市场上有很多厂商时,折点将变得不重要,所以我们将行业供给曲线画成一条光滑的向右上倾斜的曲线。

所以,为了得到完全竞争市场上某一物品的**市场供给曲线**,我们必须按水平方向将该物品单个生产者的供给曲线加总在一起。通过对行业供给曲线的推导过程我们可知,行业的短期供给曲线上与每一价格水平相对应的供给量都是可以使全体厂商在该价格水平获得最大利润或最小亏损的最优产量。

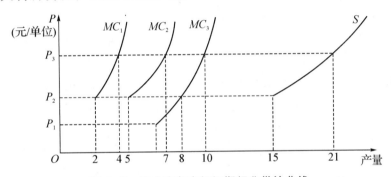

图 6-7　完全竞争市场短期行业供给曲线

注:短期行业供给曲线是单个厂商的供给曲线的加总。因为第三个厂商比前两个厂商的平均可变成本低,所以市场供给曲线 S 在价格 P_1 开始,并顺沿着第三个厂商的边际成本曲线 MC_3 向上,直至价格等于 P_2,在此处形成一个折点,对所有超过 P_2 的价格,行业供给量是三个厂商各自供给量的加总。

四、短期的生产者剩余

在消费者行为理论那一部分内容,我们将消费者剩余定义为人们愿意为某一物品支付的最高价格与它的市场价格之间的差额。类似的概念也适用于厂商。如果边际成本上升,对不包括最后一单位的每一生产单位而言,产品价格大于边际成本,结果是除最后一单位产量外的所有产量,厂商都能获得剩余。厂商的**生产者剩余**(Producer Surplus)是所有生产单位的边际成本和商品市场价格之间的差额的总和。正如消费者剩余表示的是个人需求曲线以下产品市场价格以上的那部分面积,生产者剩余表示某一生产者供给曲线以上和市场价格以下的那部分面积,如图6-8中阴影部分面积所示。厂商利润最大化产量为 q^*,在此处 $P=MC$。生产者从出售每一单位产品中获得的剩余为市场价格与该单位产品的边际成本之差。生产者剩余就是所有"单位剩余"之和。在图中,生产者剩余由产量0到利润最大化产量 q^* 之间位于厂商的水平需求曲线以下及边际成本曲线以上的那部分阴影部分面积给出。其中,价格线以下的矩形面积 $OABq^*$ 表示总收益即厂商实际接受的总支付,供给曲线(短期边际成本曲线)以下的面积 $OEBq^*$ 表示厂商愿意接受的最小总支付,这两块面积之间的差额即构成生产者剩余。因此,生产者剩余可以用数学公式定义。令反供给函数 $P_s = f(q)$ 且价格为 P 时，厂商的供给量为 q^*，则生产者剩余为：

$$P_s = Pq^* - \int_0^{q^*} f(q) \mathrm{d}q$$

上式中，P_s 为生产者剩余的英文简写，式子右边的第一项表示总收益，即厂商实际接受的总支付，第二项表示厂商愿意接受的最小总支付，即生产 q^* 产量的边际成本的总和，该边际成本总额等于生产 q^* 的产量的可变总成本。因为边际成本表示增加产量引起的成本增加额，而固定成本不随产量变化而变化，所以所有的边际成本的总和必然等于可变成本的加总。在图 6-8 中，生产者剩余由矩形 $ABCD$ 给出，它等于收入 ($OABq^*$) 减去可变成本 ($ODCq^*$)。

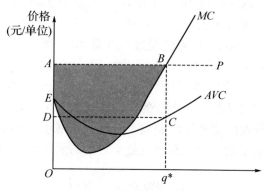

图 6-8 厂商的生产者剩余

生产者剩余与利润密切相关，但两者并不相等。生产者剩余等于收入减去可变成本，而利润等于收入减去总成本，包括可变成本与固定成本。即：

$$\text{生产者剩余} = P_s = R - VC$$

$$\text{利润} = \pi = R - VC - FC$$

通过上式我们可知，当固定成本为正时，生产者剩余大于利润。而厂商享有生产者剩余的范围取决于它们的生产成本。成本较高厂商享有的生产者剩余较少，成本较低的厂商则享有较多的生产者剩余。将所有的私人厂商的生产者剩余加总起来，我们即能决定市场的生产者剩余。我们可以用市场价格线以下和市场供给曲线以上的面积来表示生产者剩余，如图 6-9 图中阴影部分所示，市场供给曲线始于纵轴上代表市场最低厂商的平均可变成本的那一点，生产者剩余也是在产量 $O \sim Q^*$ 之间位于产品市场价格以下和供给曲线以上的那部分面积。

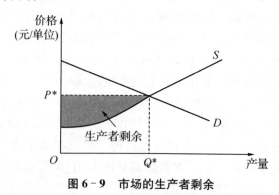

图 6-9 市场的生产者剩余

第五节 完全竞争厂商的长期均衡分析

一、完全竞争厂商的长期均衡

在短期,因为时间太短,厂商的一种或者多种投入要素是固定的,所以限制了厂商采用新技术的可能性,使得厂商无法增大或者减少其生产规模以适应经济状况的变化。相反,在长期,所有的生产要素都是可变的,厂商可以改变其投入,也可以改变工厂规模。它可以决定是停止生产(即退出其所在的行业)还是开始生产其他产品(即进入其他行业),厂商通过对全部生产要素的调整,来实现 $MR=LMC$ 的利润最大化的均衡原则。在完全竞争市场价格给定的条件下,厂商在长期生产中对全部生产要素的调整主要表现为两个方面:其一表现为对最优的生产规模的选择,其二表现为进入或退出一个行业的决策。

1. **厂商对最优生产规模的选择**

图 6-10 表明了在完全竞争市场上的厂商为使长期利润最大化是如何做出产量决策的。

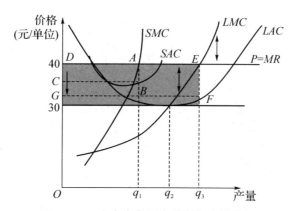

图 6-10 完全竞争厂商的长期产量选择

正如在短期所描述的,厂商在长期同样面临的是一条水平的需求曲线(在图 6-10 中,厂商采用的市场价格为 40 元)。它的短期平均总成本曲线 SAC 和短期边际成本曲线 SMC 很低,厂商在实现短期均衡,即 $SMC=P=MR$ 时,可获得经济利润,其大小为图中矩形 ABCD 的面积,此时的均衡产量为 q_1。长期成本曲线 LAC 反映了在产量达到 q_2 时的规模经济和高于该产量时的规模不经济。长期边际成本曲线 LMC 在 q_2 点从下面穿过长期平均成本曲线 LAC,q_2 点的长期平均成本最小。

如果厂商认为市场价格仍然维持在 40 元,它会扩大工厂的生产规模,直到 $LMC=MR=40$ 时,边际利润由原来的 AB 增加到 EF,总利润从 ABCD 增加到 EFGD,厂商的利润最大,此时生产的产量为 q_3。产量为 q_3 时,厂商的利润最大,因为低于该产量,如 q_2 时,产量增加时带来的边际收益大于边际成本,所以扩大产量是应该的。但是如果产量高于 q_3,边际成本就会大于边际收益,增加产量就会减少利润。所以,在长期,厂商利润最大化的长期均衡产量应满足 $LMC=MR$ 的条件,厂商通过对生产要素的调整,选择最优的生产规模,使自己的状况得到改善,从而获得了比在短期内所能获得的更大的利润。

需要特别指出的是,市场价格越高,厂商的利润会越大。从图6-10可以看出,当价格由40元降到30元时,厂商的利润也会随之降低。此时厂商利润最大化时的产量为q_2,该点为长期平均成本的最小点,由于此时$P=ATC$,所以厂商的经济利润为零。

2. 厂商进入或退出一个行业

在长期达到均衡时,一些经济条件必须得到满足,市场中的厂商必须没有退出意愿,同时不在市场中的厂商也不希望进入。厂商在长期生产中进入或退出一个行业,实际上是生产要素在各个行业之间的调整,生产要素总是会流向能获得更大利润的行业,也总是会从亏损的行业退出来。正是行业之间生产要素的自由流动,使得完全竞争厂商长期均衡时的经济利润为零。图6-10表明当价格为40元时,厂商如何增加产量并获得经济利润。因为利润是投资的机会成本的净值,经济利润即意味着投资的不寻常的高收益。高收益会诱使投资者从其他行业退出而把资源投入到该行业——进入该市场。最后由于新投资者的加入而增加的数量使供给曲线右移,导致市场产量增加和产品价格下降,直至产品价格达到30元(需求曲线和长期平均成本曲线的最低点相切),厂商所获得的经济利润为零时,不再有新的厂商进入市场,现有厂商也不再扩大规模增加产量,才会形成长期的均衡。图6-11对这种情形进行了说明。在图6-11(b)中,行业供给曲线从S_1移向S_2,使价格从P_1(40元)降至P_2(30元)。图6-11(a)适用于单一厂商,长期平均成本曲线LAC与水平价格线在q_2相切。

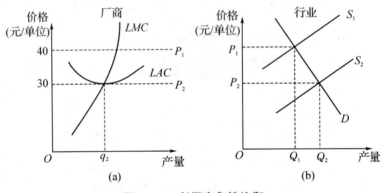

图6-11 长期竞争性均衡

注:如(b)图中供给曲线S_1与需求曲线D的交点P_1。产品的长期均衡价格为40元。厂商获得经济利润,正利润激励新厂商不断进入,导致供给曲线右移至S_2。在(a)图中,长期平均成本达到了最小30元(在q_2点),在该点厂商获得零利润,不会激发任何厂商进入或退出该行业。

另一个相似的例子则说明了退出的情况。假如每家厂商的长期最小平均成本依然为30元,但是市场价格降为20元。厂商则会亏损,那么有些厂商则会退出市场。产量的下降将会使得市场供给曲线向左平移动,产量减少,价格上升。这一情况将会持续到价格为30元,此时市场重新恢复平衡。

因此,在可自由进入和退出的市场中,如果长期能获得经济利润,将会有厂商进入市场,而如果长期经济利润为负,则会有厂商退出市场。

当厂商的经济利润为零时,它没有动力退出该行业,其他厂商也没有动力进入该行业。当满足以下三个条件时,实现长期竞争均衡(Long-Run Competitive Equilibrium):

(1) 行业中所有厂商都实现利润最大化。

(2) 因为所有厂商的经济利润为零,没有哪一个厂商有动力进入或退出该行业。

(3) 产品的价格是供给量与消费者需求相等时的价格。

实现长期均衡的动态过程可能看起来是令人费解的。厂商因为有得到正的利润的机会而进入某行业,并因受到损失而退出。然而,在长期均衡时,厂商得到的经济利润为零,换句话说,厂商们知道他们做好做坏的最后结果都与什么也不做一个样,他们为何还要进入或退出某一行业呢?原因在于实现长期均衡需要很长时间,而在短期内有相当的利润与亏损。先进入某一有利润的行业的厂商比后进入的厂商可以赚取更多的利润。同样道理,先退出某一无利润可赚的行业的厂商可以节省很多资金。所以,长期均衡的概念告诉我们厂商可能要采取的行动反映了赚取竞争性回报的机会。

总之,完全竞争厂商的长期均衡出现在 LAC 曲线的最低点。这时,生产的平均成本降到长期平均成本的最低点,商品的价格也等于最低的长期平均成本。长期均衡的条件可写为:

$$MR = LMC = SMC = LAC = SAC$$

此时,单个厂商的经济利润为零。

二、长期的生产者剩余

在分析长期生产者剩余之前,我们先了解一个概念——经济租,在前面的分析中我们已经知道,一些厂商能得到更高的会计利润(收入和成本①间的差别计算出来),因为他们能得到供给有限的生产要素,包括土地、自然资源、企业家才能,或者其他创造性才能。是什么造成了这些情况下的长期经济利润为零呢?是其他厂商使用供给受限的生产要素的欲望。因此,正的会计利润转化为由稀缺要素带来的经济租。经济租(Economic rent)指为厂商对某一生产要素的意愿支付与购买该生产要素必须支付的最低金额间的差额。在竞争性市场上,无论短期还是长期,尽管经济利润为零,经济租经常是正的。

例如,假设某行业的两个厂商都通过捐赠得到土地,那么他们得到土地的最小成本为零。其中一个厂商位于河边,一年可装运的产品为 10 000 元,并获得 10 000 元的利润,该利润是由它的河边位置带来的,由于位于河边的土地是有价值的,其他厂商愿意为此进行支付,最后,由于竞争这一特殊生产要素,该土地的价值增加到 10 000 元,10 000 元与得到该土地的零成本之间的差别即为地租,既然经济租已经增加,位于河边的厂商的经济利润变为零,等同于内地的厂商。

当一个厂商获得正的会计利润,但是其他厂商不存在进入或退出该行业的动力时,这个利润一定反映的是经济租。那么经济租是怎么同生产者剩余联系起来的呢?生产者剩余用生产者接受的市场价格与生产的边际成本间的差别来度量,所以,长期内,在完全竞争市场上,一个厂商的生产者剩余由它的稀缺资源的投入要素带来的经济租构成。②

假如,假设某一棒球队有一个特许权使它成为某一特殊城市的唯一球队,同时假设球队可以选择的其他落脚点只有另外一个城市,但在该城市收入将明显减少。因此该球

---

① 该成本包括劳动力、原材料、利息支出。
② 在一个非竞争性市场上,生产者剩余反映出经济利润,像经济租一样。

队获得了与其当前位置有关的经济租,这一租金反映了厂商对其目前位置的支付意愿和在另一个城市落脚的支付意愿的差异。厂商也可以获得在其目前位置与其球票销售和其他特许权相联系的生产者剩余。这一剩余将反映所有的经济租,包括那些与厂商的其他投入要素相联系的租金。

图6-12表明获得经济租的厂商与没有得到经济租的厂商,他们得到的经济利润是相同的。图6-12(a)显示了在一个中等规模城市的棒球队的经济利润,门票的平均价格为每张7元,成本是球队的经济利润为零。图6-12(b)显示了在一个更大规模城市的球队的经济利润,假设成本曲线不变,因为有更多的人看棒球比赛,它的门票可卖到每张10元,每张票可得到2.8元的会计利润(每张票的平均成本为7.2元)。但是,由于位置优势带来的经济租反映出厂商的成本——机会成本,因为它可以把特许权卖给其他球队。结果,在更大的城市,球队的经济利润也为零。

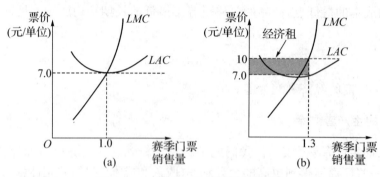

图6-12 长期均衡时的生产者剩余

[专栏6-4] 琼·罗宾逊的不完全竞争理论

当代英国著名的经济学家琼·罗宾逊(Joan Robinson,1903—1983)在其《不完全竞争》一书中所持的基本观点,虽然和张伯伦在《垄断竞争》中所持的观点大致一样,但在概念和方法上有其自身的特点:

首先,从概念上看,罗宾逊认为,现实的竞争就是不完全竞争,它是因市场的不完全性而产生的。竞争的存在使得市场成为不完全的,因为生产上的竞争对手在质量、便利和广告方面也进行着如同在价格方面的竞争。竞争的激烈程度迫使他们用各种可能的方式吸引顾客,它本身就破坏市场,并且使那些由于得到一个企业提供的好处,因而对它抱有好感的顾客,不至于因为某一竞争对手稍微降低同一商品的价格,就立即被全部吸引过去。罗宾逊提出的造成竞争不完全性的这些因素和张伯伦的形成产品差别的因素几乎是完全一样的,所不同的是不完全竞争意味着这种竞争含有垄断性质,而产品差别则是厂商垄断权力的基础。此外,不完全竞争没有涉及卖者人数的多少问题,因此可以应用于除完全竞争和完全垄断以外的所有情况。但是,张伯伦却将这种情况按卖者人数的多少划分为出售差别产品的许多销售者之间的垄断竞争和少数卖者之间的寡头竞争两种市场类型,并分别进行了分析。

其次,罗宾逊承认自己接受马歇尔和庇古的传统,并受益于斯拉法1926年的经典性论文。马歇尔两分法的传统也很可能是促使罗宾逊在其《不完全竞争经济学》中,着重于分析垄断而不是分析垄断竞争的原因,这种传统也很可能是她把该书作为一种分析工具,用来推进传统的价格理论和扩展西方经济学中的垄断理论的原动力。罗宾逊指出,以往"说明经济学原理时,总是习惯于首先分析完全竞争世界,而把垄断当作一个特例"。而斯拉法先生宣称:"有必要放弃自由竞争的途径,转向相反的方向,即转向于垄断"。罗宾逊指出,该书的论证目的在于表明,原有程序加以颠倒是有利的,先分析垄断,而把完全竞争当作一个特例更加合适。因此,该书的大部分都是对垄断问题的考察,其中着重分析了被忽视的价格歧视和买方垄断问题。

三、完全竞争行业的长期供给曲线

在分析短期时,直接由厂商的短期供给曲线的水平加总而得到行业的短期供给曲线,但是该推导成立的条件是——生产要素的价格是不变的。当我们分析行业的长期供给曲线时,我们不能采用同样的分析方法,因为在长期生产要素的价格是变化的,厂商会随着价格的变化而进入或退出市场。这使得不可能把供给曲线加总起来,因为我们无法知道要把哪些厂商的供给曲线加起来。

长期供给曲线的形状取决于行业的产量增加与减少对投入要素价格的影响程度,投入要素价格是厂商必须为生产过程进行的支付。当存在规模经济或者由于购买大量的投入要素使得成本可以节约的情况下,投入要素的价格将随着产量的增大而降低。而当存在规模不经济时,投入要素的价格可能随着产量增大而上升。第三种可能是投入要素成本不随产量而变化。在所有情况下,为确定长期供给,我们假设所有厂商都可利用现有的生产技术,产出的增长是由于更多的投入而不是因为发明创新。同时我们还进一步假设当行业扩张或收缩时,生产投入要素市场的条件不发生变化。例如,对劳动的需求的增加不会增加工会为要求增加工人工资而进行谈判的能力。

根据行业产量变化对生产要素价格所可能产生的影响,我们将完全竞争行业区分为成本不变行业、成本递增行业和成本递减行业。依次推导这三类行业的长期供给曲线。

1. 成本不变行业

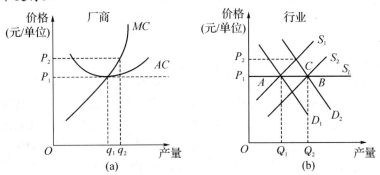

图 6-13 成本不变行业的长期供给曲线

图 6-13 表示在成本不变行业中长期供给曲线的推导。所谓成本不变行业是指这样一种行业,该行业的产量变化所引起的生产要素需求的变化不对生产要素价格产生影响。这可能是因为这个行业生产要素的需求量只占生产要素市场需求量的很小一部分。首先由完全竞争厂商和行业的长期均衡点出发,来推导完全竞争行业的长期供给曲线。假设在初始时,行业处于由需求曲线 D_1 和供给曲线 S_1 的交点决定的长期均衡,如图(b)所示,供给曲线和需求曲线的交点 A 位于长期供给曲线 S_L 上,也就是说,长期均衡价格

为 P_1 时,行业的产量为 Q_1。在价格水平 P_1 上,完全竞争厂商在 LAC 曲线的最低点实现了长期均衡,每个厂商的经济利润为零。由于行业内不再有厂商的进入和退出,故称 A 点为行业的一个长期均衡点。

为了得到长期供给曲线上的其他点,假设产品的市场需求意外增加。例如,由于消减税收,使需求曲线由 D_1 移向 D_2,需求曲线 D_2 与供给曲线 S_2 相交于 C,相应的市场价格水平由 P_1 上升到 P_2。当价格上涨到 P_2 时,厂商在短期沿着既定生产规模的短期边际成本曲线,把产量由原来 Q_1 提高到 Q_2,获得最大化的利润。从长期来看,由于单个厂商在短期均衡时都可得到经济利润,这个利润对投资者很有吸引力,会吸引新厂商加入到该行业中来,行业中现有厂商扩大他们的生产,最终导致行业供给的增加,如图 6-13 所示,短期供给曲线从 S_1 右移至 S_2,从而使行业在 D_2 与 S_2 的交点达到新的长期均衡点。因为该点是长期均衡,产量必须增加到足以使厂商的经济利润为零,并且厂商进入或退出该行业的动力消失。

因为在成本不变行业中,为增加产量而必要的额外投入可以不用付出高价就能买到,例如,如果非熟练劳动力是主要投入要素,非熟练劳动力的工资不会因为对劳动力的需求增加而提高。既然投入要素价格不变,厂商的平均成本曲线也不会变动。因此当行业供给曲线向右不断平移时,市场价格逐步调整,单个厂商的利润也逐步下降,一直持续到单个厂商的经济利润完全消失为止,即 S_1 曲线一直移动到 S_2 曲线的位置,从而使得市场价格又回到了原来的长期均衡价格水平 P_1。所以 D_2 曲线和 S_2 曲线的交点 B 是行业的又一个长期均衡点。此时价格依然为 P_1(当意外的需求增加时,没有发生变动),市场的均衡产量的增加量为 Q_1Q_2,它是由新加入的厂商提供的,但是行业内每个厂商的均衡产量依然为 Q_1。

连接 A、B 这两个行业的长期均衡点的直线 S_L 就是成本不变行业的长期供给曲线,该曲线为一条水平直线。该线的价格等于产出的长期最小平均成本。在高于此价格时,存在正的利润,就会有更多厂商进入,从而短期供给增加,对价格形成下降的压力。当产出市场的条件发生变化时,投入要素价格不发生变化,成本不变的行业就有一条水平的长期平均成本曲线。

2. 成本递增行业

在成本递增的行业,一部分或全部生产投入要素的价格随行业扩张和投入要素需求的增加而提高。例如,如果行业使用的熟练劳动力因短期需求增加而出现供给短缺,就出现成本增加的情况;或者厂商需要的矿物质只能在某种类型的土地上得到,那么随着产出增加,作为投入要素的土地成本也增加。图 6-14 表示长期供给曲线的推导,类似于前面成本不变供给曲线的推导。在初始时,行业处于(b)图中的长期均衡点 A,当需求意外地从 D_1 移向 D_2 时,产品的短期价格上升到 P_2,行业的产量从 Q_1 增加到 Q_2。(a)图中,一个典型厂商对价格上涨的反应是沿着短期边际成本曲线把产量从 q_1 提高到 q_2。厂商的高额利润引诱新的厂商进入。

当新厂商进入和产量扩大后,对投入要素的需求增加导致部分或所有投入要素上升。正如前面一样,短期供给曲线右移,但移动幅度不如前面大,在 B 点的长期均衡价格为 P_3 高于初始价格 P_1。因为较高的投入要素价格提高了厂商的短期和长期成本曲线,所以较高的市场价格需要保证厂商在长期均衡时获得的经济利润为零。图 6-14(a)说明了这种情况。平均成本曲线从 AC_1 上移至 AC_2,而边际成本曲线从 MC_1 左移至 MC_2,新的长期均衡价格 P_3 等于新的最小平均成本。正如成本不变时的情况,由初始需求增加带来的高额利润随厂商的产出增加和投入要素成本的上升而在长期内消失。

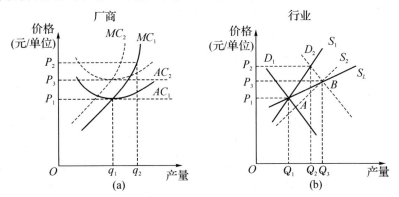

图 6-14 成本递增行业的长期供给曲线

因此,新的长期均衡为图 6-14(b)中长期供给曲线上的 B 点。在成本递增的行业,行业的长期供给曲线(连接 A、B 这两个行业长期均衡点的线 S_L 就是行业的长期供给曲线)是向右上倾斜的。它表示,在长期,行业的产品价格和供给量呈同方向变动。"成本递增"的意思是指长期平均成本曲线向上移动,而不是指成本曲线的斜率是正的。在成本递增行业里,只有当价格高到可以弥补增加的投入要素成本时,行业才能产生更多产出。

3. 成本递减行业

成本递减行业的情况正好和成本递增行业的情况相反,行业产量增加所引起的生产要素需求的增加,反而使生产要素的价格下降。行业成本递减的原因是外在经济的作用,例如,一个较大的行业可以使用改进的物流系统或者更好但并不昂贵的财务网络。在这种情况下,厂商的平均成本曲线向下移动(尽管厂商不享有规模经济),产品的市场价格下降。降低的市场价格和平均生产成本导致新的长期均衡,此时有更多厂商进入、更多的产出和更低的价格。因此,在成本递减的行业,行业的长期供给曲线是向下倾斜的。如图 6-15(b)所示,在初始时,行业处于(b)中的长期均衡点 A,当需求意外地从 D_1 移向 D_2 时,产品的短期价格上升到 P_2,行业的产量从 Q_1 增加到 Q_2。(a)图中,一个典型厂商对价格上涨的反应是沿着短期边际成本曲线把产量从 q_1 提高到 q_2。厂商的高额利润引诱新的厂商进入。

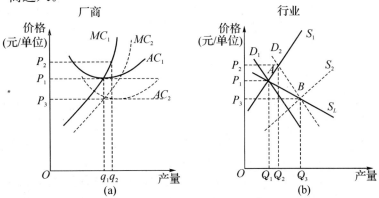

图 6-15 成本递减行业的长期供给曲线

当新厂商进入和产量扩大后,对投入要素的需求增加导致部分或所有投入要素的价格下降。正如前面一样,短期供给曲线右移,由于要素价格下降得比较厉害,行业供给曲线移动的幅度比较大,行业产量增加较大,因此,在 B 点的长期均衡价格为 P_3 低于初始价格 P_1,因为较低的投入要素价格降低了厂商的短期和长期成本曲线,所以较低的市场价格需要保证厂商在长期均衡时获得的经济利润为零。图 6-15(a)说明了这种情况。平均成本曲线从 AC_1 下移至 AC_2,而边际成本曲线从 MC_1 右移至 MC_2,新的长期均衡价格 P_3 等于新的最小平均成本。正如成本不变时的情况,由初始需求增加带来的高额利润随厂商的产出增加和投入要素成本的下降而在长期内消失。

连接 A、B 这两个行业的长期均衡点的直线 S_L 就是成本递减行业的长期供给曲线,该曲线为一条向右下倾斜的直线。该线的价格等于产出的长期最小平均成本。在高于此价格时,存在正的利润,就会有更多厂商进入,从而短期供给增加,对价格形成下降的压力。当产出市场的条件发生变化时,投入要素价格下降,成本不变的行业就有一条向右下的长期平均成本曲线。

本章小结

本章的内容构成了西方经济学市场理论的核心内容,即"完全竞争市场理论"——是分析其他市场类型的基础。

在完全竞争市场中,有大量的买者和卖者;市场上每一个厂商生产的产品是同质的,完全没有差异性;所有经济资源可以在各行业之间完全自由流动;市场上从事交易活动的每一个个人所掌握的信息是完全的。由此可知,在完全竞争市场上的每一个消费者和每一个生产者都是既定市场价格的接受者,而且,厂商在长期均衡时经济利润等于零。

在完全竞争市场上,厂商所面临的对其产品的需求曲线,即厂商的需求曲线,是从既定的市场价格出发的一条水平线。由此,厂商的平均收益曲线、边际收益曲线和厂商的需求曲线三线是重合的。

完全竞争厂商实现利润最大化或亏损最小化的原则是:边际收益等于边际成本,即 $MR=MC$。在短期,完全竞争厂商是在既定的生产规模下,通过对可变生产要素的调整来调整产量以实现 $MR=SMC$ 的利润最大化。在厂商 $MR=SMC$ 的短期均衡点上,其利润可以使大于零、小于零或者等于零。当厂商的利润小于零(即亏损)时,厂商需要根据平均收益 AR 与平均可变成本 AVC 的比较,来决定是否继续生产。当 $AR>AVC$ 时,厂商虽然亏损,但仍继续生产;当 $AR<AVC$ 时,则厂商必须停止生产;当 $AR=AVC$ 时,则厂商处于生产与不生产的临界点。

在完全竞争厂商的短期均衡分析基础上,可推导完全竞争厂商的短期供给曲线。完全竞争厂商短期供给曲线是厂商短期边际成本 SMC 曲线上大于和等于平均可变成本 AVC 曲线最低点的那一部分。短期市场供给曲线是一个行业中所有厂商的供给曲线的水平加总。由厂商的短期供给曲线可以得到生产者剩余的概念。所谓生产者剩余是指生产者提供一定数量的产品是,厂商所得到的实际支付与他所愿意接受的最小总支付之间的差额。生产者剩余是水平价格直线以下和边际成本线之上的一块面积。

经济租是对稀缺生产要素的支付小于租借该要素的最小费用总量。在完全竞争市场上,长期内生产者剩余等于所有稀缺生产要素生产的经济租。

在长期,完全竞争厂商是通过对全部生产要素的调整,来实现 $MR=LMC$ 的利润最大化。完全竞争厂商长期均衡一定发生在长期平均成本 LAC 曲线的最低点。在这个最低点上,生产者的平均成本降到了长期平均成本 LAC 曲线的最低水平,消费者购买商品的价格也降到了 LAC 曲线的最低水平。长期的竞争性均衡在满足以下条件时产生:(1) 厂商利润最大化;(2) 所有厂商的经济利润为零,以致使它们没有动力进入或退出行业;(3)产品需求量等于供给量。

完全竞争行业的长期供给曲线需要考虑当一部分厂商进入或退出一个行业时,所以不能简单地对厂商供给曲线进行水平加总,因为厂商对产量的调整会引起对生产要素需求量的变化,以至于影响生产要素的价格,生产要素的价格可能会保持不变、上升或下降。当行业成本不变时,即投入要素需求的增加(伴随产品需求增加)对投入要素价格没有影响,行业的长期供给曲线是水平的;但在成本递增的行业,行业的长期供给曲线是向上倾斜的,因为投入要素需求的增加使部分或所有投入要素价格上升;在成本递减的行业,行业的长期供给曲线是向右下倾斜的。

复习思考题

一、问答题

1. 为什么一个发生亏损的厂商选择继续进行生产而不是关闭?
2. 解释为什么行业长期供给曲线不是行业长期边际成本曲线?
3. 在长期均衡中,行业中所有厂商的经济利润为零,为什么?
4. 经济利润和生产者剩余间有什么不同?
5. 某行业是完全竞争的,该行业的每个厂商的经济利润为零。如果产品价格下降,没有厂商可以生存。你同意还是不同意这种认识?
6. 当厂商知道在长期他们的经济利润将为零时,他们为什么还进入这个行业?
7. 对音像电影的需求增加也可以增加演员的薪水。解释一下电影的长期供给曲线是水平的还是向上倾斜的。
8. 一个地区有若干家商店销售某种品牌的真空吸尘器。
   a. 假如所有销售商要价相同,他们的长期经济利润是否都等于零?
   b. 假如所有销售商要价相同,但是一家当地的商店经营场所为他自己拥有的房子,不用付租金,这个销售商的经济利润为正吗?
   c. 不用付租金的这家销售商是否有激励去降低其销售价格呢?

二、计算题

1. 假设完全竞争市场的需求函数和供给函数分别为 $Q_d = 50\,000 - 2\,000P$ 和 $Q_s = 40\,000 + 3\,000P$,求:
   (1) 市场均衡价格和均衡产量。
   (2) 厂商的需求函数是怎样的?
2. 某完全竞争厂商生产的某产品的边际成本函数 $MC(元/件) = 0.6Q - 10$,总收益函数为 $TR = 38Q$,且已知生产 20 件产品时总成本为 260 元,试求生产多少件产品时利润最大?其利润为多少?
3. 假定女装市场是完全竞争的,市场需求如表 6-2 所示,该行业中每个企业都是价格接受者,而且都有表 6-3 中同样的成本结构。该行业现有 100 家企业,问:
   (1) 市场价格是多少?
   (2) 每家企业的产量是多少?
   (3) 行业的交易量是多少?
   (4) 每家企业的经济利润是多少?
   (5) 收支相抵点在哪里?
   (6) 停止营业点在哪里?

表 6-2 市场需求

价格(件/元)	需求量(件/周)
74	40 000
66	50 000
58	60 000
50	70 000
45	80 000
40	90 000
35	100 000

表 6-3 厂商成本结构

Q(件/周)	ATC(元)	AVC(元)	MC(元)
100	101	36	24
200	58	28	12
300	43	21	10
400	36	20	20
500	35	22	35
600	37	26	58
700	41	32	82

4. 已知某完全竞争行业单个厂商的短期成本函数 $STC=0.1Q^3-2Q^2+15Q+10$。试求：

(1) 当市场上的产品价格 $P=55$ 时，厂商的短期均衡产量和利润。

(2) 当市场价格下降为多少时，厂商必须停产。

(3) 厂商的短期供给函数。

5. 已知完全竞争市场的需求函数 $D=6\,300-400P$，短期市场供给函数 $S=3\,000+150P$，某个企业在 LAC 的曲线最低点的价格为 6，产量为 50，单个企业的成本规模不变。试求：

(1) 市场的短期均衡价格与均衡产量。

(2) 判断该市场是否同时处于长期均衡，并求出行业内的厂商数量。

(3) 如果市场的需求函数变为 $D'=8\,000-400P$，短期供给函数 $S'=4\,700+150P$，求市场短期均衡的价格和产量。

(4) 判断变化后的市场是否同时处于长期均衡，并求出行业内的厂商数量。

6. 已知某完全竞争的成本不变行业中单个厂商的长期总成本函数 $LTC=Q^3-12Q^2+40Q$。试求该行业长期均衡时的价格。

7. 完全竞争行业中一个代表性企业的产品价格是 640 元，其成本函数为 $LTC=Q^3-20Q^2+240Q$。试求：

(1) 该企业的均衡产品以及产品的平均成本和总利润。

(2) 这一行业是否处于均衡状态？为什么？

8. 假定在完全竞争行业中有许多相同的厂商，代表厂商 LAC 曲线最低点的值为 6 美元，产量为 500 单位。当厂商产量为 550 单位的产品时，各厂商的 SAC 为 7 美元。已知市场需求函数与供给函数

分别是 $Q_d = 80\,000 - 5\,000P$, $Q_s = 35\,000 + 2\,500P$。试求：

(1) 市场均衡价格，并判断该行业是在长期还是短期处于均衡？为什么？

(2) 在长期均衡时，该行业有多少厂商？

9. 已知某完全竞争行业代表性厂商的长期总成本函数 $LTC = 0.1Q^3 - 10Q^2 + 300Q$，该行业的市场需求函数 $Q_D = 10\,000 - 40P$，其中 $Q = 660 - 15P$，P 为产品价格。试求该行业长期均衡状态下的价格、厂商的数量及利润。

10. 已知某完全竞争的成本不变行业中单个厂商的产期总成本函数 $LTC = Q^3 - 12Q^2 + 40Q$。试求：

(1) 当市场商品价格 $P = 100$ 时，厂商实现 $MR = LMC$ 时的产量、平均成本和利润。

(2) 该行业长期均衡时的价格和单个厂商的产量。

(3) 当市场的需求函数 $Q = 660 - 15P$，且行业长期均衡时的厂商数量。

11. 在一个完全竞争的行业，市场需求函数 $Q = 1\,000 - 50P$，其中 P 为产品价格。该行业典型企业的生产投入为资本 K 和劳动 L 两种要素，生产函数是 $q = \sqrt{KL}$。假设单位资本的租金为 1，劳动工资率为 4，试求：

(1) 该行业中企业的长期生产扩展线方程。

(2) 该行业中企业的长期成本函数。

(3) 该行业的长期供给曲线。

(4) 该行业长期均衡时的价格与产量。

(5) 该行业长期均衡时对两种要素的需求量。

12. 在一个处于完全竞争的成本不变的行业中，每个厂商的长期成本函数 $LTC = Q^3 - 50Q^2 + 750Q$，市场上对产品的需求曲线 $Q = 1\,500 - 2P$，试求：

(1) 该行业的长期供给曲线。

(2) 长期均衡时的厂商数目是多少？

(3) 如果对产品征收市场价格 10% 的税，那么长期均衡时的厂商数目是多少？

第七章 不完全竞争的市场

在西方经济学中,不完全竞争市场是相对于完全竞争市场而言的,所谓的不完全竞争是指当个别卖者能影响某一行业的产品价格时,该行业就处于不完全竞争之中。不完全竞争并不是指厂商对其产品的价格具有绝对的控制力。以可乐市场为例,可口可乐公司与百事可乐公司已占据了大部分的市场份额,显然已不是完全竞争。如果市场中其他生产者生产的苏打水或其他碳酸饮料的平均市场价格为3元,那么百事可乐公司完全能够以每罐2.5元或3.2元的价格在该市场上生存。当然不能把价格定为1.0元或0.5元,否则可能会无法经营。由此我们可以看出,一个不完全竞争者对其价格的确拥有某些但绝不是完全的控制权。根据厂商在不完全竞争市场上对产品价格影响程度的大小(垄断程度大小),将不完全竞争市场依次分为三种类型:垄断市场、寡头垄断市场和垄断竞争市场。本章的主要内容是分别分析这三类不完全竞争市场是如何决定其价格和产量的,最后对包括完全竞争市场在内的不同市场组织的经济效率进行比较。

第一节 垄断市场

一、垄断市场的条件

垄断市场是指整个行业只有唯一的一个厂商作为卖方存在,但有许多买方。作为一种产品唯一的生产者,一个垄断者处在一个特殊的位置。如果垄断者决定提高产品的价格,它用不着担心会有其他的竞争者通过较低的价格来抢夺市场份额,并损害它的利益。垄断就是市场,它对市场上出售的产量有完全的控制。具体来讲,垄断市场主要有以下几个特点:

第一,市场上只有唯一的一个厂商生产和销售商品;

第二,该厂商生产和销售的商品没有任何相近的替代品;

第三,其他任何厂商进入该行业都极为困难或不可能。

所以在这样的市场中,排除了任何竞争因素,独家垄断厂商控制了整个行业的生产和销售,垄断厂商可以控制和操纵市场价格。

现实经济环境中,之所以会形成垄断,主要基于以下四个原因:第一,独家厂商控制了生产某种商品的全部资源或基本资源的供给。对经济资源的独占性,排除了经济中的其他厂商进入该行业生产同种产品的可能性。第二,独家厂商拥有生产某种商品的专利权。例如,一家制药企业研制出一种神奇的药品,那么它可以获得一项专利,并在若干年内保持自己对这种药物的垄断权。第三,政府的许可。例如,获得当地公用事业的特许经营权——提供自来水公司、铁路运输等部门。没有政府许可的垄断的例子很少,其中一个是微软的Windows操作系统,微软大量投资于研发,快速创新,利用网络,并对竞争者采取无情打击策略。第四,自然垄断。有些行业的生产有这样的特点:企业生产的规模经济需要在一个很大的产量范围和相应巨大的资本设备的生产运行水平上才能得到充分的体现,以至于整个行业的产量只有一个企业来生产时才有可能达到这样的生产规模。在这类产品的生产中,行业内总会有某个厂商凭借雄厚的经济实力和其他优势,最先达到这一生产规模,从而垄断了整个行业的生产和销售。这就是自然垄断。

如同完全竞争市场一样,完全垄断在现今也是非常罕见的,在现实经济生活里,垄断市场也是几乎完全不存在的。在西方经济学里,完全竞争市场的经济效率被认为是最高的,从而完全竞争市场模型通常被用来作为判断其他类型市场的经济效率高低的标准,那么,垄断市场模型就是从经济效率最低的角度来提供这一标准的。

二、垄断厂商的需求曲线和收益曲线

1. 垄断厂商的需求曲线

由于垄断市场上只有唯一的一个厂商,所以,市场需求曲线即反映了该垄断者所能得到的价格是如何取决于它投放市场的产量的。换句话说,市场需求曲线就是垄断厂商所面临的需求曲线,一条向右下方倾斜的曲线。假定厂商的销售量等于市场的需求量,所以,向右下方倾斜的垄断厂商的需求曲线表示:垄断厂商的销售量与市场价格成反方向的变动,垄断厂商想提高价格,必须减少销售量,反之,则必须增加销售量。

2. 垄断厂商的收益曲线

厂商所面临的需求状况直接影响厂商的收益,这便意味着厂商的需求曲线的特征将决定厂商的收益曲线的特征。垄断者的平均收益——卖出每单位产品所得到的价格——就是市场需求曲线。为了选择利润最大化的产出水平,垄断者也需要知道它的边际收益,即一单位产出增加引起的收益变化。为了弄清楚总收益、平均收益和边际收益之间的关系,考虑一个面临如下直线型需求曲线的厂商:

$$P = a - bQ \tag{7-1}$$

式中,a、b 为常数,且 a、$b > 0$。由式(7-1)可得总收益函数和边际收益函数分别为:

$$TR(Q) = PQ = aQ - bQ^2 \tag{7-2}$$

$$MR(Q) = \frac{dTR(Q)}{dQ} = a - 2bQ \tag{7-3}$$

$$AR(Q) = \frac{TR(Q)}{Q} = a - bQ \tag{7-4}$$

根据(7-1)式、(7-3)式、(7-4)式可求得需求曲线、边际收益曲线、平均收益曲线的斜率分别为:

$$\frac{dP}{dQ} = -b \tag{7-5}$$

$$\frac{dMR}{dQ} = -2b \tag{7-6}$$

$$\frac{dAR}{dQ} = -b \tag{7-7}$$

由此可得以下结论,当垄断厂商的需求曲线 d 为直线型时,d 曲线和 MR 曲线的纵截距是相等的,MR 曲线的横截距是 d 曲线横截距的一半,即 MR 曲线平分由纵轴到需求曲线 d 的任何一条水平线(如图 7-1 所示 $AB=BC$;$OF=FG$),需求曲线的斜率和平均收益曲线的斜率相等,所以垄断厂商的需求曲线和平均收益曲线是重合的。

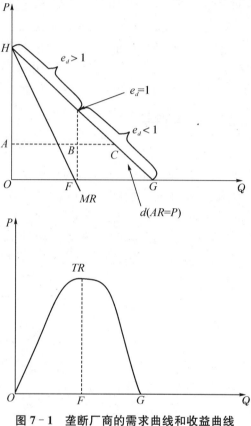

图 7-1 垄断厂商的需求曲线和收益曲线

垄断厂商的需求曲线是向右下方倾斜的,由图 7-1 可知,平均收益 AR 曲线、边际收益 MR 曲线和总收益 TR 曲线具有以下特征:第一,由于厂商的平均收益 AR 总是等于商品的价格 P,所以,在图中,垄断厂商的 AR 曲线和需求曲线 d 重合,为同一条向右下方倾斜的曲线。第二,由于 AR 曲线向右下方倾斜,根据平均量和边际量之间的关系可知,垄断厂商的边际收益 MR 总是小于平均收益 AR。所以,图中 MR 曲线位于 AR 曲线的左下方,且 MR 曲线也向右下方倾斜。第三,由于每一销售量上的边际收益 MR 值就是相应的总收益 TR 曲线的斜率。所以在图中可以看到,当 $MR>0$ 时,TR 曲线的斜率为正;当 $MR<0$ 时,TR 曲线的斜率为负;当 $MR=0$ 时,TR 曲线达到最大值点。

3. 边际收益、价格和需求的价格弹性

当厂商所面临的需求曲线向右下方倾斜时,厂商的边际收益、价格和需求的价格弹性三者之间存在以下关系。

假定反需求函数为 $P=P(Q)$

则 $TR(Q)=P(Q)*Q$

所以 $MR(Q)=\dfrac{dTR(Q)}{dQ}=P+Q*\dfrac{dP}{dQ}=P\left(1+\dfrac{dP}{dQ}*\dfrac{Q}{P}\right)$

$$MR = P\left(1 - \frac{1}{e_d}\right) \tag{7-8}$$

式中，e_d 为需求的价格弹性，即 $e_d = -\frac{dQ}{dP} * \frac{Q}{P}$

(7-8)式就是表示垄断厂商的边际收益、商品价格和需求的价格弹性之间关系的式子。由图 7-1 所示。

由(7-8)式可知：

当 $e_d > 1$ 时，有 $MR > 0$。此时，TR 曲线的斜率为正，表示厂商总收益 TR 随销售量 Q 的增加而增加。

当 $e_d < 1$ 时，有 $MR < 0$。此时，TR 曲线的斜率为负，表示厂商总收益 TR 随销售量 Q 的增加而减少。

当 $e_d = 1$ 时，有 $MR = 0$。此时，TR 曲线的斜率为零，表示厂商的总收益 TR 达到极大值点。

此结论对于其他非完全竞争市场条件下的厂商也同样适用。

三、垄断厂商的短期均衡

垄断厂商为了获得最大的利润，他应该生产多少产量？依据 $MR = MC$ 实现利润最大化的基本原则，厂商必须将产量定在边际收益等于边际成本之处。在短期内，垄断厂商无法改变其固定要素的投入量，它是在既定的生产规模下通过对产量和价格的调整来实现 $MR = SMC$ 利润最大化的原则。如图 7-2 所示。

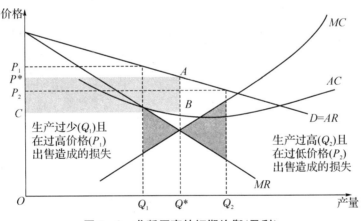

图 7-2 垄断厂商的短期均衡（盈利）

图中的 MC 曲线和 AC 曲线代表垄断厂商的既定生产规模，D 曲线和 MR 曲线代表垄断厂商的需求和收益状况（市场需求曲线 D 就是垄断者的平均收益曲线）。AC 和 MC 分别为厂商的平均成本和边际成本曲线。边际收益和边际成本在产量 Q^* 时相等，此时垄断厂商的平均收益为 AQ^*，平均成本为 BQ^*，平均收益大于平均成本，垄断厂商获得经济利润（浅灰色阴影 $ABCP^*$ 的面积），单位产品的平均利润为 AB。

垄断厂商为什么只有在产量 Q^* 获得最大利润？假设垄断厂商生产某一较小的产量 Q_1 并得到相应的较高价格 P_1，正如图 7-2 所示，边际收益将超过边际成本，所以如果垄断厂商生产比 Q_1 多一点，它会得到额外的利润 $MR - MC$。因此增加其总利润。

那么在这种情况下，该垄断者能不断增加其产量，同时不断增加其总利润，直到产量 Q^* 为止，在该产量，多生产一个单位所增加的利润为零，因此较小的产量 Q_1 不是利润最大化的产量，即使他能使垄断者得到一个较高的价格。生产 Q_1 而不是 Q^*，垄断者的总利润会减少，减少额等于 MR 曲线之下，MC 曲线以上，在 Q_1 和 Q^* 之间的阴影面积（如图 7-2 所示）。

较大的产量 Q_2 也不是利润最大化，当该产量处于边际成本超过边际收益，所以如果垄断厂商生产比 Q_2 少一点，它将能增加其总利润（幅度为 MC−MR）。该垄断厂商将其产量一直减至 Q^*，则它的利润会增加得更多。通过生产 Q^* 而不是 Q_2，增加的利润为 MC 曲线之下，MR 曲线之上，Q_2 和 Q^* 之间的阴影部分的面积（如图 7-2 所示）。

如果认为垄断厂商在短期内总是获得经济利润的话，就错了。垄断厂商在 MR=MC 的短期均衡点上，可以获得最大的经济利润，也可能是亏损的（如图 7-3 所示阴影部分面积表示最小的亏损额）。造成垄断厂商短期亏损的原因，可能是既定的生产成本过高（表现为相应的生产成本曲线的位置过高），也可能是垄断厂商所面临的市场需求过小（表现为相应的需求曲线的位置过低）。垄断厂商短期均衡时的亏损情况如图 7-3 所示。

由以上分析可知，垄断厂商的短期均衡条件为：

$$MR=SMC$$

垄断厂商在短期均衡点上可以获得最大利润，可以利润为零，也可以蒙受最小的亏损。

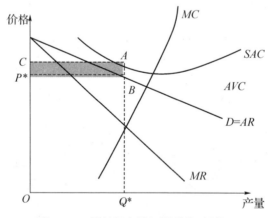

图 7-3 垄断厂商的短期均衡（亏损）

四、垄断厂商的短期供给曲线

在完全竞争市场中，价格和供给数量之间有很明显的关系。反映那种关系的即是反映了行业总体的生产边际成本的供给曲线，供给曲线告诉我们在每一价格水平上厂商愿意且能够生产的数量。但是，在垄断市场条件下并不存在这种具有规律性的厂商供给曲线。换句话说，不存在价格和产量之间的一一对应关系，原因在于垄断者的产量不仅取决于边际成本，而且也取决于需求曲线的形状，垄断厂商是通过对产量和价格的同时调整来实现 MR=SMC 的利润最大化。因此，需求的变动不仅像完全竞争厂商的供给曲线那样给出一系列价格和产量，而且需求的变动可以导致价格改变但产量并不变，也可以导致产量改变而价格并不变,也可以使两者都改变(图 7-4 说明了这种情况)。

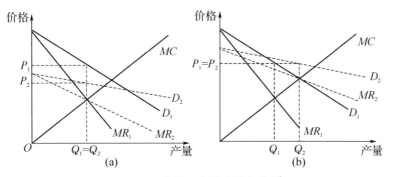

图 7-4 垄断厂商的产量和价格

在该图的(a)和(b)中,初始的需求曲线都是 D_1,相应的边际收益曲线为 MR_1,而垄断者的初始价格和产量为 P_1 和 Q_1。在图 7-4(a)中需求曲线向下移并旋转一个角度,新的需求曲线和边际收益曲线分别为 D_2 和 MR_2。需要特别注意的是 MR_2 与边际成本曲线相交于 MR_1 与边际成本曲线的交点,因此,产量保持不变,但价格却下降至 P_2。

图 7-4(b)中需求曲线向上移动并旋转。新的边际收益曲线 MR_2 与边际成本曲线相交于一个较大的产量 Q_2,而不再是 Q_1,但需求曲线的变动却正好使价格保持不变。也就是说,同一个价格,对应的却是两个不同的产量 Q_1 和 Q_2。因此,在垄断市场条件下无法得到如同完全竞争市场条件下的具有规律性的可以表示产量和价格之间一一对应关系的厂商和行业的短期供给曲线。对垄断者来说,根据需求变化的情况,在同样的价格上可能有几种不同的供给量,或在不同的价格上供给量是相同的。

通过以上分析可以得到一个一般性的结论:凡是在或多或少的程度上带有垄断因素的不完全竞争市场中,或者说,凡是在单个厂商对市场价格具有一定的控制力量,相应地,单个厂商的需求曲线向右下方倾斜的市场中,是不存在具有规律性的厂商和行业的短期和长期供给曲线的。其理由跟上面对垄断厂商不存在短期供给曲线的分析相同。

五、垄断厂商的长期均衡

垄断厂商在长期内可以调整全部生产要素的投入量,即通过调整生产规模从而实现最大的利润。垄断行业排除了其他厂商进入的可能性,所以,与完全竞争厂商不同,如果垄断厂商在短期内获得利润,那么,其利润在长期内不会因为新厂商的加入而消失,垄断厂商在长期内是可以保持利润的。

在长期内,垄断厂商对生产的调整可能会导致以下三种情况:第一种情况,垄断厂商在短期内是亏损的,但在长期内,又不存在一个可以使其获得最大利润或至少使其亏损为零的最优生产规模,于是,该厂商退出生产;第二种情况,垄断厂商在短期内是亏损的,在长期内,该厂商可以通过对全部生产要素的调整选择最优的生产规模,摆脱亏损,甚至获得利润;第三种情况,垄断厂商在短期内利用既定的生产规模获得利润,在长期内,该厂商通过对最优规模的选择,使自己获得更大的利润。对于第一种情况不需要再分析,对第二种和第三种情况的分析是相似的。具体分析如图 7-5 所示。

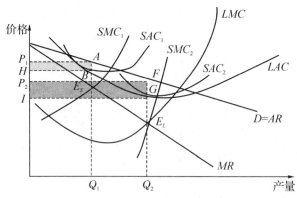

图 7-5 垄断厂商的长期均衡

图 7-5 中的 D 曲线和 MR 曲线分别表示垄断厂商所面临的市场需求曲线和边际收益曲线，LAC 曲线和 LMC 曲线分别为垄断厂商的长期平均成本曲线和长期边际成本曲线。

假定开始垄断厂商在由 SAC_1 曲线和 SMC_1 曲线所代表的生产规模上进行生产。在短期内，垄断厂商只能按照 $MR=SMC$ 的原则，在现有的生产规模上将均衡产量和均衡价格分别调整到 Q_1 和 P_1。在短期均衡点 E_s 上，垄断厂商获得的利润为图中浅灰色较小的阴影部分面积 HP_1AB。

在长期中，垄断厂商可以对生产规模进行调整，实现规模经济，以进一步增大利润。按照 $MR=LMC$ 的长期均衡原则，垄断厂商的长期均衡点为 E_L，长期均衡产量和均衡价格分别为 Q_2 和 P_2，垄断厂商所选择的的相应的最优生产规模由 SAC_2 曲线和 SMC_2 曲线所代表（长期都是由无限的短期所组成的）。此时，垄断厂商获得比短期更大的利润，其利润相当于图中较大的阴影部分面 IP_2FG。

由图 7-5 可知，垄断厂商的长期均衡条件为：

$$MR=LMC=SMC$$

综上分析，垄断厂商之所以能在长期内获得更大的经济利润，其原因在于长期内企业的生产规模是可以调整的和市场对新加入厂商是完全关闭的。由于在垄断市场上只有唯一一家厂商存在，厂商即市场，所以，垄断厂商的短期均衡及长期均衡的均衡价格和均衡产量就是垄断市场的短期及长期的均衡价格和均衡产量。

六、垄断势力分析

1. 垄断势力的测定

在现实世界中，很少有行业与垄断和完全竞争这两种极端情况相吻合。通常行业中都有一定程度的竞争。完全竞争厂商和有垄断势力的厂商之间的重要区别是：对于完全竞争厂商，价格等于边际成本；而对于有垄断势力的厂商，价格高于边际成本。所以，度量垄断势力的一个方法是计算利润最大化价格超过边际成本的程度。经济学家阿巴·勒纳（Abba Lerner）1934 年首先提出了垄断势力的勒纳指数[①]（Lerner's Index of

---

[①] 在将勒纳指数应用于分析针对企业的公共政策时存在三个问题。第一，由于很难度量边际成本，因此常用平均可变成本代替来计算勒纳指数。第二，如果厂商的价格低于最大利润价格（很可能是为了避免法律监督），则它的垄断势力无法通过该指数显示。第三，该指数忽略了诸如学习曲线效果、需求的变动等定价的动态方面。见 Robert S. Pindyck，"The Measurement of Monopoly Power in Dynamic Markets，"*Journal of Law and Economics* 28（April 1985）：193～222。

Monopoly Power),即价格减边际成本再除以价格的加价率,用公式表示为:

$$L=(P-MC)/P$$

勒纳指数的值总是在 $0\sim1$ 之间。对于完全竞争厂商来讲,$P=MC$,从而 $L=0$。L 越大,垄断势力度越大。该垄断势力指数也可以用厂商面临的需求弹性来表达。由于厂商目标是实现利润最大化,其实现条件为 $MR=MC$,根据式(7-8)有:

$$MR=P\left(1-\frac{1}{e_d}\right)=MC \tag{7-9}$$

所以,$\dfrac{P-MC}{P}=\dfrac{1}{E_d}=L$

但是,需注意的 E_d 现在代表的是厂商需求曲线的弹性而不是市场需求曲线的弹性。具有垄断势力并不意味着高利润。利润要取决于相对于价格的平均成本水平。厂商 A 可以比厂商 B 有更大的垄断势力,但由于它的平均成本要高得多,它的利润可能反而会较低。

有两种因素会影响一家厂商面对的需求曲线的弹性,并进而影响其市场势力。第一种因素是该行业中厂商的数量,换句话说,即市场集中到少数几家厂商的程度;第二种因素是该行业中各家厂商产品差别的大小。

(1) 行业中的厂商数量

与家用电冰箱和冰柜、贺卡、软饮料等厂商数量比较少的行业相比,纺织、制鞋等厂商数量比较多的行业的竞争可能更为激烈。表 7-1 给出了从图书到家具等各种行业中的前四家厂商的产量在行业中所占的百分比。一个行业中前四家厂商产量的比重称为四厂商集中率(Four-firm Concentration Ratio),它是研究行业集中程度所采用的指标之一。当四厂商集中率很高时,就像在汽车业或出版业中一样,各公司都具有相当大的市场势力。当四厂商集中率比较低时,如家具业或花卉种植业,各厂商的市场势力就比较少,每家厂商面对的几乎都是水平的需求曲线。

表 7-1 不同行业的竞争程度

行业	前四家厂商的市场份额(%)
汽车制造	*
图书出版	41.8
食品零售	30.9
网上购物、购房	19.0
航空运输	18.7
家具店	8.1
卡车运输	7.6
花卉种植	1.7

资料来源:2002 Economic Census(www.census.gov/epcd/www/concentration.html).

(2) 产品差别

竞争程度还依赖于行业中产品之间差别的大小。在某些行业中,产品基本上是相同的,诸如小麦和玉米这类农产品就是如此。在不完全竞争行业生产的产品是不完全替代品(Imperfect Substitutes),即这些商品足够相似,可以在许多相同的用途中使用,但它们之间也存在不少差别,以迎合消费者的不同偏好。如可口可乐、百事可乐与普通品牌的可乐;大众宝来、福特的福克斯、别克凯越、东风标致与其他四门轿车等提供服务基本相同,只是产品品牌不一样,经济学家将这一现象称为产品差别(Product Differentiation)。

由于产品差别是市场垄断势力的一个来源,厂商会花大力气生产与竞争对手略有不同的产品。当商品是完全替代品时,消费者将选择购买最便宜的。在假象的世界里,所有品牌的玉米片对所有消费者都是完全替代品,它们都会在同一价格上出售。相比之下,如果大多数消费者将不同品牌视为不完全替代品,每家厂商面对的需求曲线都是向下倾斜的,这意味着每家厂商都有一定程度的市场势力。

[专栏 7-1] 网络外部性、新经济与垄断势力

每当一个用户从加入一个网络的用户数的增加中获得收益时,就会出现网络外部性。如果电话线的另一端没有人,一部电话是没有什么用的。当越来越多的人拥有电话时,电话的价值就会增加。

假设存在两个不同的、没有互联互通的电话系统。一位在考虑使用哪个系统的新用户很可能会选择用户较多的网络。因此,随着时间的推移,一开始就领先的厂商就可以增强自己的支配地位,而新进入者要想取得进展将十分困难。这进而就会使得它能够行使垄断势力,它可以索取远高于生产成本的价格而不必担心新进入者进入市场并夺走其顾客。

政府可以对主导厂商施加限制,约束其滥用垄断势力的能力,例如,要求占主导地位的电话网络允许进入者互联互通,进而新进入者的用户可以与主导网络的用户通话。不过,政府要想有效实施这一限制可能相当困难,因为主导厂商可以提供低质量的互联互通,却把问题归咎于新进入者。在新经济中,网络外部性问题十分普遍。使用 Windows 操作系统的人越多,独立的软件开发商编写的在 Windows 上运行的应用软件越多。如果使用 Apple 操作系统(或 Unix)的人相对较少,那么软件开发商编写在该操作系统上运行的软件就不划算了。但是,如果应用软件大多数是在 Windows 上运行的,而在 Apple 上运行得很少,顾客就会被诱导使用 Windows。事实上,Windows 已经成为占主导地位的操作系统,有超过 90%的个人计算机使用 Windows。

但是,这种市场主导地位很容易被滥用,并且微软公司明显发现自己难以抵御滥用垄断势力的诱惑。这种对垄断势力的滥用可以以若干形式出现。许多软件人士认识到,如果他们能够开发出一种计算机语言使得程序能够在许多不同的操作系统上同样有效地或几乎同样有效地运行,那么微软的市场势力就会被削弱。太阳微软公司开发的 Java 就是这样一种语言。如果这一努力取得了成功,就可以打破网络外部性。但微软公司却开发出了一种只适用于 Windows 的 Java 版本,对这一努力进行阻挠。

互联网浏览器市场的早期进入者网景公司(Netscape),是可以作为使得应用软件适用于不同操作系统的平台的另一种创新。微软公司着力对网景公司进行打压,不仅开发自己的浏览器,而且还将这种浏览器免费提供给购买其操作系统(安装在它们出售的计算机上)并且不安装网景公司的计算机生产商(这种行为称为排他性做法)。微软公司的行为导致美国司法部和几个州对其提起诉讼。诉讼的结果是,微软公司同意停止某些滥

用垄断势力的行为。然而,它在欧洲也面临着被起诉的问题。欧盟委员会认为,微软公司在媒体播放器市场存在利用垄断势力的罪行。现在,微软公司必须在欧洲提供另一个版本的 Windows XP 操作系统,该系统中不得包含微软公司的媒体播放软件。

资料来源:约瑟夫·E. 斯蒂格利茨,卡尔·E. 沃尔什. 经济学[M]. 4 版. 北京:中国人民大学出版社,1996:270-271.

2. 定价的经验法则

由式(7-9),即在边际成本上的一个简单的加价来计算价格。

$$P=\frac{MC}{1-1/E_d} \qquad (7-10)$$

这个关系式给所有拥有垄断势力的厂商定价提供了一个经验法则。如果厂商的需求弹性越大(绝对值),这时加价就会越小(此时厂商只有很小的垄断势力)。如果厂商的需求弹性很小,该加价就会很大(此时厂商有相当大的垄断势力)。如图 7-6(a)和(b)分别描绘了这两种情况,如果需求像(a)一样有弹性,则加价很小,且厂商只有很小的垄断势力,如果需求如图(b)一样无弹性,就得到相反的结论。

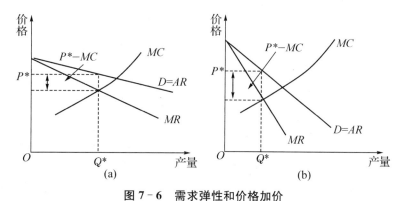

图 7-6 需求弹性和价格加价

[专栏 7-2] 加成定价:从超市市场到品牌牛仔裤

下面三个例子将帮助你弄清加成定价方法的运用。先考虑一个连锁零售超市。虽然食品的市场需求弹性很小(大约为-1),但由于大部分地区常常被几家超市公司控制,因此没有哪家超市公司能单独提价很多而又被其他公司拉走大量顾客。结果是任何一家超市公司的需求弹性常常有-10 那么大。该数值代入式(7-10)中的 E_d,我们得到 $P=MC/(1-0.1)=MC/0.9=1.11MC$。换句话说,一个典型的超市的经营者应将价格定在高于边际成本 11% 之点。对于一个合理的产量水平范围(在该范围内商店的规模和雇员数将保持固定),边际成本包括以批发价格购入食品的成本,加上储存它们的成本,将它们摆上货架的成本等。大多数超市的加价确实是在 10% 或 11% 左右。

那些常常在星期天也开门或者甚至 24 小时营业的小型便利店的定价常常比超市高。为什么会这样?原因在于一家便利店面临的需求曲线弹性较小。他的顾客一般来说对价格较不敏感。他们可能在深夜需要 1 000 毫升牛奶或一个面包,或者发现开车去一家超市不方便。一家便利店的需求弹性大约是-5,因此加价公式意味着它的价格应该是比边际成本高25%左右,这正是很典型的实际情况。

勒纳指数$(P-MC)/P$告诉我们,便利店具有更大的垄断势力,但是否他们的利润也更大呢?当然不。由于他们的销售额小很多,以及平均固定成本要大得多,所以它们所赚的利润通常要比一家大型超市少很多,尽管他们的加价较大。

最后,我们考虑一个品牌牛仔裤的生产者。许多公司都生产牛仔裤,但有些顾客愿意付较高的价格购买带有设计师品牌标志的牛仔裤。但这些顾客愿意付多少,或者更准确地说,较高的价格会导致销售量下降多少,是生产者必须仔细考虑的,因为这对决定销售价格(批发给零售商的价格,零售店还要再加价后售给顾客)是至关重要的。对品牌牛仔裤,一些主要品牌的需求弹性典型的在-2~-3之间,这意味着价格会比边际成本高出50%~100%。每条裤子的边际成本通常为每条15~20元并取决于品牌,而批发价就在20~40元之间。相反,"大众市场"牛仔裤批发价为每条18~25元,为什么?因为没有品牌标签,他们就有更高的价格弹性。

资料来源:罗伯特·S.平狄克,丹尼尔·L.鲁宾费尔德.微观经济学[M].7版.北京:中国人民大学出版社,2012:336-337.

七、价格歧视

对于所有的定价策略有一点都是共同的,即它们都是攫取消费者剩余并把它转移给生产者的手段。图7-7很清楚地说明了这一点。假设厂商以单一价格销售它的全部产量。为了使利润最大化,它会在边际成本和边际收益曲线的交点选择价格P^*和相应的产量Q^*。此时厂商是盈利的,但是作为生产者来说仍然想知道他们是否能盈利更多。

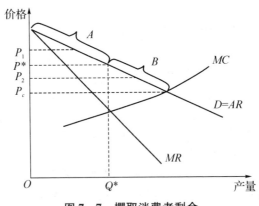

图7-7 攫取消费者剩余

如果厂商只能对它所有的顾客索取唯一的价格,则价格应为P^*,产量为Q^*。这样的话,厂商会失去区域B的顾客,但是厂商知道有些顾客(在需求曲线的区域A)会愿意支付比P^*更高的价格。可是提价意味着要失去部分顾客,卖出较少,因此只能赚取较少的利润。同样道理,厂商也愿意向只愿支付低于P^*且高于边际成本P_c价格的消费者(这些顾客在需求曲线的区域B)销售,只要这么做不会降低卖给其他消费者的价格。如何攫取区域A和区域B中的顾客那里的消费者剩余,而又不损失顾客?正是我们下面所讨论的价格歧视,即分别对区域A上端的一些顾客索取较高的价格P_1,区域B中的一些

顾客则索取价格 P_2，在中间部分则索取价格 P^*。所以价格歧视①(Price Discrimination)的基础——向不同的顾客索取不同的价格，其基本实现的条件应该满足：

第一，市场的消费者具有不同的偏好，且这些不同的偏好可以被区分开来。只有这样，厂商才有可能对不同的消费者或消费群体收取不同的价格。

第二，不同的消费者群体或不同的销售市场是相互隔离的。这样就排除了中间商由低价处买进商品，转手又高价处出售商品而从中获利的情况。

依据实现情况的不一样，价格歧视可以分为一级、二级和三级价格歧视，下面依次说明。

1. 一级价格歧视

厂商在实行价格歧视的时候，最理想的状态就是向每个顾客都索取不同的价格，把消费者剩余都转化为生产者剩余。如果能做到，厂商会向每个顾客索取其为购买的每单位商品所愿意支付的最高价格，我们称这种最高价格为顾客的保留价格(Reservation Price)。向每个顾客索取其保留价格的做法称为完全的一级价格歧视(First-Degree price Discriminationn)②；但是在实践中，完全一级价格歧视几乎是不可能。如果厂商是基于对顾客保留价格的估计以索取几个不同价格，则被称为不完全价格歧视。

（1）完全价格歧视

如图 7-8 所示，我们需要知道厂商只索取单一价格 P^* 时赚取的利润。为了求得它，我们可以将每增加一单位生产和销售的利润相加，一直加到 Q^*，这个增加的利润即每单位的边际收益减边际成本所得结果。在图 7-8 中，第一个单位的边际收益是最高的，而边际成本是最低的。对每个增加的单位，边际收益下降而边际成本上升，因此厂商生产边际收益与边际成本相等处的产量 Q^*。我们把增加的每一产出单位的利润相加，就可以得到厂商的可变利润(Variable Profit)(边际收益和边际成本曲线之间的深色阴影部分面积)，即忽略固定成本的厂商利润。消费者剩余为需求曲线和消费者所付价格 P^* 之间的面积(图中粗黑线三角形的面积)。

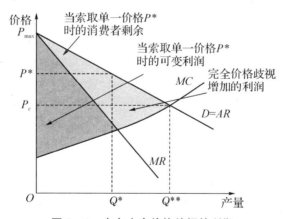

图 7-8 来自完全价格歧视的利润

---

① 要注意区分差别定价和价格歧视。如果同一种产品由于成本不同而以不同的价格出售，则属于差别定价的做法，而不是价格歧视。严格来说，价格歧视要求所出售的同种产品具有相同的成本。

② 我们假设现在每个顾客购买一个单位，如果一位顾客购买一个以上单位，厂商必须对每个单位索取不同的价格。

如果厂商实行完全的价格歧视,即消费者对于每一单位产品索取他们愿意支付的最高价格。由图 7-8 可知,在产量小于 Q^* 的范围内,消费者愿意为每一单位产品所愿意支付的最高价格均大于 P^*,所以厂商增加产量就可以增加利润。在产量达到 Q^* 以后,消费者愿意为购买每一单位产品所支付的最高价格仍均大于 MC,因此,厂商增加产量还可以增加利润,那么厂商依然有动力增加产量,直到当消费者愿意为购买每一单位产品所愿意支付的最高价格等于 $P_c(MC)$ 时,厂商停止增加产量。因为如果厂商继续增加生产的话,每增加一单位所获取的收益是小于 MC 的,厂商继续增加产量的话,只会减少所获取的利润。采取完全价格歧视,厂商所增加的利润为图中浅灰色阴影部分的面积。

在图中可以发现,在 Q^{**} 的产量上,所有的消费者剩余都已完全转化成了生产者的利润,有 $P=MC$,这说明此时价格 P_c 和产量 Q^{**} 正好等于完全竞争时的均衡价格和产量。虽然实行完全的价格歧视,消费者失去了全部的消费者剩余,但是相对于整个社会的福利情况来说,资源配置是有效率的。

(2) 不完全价格歧视

在现实生活中,厂商实行完全的价格歧视是非常困难的,根本没有办法实现,主要是因为:第一,现实的买卖交易中存在很多的买者,向每一个顾客索取一个价格通常是不现实的,除非这种买卖交易只有极少数的几个顾客;第二,厂商不能准确的知道每一个顾客的保留价格。即使厂商能够通过调查询问的方式了解每一个顾客愿意支付的最高价格,也会因顾客出于自己利益的考虑而不真实的表达这种支付意愿从而无法准确知道。

所以,厂商在现实操作中,通常会采用不完全的价格歧视,即基于对保留价格的估计,索取几个不同的价格。例如医生、律师、会计师等专业人员,根据他们的专业经验,对顾客相对比较了解,他们常常通过客观的外在条件或者经验性的判断辨别顾客可能愿意支付的最高价格,从而收取不同的价格。例如,律师可以给一个经济困难无法支付的当事人采取免费的法律援助,而对于拥有可观财富的当事人则收费较高。而一个医生可以给一个愿意支付较低价格或者拥有保险金额较低的收入的病人减免费用,但对于公费医疗或有较高保险的病人则要价较高。对于一个会计师而言,在刚为某一个客户处理完退税事务时,则更是处于能估计出客户愿意为该服务支付多少费用的有利地位。

另一个典型的例子就是关于大学怎么收学费。学校并不对修同样学位课程的不同学生收取不同的学费,他们只是以奖学金或补贴贷款的形式提供资助,这样就减少了学生必须支付的净学费。学校通过要求寻求资助的学生透露关于家庭收入和财富的信息,将资助数额同学生的支付能力联系起来。所以,通常来讲,经济上较好的学生为他们的教育付的较多,经济上较差的学生付的较少。

图 7-9 展示了这种不完全一级价格歧视。如果厂商只索取单一的价格,那么它就是 P^*(此时 $MR=MC$)。但有时厂商可以大致甄别部分消费者的保留价格,所以它现在索取五种不同的价格,最高价格为 P_1,最低价格为 P_4,刚好等于边际成本曲线与需求曲线的交点上所对应的价格。在采取不完全价格歧视时,那些原来不愿意支付 P^* 或者更高价格的顾客的确是受益者——他们现在可以购买并能享受至少一定的消费者剩余,价格歧视给市场带来了新的顾客,消费者的福利增加。生产者的利润增加,所以生产者和消

费者都能从价格歧视中得益。

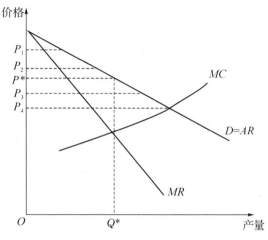

图 7-9 不完全的一级价格歧视

2. 二级价格歧视

在一些市场上,各消费者在任何给定的时期中都要购买许多单位的商品,而且随着购买数量的增加,其需求是下降的,换句话说,随着消费数量的增加,消费者愿意为每一新增的消费量支付的保留价格是下降的。例如水、取暖燃料、电力等,在最初的消费单位,由于产品满足的是消费者的最基本的需求,对于消费者来说,边际效用比较高,随着消费数量的增加,边际效用逐渐减少,因此消费者愿意为此购买的支付的价格也会下降。在这种情况下,为了刺激消费,厂商可以根据消费数量实施价格歧视,即通过对相同货物或服务的不同消费数量或"区段"索取不同的价格,这就是我们通常所说的二级价格歧视(Second-Degree price Discrimination)。

现实生活中,实施二级价格歧视比较普遍的一个例子就是数量折扣,沃尔玛超市里一袋蒙牛酸牛奶的定价为 2 元,而同一类型的包含 5 袋蒙牛酸牛奶的家庭装可能定价为 9.5 元,使得每一袋平均价格为 1.9 元。类似地,1.8 kg 一袋的洗衣粉,其每一克的价格很可能比 1.5 kg 一袋的低。

除此之外,二级价格歧视的另一个典型的例子是电力公司、天然气公共事业公司和城市自来水公司的分段定价(Bock Pricing)。在分段定价时,消费者在某商品不同数量或不同区段被索取不同的价格。一般情况下,如果存在规模经济从而使平均成本和边际成本下降,控制费率的政府机构可能会鼓励分段定价。厂商扩大产量实现较大的规模经济,从而获取更大的利润①,消费者也因为可以消费更多的产品而福利增加。

如图 7-10 演示了具有下降的平均成本和边际成本的厂商的所实行的二级价格歧视。如果厂商不实行价格歧视,索取单一的价格,那么价格为 P^*,产量为 Q^*。但是现在根据购买量定了三个价格,销量第一段定价为 P_1,第二段定价为 P_2,第三段定价为 P_3。换句话说,如果消费者的购买数量小于或等于 Q_1,要支付 P_1 的价格;一旦购买数量大于等于 Q_1 小于等于 Q_2,价格下降为 P_2;当消费数量再增加到第三个消费段时,价格便下降

---

① 规模化的生产使产品的单位成本下降,虽然产品价格普遍下降,但是公司仍然能够增加它的利润。

为更低的 P_3。

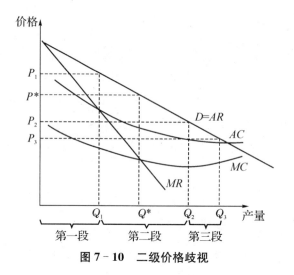

图 7-10 二级价格歧视

3. 三级价格歧视

某著名的酿酒公司有一种看似很奇怪的定价方法。该公司生产了一种广告声称最柔和、口感最好的白酒。这种白酒被称为"三星金王冠",大约卖 80 元一瓶。可是,该公司还拿出一部分同样的白酒加以"陈酿"的名字装瓶,大约卖 35 元一瓶。它为什么这样做?

对产品在不同市场上(或对不同的消费群)收取不同的价格的行为被称为三级价格歧视(Third-Degree Price Discrimination)。这种形式的价格歧视将消费者分为有不同需求曲线的两组或更多组。目前这是一种最盛行的价格歧视形式,例子随处可见,例如:常规的和"特价"机票;名牌和非名牌的烈酒;城市市场和乡村市场的价格不一样;对学生和老年居民的折扣;国内市场和国外市场的价格不一样等诸如此类的例子。

在以上每个例子中,我们都能清楚地看到,总是存在某些特征被用来将消费者分成不同的组群。例如,对于大多数商品,学生和老年居民由于收入较低通常平均愿意支付较少,并且他们都存在可以识别的特征(通过学生证或者老年证)。同样的,为了将度假者同商务旅客区别开来(商务人员的公司通常愿意付高得多的票价),航空公司可以对购买特价机票施加一些限制,例如要求预先订购或周六晚停留。对于酿酒公司,或者名牌和非名牌(例如超市自有品牌)的食品,商标本身就能将消费者分组,许多消费者愿意为名牌货付更多的钱,即使非名牌的商品是相同的或接近相同的(事实上有时就是由生产非名牌的同一家公司生产的)。

下面具体分析,如果三级价格歧视是可行的,厂商如何决定对各组消费群各索取多少价格呢?

首先,我们知道不管厂商生产多少,总产量总是在各组消费群之间分配,因而各组的边际收益是相等的,否则,厂商不可能实现利润最大化。例如,如果有两组消费群,且对第一组的边际收益 MR_1 大于对第二组的边际收益 MR_2,厂商自然会减少第二组市场的销售量而增加第一组市场的销售量,随着第一组市场厂商投入量的增加,边际收益逐渐下降,而第二组市场由于厂商投入商品量的减少,边际收益逐渐上升,这种调整一直持续到 $MR_1 = MR_2$。其次,厂商的总产量必须满足使得对各组消费群的边际收益等于生产的边际成本。如果不这样，厂商可以通过提高或降低其总产量（或者控制产量以降低或提高它对各组群的价格）来增加利润。例如，假设各消费群组的边际收益还是相同的，但边际收益超过生产的边际成本，此时厂商可以通过增加其总产量而赚取更多的利润，直至实现 $MR_1=MR_2=MC$。

下面用数学方法来说明上述解释。设 P_1 是对第一消费群组的价格，P_2 是对第二消费群组的价格，而 $C(Q_r)$ 是生产产量 $Q_r=Q_1+Q_2$ 总成本。那么总利润由下式给出：

$$\pi = P_1Q_1 + P_2Q_2 - C(Q_r)$$

厂商应该不断增加它对各消费群组的销售量 Q_1 和 Q_2，直到从最后一个单位销售所增加的利润为零。首先，我们使销售给第一消费群组的利润增量等于零，即：

$$\frac{\Delta \pi}{\Delta Q_r} = \frac{\Delta(P_1Q_1)}{\Delta Q_1} - \frac{\Delta C}{\Delta Q_1}$$

其中，$\frac{\Delta(P_1Q_1)}{\Delta Q_1}$ 是从对第一消费群组销售一个额外单位所得到的收益增量（即 MR_1）；$\frac{\Delta C}{\Delta Q_1}$ 是生产这个额外单位所增加的成本，即边际成本 MC，所以有：

$$MR_1 = MC$$

同理，对第二消费群组，我们有：

$$MR_2 = MC$$

所以，对于垄断厂商，如果要实行三级价格歧视，价格和产量必须设定在使：

$$MR_1 = MR_2 = MC$$

即不同各消费群组的边际收益必须相等并且必须等于边际成本。

由(7-8)式，在第一消费群组市场有

$$MR_1 = P_1\left(1 - \frac{1}{e_{d_1}}\right)$$

在第二消费群组有

$$MR_2 = P_2\left(1 - \frac{1}{e_{d_2}}\right)$$

再根据 $MR_1 = MR_2$ 的原则，可得

$$\frac{P_1}{P_2} = \frac{1 - \dfrac{1}{e_{d_2}}}{1 - \dfrac{1}{e_{d_1}}} \tag{7-11}$$

由式(7-11)式可知，三级价格歧视要求厂商在具有较低需求弹性的消费群市场上制定较高的产品价格，在需求弹性较高的市场上制定较低的产品价格。实际上，对价格变化反应不敏感的消费者制定较高的价格，而对价格变化反应敏感的消费者制定较低的价格，是有利于垄断厂商获得更大的利润。

[专栏7-3] 南非、艾滋病与价格歧视

在完全竞争和良好运行的市场上,商品不能在不同的价格下出售。否则,那些以低价格购买该商品的人可以在高价市场上进行转售而获得纯利润。但是,在一些市场上,转售商品是非常困难的。在一些市场上,政府会出面禁止或限制转售。

在药品生产中,研究和实验的费用是一笔很大的开支。这些费用都是固定成本。药品生产商通常是通过索取远高于生产成本的价格收回这些支出。如果它们可以进行价格歧视,则它们在一个市场上索取的价格取决于该市场的价格弹性。但是,如果它们担心转售,它们可能会在所有市场上索取相同的价格。

制药公司已经开发出治疗艾滋病的有效方法——不是治愈患者,而是大幅度延长他们的生命。它们为一个人的这种治疗每年索取10 000美元,但在发展中国家,很少有人负担得起这样高的费用。生产这些药的实际成本非常低。但是,出于以下两方面的原因,制药公司不愿意以较低的价格在这些国家出售:它们担心这会降低它们在这些国家获得的利润;更重要的或许是,它们担心转售,而这会降低它们在本土市场上(美国、欧洲)获得的利润。但是,在诸如南非(或许是艾滋病发病率最高的国家)索取高价实际上等于对该国数百万人提前宣判了死刑。很自然,南非会激烈反对。南非通过的一项法律允许在较低价格下进口这些药品——这些药品可能是由那些无视专利保护的厂商生产的。只要公司提起诉讼,声称这损害了它们的基本经济权利。然而,世界各地的抗议者却坚持认为,知识产权的保护必须权衡潜在使用者的权利和生产商的权利,而与生产商的利润损失相比,对非洲穷人的收益要大得多。2001年4月,抗议者成功地迫使只要公司撤回了对南非的起诉。

资料来源:约瑟夫·E.斯蒂格利茨,卡尔·E.沃尔什.经济学[M].4版.北京:中国人民大学出版社,1996:266-267.

4. 跨期价格歧视和高峰负荷定价

除以上三种比较常见的价格歧视以外,另外两种相关的跨期歧视也很重要且被广泛运用。第一种是跨期价格歧视(Intertemporal Price Discrimination):通过在不同时点对消费者索取不同的价格,利用不同的需求函数把消费者分为不同组别。第二种是高峰负荷定价(Peak-Load Pricing):当负荷能力限制造成边际成本很高时,在高峰时期索取更高的价格。这两种策略都包括在不同的时点索取不同的价格,但是运用这些策略的原因各有不同。

(1) 跨期价格歧视

跨期价格歧视的目标是把消费者分为高需求和低需求的组,刚开始索取高价格,之后索取的价格降低。为了弄清楚跨期价格歧视是如何实现的,我们用例子加以说明。例如,对首轮放映的影片定一个高价,然后在出品一年以后再降低价格。另一个被出版商广泛运用的例子是给一本书的精装本定一个高价,然后在大约一年以后再以低得多的价格发行平装本。这里需要解释的是,许多人以为平装本的价格较低是因为生产成本要低得多,但这是不正确的。一旦一本书已经完全编辑和排版,不管是精装本还是平装本,多印一本的边际成本都是相当低的。平装本之所以卖得便宜不是因为印刷便宜,而是因为需求较高的消费者已经买了精装本,而剩下来的消费者通常具有较大的需求弹性。

(2) 高峰负荷定价

高峰负荷定价也涉及在不同时点索取不同的价格。但是它的目标不是攫取消费者剩余,而是通过向消费者索取接近于边际成本的价格来增进经济效率。

对于某些商品和服务,在特定的时间会出现需求高峰,例如交通高峰时间的道路和隧道,夏天傍晚时分的电力,上下班时分的出租车,以及周末的滑雪场和游乐场。由于负荷能力的限制,在这些高峰时间边际成本都是比较高的,因而价格也应该高一些。

夜场比日场票价高的电影院是另一个采用高峰负荷定价的例子。对大多数电影院来说,为日场顾客服务的边际成本是独立于夜场的边际成本的。电影院的经营者可以利用他对各个时间需求的估计和边际成本的估计分别决定夜场和日场的最优价格。

需要注意的是,高峰负荷定价与三级价格歧视是不同的。对于三级价格歧视,厂商对应各组消费者的边际收益必须相等且等于边际成本,原因是向不同组提供服务的成本并不是独立的。例如,对于无限制二等舱票和特价票,增加以特价票卖出的座位的数量会影响卖出无限制二等舱机票的成本——当飞机满乘时边际成本上升很快。但对高峰负荷定价却不是这么回事(而且也不适用大多数不同时期价格歧视的例子),在工作日卖出更多的滑雪场或游乐场的票不会明显影响周末卖票的成本。同样的,在非高峰时卖出更多的电力也不会明显增加在高峰时间销售电力的成本。

八、垄断势力的社会成本

在一个完全竞争市场上,价格等于边际成本,而垄断势力意味着价格远远超过边际成本。由于垄断势力的结果是较高的价格和较低的产量,所以最终结果是很容易使消费者利益受损而厂商受益。但如果我们将消费者的福利和生产者的利益看成是一样重要的,那么垄断势力使得消费者和生产者作为一个总体究竟是受益还是受损呢?

下面我们通过对一个竞争行业生产一种产品时的生产者和消费者剩余,与由一个垄断者供应整个市场时的消费者和生产者剩余之间的比较来说明(假设完全竞争的市场和垄断者有相同的成本曲线)。图7-11给出了垄断者的平均和边际收益曲线以及边际成本曲线。根据 $MR=MC$ 的原则确定垄断厂商利润最大化时的价格和产量分别为 P^* 和 Q^*。在完全竞争市场上,价格必须等于边际成本,因此,由平均收益曲线和边际成本曲线的交点决定,完全竞争市场上的价格和产量分别为 P_c 和 Q_c,图7-11演示了厂商从完全竞争的价格和产量移动到垄断的价格和产量时,消费者剩余和生产者剩余的变化情况。

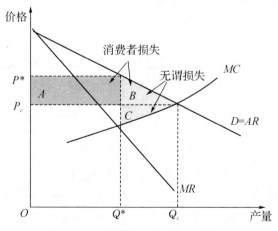

图7-11 垄断势力造成的无谓损失

由图 7-11 可知,有垄断存在时,厂商所定价格较高(P^*),且消费者购买数量也较少(Q^*)。因为垄断带来的价格较高,很多购买的消费者也要多支付货币,因而丧失了部分的消费者剩余(四边形 A 的面积,由图中黑色阴影部分表示),并且那些在价格 P^* 时没买而在价格 P_c 时会购买的消费者也损失了消费者剩余(图中 B 所代表的灰色三角形的面积),所以垄断厂商把价格从 P_c 提高到 P^* 时消费者剩余的总损失为 $A+B$。但是,生产者通过较高的价格多获取了 $A-C$ 的生产者剩余。对比生产者剩余和消费者剩余的大小,从增加的生产者剩余减去减少的消费者剩余就可以得到剩余的净损失为 $B+C$。这就是由于垄断所造成的无谓损失(Deadweight Loss),也被称为社会成本。需要特别指出的是,即使政府进行干预,通过税收把生产者所获取的利润再分配给产品的消费者,仍然会产生一定的非效率,因为产量比完全竞争时要低,有些支付意愿过低的消费者会无法消费这种产品。

所以,从整个社会的角度来看,垄断会产生无谓的社会成本,带来整个社会福利的下降。但是在我们现实生活中总是存在这样一些行业,厂商的平均成本在很高的产量水平上仍随着产量的增加而递减,也就是说存在规模经济,比如供水行业、供电行业、电信行业等社会公用事业,这些行业的生产技术需要大量的固定设备,使得固定成本非常大,可变成本非常小,行业的这一特征,决定了整个行业只有一家企业,即存在垄断。因而也同样存在着由于缺乏竞争所造成的垄断厂商的高价、高利润以及低产出水平等经济效率。为了提高经济效率,增加社会福利水平,政府往往会对这些行业进行管制,管制方法主要由以下两个方面:

1. 边际成本定价法及其他定价方法

因为存在控制价格的能力,垄断厂商索取的价格一般都高于边际成本,但很多经济学家认为,垄断厂商的价格不应该定得过高,价格应该正确反映生产的边际成本,由此提出了边际成本定价法。从现实情况来看,要想让垄断企业的定价下降,政府必须出面进行干预,采取管制,否则厂商只会在追求利润最大化的原则下确定所生产的产量。

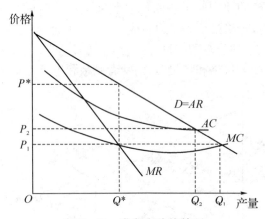

图 7-12 垄断和价格管制

图 7-12 中,说明了政府如何对垄断企业进行价格管制。在管制的情况下,垄断厂商依据利润最大化的原则确定的价格为 P^*,产量为 Q^*。图 7-12 可知,此时价格显然高于边际成本。现在政府对垄断厂商的生产进行干预,采取价格管制,使其按照边际成本定价法确定产品价格,此时产品价格下降为 P_1,产量增加为 Q_1。由图 7-12 可知,此时

不存在效率损失,整个社会的福利实现最大化。但是此种定价方法存在一个问题,由于自然垄断厂商是在 AC 曲线下降的规模经济段进行生产的,所以,MC 曲线必定位于 AC 曲线的下方。也就是说,按边际成本 MC 所决定的价格 P_1 一定小于平均成本 AC。因此,在政府管制价格下,厂商是亏损的,那么厂商将会退出生产。这样一来,政府的价格管制将会陷入两难的境地,要么放弃边际成本定价法,要么政府对被管制企业进行补贴。

从控制价格的角度来说,可采取另外的定价方法来代替边际成本定价法,从而解决边际成本定价的困境。其中,平均成本定价法和双重定价法是经常被应用的。

平均成本定价法即是使管制价格等于平均成本。如图 7-12 所示,根据平均成本定价法即 $P=AC$,管制价格将确定为 P_2,相应的产量为 Q_2。此时,由于产品价格等于平均成本,厂商不再亏损,厂商将会继续经营,但是经济利润为零。

双重定价法类似于价格歧视。具体来讲,就是允许厂商对一部分购买欲望较强的消费者收取较高的价格,且 $P>AC$,从而厂商获得经济利润。同时,厂商对另一部分支付意愿较弱的消费者仍然按照边际成本定价法收取较低的价格,因为 $P<AC$,所以厂商是亏损的。需要特别指出的是,双重定价法要求制定的价格计划应该使得厂商收取的较高价格所获得的利润能补偿收取较低价格所遭受的亏损。虽然这样厂商所获取的经济利润为零,但是厂商依然愿意继续生产。

2. 收益率管制

由图 7-12 可知,对于自然垄断厂商,最低可能价格也是通过平均成本曲线和需求曲线的交点得到的。不幸的是,当市场条件变动时厂商的需求曲线和成本曲线也会变动,所以实践中决定这些价格也是非常困难。

所以,对于垄断的管制常常基于它的资本回报率,管制机构确定一个价格,使得垄断者的资本回报率接近于"竞争的"或"公平的"回报率,它相当于等量的资本在相似技术、相似风险条件下所能得到的平均市场报酬,这就称为收益率管制(Rate of Return Regulation)。由于资本回报率被控制在平均水平,所以也就在一定程度上控制住了垄断厂商的价格和利润。

但是,实行收益率管制也会带来麻烦。第一,作为确定厂商回报率决定因素的厂商为折旧的资本存量是难以估价的。第二,什么是"公平"的资本回报率?其客观标准是什么?这往往难以确定,管制机构和被管制厂商往往就这一问题纠缠不清(回报率取决于厂商的实际成本,但是该成本反过来又取决于管制机构的行为,以及取决于投资者对未来允许的回报率的猜测)。第三,管制滞后——要求的管制价格改变会推迟一至两年。因为计算、规定和公布执行资本回报率都需要时间,造成得到用于回报率计算的数据方面的困难,常常导致管制对成本和其他市场条件发生变化时,管制机构不可能很快地做出反应即执行新的"公平"资本管制率,管制滞后会对被管制企业产生不同的影响。在成本下降的情况下,管制滞后对被管制企业是有利的,因为厂商可以在新的"公平"的资本回报率公布前,继续享受由原来的较高的资本回报率所带来的好处。反之,在成本上升的情况下,管制滞后对被管制企业是不利的。

3. 价格上限

管制的另一种方法是设定基于厂商可变成本、过去价格、可能的通货膨胀和生产率增长的价格上限。价格上限比收益率管制更灵活。例如,在价格上限管制下,一般厂商被允许(而不是管制机构批准)每年提高的价格的幅度等于实际通货膨胀率减去预期生产率增长率之差。这种类型的价格上限管制通常用于控制长途和本地电话服务的价格。

[专栏7-4] 镀金时代的垄断者

在人类戏剧化垄断的背后,有时还存在如边际成本之类的抽象概念。鉴于此,在本部分的末尾我们不妨回顾一下美国企业史上一段多次多彩的时期。由于法律与习俗的不断变化,美国今天的垄断者,与1870~1914年镀金时代的那种辉煌、富有创造力、不道德、欺诈的强盗绅士相比,已经有天壤之别。诸如洛克菲勒、高德(Gould)、范德比尔特(Vanderbilt)、弗里德(Frick)、卡内基、罗森查德(Rothschild)以及摩根等大亨的传奇故事,描述了所有你可能很难想象得到的东西。他们开创了诸如铁路、石油、钢铁等产业,形成自己的财团,推动了西进运动。他们都打败了自己的竞争对手,并将惊人的财富留给了他们的后代。

19世纪30年的美国,充满了渎职和腐败的经济经历了强有力的增长。丹尼尔·德鲁是一个偷牛贼、马贩子和铁路工,他掌握了"灌肠术"(Watering the Stock)的诀窍。在将牛送运往屠宰场之前,他先不让它们碰水;而在牛过称前,他预先用盐将牛弄得特别渴,然后让他们狂喝大量的水。后来,企业界的大亨们则通过抬高他们证券的价格来搞"掺水股"(Water the Stock)。

美国西部边疆的铁路大亨,历史可以将他们列为最不道德的企业家。横跨美洲大陆的铁路建设,是通过大量拨让联邦土地而获得资金、并经由大力贿赂无数议员与大官而取得特权的。南北战争后不久,老谋深算的铁路职员杰·高德就是企图垄断全美的黄金供给,并用它来控制国家的货币供给。高德后来为了提高北部那段铁路(常年为了大雪围困的地方)的声誉,竟然如此描述:那里是一片热带雨林的乐园,种植园里长满了橘子与香蕉,随处可见活蹦乱跳的猴子。到那个世纪末,所有的这些贿赂、土地转让、掺水股,以及那些荒诞的承诺,都终于促成了世界上最大的铁路系统的竣工。

约翰·洛克菲勒的故事可以说是19世纪垄断者的一个缩影。洛克菲勒看到幼小的石油产业可以挖掘很多的财富,就着手组织石油提炼产业,他是个小心翼翼的经营者,总是试图从那些容易争吵而又极不可靠的企业家那里获得"订单"。他自然会遭遇一些竞争对手。但他通过说服铁路部门秘密地给予回扣,并为他提供有关对手供给信息,从而逐步获得了对该产业的控制权。只要竞争者稍不遵守他的规矩,洛克菲勒就会拒绝为他们供油,甚至宁愿将油倒在地上。到1878年,约翰·洛克菲勒已经控制了美国95%的石油供给与炼油市场。价格从上升变为稳定,相互拼杀的竞争终于为垄断所代替。

洛克菲勒还设计了一个相当精明的新方案,来保证自己在联盟中的控制权。这就是"托拉斯",即股东将股份转交给托管人,由他们负责经营,实现利润最大化。其他行业也仿效标准石油托拉斯(Standard Oil Trust),很快,托拉斯就在煤油、糖、威士忌、铅、盐及钢铁行业中建立起来。

这种行为引起了农民与平民的极大公愤,不久后国家通过了反托拉斯法。在1910年,进步人士的反"大财团"运动取得第一次伟大胜利后,才解散了标准石油集团。具有讽刺意味的是,洛克菲勒竟然能够在实际上从解散中获利。这是因为标准石油的公众股价格实际已经上涨了。

但是,垄断也创造了极大的财富。1861年美国只有3个百万富翁,而到1900年就增加到4 000名(20世纪初的100万美元,大约相当于今天的1亿美元)。

巨大的财富也引发了令人触目惊心的炫耀性消费(这个词在索斯坦·凡勃伦1899年的《有闲阶级论》一书中被引入经济学)。与早期的欧洲的主教和贵族一样,美国的企业大亨们也要为他们的财富树立永恒的纪念碑。许多财富被用于修建高贵的宫殿,例如,罗德岛新港范德比尔特庄园,至今仍可以为人们观瞻和仰慕;又如,他们收集的大量艺术品,成为美国大博物馆,如纽约大都会艺术博物馆的主要藏品;再如,开办基金会,设立一些以斯坦福、卡内基、梅陇、洛克菲勒命名的大学,等。在他们的个人垄断因政治原因或因其他竞争性的赶超而瓦解之后很久,在他们的大多数财富被其继承者所分割而后代的企业又大为逊色的今天,这些强盗式绅士们的慈善基金等遗产依然在影响着美国的艺术、科学和教育。

资料来源:保罗·萨缪尔森,威廉·诺德豪斯著. 微观经济学[M]. 北京:人民邮电出版社,2012:168-169.

第二节 垄断竞争市场

一、垄断竞争市场的条件

垄断竞争市场和完全竞争市场一样都存在许多厂商且新进入的厂商没有进入壁垒。它与完全竞争市场的不同在于产品是有差别的——各厂商销售在质量、外观或声誉方面有差异的品牌或版本,且各厂商是他自己品牌的唯一生产者。而厂商具有的垄断势力的大小取决于它在将它的产品区别于其他厂商的产品方面所获得的成功。

在完全竞争市场和垄断市场上,行业的含义非常明确,它是指生产同一种无差别的产品的厂商的总和。而在垄断竞争市场上,产品差别使得上述意义上的行业不存在。为此,在垄断竞争市场理论中,把市场上大量的生产非常接近的同种产品的厂商的总和称为生产集团。具体地说,垄断竞争市场主要有以下一些特点:

第一,厂商之间通过生产有差别的产品进行竞争,产品之间都是高度可替代的但又不是完全可替代。换句话说,需求的交叉弹性是大的但不是无穷大的。

在这里,产品差别不仅指同一种产品在质量、材料、外观、售后服务条件等方面的差别,还包括商标、品牌、广告方面的差别和以消费者的想象为基础的任何虚构的差别,例如,佳洁士牙膏与高露洁、云南白药牙膏和其他牙膏都是不同的,差别部分在于气味,部分在于稠度,部分在于知名度——如购买者对于云南白药牙膏的相对消炎止痛的印象。结果有些消费者(并不是全部)愿意花较多的钱购买云南白药牙膏。

由于市场上的每种产品之间存在着差别,换句话说,每种具有自身特点的产品都是唯一的,例如,宝洁公司(Procter&Gamble)是佳洁士牙膏的唯一生产者,因此他有垄断力。但它的垄断力是很有限的,因为如果佳洁士的价格提高,消费者可以很容易地用其他品牌来代替。虽然偏爱佳洁士的消费者会为它付较高的价格,但大多数消费者不愿意多支付太多,对大多数消费者来说,牙膏就是牙膏,不同品牌之间的区别并不是很大。所以对于佳洁士牙膏的需求曲线虽然向下倾斜,但却是相当有弹性的。由于宝洁公司仅具有有限的垄断势力,宝洁公司将会把牙膏价格定得高于它的边际成本,但是不会高出很多。

第二,一个生产集团中的厂商数量很多,以至于每个厂商都认为自己的行为的影响很小,所以各厂商一般不会受到竞争对手任何报复措施的影响。

第三,每个厂商的生产规模都比较小,自由地进出一个生产集团——新厂商带着产品的新品牌进入市场和现有厂商在他们产品亏损或无利可图时退出都比较容易。

为什么自由的进入是垄断竞争一个很重要的条件。为了说明这个原因,现在让我们来比较一下牙膏市场和汽车市场。牙膏市场是垄断竞争的,但汽车市场则表现为寡头垄断市场。其他厂商要推出可能会与佳洁士、高露洁等品牌竞争的新品牌牙膏相比较容易,这就限制了生产佳洁士和高露洁的盈利能力。如果利润很大,其他厂商就会花费必要的投入(用于开发、生产、广告和促销)推出他们自己的新品牌,这就会降低佳洁士和高露洁的市场份额和盈利能力。虽然汽车市场也有产品差异的特征,但是,生产中的规模经济使新厂商的进入非常困难。

在现实生活中,除了牙膏以外,还有许多其他的垄断竞争的例子。例如,肥皂、洗发水、感冒药、理发业等都是在垄断竞争市场中销售的;自行车和其他运动器材似乎也是垄断竞争的;还有大多数零售业,因为商品都是由许多零售店销售的,这些零售店通过地段[①]、营业时间、营业员的专业能力、提供的信用项目等使他们的服务与竞争对手相区别。这些行业进入相当容易,所以如果一个街区因为只有很少几家商店而利润很高时,新的商店就会进入。

二、垄断竞争厂商的短期和长期均衡

由于垄断竞争厂商可以在一定程度上控制自己产品的价格,所以,其如同垄断厂商一样,垄断竞争中厂商也面临向右下方倾斜的需求曲线。所不同的是,因为各垄断竞争厂商生产的产品相互之间具有高度的可替代性,市场中的竞争因素使得垄断竞争厂商的需求曲线具有较大的弹性。所以,垄断竞争厂商向右下方倾斜的需求曲线是比较平坦的,相对来说比较接近完全竞争厂商水平形状的需求曲线。又由于在垄断竞争市场上,厂商可以自由的进入,所以如果存在经济利润,就会吸引有竞争品牌的新厂商,从而将利润压低至零。

为了更清楚的说明以上观点,现在我们来考察一个垄断竞争厂商在短期和长期的均衡价格和产量。图7-13(a)和(b)分别反映了厂商的短期均衡和长期均衡。由于该厂商的产品和竞争者是有差别的,所以它的需求曲线 D_{SR} 是向下倾斜的(这是该厂商的需求曲线,不是市场的需求曲线,市场的需求曲线的倾斜度更陡[②])。根据 $MR=MC$ 的原则确定利润最大化的产量为 Q^*,价格为 P^*,且大于平均成本,厂商赚到阴影矩形($ABCP^*$)面积大小的利润。

[①]购买一件商品的总价格不仅包括它的商品价格,还包括搜寻商品的机会成本、耗费的时间以及非货币成本。因为去当地商店购买的总价格要低一些,所以人民倾向于就近购买。

[②]因为在垄断竞争市场上,有大量的竞争厂商存在,某个厂商降价时,其他厂商为了不因竞争淘汰,也采取同样的降价策略,所以,厂商降低同样的价格,所增加的销售量是远小于预期销量,因此整个市场所增加的产量也是小的,进而垄断竞争市场的需求曲线比较陡峭。

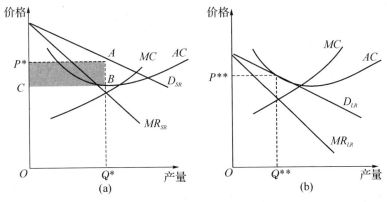

图 7 - 13　垄断竞争厂商短期和长期的均衡

在长期中,这些利润($ABCP^*$)会吸引竞争品牌的新厂商进入该行业。当其他厂商推出竞争性品牌时,该厂商的市场份额会下降,它的需求曲线向下移动,如图 7 - 13(b)所示(在长期中,平均和边际成本曲线可能也会移动。为了简化,我们假定成本是不变的)。在长期均衡中,长期需求曲线 D_{LR} 将会与厂商的平均成本曲线相切,由 $MR=MC$ 可得长期均衡的产量 Q^{**},价格为 P^{**},在长期均衡时,价格与平均成本相等,所以即便厂商有垄断势力,经济利润也为零。这是因为该厂商有垄断势力,是因为它的特殊品牌仍然是唯一的,它的长期需求曲线向下倾斜。但是其他厂商可以自由进入和竞争已经使得它的利润为零。

三、垄断竞争和经济效率

垄断竞争市场尽管具备垄断势力,但是与垄断市场和完全竞争市场比较来看,垄断竞争市场更加接近于完全竞争市场。下面让我们通过比较完全竞争行业和垄断竞争行业的长期均衡,分析垄断竞争行业的经济效率。

图 7 - 14 中的(a)和(b)演示了完全竞争行业和垄断竞争行业的长期均衡情况。

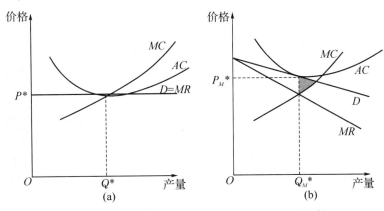

图 7 - 14　垄断竞争和完全竞争行业长期均衡比较

在完全竞争市场上,如图(a)所示,价格等于边际成本,但在垄断竞争市场中,价格大于边际成本,所以存在图(b)中阴影面积的无谓损失。我们知道,在两类市场中,厂商都是自由地进出行业的,所以只要行业存在经济利润,直到利润降到零之前都会有新厂商加入。在完全竞争市场中,厂商面临的需求曲线是水平的,所以零利润点出现在平均成本最低点(如图(a)所示)。在垄断竞争市场上,需求曲线是向下倾斜的,所以零利润点出现在平均成本最低点的左边。在垄断竞争市场长期均衡时所生产的产量 Q_M^* 是小于 Q^* 的,因为存在垄断势力,价格 P_M^* 略大于完全竞争时的价格 P^*。与完全竞争市场比较,垄断竞争市场中的厂商并未实现最佳规模的生产(没有在平均成本的最低点提供产量),而是出于其最佳规模的左边,所以垄断竞争市场的所有厂商存在过剩的生产能力,这种过剩的生产能力是非效率的。

这些非效率使消费者受损。那么是否垄断竞争是一种对社会来说不好的市场结构,应该限制其发展?答案是否定的。原因如下:

第一,在大多数垄断竞争市场,垄断势力并不是很大。通常有足够多的厂商参与竞争,并且各厂商所生产的产品品牌相互之间的替代性相当强,所以没有哪个厂商会有很大的垄断力量。所以在垄断竞争市场上由于垄断势力引起的无谓损失是比较小的,并且由于厂商的需求曲线是非常有弹性的,生产的平均成本将接近于平均成本曲线的最低点。

第二,不管垄断竞争产生多大的非效率,它都必须与垄断竞争所产生的一大好处——产品多样性相平衡。大多数消费者对可以在一大堆各方面有差异的竞争性产品和品牌中挑选很偏好的,从产品多样化中得到的收益很大,并且可能很容易就超过了由向下倾斜的需求曲线引起的非效率成本。

所以,垄断竞争均衡具有某些有趣的特点:在均衡状态下,价格和平均成本超过了生产这种商品可以达到的最小平均成本,在较高的价格下生产得更少。但是在完全竞争市场上,产品之间是完全可替代的,而在垄断竞争的世界里,可以得到的产品是多种多样的。在消费者眼里,多样性具有其价值,他们愿意为此支付较高的价格。因此,商品在高于最小平均成本的价格上出售这一事实并不必然意味着经济是缺乏效率的。

第三节 寡头垄断市场

一、寡头垄断市场的特征

寡头(Oligopoly)的意思是"几个卖者",它是指少数几个厂商控制整个市场的产品的生产和销售的一种市场组织。在寡头市场上,厂商生产的产品可以有也可以没有差别。通常根据产品特征,可以分为纯粹寡头行业和差别寡头行业两类,在纯粹寡头行业中,厂商之间生产的产品是没有差别的,像钢铁、水泥、石油等行业通常被看成是纯粹寡头行业;在差别寡头行业中,厂商之间生产的产品是有差别的,像汽车、电视等行业通常被看成是差别寡头行业。除此之外,寡头行业还可按厂商的行动方式,区分为有勾结行为(合作)和独立行动(不合作)两种不同类型。寡头的重要特征是每个厂商都是可以影响市场价格,如在航空业,仅仅一家航空公司降低票价的决定,就会引起它的所有竞争者降低票价,引发一场价格大战。

经营一个寡头垄断企业很复杂,这是因为定价、产量、广告和投资决策都包含重要的策略性考虑。因为只有少数厂商的竞争,每个厂商的产量都在全行业的总产量中占一个较大的份额,所以每个厂商的产量和价格变动都会对其他竞争对手以至整个行业的产量和价格产生举足轻重的影响。正因为这样,每个厂商在采取任何行动之前都必须考虑它的行为对它的对手有什么影响,以及它的对手大致会作何反应,然后再考虑采用哪种策略最有利。

假设由于汽车卖不动,一汽大众正在考虑削价10%以刺激需求。在采取此项行动之前,它必须考虑与它竞争的汽车公司会作出什么反应。它们可能完全没有反应,或者只是降价少许。在这种情况下一汽大众汽车的销量增加会很乐观,这主要以竞争者销量下降为代价实现。或者竞争者也可能会像一汽大众一样削价,此时所有的汽车制造商都能卖出更多的汽车,但是都会由于价格过低只能赚取比较少的利润。另一种可能是一些汽车生产商比一汽大众削价更多以惩罚其降价行为,而这反过来又可能导致一场价格战和整个行业的利润都急剧下降。所以一汽大众在采取行动之前必须权衡所有的这些可能性。事实上,对于一个寡头厂商来说,几乎在做出所有重大经济决策,如定价、决定生产水平、采取重大促销活动、投资新的生产能力之前,都必须尽最大可能确定它的竞争者所作出的反应。

寡头厂商们的行为之间相互影响的关系比较复杂,更具体地说,决策、反应、反应对反应,如此动态、不断演进的过程不断反复,所以寡头理论相对来说比较复杂。一般来说,不知道竞争对手相互之间反应方式,就无法建立寡头厂商的模型。或者说,有多少关于竞争对手相互之间的反应方式的假定,就会有多少寡头厂商的模型,就可以得到多少不同的结果。

下面我们介绍的是几个比较具有代表性的模型。

二、寡头垄断市场的均衡

在前面研究完全竞争市场、垄断市场和垄断竞争市场的均衡时,我们通常是想要确定均衡时的价格和产量。例如,完全竞争市场中均衡价格应使供给量和需求量相等;在垄断市场中,均衡出现在边际收益等于边际成本之处;而在垄断竞争市场上,新厂商的不断进入使利润压低到零从而实现长期均衡。在这些市场上,每个厂商都能将价格和市场需求当做给定的,并且不必担心它的竞争者。但是在寡头垄断市场上,一个厂商的价格制定和产量的确定要看它的竞争者是采用什么策略。与此同时,竞争者的策略也取决于该厂商的决策。那么我们将如何得出寡头垄断厂商均衡时的市场价格和产量?或者说寡头垄断厂商是否存在一个均衡?为了说明这个问题,我们先确定什么是均衡。

在我们分析前三种市场时,对均衡是这样描述的:当一个市场处于均衡时,厂商目前所做的就是他们所能做的最好的,并且如果外在条件不变,他们不会改变他们的价格和产量。所以对于寡头垄断市场来说,各个厂商是在给定它的竞争者的行为之后将做它所能做的最好的。但寡头厂商应该如何假定竞争者的行为?由于该厂商会在给定它的竞争者的行为后采取最好的行动,所以它可以假定这些竞争对手也会在给定该厂商行为之后采取它们所能采取的最好的行为。因此,各厂商考虑到它的竞争者,并假定它的竞争者会同样这么做,最后达到均衡,各竞争厂商不再改变行为,我们将这种均衡称为纳什均衡(Nash Equilibrium)[①]。

[①] 这个概念是1951年数学家约翰纳什(John Nash)首先解释清楚的,即在给定它的竞争者的行为以后,各厂商采取它能采取的最好的行为。

[专栏 7-5] 孤独的天才——约翰·福布斯·纳什(John Forbes Nash Jr.)

约翰·纳什又译约翰·纳许,美国数学家,前麻省理工学助教,主要研究博弈论和微分几何学。1994年,他和其他两位博弈论学家约翰.C.海萨尼(John Harsanyi)和莱因哈德·泽尔腾共同获得了诺贝尔经济学奖。1928年6月13日出生在美国西弗吉尼亚州工业城布鲁菲尔德的一个富裕家庭。他的父亲是受过良好教育的电子工程师,母亲则是拉丁语教师。纳什从小就很孤僻,他宁愿钻在书堆里,也不愿出去和同龄的孩子玩耍。但是那个时候,纳什的数学成绩并不好,小学老师常常向他的家长抱怨纳什的数学有问题,因为他常常使用一些奇特的解题方法。而到了中学,这种情况就更加频繁了,老师在黑板上演算了整个黑板的习题,纳什只用简单的几步就能解出答案。

中学毕业后,约翰·纳什进入了匹兹堡的卡耐基技术学院化学工程系。1948年,大学三年级的纳什同时被哈佛大学、普林斯顿大学、芝加哥大学和密执安大学录取,而普林斯顿大学则表现得更加热情,当普林斯顿大学的数学系主任莱夫谢茨感到纳什的犹豫时,就立即写信敦促他选择普林斯顿,这促使纳什接受了一份1 150美元的奖学金。

当时的普林斯顿已经成了全世界的数学中心,爱因斯坦等世界级大师均云集于此。在普林斯顿自由的学术空气里,纳什如鱼得水,他21岁博士毕业,不到30岁已经闻名遐迩。1958年,纳什因其在数学领域的优异工作被美国《财富》杂志评为新一代天才数学家中最杰出的人物。

纳什最重要的理论就是现在广泛出现在经济学教科书上的"纳什均衡"。而"纳什均衡"最著名的一个例子就是"囚徒困境",大意是:一个案子的两个嫌疑犯被分开审讯,警官分别告诉两个囚犯,如果两人均不招供,将各被判刑一年;如果你招供,而对方不招供,则你将被判刑三个月,而对方将被判刑十年;如果两人均招供,将均被判刑五年。于是,两人同时陷入招供还是不招供的两难处境。两个囚犯符合自己利益的选择是坦白招供,原本对双方都有利的策略——不招供从而均被判刑1年就不会出现。这样两人都选择坦白的策略以及因此被判5年的结局被称为"纳什均衡",也叫非合作均衡。"纳什均衡"是他21岁博士毕业的论文,也奠定了数十年后他获得诺贝尔经济学奖的基础。

那时的纳什"就像天神一样英俊",1.85米的个子,体重接近77公斤,手指修长、优雅,双手柔软、漂亮,还有一张英国贵族的容貌。他的才华和个人魅力吸引了一个漂亮的女生——艾里西亚,她是当时麻省理工学院物理系仅有的两名女生之一。1957年,他们结婚了。之后漫长的岁月证明,这也许正是纳什一生中比获得诺贝尔奖更重要的事。

就在事业爱情双双得意的时候,纳什也因为喜欢独来独往,喜欢解决折磨人的数学问题而被人们称为"孤独的天才"。他不是一个善于为人处世并受大多数人欢迎的人,他有着天才们常有的骄傲、以自我为中心的毛病。他的同辈人基本认为他不可理喻,他们说他"孤僻,傲慢,无情,幽灵一般,古怪,沉醉于自己的隐秘世界,根本不能理解别人操心的世俗事务。"

1958年的秋天,正当艾里西亚半惊半喜地发现自己怀孕时,纳什却为自己的未来满怀心事,越来越不安。系主任马丁已答应在那年冬天给他永久教职,但是纳什却出现了各种稀奇古怪的行为:他担心被征兵入伍而毁了自己的数学创造力,他梦想成立一个世界政府,他认为《纽约时报》上每一个字母都隐含着神秘的意义,而只有他才能读懂其中的寓意。他认为世界上的一切都可以用一个数学公式表达。他给联合国写信,跑到华盛顿给每个国家的大使馆投递信件,要求各国使馆支持他成立世界政府的想法。他迷上了法语,甚至要用法语写数学论文,他认为语言与数学有神秘的关联。

终于,在孩子出生以前,纳什被送进了精神病医院。

几年后,因为艾里西亚无法忍受在纳什的阴影下生活,他们离婚了,但是她并没有放弃纳什。离婚以后,艾里西亚再也没有结婚,她依靠自己作为电脑程序员的微薄收入和亲友的接济,继续照料前夫和他们唯一的儿子。她坚持纳什应该留在普林斯顿,因为如果一个人行为古怪,在别的地方会被当作疯子,而在普林斯顿这个广纳天才的地方,人们会充满爱心地想,他可能是一个天才。

于是,在20世纪70和80年代,普林斯顿大学的学生和学者们总能在校园里看见一个非常奇特、消瘦而沉默的男人在徘徊,他穿着紫色的拖鞋,偶尔在黑板上写下数字命理学的论题。他们称他为"幽灵",他们知道这个"幽灵"是一个数学天才,只是突然发疯了。如果有人敢抱怨纳什在附近徘徊使人不自在的话,他会立即受到警告:"你这辈子都不可能成为像他那样杰出的数学家!"

正当纳什本人处于梦境一般的精神状态时,他的名字开始出现在70年代和80年代的经济学课本、进化生物学论文、政治学专著和数学期刊的各领域中。他的名字已经成为经济学或数学的一个名词,如"纳什均衡"、"纳什谈判解"、"纳什程序"、"德乔治—纳什结果"、"纳什嵌入"和"纳什破裂"等。

纳什的博弈理论越来越有影响力,但他本人却默默无闻。大部分曾经运用过他的理论的年轻数学家和经济学家都根据他的论文发表日期,想当然地以为他已经去世。即使一些人知道纳什还活着,但由于他特殊的病症和状态,他们也把纳什当成了一个行将就木的废人。

守得云开见月明,妻子和朋友的关爱终于得到了回报。80年代末的一个清晨,当普林斯顿高等研究院的戴森教授像平常一样向纳什道早安时,纳什回答说:"我看见你的女儿今天又上了电视。"从来没有听到过纳什说话的戴森仍然记得当时的震惊之情,他说:"我觉得最奇妙的还是这个缓慢的苏醒,渐渐地他就越来越清醒,还没有任何人曾经像他这样清醒过来。"

纳什渐渐康复,从疯癫中苏醒,而他的苏醒似乎是为了迎接他生命中的一件大事:荣获诺贝尔经济学奖。当1994年瑞典国王宣布年度诺贝尔经济学奖的获得者是约翰·纳什时,数学圈里的许多人惊叹的是:原来纳什还活着。

为了简化分析,在下面的模型分析中,我们主要分析两个厂商相互竞争的寡头市场,从而每个厂商在做决策时只考虑一个竞争者。

1. 古诺模型

古诺模型是早期的寡头模型,由法国经济学家奥古斯汀·古诺(Augustin Cournot)

于 1838 年引入的一个只有两个寡头厂商的简单的双寡头模型,该模型通常被作为寡头理论分析的出发点。古诺模型的结论可以很容易地推广到三个或三个以上的寡头厂商的情况中去。

假设市场上 A、B 两个厂商生产同样的产品并都知道市场需求量(准确地了解市场的需求曲线),它们的生产成本为零,各厂商必须决定生产多少,并且两厂商是同时做出决策的。在做出产量决策时,各厂商必须考虑到它的竞争者。A、B 两厂商都是在已知对方产量的情况下,各自确定能给自己带来最大利润的产量,即每个厂商都是消极地以自己的产量去适应对方已确定的产量。该模型的本质是各厂商将它的竞争者的产出水平看作不变,然后决定自己生产多少。为了搞清楚这是如何运行的,图 7-15 可以清楚地说明古诺模型的价格和产量。

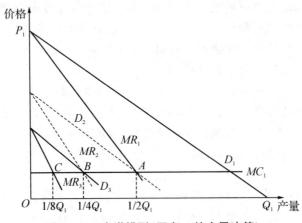

图 7-15 古诺模型(厂商 A 的产量决策)

在图 7-15 中,D_1 曲线为两厂商共同面临的线性的市场需求曲线。厂商 A 首先进入市场,假设厂商 A 认为厂商 B 什么都不会生产,则厂商 A 的需求曲线就是市场需求曲线。图 7-15 中也给出了对应的边际收益曲线 MR_1,并假设厂商 A 的边际成本为常数。如图 7-15 中所示,厂商 A 的利润最大化产量是 MR_1 和 MC_1 交点处(A 点),即为 $1/2(Q_1)$。反过来,假设厂商 A 认为厂商 B 将生产 $1/2(Q_1)$,则厂商 A 的需求曲线就是市场需求曲线平行左移 $1/2(Q_1)$,在图 7-15 中为 D_2,而相应的边际收益曲线则标为 MR_2,厂商 A 此时实现利润最大化的产量为 $MR_2=MC_1$ 交点 B 处的 $1/4(Q_1)$。现在假设厂商 A 认为厂商 B 将生产 $3/4(Q_1)$,此时厂商 A 的需求曲线就是市场需求曲线向左移动 $3/4(Q_1)$,在图 7-15 中标为 D_3,而相应的边际收益曲线标为 MR_3,此时厂商 A 的利润最大化的产量是 $MR_3=MC_1$ 交点 C 处的 $1/8(Q_1)$。最后假设厂商 A 认为厂商 B 将生产 Q_1,则厂商 A 将什么都不生产。综上所述,厂商 A 的利润最大化产量是它认为厂商 B 将生产产量的减函数,我们通常称这个函数为厂商 A 的反应曲线并即为 $Q_A^*(Q_B)$,并在图 7-16 中表示出来。

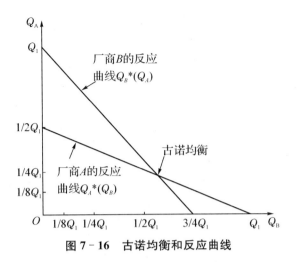

图 7-16 古诺均衡和反应曲线

对于厂商 B 我们可以对其进行同样的分析(即在给定厂商 A 将生产的产量调整的各种假定下,确定厂商 B 的利润最大化产量)。结果得到厂商 B 的反应曲线,即将它的产量与它认为厂商 A 将生产的产量联系起来的函数 $Q_B^*(Q_A)$。

各厂商将生产多少? 各厂商的反应曲线告诉我们给定竞争者的产量它会生产的数量。在均衡时,各厂商根据它自己的反应曲线制定产量,所以均衡产量水平在两反应曲线的交点得到。我们称得到的这组产量水平即为古诺均衡。在该均衡中,各厂商准确地假定了它的竞争者将生产的均衡产量,并相应地最大化了自己的利润,即每个厂商生产的产量都是在给定它的竞争者的产量时实现它的利润最大化的,所以,让它们中任何一个都不会有改变它的产量的冲动。在均衡状态中,A、B 两个厂商的产量都为市场总容量的 1/3,即每个厂商的产量为 $1/2(Q_1)$,行业的总产量为 $2/3(Q_1)$。

以上双寡头古诺模型的结论可以推广。令寡头厂商的数量为 m,则可得到一般的结论如下:

每个寡头厂商的均衡产量 = 市场总容量 $*\dfrac{1}{m+1}$

行业的均衡总产量 = 市场总容量 $*\dfrac{m}{m+1}$

但是对于古诺均衡来说,并没有涉及调整的动态过程。事实上,在任何的调整过程中,该模型的各厂商假定它的竞争者的产量是固定的,这样一个中心假设是不成立的。没有一个厂商的产量会是固定的,因为两个厂商都会调整它们的产量。对于每个厂商而言,何时假设它的竞争者的产量是固定的才是合理的? 只有在两个厂商是因为它们的产量无法改变才选定该产量的情况下,上述推导假定才是合理的。当它们处于古诺均衡时也是合理的,因为此时没有哪家厂商有任何改变产量的冲动。

下面让我们用一个例子来弄清古诺均衡的意义并将它与竞争均衡以及厂商间共谋并相互合作决定产量水平导出的均衡进行比较。假设两相同厂商面临一条线性需求曲线,该线性需求曲线为:$P = 30 = Q$

该式中,Q 是两厂商的总产量(即 $Q = Q_1 + Q_2$),同时我们还假设两厂商生产的边际成本为零,即 $MC_1 = MC_2 = 0$。下面我们用下列步骤确定厂商 1 的反应曲线。为了使利润最大化,该厂商令边际收益等于边际成本。厂商 1 的总收益 TR_1 由下式给出:

$$TR_1 = PQ_1 = (30-Q)Q_1$$
$$= 30Q_1 - (Q_1+Q_2)Q_1$$
$$= 30Q_1 - Q_1^2 - Q_1Q_2$$

由上式可知，厂商 1 的边际收益 $MR_1 = \dfrac{dTR_1}{dQ_1} = 30 - 2Q_1 - Q_2$。

现在令 $MR_1 = MC_1 = 0$，解得 $Q_1 = 15 - 1/2(Q_2)$（厂商 1 的反应曲线）

同理得 $Q_2 = 15 - 1/2(Q_1)$（厂商 2 的反应曲线）

均衡产量水平是两反应曲线交点 Q_1 和 Q_2 的值，所以，古诺均衡为：

$$Q_1 = Q_2 = 10$$

因而生产的总产量是 $Q = Q_1 + Q_2 = 20$，所以均衡市场价格为 $P = 30 - Q = 10$，每个公司赚取的利润为 100。

图 7-17 给出了古诺反应曲线和古诺均衡。需要特别注意的是。厂商 1 的反应曲线表明了厂商 1 对应于厂商 2 的产量 Q_2 的产量是 Q_1。同样，厂商 2 的反应曲线则表明了对应于厂商 1 的产量 Q_1 的产量是 Q_2。因为两厂商是相同的，因此反应曲线有相同的形式。

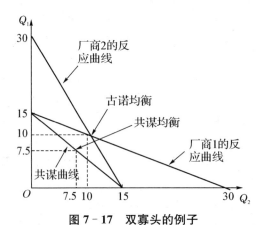

图 7-17 双寡头的例子

前面我们假设两厂商是相互竞争的，现在我们假设两厂商可以联合起来共谋。这时两厂商同样要确定他们的产量以实现利润最大化，并且假定他们会平分总利润。那么最大总利润是通过使边际收益等于本例中为零的边际成本的总产量 Q 实现的。两厂商的总收益为：

$$TR = PQ = (30-Q)Q = 30Q - Q^2$$

所以边际收益为：$MR = \dfrac{dTR}{dQ} = 30 - 2Q$

由 $MR = MC = 0$ 的利润最大化的原则，可得 $Q = 15$ 时利润最大化。

即任何相加为 15 的产量 Q_1 和 Q_2 的组合都能使总利润最大化。所以被称为契约线的 $Q_1 + Q_2 = 15$ 就是由所有能最大化总利润的"产量"组合 Q_1 和 Q_2 构成。这条曲线如图 7-17 所示。如果两厂商平分利润，他们将各生产总产量的一半，即：

$$Q_1 + Q_2 = 7.5$$

通过把结果进行比较，共谋以后两厂商生产的产量减少，但赚取了更高的利润。

2. 先发优势——斯塔克伯格模型

在前面古诺模型中,我们假设两个寡头厂商是同时作出他们的产量决策的。下面我们来看一下,如果两厂商中的其中一个先作出产量决策,则将会发生什么?

下面仍然使用上面的例子,假设两厂商都有零边际成本,且市场的需求曲线由 $P=30-Q$ 给出,此处 Q 为总产量。现在假设厂商1先决定它的产量,然后是厂商2在看到厂商1的产量以后做出它的产量决策。因而在设定自己的产量时,厂商1必须考虑厂商2会如何反应。这个双寡头的模型为斯塔克伯格模型(Stackelberg Model),它由德国学者斯塔克伯格于1934年提出。在该模型理论中,斯塔克伯格提出了将寡头厂商的角色定位为"领导者"和"追随者"。一般来说,古诺模型中两厂商是互为追随者的,而且互为追随者的两厂商势均力敌;而在斯塔克伯格模型中的两个寡头厂商,通常是一个厂商为势力雄厚而处于支配地位的领导者,而另一个则为追随者。所以斯塔克伯格模型也叫做"领导者—追随者"模型。

让我们从厂商2开始。由于它是在厂商1之后作自己的产量决策的,因此它可以将厂商1的产量看做是固定的。因此,厂商2的利润最大化产量由它的古诺反应曲线给出。

厂商2的反应曲线:$Q_2=15-1/2(Q_1)$

厂商1的总收益为:$TR_1=PQ_1=30Q_1-Q_1^2-Q_1Q_2$

因为 TR_1 取决于 Q_2,所以厂商1必须要预计厂商2生产多少?厂商1很清楚地知道厂商2会根据它的反应曲线选择产量 Q_2。所以把厂商2的反应曲线 Q_2 代入厂商1的总收益中,我们求得:

$TR_1=30Q_1-Q_1^2-Q_1(15-1/2Q_1)=15Q_1-1/2Q_1^2$

所以,厂商1的边际收益为:$MR_1=\dfrac{dTR_1}{dQ_1}=15-Q_1$

根据 $MR_1=MC_1=0$ 利润最大化的原则,可解得 $Q_1=15$。根据厂商2的反应曲线可求得 $Q_2=7.5$。由此可以看出,厂商1生产厂商2两倍的产量且赚取两倍的利润,厂商1因为先进入该产品市场而获取了更大的利益。为什么会出现这种情况?这是因为先进入市场意味着具备了可以先确定自己利润最大化产量的优势,不管厂商1的竞争者怎么做,这已经成为既定的事实。厂商2为了使利润最大化,必须将厂商1的高产量水平作为给定的,并为自己定一个低产量水平。(因为如果厂商2也生产一个大的产量水平,就会压低产品价格,从而会带来双方的利润减少,甚至于亏损。所以除非厂商2把"争取平等"看得比赚钱还要重要,否则它生产一个大于等于厂商1的产量是不合乎常理的)

总之,在斯塔克伯格的"领导者—追随者"模型中,两个寡头厂商生产相同的产品,且每个厂商的决策变量都是产量,即每个厂商都是通过选择自己的最优产量来实现各自的最大利润。领导型厂商不存在反应函数,因为领导型厂商具有先动优势和支配地位,它不需要对追随型厂商的行为动作作出任何的消极适应性反应。追随型厂商是具有反应函数,其反应函数产生于给定领导型厂商产量条件下的追随型厂商利润最大化模型。但是,在领导型厂商利润最大化模型中一定包含追随型厂商的反应函数,这体现了领导型厂商一定是在了解追随型厂商对自己行为的反应方式的条件下来选择自己的利润最大化产量的。

古诺模型和斯塔克伯格模型是寡头垄断行为的不同代表,哪种模型更适宜一些,取决于不同产业的性质。对于一个由大致相似的厂商构成,没有哪个厂商具有较强的经营优势或领导地位的行业,古诺模型大概要适宜些;而有些行业是由一个在推出新产品或定价方面领头的大厂商主导的,大型计算机市场就是一个例子,其中 IBM 就是领导者,此时斯塔克伯格模型可能是更合适些。

三、串谋

在某些情况下,寡头垄断厂商为使它们的利润最大化会进行串谋(Collusion)。其结果是,它们就像一家垄断厂商一样联合行动,并对获得的利润加以瓜分。现代经济学的奠基人亚当·斯密就注意到普遍存在的串谋行为:"同业中人甚至为了娱乐或消遣也很少聚集在一起,但他们谈话的结果,往往不是阴谋对付公众便是筹划太高价格。"① 正式串谋在一起的一群厂商称为卡特尔(Cartel)。例如,石油输出国组织(Organization of Petroleum Exporting Countries, OPEC)会联合采取行动,限制石油产量,提高石油价格,从而提高成员国的利润水平。

串谋是非法的,卡特尔成员无法聚集在一起讨论价格固定或限制产出,一般说来,它们必须依赖于默契串谋(Tacit Collusion),即每家厂商都限制产出并且知道其他厂商也会这样做。它们不能签订可以在法庭上执行的合同,因为串谋固定价格是非法的,因此它们必须依靠自觉执行,但这比较困难而且成本较高。由于这种人为的高价格大大超过了生产的边际成本,因此会诱使每家厂商都进行欺骗,增加产出。卡特尔的成员可能会对有欺骗行为的成员进行惩罚。为了惩罚欺骗者,它们甚至可能会在短期遭受损失,因为他们相信"合作"的长期收益值得在短期作些牺牲。例如,如果一家厂商降价或扩大产量并且欺骗行为被发现了,卡特尔中的其他厂商也会相应地降价或扩大产量,甚至可能幅度更大。结果,欺骗者的利润不仅比预料的要低,甚至比进行合作可以得到的利润还要低。

有各种各样的便利做法可以使得惩罚欺骗变得容易,从而使串谋变得容易。在许多行业,都有一定的合作安排,例如,一家厂商在存货出现未预料到的下降时可能会利用另一家厂商的存货,而欺骗者会被排除在这些合作安排之外。

环境在不断发生变化,因而产量和价格必然要变动。卡特尔必须协调这些变动。而串谋是非法的这一事实使得这种协调特别困难,加之卡特尔成员的利益可能并不一致。例如,某些成员可能发现它们的成本比其他成员的成本下降的幅度更大,因而想要比其他成员更大幅度地增加产量,这会使得协调变得更加困难。即使是完美的串谋,行业利润得到最大化,也可能会造成一些成员的生产减少,一些成员的生产扩大,一些成员的利润下降,一些成员的利润增加。从原则上讲,利润增加的成员可以对利润减少的成员进行补贴,它们的境况仍然可能得到改善。不过这些补贴也是非法的,如果非要这样做不可,也必须采用某些微妙的、难以觉察的方式。

四、寡头垄断厂商的策略行为

如果一个寡头垄断行业的成员可以很容易地聚集在一起并进行串谋,它们就会这样

---

① *Wealth of Nations* (1776), *Book One*, *Chapter X*, *Part* II.

做。它们的联合利润也会因此增加。但是,寡头垄断厂商之间的串谋存在着巨大的障碍。最终结果是,寡头垄断厂商往往会采用其他增加利润的方法,比较常见的一类是办法就是限制竞争,另一类办法就是进入遏制。

1. 限制竞争

为了限制竞争,厂商会采取很多限制竞争的做法,称之为限制性做法(Restrictive Practices)。这些方法虽然在增加厂商利润方面不像我们前面提到的串谋安排那样成功,但是它们在提高价格方面确实很有效。许多限制性做法以出售一家厂商产品的批发商和零售商为目标。当一家厂商购买或出售另一家厂商的产品时,就称这两家公司具有"垂直关系"。这种限制性做法称为垂直限制(Vertical Restrictions),这与在生产商之间或在同一市场上进行销售的批发商之间的固定价格安排形成对照,后者称为水平限制(Horizontal Restrictions)。

垂直限制的一个例子是独占地区(Exclusive Territories),即生产商给予批发商或零售商在某一地区销售某种产品的专有权。例如,啤酒和软饮料生产商一般会给予它们销售商独占地区。可口可乐公司加工生产自己的糖浆,然后将糖浆出售给瓶装商,并在其中加入苏打水。可口可乐公司给予这些装瓶商独占地区,从而某个特定地区的超市只能从一个地方得到可口可乐。即使新泽西州的可口可乐比密歇根州的便宜,密歇根州的商店也不能从新泽西州的可口可乐瓶装商那里购买这种软饮料。

限制性做法的第二个例子是排他交易(Exclusive Dealing),即生产商坚持,任何销售其他产品的零售商不能出售其竞争对手的产品。例如当你进入中石化加油站时,你可以确信你得到的将是中石化公司提炼的汽油,而不是中石油的汽油。与大多数石油公司一样,中石化公司要求那些想要出售该公司汽油的加油站只能出售该公司品牌的汽油。

限制性做法的第三个例子是搭售(tie-ins),即购买一种产品的顾客必须购买另一种产品。例如在计算机的早期岁月里,IBM公司设计其计算机使它们只能与 IBM 的"外置设备"(例如打印机)一起使用。

限制性做法的第四个例子是转售价格控制(Resale Price Maintenance)。即生产商坚持任何销售其产品的零售商都要按照标价出售。与独占地区一样,这种做法是用于减轻零售市场上的竞争压力。

某些限制性做法是通过增加对手的成本或遏制对手而实现的,从事限制性做法的厂商声称,它们之所以这样做,不是因为它们想限制竞争,而是因为它们想提高经济效率。它们认为,独占地区为相关公司"耕耘"它们的地区提供了更有力的激励。排他性交易合同为相关厂商将注意力集中于一家生产商的产品激励。无论如何,限制性做法往往会降低经济效率。不论是促进了效率还是损害了效率,限制性做法通过减轻竞争压力,可能会导致较高的价格。

2. 进入遏制

除利用限制性做法减轻竞争,增加利润以外。另一种减轻竞争的办法是阻止其他厂商进入市场。这种办法被称为进入遏制(Entry Deterence)。进入遏制旨在限制厂商的数量,一般认为,厂商数量越少,竞争压力越小。通常自然的进入障碍是存在的,比如:巨大的固定成本。虽然固定成本可能在一定范围内限制竞争,但一般不会大到只允许一家厂商存在。当存在自然障碍时,该市场中的厂商通常会采用策略性障碍作为对自然障碍的补充,换句话说,就是使得进入市场对新厂商没有吸引力。

进入遏制的第一个例子就是作为进入障碍的政府政策。近年来,政府通过授予垄断厂商提供诸如电力、电话、网络和有线电视等的特权。但是,现今政府授予最重要的垄断特权是专利。专利给予发明者在有限的期限内(通常为 20 年)独家生产,或准许他人利用他们的发明进行生产的特权。

另一种进入障碍和垄断势力的来源是:一种基本投入品的独家所有。一家厂商对不能生产出来的某种东西的独家所有权。例如,一家铝业公司可能会通过买断所有铝土矿(用于生产铝土的基本成分)的来源而试图垄断铝业。南非的戴比尔斯公司(De Beers)差不多垄断了全世界的钻石供给。

当消费者不知道一种新产品的质量,也不能很容易地获得这方面的信息时,信息就成为一种进入障碍。潜在进入者可能知道自己能够将价格降到现有厂商当前价格之下,但是,它们不知道现有厂商会将价格降低多少(或能够降低多少)。关于现有厂商的成本和可能作出的反应的不完全信息也可能成为进入障碍。

大多数经济学家一致认为:垄断(没有竞争)和完全竞争(每家厂商对市场价格都没有影响)这两种极端情况都是极其罕见的,大多数市场都以某种程度的、不完全的竞争为特征。

第四节 博弈论与竞争策略

一、博弈论基本概念

博弈论(Game Theory)是研究在策略性环境中如何进行策略性决策和采取策略性行动的科学,分析的是两个或两个以上的比赛者或参与者选择能够共同影响一个参与者的行动或策略方式。所谓的策略性环境是指每一个人进行决策和采取的行动都会对其他人产生影响,而策略性决策和策略性行动是指每个人要根据其他人的可能反应来决定自己的决策和行动。根据该定义可知,博弈论显然是分析寡头厂商行为的一个恰当工具。寡头市场是一个典型的策略环境,寡头厂商的行为相互影响,寡头厂商的行动和决策是典型的策略性行动和策略性决策——每个寡头厂商都需要了解其他厂商对自己所要采取的行动的反应,并根据这些反应,制定自己的决策和采取最有利的行动。

博弈论主要是由一位出生于匈牙利的名叫约翰·纽曼(John Von Neumann,1903—1957)的数学天才所开创和发展起来。经济学家利用博弈论来研究垄断者们的互动、工会与管理层的争议、国家的贸易政策、国际环境协议、名誉以及其他诸多问题。博弈论还可以用于点拨政治、福利和日常生活。例如。博弈论认为,在某些场合,小心的相机抉择行为是一种最佳的策略。保安的巡逻路线应该随机,而不应当固定。在玩扑克牌的时候偶尔也要耍点小聪明,不仅在自己手气差的时候能够赢,而且在手气好的时候也要保证其他对手不会因为输的过多而退出牌局。

现在我们从双寡头垄断的价格博弈(Duopoly Price Game)入手来阐明博弈论的基本概念。如果市场上的供给只有两个企业提供,那么就称之为一个双寡头垄断市场。为了简化分析,我们假设每一企业都具有相同的成本和需求结构,而且每个企业都可以选择运用正常的价格或采取低于边际成本的价格,从而迫使对手破产,以占领整个市场。双寡头垄断博弈的新颖之点就是,企业利润的获得既取决于自己的战略,也取决于对手的战略。下面我们用一个案例来说明双寡头博弈。

假设你是苏宁易购网上销售的总经理,该公司的口号是"我们的售价不会高于别人"。现在,打开你的浏览器你却发现,京东商城也在做广告:"我们的卖价总比别人低10%"。图7-18描述了这价格动态的变化的过程,图中垂直的箭头表示京东商城的削价,而水平的箭头表示苏宁易购与此相对应的削价,价格动态下调步骤导致两个对手越来越低的价格。

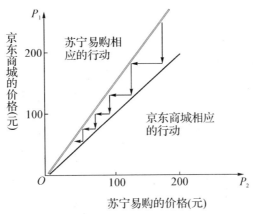

图7-18 当两个企业坚持相互削价竞争时发生的情况

探寻这种定价行为与对抗方式,我们可以看出,这种竞争的结果势必会以相互毁灭、价格趋零而告终。之所以这样是因为只有降低到零价格,双方的价格战略才能够做到言行一致,零的90%等于零。

最终两个公司都会醒悟:当一个公司削价时,另一个也会采取相应的削价措施。只有那些目光短浅的人才会认为自己的价格可以长期地低于竞争对手。于是,每个市场的参与者都将会自问,如果我降价、提价或是为此不变,我的竞争对手将会怎样应对?

体现两个厂商或两个人之间相互作用的有用工具是双方的回报矩阵(Payoff Table),也被称为"支付矩阵",这是一种表示双方采取策略和回报状况的方法。图7-19所示的就是我们讨论的这两家公司在双寡头垄断价格博弈中的支付情况。在回报矩阵中,每一个企业都可以在自己的行和列中选择战略。例如,京东商城可以在它的两列中选择,苏宁易购则可以在它的两行中选择。在本例,每个企业有两种选择:是运用正常的价格,还是采取低价格挑起价格战。

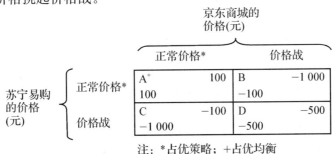

注:*占优策略;+占优均衡
图7-19 价格战的支付矩阵

这张支付矩阵表说明,竞争者之间不同的策略会导致不同的获利情况。苏宁易购可以选择两种策略,如表中两行所示;而京东商城也可以选择两种策略,如表中两列所示。每一格中的账目表示双方的损益状况。例如在 C 格中,苏宁易购进行价格战,京东商城却采用正常价格,其结果是苏宁易购的利润为 -1 000 元,京东商城的利润为 -100 元,苏宁易购拥有了市场,可它却损失了大笔的金钱,因为它的售价低于成本。每一企业试图采取最优策略将终导致 A 格中的占优均衡。在选择策略时,最简单的一种选择是占优策略(Dominant Strategy),即无论其他博弈者采用何种战略,该博弈者的策略总是最好的。

例如,在我们价格策略的博弈中,设想一下苏宁易购所面临的选择。当京东商城采用正常价格时,苏宁易购按照正常价格经营,则会得到 100 元的盈利;而如果进行削价竞争,则就会亏损 1 000 元。另一方面,如果京东商城发动价格战,而苏宁易购按照正常价格出售,则苏宁易购会损失 100 元;而如果苏宁易购也进行价格战,则会损失更多,达 500 元。同理,京东商城的战略也可以以此类推。因此,一个企业无论采用什么战略,与之博弈的企业的最佳战略就是按正常价格销售,在这一特定的价格博弈中,正常价格对两企业来说都是一种占优策略。在两个或全部博弈者都采用占优策略时,我们称其结果是一种占优均衡(Dominant Equilibrium)。图 7-19 中 A 的结果就是占优均衡。因为进行博弈的两个企业都采用了占优策略,从而造成了这样一种均衡状态。

但是,在现实生活中,多数令人感兴趣的情况并不是占优均衡,现在我们用上述双寡头垄断的例子来探讨这种情况,在这个我们称之为对抗博弈(Rivaly Game)的例子中,每个企业都将考虑是采用正常价格,还是抬高价格形成垄断并尽可能获取垄断利润。

图 7-20 所示的就是这种对抗博弈,企业可以处于其正常价格的均衡状态,正如我们在价格战中所看到的,他们可以通过抬高价格赚取垄断利润(单元格 A 中是最大的联合利润)。如果每一方都采用高价战略的话,双方共计可赚 3 000 元利润,只要企业之间存在合谋并共同设置垄断价格,A 这种情况就会出现。而在另一个极端,则是双方都采用正常价格的竞争策略,于是每个企业仅能够盈利 1 000 元。除此之外,还存在另外一种策略,即一个企业采用正常价格策略,而另一个则采取高价格策略。例如在 C 格中,京东商城采用高价策略,而苏宁易购则采取正常价格。于是苏宁易购会占领大部分市场,并赚取最高收益,而此时京东商城出现亏损。在单元格 B 中,则是苏宁易购以高价格策略为赌注,而京东商城则采取正常的价格,这势必带来苏宁易购亏损(亏损额为 2 000)。

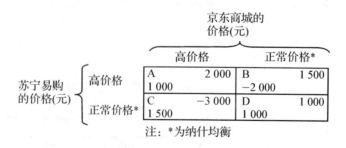

图 7-20 对抗博弈

在这一对抗博弈中的例子中,由于苏宁易购选择了正常价格的占优策略。无论京东商城怎么做,它都会获利较多。另一方面,京东商城没有采用占优策略,这是因为,如果苏宁易购公司采用正常价格策略,京东商城也会采用正常价格;如果苏宁易购实行高价,京东商城也会采用高价。

京东商城处于一种两难困境中:它是否该采用高价策略,并希望苏宁易购同样也采用高价策略?还是为了安全而采用正常价格出售呢?回过头来我们对支付矩阵进行思考,我们可以清楚地看到:京东商城还是应以正常价格销售。这是因为,京东商城会站在苏宁易购的立场进行考虑。无论京东商城采用各种策略,苏宁易购公司都会采用正常价格策略,因为这是苏宁易购的占优策略。这充分表明了博弈论的一条基本准则:把自己的战略建立在假定对手会按其最佳利益行动的基础上。这种在其他博弈者的策略给定时,没有一方还能改善自己的获利的境况,被称为纳什均衡(Nash Equilibrium),也被称为非合作性均衡(Noncooperative Equilibrium)。这是因为,每一方选择策略时都没有共谋,他们只是选择对自身最有利的策略,而不考虑社会福利或任何其他群体的利益。

[专栏7-6] 山羊的纳什均衡

河上架着一座桥,河两岸各有一只白山羊和黑山羊,两只山羊踏上小桥,匆匆忙忙地向对岸走去,它们在桥中间相遇了。黑山羊高叫道:"我有急事,让我先走!"白山羊也高叫道:"我太忙了,让我先过去!"谁也不肯让步。最后两只山羊低下头,用角向对方顶去,经过一阵战斗,两只山羊都掉进了水里。

在这个故事中,两只山羊都以对方的决策作为自己决策的依据,它们的对策是进或者退。其结果不外乎有四种:黑进白退,白进黑退,黑进白亦进,黑退白亦退。进者赢得了时间,退者耽搁了时间;二者都进,最终两败俱伤;二者都退,二者都耽搁了时间。在这里有两个纳什均衡,或者白进黑退,或者黑进白退。因为在一方进的情况下,另一方的最佳决策是退;在一方退的情况下,另一方的最佳决策是进,二进或二退都不是纳什均衡。

二、囚徒困境

在图7-20中,京东商城和苏宁易购在A格中处于高利润,但是这个均衡面临一个两难的决策,是采用高价格赚取高利润,还是采取正常价格获取稳定利润?这种情况在博弈论中称为囚徒困境(Prisoners' Dilemma),它阐明了寡头垄断厂商所面临的问题。该例子是这样的:两囚徒被指控是一宗罪案的同案犯。他们分别被关在不同的牢房并且无法互通信息。两囚徒被要求坦白罪行,并对其坦白表现记功减刑。如果两囚徒都坦白,各将被判入狱5年;如果两人都不坦白,则因为无证据很难对他们提起刑事诉讼,因而两囚徒可以预期被从轻发落入狱2年;另一方面,如果一个囚徒坦白了而另一个囚徒不坦白,坦白的这个囚徒就只需入狱1年,而另一个将被判入狱10年。如果是这两个囚徒之一,会怎样做——坦白还是不坦白?

图7-21中的支付矩阵归纳了各种可能的结果。正如该图所反映的,这两个囚徒面临着一种困境。如果他们均同意不坦白,那么各人只需要入狱2年。但他们不能相互合谋,并且即使能够共谋,他们能够相互信任吗?如果囚徒A不坦白,他就要冒着被他先前同谋犯利用的可能,无论怎么说,不管囚徒A怎样选择,囚徒B坦白总是优选方案。同样,囚徒A坦白也总是优选方案,所以囚徒B必定担心要是不坦白,他就会被利用。因此,稳定均衡即是两囚徒大概都会坦白并入狱5年。

寡头垄断厂商常常发现他们自己处于囚徒困境。它们必须决定是攻击性地竞争,试图以竞争者的损失为代价夺取更大的市场份额,还是"合作"和较温和地竞争——与竞争者共存并安于当前各自拥有市场份额的现状,或者甚至公开共谋。如果厂商之间竞争不激烈,定高价并限制产量,它们将比竞争激烈时赚到更高的利润。

可是像囚徒困境一样,各厂商都有一种"背叛"和削价与他的竞争者竞争的冲动。虽然合作很吸引人,但各厂商都担心:如果它温和地竞争,它的竞争者可能会激烈地竞争,从而夺去大半个市场的份额。在图 7-20 所展示的定价问题中,两厂商可以通过"合作"并定一个高价而得到较高的利润。但两厂商若是处于囚徒困境中,其中任何一个厂商都不能相信和指望它的竞争者会定高价。

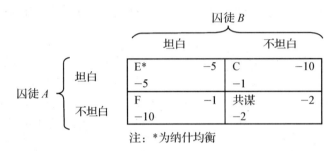

图 7-21 囚徒困境的支付矩阵

[专栏 7-7] 囚徒困境中的宝洁公司

宝洁公司、联合利华和花王同时计划进入日本杀虫胶带市场,他们面临同样的成本和需求条件,但各厂商必须在考虑到它的竞争者的情况下决定一个价格。图 7-22 中的支付矩阵很清楚地给出了各种定价策略带来的利润情况,如果宝洁和它的竞争者都将价格定在 1.5 美元,他能得到更多的利润——每月可赚到 20 000 美元利润,如果定价 1.4 美元仅能够赚到 12 000 美元。那么为什么它们不定 1.5 美元?

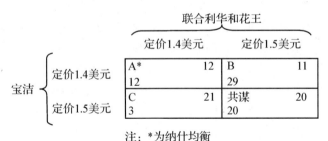

图 7-22 定价问题的支付矩阵　　　　单位:千美元

因为这些厂商处于囚徒困境中,不管联合利华和花王定价多少,宝洁定价 1.4 美元都能赚更多的钱。例如,如果联合利华和花王定价 1.5 美元,宝洁定价 1.4 美元,宝洁每月可赚 29 000 美元,而定价 1.5 美元只能赚 20 000 美元。这对联合利华和花王也是正确的。例如,若宝洁定价 1.5 美元而联合利华和花王都定价 1.4 美元,他们将各赚到 21 000 美元而不是 20 000 美元。结果,宝洁知道如果它定价 1.5 美元,它的竞争者会有强烈的低价竞争,定价 1.4 美元的冲动,这样宝洁公司将只有一个很小的市场份额和只能赚到每月 3 000 美元利润。宝洁应该保险信任竞争者并定价 1.5 美元吗？如果你面对这样的困境？你会怎么做呢？

资料来源：保罗·萨缪尔森，威廉·诺德豪斯. 微观经济学[M]. 19 版. 北京：人民邮电出版社，2012：430-431.

三、囚徒困境对寡头定价的意义

是不是囚徒困境注定寡头垄断厂商必然是激烈竞争和低利润的？回答是否定的。在现实中，囚徒只有一次坦白的机会，但大多数厂商却要在不断观察竞争者的行为和做出他们相应调整的基础上一次又一次定价。这使得厂商们可以建立起自己的声誉，据此业界对它产生信任，最终结果是寡头垄断的协调与合作有时是可以实现的。

以一个有三四个已经共存很长时间的厂商组成的行业作为例子。几年来，这些企业的经营者可能越来越厌倦亏本的价格战，并会产生出一种所有企业都保持高价，没有哪家试图从它的竞争者那里夺取市场份额默契的理解。虽然各厂商都会受到削价同它的竞争者进行竞争的诱惑，但是经营者知道这样的好处只是暂时的不会长久持续下去。它们知道它们的竞争者将会报复，且结果是重开价格战和长期来看得到更低的利润。

囚徒困境的这种解决办法能在有些行业出现，但不是在所有行业都能出现。有时经营者们不能满足这种隐性共谋带来的稍高的利润，而是宁愿进行攻击性的竞争，试图夺取大部分市场，有时很难形成默契。例如，成本和市场需求判定不同的厂商可能无法对"正确"的共谋价格达成共识。厂商甲可能认为"正确"的价格为 10 元，但厂商乙认为是 9 元。当乙定价 9 元时，厂商甲可能会将它看成是一种削价竞争的企图，并可能将自己的价格降到 8 元加以报复，以此爆发价格战。

结果是，在许多行业中隐性共谋是短命的，总是存在不信任的基础。因此只要一个厂商被它的竞争者看出正在通过改变价格或增加广告破坏稳定，商战就会爆发。

四、重复博弈

在基本的囚徒困境博弈中，每一方均只作出一次决策，博弈只进行了一次。如果他们能够进行合作并同意不选择自己的占优策略，这两个局中人的境况可能会更好些。在寡头垄断市场上，处于囚徒困境的厂商应该如何做出产量或定价决策。厂商能否找到一种方法脱离这种困境，从而使寡头垄断的协调和合作成功？

为了回答这个问题，我们必须认识到的一点是，正如我们目前为止一直描述的一样，囚徒在一生中只有一次选择坦白或不坦白的机会，而且只有有限的参与次数。但是，在实际的博弈中，每个局中人都有不遵守任何事前协议的激励，并按照最符合自己利益的方式决策。在现实生活中，大多数厂商的定产和定价却是不断重复的，厂商不断做出行动，同时不断收到相应支付。这种由相同的局中人或博弈各方多次相互作用的多次博弈被称为重复博弈（Repeated Games）。在重复博弈中，策略可能会变得更复杂。比如在囚徒困境的每次重复中，各厂商都形成关于它们行为的声誉，并且能研究它们的竞争者行为。

为了了解进行重复博弈时博弈的性质是如何变化的，假设你是图 7-22 中支付矩阵所表示的囚徒困境的厂商宝洁公司。如果宝洁和它的竞争者（联合利华和花王）都定一样高的价格,它们会赚比它们都定低价时更高的利润。但是,却不敢定高价,因为如果宝洁定高价的同时它的竞争者(联合利华和花王)定低价的话,宝洁只会赚取极少的利润(3千美元),而宝洁公司更受不了的是它的竞争者会因此致富(获取2.1万美元)。现在假设这个博弈可以一次次的重复进行,比如,宝洁公司和它的竞争者(联合利华和花王)都在每个月的第一天同时宣布它们的价格,此时宝洁公司就应该以不同的方式进行这个博弈,或者根据联合利华和花王的行为不断改变它的价格吗?

罗伯特·阿克赛罗(Robert Axelrod)曾经做了一个很有趣的实验,他要求博弈理论家们提出他们能想到的以重复博弈的方式进行这个博弈的最好策略(一种可能的策略是,我将从一个高价开始,然后降低我的价格,但此时如果我的竞争者降低了它的价格,我会在再次降低价格之前提高价格一段时间,等等)。[1] 然后用计算机模拟的方法,阿克赛罗用这些策略的相互博弈,看看究竟哪种结果最好。结果是令人吃惊的,运作最好的策略特别简单,那就是以牙还牙策略(Tit-for-Tat Strategy):我从一个高价开始,只要你继续"合作",也定高价,我就会一直保持下去;一旦你降低你的价格,我马上也会降低我的价格;如果你以后决定合作并再提高价格,我马上也会提高我的价格。

为什么"以牙还牙"策略的结果最好呢?特别是,我能期望用了以牙还牙策略就能促使我的竞争者采取合作并定高价吗?

下面我们通过两名参与竞选的政治家的行为来说明是否合作的问题。假设在竞选活动开始时,每位候选人都宣称,只要对手不进行否定性竞选宣传,他也不会进行否定性宣传。但是,如果对手违反了这一协议并进行否定性竞选宣传,那么另一位候选人将会以否定性宣传进行回击。这种要进行报复的威胁能够确保两位候选人进行公平竞选吗?

假设离选举日期还有几个星期,每位候选人都会认为自己应该在最后一周进行否定性竞选宣传——这是他的最优策略,因为报复性威胁在选举之后就没有效力了,竞选活动的博弈在选举当天就结束了,继续进行合作是没有任何意义的,根据这种推理,协议在选举之前的那一周就会失去效力。

那么,现在考查离选举还有三周的情况。两位候选人知道在最后一周对方会进行否定性竞选宣传,即他们在竞选的最后一周不再遵守协议,如果这样的话,那么在未来进行报复性的威胁就完全没有意义。所以,每位候选人都会认为,从现在开始进行欺骗并从事否定性竞选宣传是合算的,因此,协议在选举前的三周就失去了效力。按照这种逆向的推理,我们即可以知道无论何时进行选举,不进行否定性宣传的协议几乎在其达成之时就失去了效力。

上述这个例子说明了策略性思考的一条重要的原则:当策略性的相互作用出现在重复的但次数有限的博弈中时,最好的方法就是从博弈的终点开始,并由后往前推理以确定最佳策略。反向归纳有助于使得局中人关注目前的决策在未来的后果。

根据以上的分析,我们将分析的终点回归到寡头垄断厂商的定价和定产问题上。假设寡头厂商与其竞争者的博弈是无限重复的,即每月的定价要永远的重复下去。此时合作行为(即定高价)是对以牙还牙策略的理性反应。为什么会这样?假设在某个月某个寡头厂商定了低价,削价与其竞争者竞争,并在该月中因为低价它赚到较大的利润,但该

---

[1] 见 *Robert Axelrod*, *The Evolution of Cooperation* (*New York*: *Basic Book*, 1984)。

寡头厂商知道下个月我就会定低价,从而它的利润就会下降,并且只要寡头厂商和其竞争者一直都定低价就将一直是低的价格。由于该博弈是无限重复的,所导致的累计损失必然会超过削价的第一个月得到的任何短期利益。因此,削价竞争是不理性的。

事实上,对于一个无限重复博弈,即使寡头厂商采用以牙还牙策略的概率不大时这样做也是正确的。因为在博弈的无限重复中,合作的期望支付是超过削价竞争的,只要竞争者定高价寡头厂商就保持高价的策略就是理性的。

现在假设寡头垄断厂商的定价博弈重复次数是有限的——比如 N 个月(N 可以很大,只要是有限的就可以了)。如果其中一个寡头厂商(厂商 1)是理性的,并且相信另一个寡头厂商(厂商 2)也是理性的,那么他就可以这样推理:"因为厂商 1 会采用以牙还牙策略,厂商 2 在最后一个月之前不能削价竞争,厂商 2 应该在最后一个月削价竞争,因为这样厂商 2 在那个月就能赚到较大的利润,并且接着博弈就结束了,厂商 1 也无法报复。"所以,厂商 2 是就会盘算"我在最后一个月之前定高价,而在最后一个月定低价。"但是,厂商 1 也会进行同样的盘算,它也会打算在最后一个月定低价。当然厂商 2 也能估计到这一点。那么厂商 2 就会盘算他应该在倒数第二个月就定低价,因为最后一个月不论怎么样都不会有合作的。当然厂商 1 也已经估计到了这一点,因而厂商 1 也打算在倒数第二个月就定低价。按照同样的方法推理下去,唯一的理性结果就是两寡头厂商每个月都定低价,不进行合作。

针对重复博弈的不合作情况,建立信誉可能是很有用的。例如,一名汽车修理工从未想过还要再次为这名车主服务,他可能会产生索取高价或欺骗顾客的激励,但通过获得服务良好的信誉并依赖于顾客的不断光顾,则可能在长期内获得更多的好处。可是获得信誉在短期内的成本可能会很高——这名汽车修理工必须提供良好的服务,并且他一开始索取的价格不能高于那些不在乎信誉的修车工的价格。短期的低利润就像在将来会获得回报的投资一样:当这名修理工建立了良好的服务信誉之后,他就可以索取高于大多数修理工索取的价格。所以,与很少有重复购买的厂商相比,一家依赖于当地顾客重复购买的厂商更有激励建立良好的服务信誉。

其次,在许多情况下,制度可以确保能够取得合作的结果。如世界贸易组织这类国际组织就是要促进国际贸易协定的执行;专业性的体育联盟会确保球员的工资上限,限制球队为球员加薪的能力。存款保险消除了存款人的顾虑,在听到银行财务困境的传闻时不会急于去取款,因为他们知道,即使银行倒闭了,自己的钱也有保障。

[专栏 7-8] 银行恐慌

1930~1933 年,美国经历了大规模的金融恐慌,并迫使大约 9 000 家银行倒闭。金融系统的崩溃对大萧条推波助澜,此间失业率曾高达 25%。随着银行的关门,依赖于银行信贷为自己的库存和投资融资的企业不得不削减产量,解雇工人。博弈论如何有助于我们了解为什么这么多银行会倒闭呢?

今天,如果你在一家商业银行存有一笔存款,联邦政府会为这笔存款(100 000 美元以内)保险。这意味着,如果这家银行从事了十分糟糕的投资并破产了,联邦政府保证你能取回自己的钱。然而,1933 年以前,银行存款未被保险。如果你存款的银行破产了,你可能一分钱也找不回来——也就是说,除非你在获悉银行的麻烦时迅速采取行动,并在银行还有现金时把钱取出来。银行将大部分以存款形式收到的钱都贷出去了,只留一小部分现金以应付每天无法预料的存款和贷款的波动。如果所有存款人都突然需要将钱取出,一家银行会迅速用光现金并被迫关门。这是电影《美好生活》(*It's a Wonderful Life*)中乔治·贝利银行(George Bailey's Bank)出现的情况,也是20世纪30年代确实发生的情况——存款人争先恐后想等一个提取现金。当他们都想取回存款时,银行肯定没有这么多钱。数千家银行被迫关门。如果人人都去取钱,那么大家的境况都会好一些,因为在这种情况下,银行仍会继续经营。

纳什均衡的概念有助于我们了解银行挤兑和金融恐慌。考虑一个简单的例子,一家银行只有两个存款人,称为A和B。两个存款人都必须决定是将存款从银行取出还是留在银行里。假设每个人在银行里都存有1 000美元。银行会将这些钱用于贷款和投资,但在保险库里留了200美元的现款。如果银行的贷款得到了偿还,银行可以向存款人支付5%的利息。

如果两个存款人都不从银行取钱,我们假设他们两人最终都可以从银行获得全部存款外加5%的利息(总计1 050美元)。如果存款人A提取存款而存款人B不提取存款,那么A可以取出200美元,即银行手头的全部现金。此时,银行就必须关门了,而存款人B一分钱也得不到。如果存款人B提取存款而存款人A不提取,情况刚好相反。如果两人都到银行提取存款,那么他们每人最多只能获得100美元。图7-23给出了相应的收益。

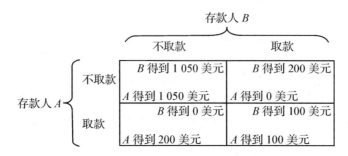

图7-23 作为策略博弈的银行恐慌

显然,如果两个存款人都不从银行取款,他们的境况就会好得多,在这种情况下,每个人最终都将获得1 050美元。这是一个纳什均衡。如果存款人A将钱留在银行,那么存款人B的最佳策略也是这样做。反过来,如果存款人B将钱留在银行,那么存款人A的最佳策略也是这样做。每个人都会进行如下推理:"如果另一个人将钱留在银行,我的最佳策略也是将钱留在银行。"因此,存在一个两人都不将钱从银行取出的均衡,而银行照常营业。

在这一提取存款的博弈中,也有两个纳什均衡。当两个存款人都试图从银行取钱并且银行倒闭时,就出现了第二个纳什均衡。在这种情况下,两人都会作出如下推理:"如果另一个存款人试图取钱,那么我也试图取钱对我要好些。这样的话,我至少可以获得100美元。总比一分也得不到强。"因此,还存在这样一个均衡:两人都冲向银行,而银行不能全部偿还两个存款人的债务。因此,银行破产。

本例说明了这样一种情况:可能存在一个好的均衡(即银行继续经营并且两个存款人最终都获得存款和利息)和一个坏的均衡(即银行被迫关门)。这种情况与囚徒困境形成对比,囚徒困境的唯一均衡要劣于另一组策略(两名囚犯都不坦白)。

金融恐慌可以看做是从好的均衡向坏的均衡的转移。如果存款人开始担忧银行部门的金融安全时可能就会出现这种情况,尽管这种担心可能是没有依据的。这一博弈所说明的简单论点提供了联邦存款保险背后的部分理由。由于有了存款保险,不管其他人怎么做,每个存款人都相信自己的存款是安全的。没有一个存款人会产生试图通过先取钱而胜过其他人的激励。

资料来源:约瑟夫·E. 斯蒂格利茨,卡尔·E. 沃尔什. 经济学[M]. 4版. 北京:中国人民大学出版社,1996:322-324.

五、序贯博弈

到目前为止我们所讨论的大多数博弈案例,两个参与者都是同时行动的。如在双寡头垄断的古诺模型中,两厂商同时决定产量。但是,在多数情况下,一个局中人必须先行动,然后第二个局中人对第一个局中人的选择直接作出反应。各参与者依次行动。这种类型的博弈称为序贯博弈(Sequential Game)。本章中讨论的斯塔克伯格模型就是序贯博弈的一个例子,一个厂商在另一个厂商之前决定产量。除此之外,还有很多其他的例子:一个厂商先做一个广告决策,然后它的竞争者再做反应;一个已进入某行业的厂商先进行阻止其他厂商进行投资,然后一个潜在的竞争者决定是否进入市场;或者先出台一种新的政府管制政策,然后被管制的厂商再做出投资或产量方面的反应。

在序贯博弈中,局中人轮流作出选择,并且每个局中人都可以观察到前面的行动中所作出的选择,它们常常比各参与者同时行动的博弈容易分析。其分析的关键是,通过各参与者可能的行为和理性的反应来考虑。

下面我们通过产品选择问题这个简单的例子,来说明序贯博弈。假设有两个寡头厂商,他们面临一个只要两家各推出一种,就可以成功地推出两个早餐麦片新品种的市场。相比较来说,相对于脆的食物,消费者更喜欢甜食,所以甜麦片比脆麦片好销的多,能赚到利润20而不是10。但是,只要各种麦片都只有一个厂商推出,两种麦片就都是有利可图的。图7-24产品选择问题的支付矩阵显示了各种策略行为的结果。

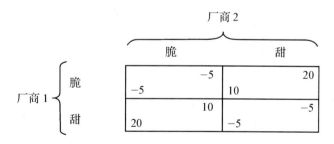

图7-24 产品选择问题的支付矩阵

假设两厂商是独立并同时宣布它们的决定,此时大概两者都会选择推出甜麦片——因而双方都会亏损。

现在假设厂商1先能够较快投产推出它的新麦片。那么我们现在就有了一个序贯博弈:厂商1推出一种新麦片,然后厂商2再推出一种。这个博弈的结果就是,厂商1在作出决策时必须要考虑到它的竞争者的理性反应,它知道不管它推出的是哪种麦片,厂商2都会推出另一种。因而厂商1推出甜麦片，厂商2的反应肯定是推出脆麦片。这个例子说明序贯博弈的一个重要方面，先行动的局中人必须考虑第二个局中人会如何做出反应。

为了将复杂问题简单化，在分析序贯博弈的问题时，可以采用博弈树(Game Tree)图形表示可能的行动。这是表述序贯博弈的标准方法。博弈树上的不同分支表示给定局中人可以选择的各种可能的策略，可能会出现的各种结果。现在将图7-24中的两厂商的序贯行动用博弈树的形式表示出来(如图7-25所示)。

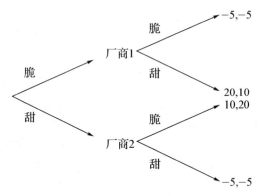

图7-25　序贯博弈的博弈树

本章小结

在本章中，分析了垄断、寡头和垄断竞争这三种非完全竞争市场利润最大化的产量和价格的决定，结合上一章的完全竞争市场理论，我们可以清楚地知道，决定市场类型划分的标准主要是：一是市场上厂商的数目；二是厂商所生产的产品的差别程度；三是单个厂商对市场价格的控制程度；四是厂商进入或退出一个行业的难易程度。

(1) 垄断市场上只有唯一的一个厂商，垄断厂商的需求曲线就市场的需求曲线，垄断厂商的需求曲线是向右下方倾斜的，它表示垄断厂商可以通过限制销售量来控制或操纵市场价格。垄断厂商的平均收益曲线与它的需求曲线重合，边际收益曲线位于平均收益曲线的下方，且存在 $MR=P(1-1/e_d)$。垄断厂商关于需求曲线和收益曲线的这些特征，对于其他非完全竞争市场结构中的厂商也是适用的，只要这些厂商对市场价格有或多或少的控制力度。

在短期，垄断厂商在既定的生产规模下进行生产，通过对产量和价格的调整实现利润最大化，厂商在利润最大化 $MR=MC$ 的短期均衡点上，可能获得经济利润，也能经济利润为零，或者也可能是存在最小的亏损，当存在短期性亏损时，垄断厂商要通过比较平均收益和平均可变成本的大小，来决定是停产还是继续经营。在长期，厂商仅通过选择最优的生产规模控制产量以实现利润最大化的价格。因为垄断厂商的需求曲线是向右下方倾斜的，在考虑垄断厂商的供给曲线时会发生一个价格对应几个供给量或者一个供给量对应几个价格的情况。鉴于此，所以我们说垄断厂商没有供给曲线，而且这结论对于所有非完全竞争厂商都是适用的，即所有非完全竞争厂商也都没有供给曲线。

完全垄断厂商采用的定价方法主要有边际成本定价法、平均成本定价、收益率管制、价格上限及高峰负荷定价等。当政府对自然垄断厂商实行价格管制时，边际成本定价法往往会使垄断厂商陷于亏损的状态，于是边际成本定价法让位于平均成本定价法或者采用收益率的管制等方法。

价格歧视分为一级、二级、三级价格歧视，一级价格歧视又分为完全价格歧视和不完全价格歧视，它是指厂商对每一单位的商品都按照消费者所愿意支付的最高价格出售；二级价格歧视指厂商对相同货物或服务的不同消费数量或"区段"索取不同的价格；一级和二级价格歧视分别使厂商全部和部分地攫取了消费者剩余,使消费者剩余转变为生产者剩余。但是一级和二级价格歧视使社会资源得到了更加有效的配置。三级价格歧视是指对产品在不同市场上(或对不同的消费群)收取不同的价格的行为,厂商根据 $MR_1=MR_2=MC$ 的原则来决定不同产品市场上的价格和产量。一般来说,在需求弹性较大的市场上,厂商的定价较低;在需求弹性较低的市场上,厂商的定价较高。

(2) 垄断竞争市场上既有竞争因素,又有垄断的因素,是介于完全垄断和完全竞争之间的一种市场状态。垄断竞争厂商向右下方倾斜的需求曲线是比较平坦的,相对来说比较接近完全竞争厂商水平形状的需求曲线。在短期,垄断竞争厂商根据 $MR=MC$ 的短期均衡的原则,来确定均衡价格和均衡产量,厂商可能获取经济利润,也可能经济利润等于零,或者也可能利润小于零(此时,厂商同样需要比较平均收益与平均可变成本的大小,来决定是否继续生产)。在长期,垄断竞争厂商通过选择最优的生产规模来实现 $MR=LMC$ 的利润最大化。由于在垄断竞争市场上,厂商进出行业比较容易,所以长期均衡时垄断竞争厂商的利润为零。而长期均衡时的产量小于完全竞争厂商长期均衡时的理想产量,所以单个垄断竞争厂商尚留有多余的生产能力没有得到充分的利用。

(3) 在寡头市场上,仅少数几个厂商就占有大部分或全部产量。进入壁垒使某些厂商即使在长期也可能赚到可观的利润。经济决策包含策略性考虑——寡头厂商之间的行为是相互影响的。

寡头古诺模型分析了寡头厂商之间反应函数的相互作用及其结果。各厂商同时作出产量决策,都将其他厂商的产量看做是固定的。在均衡时,给定竞争者的产量,各厂商使自己的利润最大化,所以没有哪个厂商有改变产量的冲动,因而各厂商就处在纳什均衡中。各厂商的利润比完全竞争时要高,但比共谋时要低。

在斯塔克伯格模型中,有一个厂商先定它的产量,该厂商具有一种策略优势并能赚取较高的利润,它可以选择一个较大的产量,而它的竞争者将只能选择较小的产量。不论是古诺模型还是斯塔克伯格模型都是通过调整产量的大小来实现利润均衡的。

博弈论是研究在策略性环境中如何进行策略性决策和采取策略性行动的科学,分析的是两个或两个以上的比赛者或参与者选择能够共同影响一个参与者的行动或策略方式。运用该理论来分析寡头厂商如何根据竞争对手的策略来决定自己的行动策略,从而实现利润均衡(占优均衡或纳什均衡),纳什均衡就是各参与者所做的是在给定其他参与者的策略时所能做的最好的一组策略,它依赖各参与者的理性。占优策略的均衡是纳什均衡的一种特例,不管其他参与者如何做,占优策略总是最优的。

在一次性博弈中不是最优的策略可能在一个重复博弈中是最优的,这取决于重复次数的以牙还牙策略,其中一个参与者只要其竞争者合作就保持合作,可能对重复的囚徒困境博弈的是最优的。

在一个序贯博弈中,各参与者依次行动。在有些例子中,先行动的参与者有一种优势,因此,各参与者可能会有在它的竞争者行动之前抢先采取特定行动的冲动。

复习思考题

一、问答题

1. 假设某个垄断者在边际成本大于边际收益处生产,它将如何调整产量水平以增加其利润?
2. 为什么在垄断下没有市场供给曲线?
3. 垄断势力为什么有社会成本?如果生产商从垄断势力中所得好处能够再分配给消费者,垄断势力的社会成本能够被消除吗?作简单解释。
4. 如果政府迫使垄断者降低价格,为什么垄断者的产量会增加?如果政府要设置一个促使垄断者生产最大产量的最高限价,该限价如何设定?
5. 假设某厂商能实现完全的一级价格歧视。它会定的最低价格是什么?它的总产量是多少?
6. 汽车推销员是怎样实行价格歧视的?正确利用歧视的能力是怎样影响他或她的收入的?
7. 电力公司常常实行二级价格歧视,为什么这样可能会改善消费者的福利?
8. 给出一些三级价格歧视的例子。如果不同的消费群体有不同的需求水平但有相同的价格弹性,三级价格歧视会是有效的吗?

9. 说明为什么最优的三级价格歧视要求对各消费群体的边际收益等于边际成本。用这个条件解释当一消费群体的需求曲线外移,从而对该组的边际收益增加时,厂商怎样变动它的价格和总产量。

10. 为什么高峰负荷定价是价格歧视的一种形式?它能使消费者受益吗?举一个例子。

11. 垄断竞争市场的特征是什么?在这样一个市场中,如果某厂商推出一种新型的、改进的产品,对均衡价格和产量会产生什么影响?

12. 为什么在垄断竞争中厂商的需求曲线比总的市场需求曲线要平坦?假设一家垄断竞争厂商短期中有一个利润,长期中它的需求曲线会发生什么变化?

13. 为什么古诺均衡是稳定的?即使他们不能共谋,它们为什么不将它们的产量定在共同利润最大化的水平?

14. 在斯塔克伯格模型中,先决定产量的厂商有一种优势。解释为什么?

15. 什么是占优策略?为什么一个占优策略的均衡是稳定的?

16. 解释纳什均衡的意义。它与占优策略的均衡有何不同?

17. 考虑一个重复 12 次,且两参与者都是理性的和充分信息的囚徒困境博弈。在这个例子中以牙还牙策略是最优的吗?在什么条件下这种策略是最优的?

18. "先行者利益"的意思是什么?给出一个具有先行者利益的博弈问题。

二、计算题

1. 设垄断厂商的产品需求函数 $P=12-0.4Q$,总成本函数 $TC=0.6Q^2+4Q+5$,试计算垄断厂商总收益最大时的价格、产量、总收益和利润。

2. 垄断厂商面临的需求函数是 $Q=100-5P$,其生产的边际成本恒为 10 元。在征收每单位 2 元的消费税之后,试求:

(1) 垄断厂商的均衡价格上升了多少?

(2) 垄断厂商的利润有什么变化?

3. 假设需求函数为 $X(p)=10-p$,垄断者的成本函数为 $C(y)=2y$。

(1) 计算垄断者的均衡产量、均衡价格和最大利润。

(2) 计算在垄断产量上的消费者剩余和生产者剩余。

(3) 比较问题(2)中的生产者剩余和问题(1)中的利润,并说明生产者剩余和利润的关系。

(4) 如果价格等于边际成本,那么消费者剩余和生产者剩余分别为多少?

4. 假定 q 为产量,垄断生产者 S 采用成本函数为 $C^A(q)=10+8q$ 的技术 A 或成本函数为 $C^B(q)=60+2q$ 的技术 B 进行生产,相应商品的市场需求函数为 $P=24-Q$,P 与 Q 为市场价格与市场需求。试求:

(1) 若垄断生产者 S 的市场垄断地位始终不可能受到威胁,则 S 公司应该采用何种生产技术?

(2) 若垄断是生产者 S 采用问题(1)选择的技术进行生产,生产相同商品的竞争对手 T 采用成本函数为 $C(Q_T)=F+7Q_T$ 的技术进入生产者 S 垄断的市场并与之展开竞争,F 为某个常数,生产者 S 与 T 的竞争遵循古诺模型,则该商品的市场价格为多少?生产者 S 与 T 的利润各为多少?F 的取值范围如何?

第八章 要素市场的需求理论

在关于商品价格和产量决定的产品市场分析中,我们假定生产要素的价格是给定的,而没有探讨它是如何决定的。本章和下一章将讨论生产要素价格和使用量的决定过程。厂商和消费者在产品市场及要素市场上分别扮演着相对立的角色,作为要素市场需求者的厂商和作为要素市场供给者的消费者相互作用决定了要素市场的价格和雇佣量。生产要素的价格对于消费者来说是收入,对于生产者来说是生产成本,因而要素价格直接影响消费者行为和厂商的行为。要素市场直接与产品市场相联系,所以本章的内容要与前面所讲的消费者行为理论和厂商理论及市场理论结合起来学习。本章主要从生产要素的需求入手,来分析生产要素需求的特点、需求原则、需求曲线和要素雇佣量的决定。通过本章的学习,要了解要素市场的基本特征、厂商使用生产要素的一般性原则;同时,掌握完全竞争市场中厂商的要素需求曲线,并初步认识卖方垄断、买方垄断及双边垄断下厂商的要素需求决定。

第一节 生产要素需求的一般理论

一、分配论概述

前面在研究消费者行为时已经指出,消费者对各类商品的选择要受到一定的收入水平的预算限制。这里所研究的生产要素的价格,实际上是各生产要素所有者所获得的收入。正是要素的价格和使用量决定了消费者的收入水平。因此,生产要素价格的决定问题,就是国民收入的分配问题。在西方经济学中生产要素的价格决定在传统上是分配论的一个主要内容,但不是全部内容。除了生产要素的价格决定外,分配论还包括生产要素在国民收入中所占的比重、收入分配的不平等程度、收入之间的差异及其原因,以及国家对收入的调节等,本章和下一章的内容构成了西方正统分配论的全貌。

西方分配论的理论基础是美国经济学家 J. B. 克拉克的边际生产力理论和英国经济学家马歇尔的均衡价格论。边际生产力论认为,要素的边际生产力是递减的,在其他条件不变和边际生产力递减的情况下,一种生产要素的价格取决于其边际生产力。其后的经济学家对克拉克的理论进行了改进。均衡价格理论认为,边际生产力只是决定要素需求的一个方面,生产要素的价格不仅取决于它的边际生产力,还取决于它的边际成本等因素。厂商对一种要素的需求取决于它的边际生产力(边际收益),而要素所有者对投入要素的供给取决于它的边际成本。只有当要素的边际收益等于其边际成本时,市场上要素供求才能达到均衡,厂商也才在要素使用上达到了利润最大化。

在要素市场上,生产要素的价格是由竞争的市场中供给和需求两个方面的力量共同决定的,这和产品市场的情况是相似的。不同的是,两个市场上的需求者和供给者正好相反。在产品市场上,消费者是需求者,厂商是供给者;在要素市场上,厂商是需求者,消费者是供给者。因此,要素市场和产品市场是相互依赖的。当产品市场上出现价格和产销量波动时,厂商就会调整自己对生产要素的需求状况,消费者也会由于实际收入水平的变化而调整自己的要素供给状况,这样,要素的价格和使用量就会发生变化;同理,要素市场的价格和供求量发生变化时,也会相应影响到产品市场。考虑产品市场的市场结构,是要素市场分析的一个基本方法。

生产要素价格决定问题仍然是解决如何生产的问题。价格制度在厂商对最优的生产要素组合的选择中起到决定性的作用。要素市场价格决定了厂商对各类生产要素需求量的选择,也决定了厂商在一定的社会经济条件下所采用的生产方法。在人口众多的东亚和南亚的一些国家,劳动密集型的产业得到了快速的发展,而在自然资源丰富的西亚地区,石油加工和出口得到了密集的发展,北美和西欧的发达国家则注重资本和技术对土地和劳动的替代。

二、生产要素需求的特点

在西方经济学中,生产要素的价格是指各种生产资源在生产中所提供的劳务或服务的价格,而不是指它们本身的价格。一般将生产要素分为四类:土地、劳动、资本和企业家才能,所对应的要素价格分别为地租、工资、利息和利润。19世纪的西方经济学家习惯于把生产要素分为三类:土地、劳动、资本。对应的三种要素的价格分别称为地租、工资和利润。19世纪末,第四种生产要素——企业家才能(熊彼特)被发现,利润是企业家才能的收益。资本所有者的收益看作利息。企业家才能是一种特殊的具有创新和冒险意义的生产要素,其需求、供给和定价比较复杂,我们在这里着重讨论的是土地、劳动和资本这三类生产要素。首先来考察厂商对生产要素的需求与消费者对产品的需求有什么不同。由于生产要素和产品被用于不同的用途,决定了它们的不同主要体现在以下两个方面。

1. 引致需求

一般来说,西方经济学者大都认为,生产要素的价格,如同产品或消费品的价格一样,都是决定于需求和供给的相互作用。从这个意义上来说,分配理论就是生产要素的价格理论。但是生产要素价格的形成和决定,亦有其特殊而与产品价格的形成和决定不同之处。就生产要素的需求而言,要素市场上的需求和产品市场上的需求具有不同的性质。在产品市场上,对产品的需求来自于消费者。尽管消费者有衣、食、住、行等不同的需求,但这些对产品的需求都具有相同的性质,即都是"最终"的或"直接"的需求。消费者希望能从产品的使用中得到满足,他所看中的就是产品所具有的最终的或直接的满足欲望的属性,即效用。在要素市场上,情况大不相同。对生产要素的需求不是来自于产品市场上的消费者,而是来自于生产者。生产者为什么需要机器、矿砂、坯布、非熟练劳动等生产要素呢?显然不是为了从中获得最终的或直接的满足,而是为了生产和出售产品以获取利益。与消费者对产品的直接需求相比,生产者对生产要素的需求是一种间接需求。

不仅如此,厂商对生产要素的需求还具有更重要的特点。能直接满足人们消费需要的是各种消费品和劳务,但这些消费品和劳务要用生产要素才能制造出来。厂商之所以需要生产要素,就是为了运用这些生产要素生产出各种消费物品,供人们用于满足最终的需要。因此,厂商对生产要素的需求是建立在消费者对最终产品需求的基础上的,是由消费者对最终产品的需求引起的。这种由于消费者对于产品的需求而引起的厂商对生产要素的需求,叫做引致需求或派生需求。没有消费者对产品的需求,厂商就不会从生产和销售产品中获利,也就不会去购买用于生产产品的生产要素。正是消费者对厂商的最终产品的需求间接地引致了厂商对生产要素的需求。例如,消费者需要购买皮衣或皮鞋,厂商才需要购买皮革;消费者需要汽车,厂商才会去雇佣汽车工人,等等。

这种引致需求可以是直接的,也可以是间接的、迂回的,比如,消费者的直接需求是汽车,这种直接需求引起汽车厂要购买生产要素来生产汽车,从而轮胎厂也要购买生产要素生产轮胎,钢铁厂也要购买生产要素来生产钢铁才能满足这种需求,进一步地说,矿山企业也要购买生产要素生产铁矿石、农场也要购买生产要素以种植更多的橡胶树,等等。不论这种需求经历了怎样一个过程,都是由于消费者对汽车的需求引起的,厂商购买生产要素的目的只有一个,那就是通过购买生产要素生产出满足消费者需要的产品,从而实现自己的利润最大化。

厂商的引致需求往往具有许多环节:为了皮鞋而需要皮革,为了皮革而需要牛皮,为了牛皮而需要牛……消费者从产品中得到的满足最终引致了一系列的需求,这些需求由不同的厂商在竞争性的市场中得以实现。

2. 联合需求

厂商对生产要素的需求,不仅是一种引致需求,还是一种对各要素的共同需求。从技术的角度看,各种生产要素往往不是单独地发生作用。一个人赤手空拳不能生产任何产品;而各种自然物质,如果没有人的劳动加于其上,也不能形成产品。任何产品都是多种要素共同作用的结果,即使像伐木、劈柴这样的简单生产劳动也至少需要劳动和资本两种生产要素的投入才能完成,更不用说现代化大生产了。这种生产上的技术性要求,决定了对生产要素的需求是一种共同的、相互依赖的需求,或者说是联合需求。这个特点是由生产的技术上的原因决定的,因为厂商的生产活动,必须把所有的生产要素同时购买才能够进行,通常只拥有一种或两种生产要素是无法进行生产的。

由于生产过程是由各种生产要素共同发生作用,我们不能断定、也不能区分出某种产品的生产多少部分是由哪一种生产要素起作用的结果。但在一定的技术条件下,各种生产要素之间实际上存在着一定比例、一定程度上的替代关系。正如消费者为实现一定的满足,而在不同的产品之间存在着效用的替代一样。例如,汽车厂生产汽车,除了要有汽车工人,还要有机器流水线和钢板等材料,而劳动和机器等资本之间,在一定程度上可以互相替代。既可以多用劳动,少用机器,如劳斯莱斯;也可以少用劳动,多用机器,就像大多数建立了机器流水线的汽车厂一样。在农业生产中也是这样,既可以多投入劳动力而少用机械,也可以多使用机械而少投入劳动力。由于生产要素之间存在着替代关系,当在一定程度上增加某种要素的数量而其他要素数量不变时,产量仍可增加;或者维持产量不变,在增加某种要素数量的同时,其他要素数量可以减少。这些都是生产要素间的替代性在发挥作用。

生产要素在生产中既互相依赖又存在一定替代性的现实,对厂商生产要素的需求产生了重要影响:厂商对生产要素的需求,除了要考虑生产技术构成的制约,还要考虑生产要素价格的影响。从而，厂商对某一种生产要素的需求，不仅要考虑该种生产要素的价格，还要考虑其他生产要素的价格的影响。换句话说，对每一种生产要素的需求量取决于一切所用或可用的生产要素的价格，而不是单独取决于某一种生产要素自身的价格，这也是厂商利润最大化原则的要求。当一种生产要素的价格发生变化时，厂商就会在技术允许的范围内尽量增加对这种要素的使用，而减少对其他要素的使用，厂商所改变的不仅是对这一种要素的需求，理论上讲，是改变了对所有投入要素的需求。因此，生产要素理论应当是关于多种生产要素共同使用的理论。由于将多种生产要素同时分析过于复杂，一般的研究是集中分析单一生产要素的状况。本书也采用此种办法。

影响厂商对生产要素需求的因素有多种，如：市场对产品的需求以及产品的价格、生产技术状况、生产要素的价格、边际生产力，等等。生产要素的边际收益和边际成本是生产要素需求分析中的重要工具，下面依次进行分析。

三、边际生产力论

如同"边际效用论"是现代微观经济学价值理论的主要支柱一样，"边际生产力论"则是现代微观经济学分配理论的主要支柱。"边际生产力论"的概念首先是由德国经济学家屠能于1826年在其代表作《孤立国》里提出的，但"边际生产力论"的系统化及其在经济学界的广泛传播，甚至"边际生产力论"(Theory of Marginal Productivity)这一名词的正式提出，则要归之于美国经济学家 J. B. 克拉克。1899 年，克拉克在其《财富的分配》一书中首创了"边际生产力"(Marginal Productivity)这个名词，并将其涵义进一步系统化而具体应用于分配领域。在此以前及与此同时，奥地利的门格尔、庞巴维克，法国的瓦尔拉，英国的杰文斯、马歇尔等，也都不同程度地对"边际生产力"的形成起过重要作用。而且，还应看到，"边际生产力论"的形成和发展，是和 19 世纪末以来整个"边际主义"的兴起分不开的。

克拉克的"边际生产力论"是以边际生产力递减规律为基础的。在前面生产理论的学习中我们知道，如果厂商使用两种生产要素生产产品，其中一种要素数量固定而不断增加另一种生产要素的数量，则所增加的每一单位可变要素所带来的产量的增量是递减的，此即边际生产力递减规律。按照克拉克的说法，在一个具有充分自由竞争的静态经济里，存在着按照劳动和资本各自对生产的实际贡献，即按各自的"边际生产力"，来决定其收入的所谓公正的"分配的自然规律"。当劳动量不变而资本相继增加时，资本的每个增加单位所增加的产量（产值）依次递减，最后增加一单位资本所增加的产量（产值）就是决定利息高低的所谓"资本的边际生产力"。同样，当资本量不变而继续追加劳动时，则由最后增加一单位劳动所增加的产量（产值），即"劳动的边际生产力"，决定工资的多少。图 8-1 给出了对边际生产力的描述。

如图 8-1，假定沿 AD 线来测量劳动单位的数量。又假定这些劳动是可以按每单位地投入并进行工作，而资本在数量上是固定不变的。现在用 AB 线表示第一个单位的劳动借助于一定的资本而创造的产量，用 A_1B_1 线表示第二个单位的劳动所增加的产量，用 A_2B_2 线表示第三个单位的劳动所增加的产量，以此类推。而最后一个单位的劳动所增加的产量用 DC 线来表示。DC 测量了这一系列单位劳动中任何一个单位的实际生力,并且决定工资的一般标准。如果第一个单位的劳动所要求的报酬超过了 DC 所表示的数目,那么雇主就会让它退出工作,而用最后一个单位来代替它。①

同样,根据上述图式,我们可以把上面说明工资规律的话调换过来,从而得到利息规律。DC 就是使用最后一个单位资本的产量,它决定着利息的标准。克拉克也用决定利息的同样方法来说明地租的决定。他不遗余力地这样来论证:劳动和资本共同生产,都受一个关于边际生产力递减的一般经济规律所支配,并各自根据自身的边际生产力获取应得的份额。

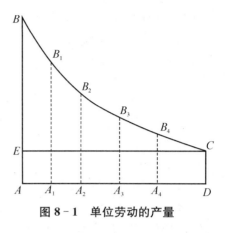

图 8-1 单位劳动的产量

[专栏 8-1] 对边际生产力理论的挑战

自从马歇尔以后,"边际生产力论"仍然是现代西方经济学中微观分配理论的一大支柱。但"边际主义"和"边际生产力理论"在西方经济学界并不是没有遭受到批评、质疑、挑战和攻击的。其中较大的论战,包括质疑和答辩、攻击和回击,就有三次之多。论战和争论的中心问题是:边际分析究竟是否站得住脚而不应加以抛弃,特别是就价格、成本、工资以及制造工业的就业等理论而言。具体说来,三次论战的侧重点各有不同:

第一次是 1939 年,由英国牛津大学的经济学者们所发起的攻击,主要是针对"边际学派"以"厂商理论"为名,所提出的在任何市场情况下,不论是垄断竞争或是寡头竞争,也不论是纯粹竞争或是完全竞争,厂商的有效目的都是"利润最大化"(Profit Maximization)的假定,怀疑这种假定是否符合复杂的而又变异多端的现实世界里众多厂商的实际情况。所以后来不少经济学者认为,在现实生活里,厂商的经营目的大多是"适当利润",而不是"最大利润"。"行为学派"(Behaviourism)则拒绝接受"边际分析"关于厂商的经营目的是"利润最大化"的假定,而主张应当研究现实生活里厂商的"现实组织"、"现实过程"和"实际活动",据此而观察这些厂商经营者们实际上是通过什么过程和经过怎样的活动来作出决策的。

第二次是 1946 年,确切地说,是 1946 年 3 月到 1947 年 3 月,发生于主要是美国经济学者之间,即弗里茨·马柯洛普与理查德·莱斯特(Richard Lester)之间的一场大论战,被夸张地称为"1946 年战争"(The War of 1946)。莱斯特攻击的主要目标是用"边际生产力原理"解释厂商对生产要素劳动的需求。而马柯洛普则是维护边际分析和"边际生产论"的这种特点的。论战的结果是打成平局,不分胜负。按照马柯洛普的说法,反对"边际主义"或"边际分析"的经济学者虽然提出了很多代替的办法,但充其量最好的办法也只是限于那些厂商数目较少而竞争又不生效的工业。马柯洛普还提出,他支持"边际分析",但并不认为"边际分析"就是"战无不胜的"和"永远不可替代的"。依照科学的哲学,马柯洛普说他并不是要去争辩理论是"真的"还是"假的",而只是分清哪些理论是"要

---

① J. B. 克拉克:《财富的分配》中译本,商务印书馆 1981 年版,第 136~137 页。

放弃的"(rejected),哪些理论是"仍待公开提意见的"(still open to criticism)。他认为在这场论战中"边际主义"维护者所能得到的胜利,就是大家都将承认"边际主义"是仍待公开提意见的(而不是要放弃的)。不仅如此,他也认识到,近年来一些反对"边际主义"的建议已经促使厂商理论的边际分析进行了一系列的修正,比如在厂商经营目的和职能作用的分析中,除了货币利润外,又添加了一些其他目标。马柯洛普最后比较得意地说,打开任何一本教科书,人们将发现"边际主义"或"边际分析"仍然继续在微观经济学的讲授中占据支配的地位,只不过间或作出一些保留,并提醒注意当前所强调的要更多地接触实际的趋向。

第三次发生于20世纪60年代初期,主要是由英国剑桥大学的皮罗·斯拉法为首的一些经济学者,并以斯拉法的名著《用商品生产商品:经济理论批判绪论》为代表,不仅对"边际生产力论"在收入分配方面的应用,而且对这种收入分配理论的本身,提出了批评和攻击;同时创制了另一种代替它的收入分配模型。美国经济学者唐纳德·杜威(Donald Dewey)近年在他《微观经济学:关于价格与市场的分析》一书的第17章"一般均衡与分配"中加上了附录A,题为"对边际生产力论的批判:一个代替模式",基本上就是根据斯拉法所提出的"收入分配模型"。据说关于收入分配的"边际生产力论",从来就不是没有批评的。这说来也不奇怪。假如"福利经济学"的基本假定条件是被接受的话,这个假定条件意味着一般均衡就是"帕累托最适度"(Pareto Optimum),一旦达到了这一境界,那么收入分配就不会发生任何变化,除非至少使一个人的处境变坏。许多经济学家都不愿接受这个理论,因为不管是对还是错,这个理论必然制造一种论据,似乎国家对市场价格的任何干涉将会减少经济福利。人们可以争辩说,这个理论本身并不就制造这样的论据,因为真实的世界总是处于不均衡状态;但事实上许多对"边际生产力论"不加批判的信奉者,却把国家对现实社会的价格的干预看作是不道义的。因此,不仅对这种态度,而且对这一理论本身进行回击,就不足为怪了。

资料来源:张培刚.微观经济学的产生和发展[M].长沙:湖南人民出版社,1997:264-266.

四、要素的边际收益

根据边际生产力论,所谓边际生产力是指:在其他生产要素的投入保持不变时,由于增加一个单位某种生产要素投入而增加的产量或产值。生产要素的边际生产力有两种表示方式。一种是用实物形式表示,表现为生产要素投入的边际产量,可以用 MP(或 MPP)表示。另一种是用价值形式表示,表现为边际产量的价值或要素的边际收益,用 MRP 表示。

所谓要素的边际收益是指,在其他条件不变时,厂商增加一个单位的生产要素投入所带来的产出增量给厂商带来的收益。用公式表示为:

$$MRP = MR \cdot MP \qquad (8-1)$$

其中,MR 为增加一单位产品销售所带来的总收益的增加,即产品的边际收益,MP 表示增加一单位要素投入所带来的产品增量,即要素的边际产量。MRP 即为增加一单位要素投入所带来的边际收益,称为边际收益产品(Marginal Revenue Product)。如果投入的要素是劳动,就称为劳动的边际收益产品(Marginal Revenue Product of Cabor),记

为 MRP_L；如果投入的要素是资本，就称为资本的边际收益产品（Marginal Revenue Product of Capital），记为 MRP_K。

边际收益产品这个概念类似于边际收益，这两个概念是相关的，但有一个重要差别。边际收益产品是由于增加某种要素一单位投入所引起的收益增加，边际收益是由于增加一单位产品销售而引起的收益增加，前者是针对一种要素投入量增加而言的，后者是针对产品销售量增加而言的。在其他要素投入不变的条件下，随着一种生产要素使用量的增加，其边际产量递减，边际收益产品也是递减的。这是因为在完全竞争的市场上，每增加一单位产品的价格尽管不变，但由于边际产量是递减的，结果就是边际收益产品递减。如果该厂商是垄断者，那么随着产量增加，产品价格就要下降，边际收益产品的递减比在完全竞争条件下还要严重，这时的边际收益产品递减既因为边际产量递减，又因为边际收益递减。

由于存在边际生产力递减，MP 随着要素投入的增加而减少，而 MR 也是随着产品销量的增加而减少的，因此，随着要素投入的增加，要素的边际收益是递减的，表现为一条向右下方倾斜的曲线。表 8-1 和图 8-2 说明了要素的边际收益产品曲线是如何得出的，也表示出了边际收益产品的递减性。

表 8-1 厂商的边际收益产品

要素数量 L	边际产量 MP	边际收益 MR	边际收益产品 $MRP=MP \cdot MR$
1	6	10	60
2	5	8	40
3	4	6	24
4	3	4	12
5	2	2	4

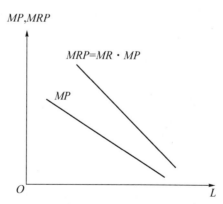

图 8-2 厂商的边际产量和边际收益产品

如果产品市场是完全竞争的，价格为 P，则 $MR=P$。公式 8-1 可以写成：

$$MRP = P \cdot MP \tag{8-2}$$

这样，MRP 曲线就是由 MP 曲线向上平移 P 单位得到（如图 8-3 所示），两条曲线的斜率是相同的。与完全竞争产品市场的情况相比，不完全竞争厂商的 MR 不是常数，而是一个低于市场价格的递减的量。因此,不完全竞争厂商的 MRP 曲线总是处于他在完全竞争市场时的 MRP 曲线的下方。

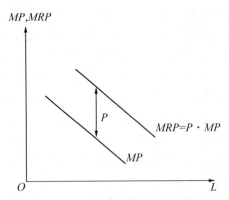

图 8-3 完全竞争厂商的要素边际收益产品

对单要素投入的完全竞争厂商来讲,要素的边际收益也可称为边际产品价值(Value of Marginal Product),记为 VMP,表示在其他条件不变时,完全竞争厂商每增加一单位要素投入所增加的产品价值。用公式表示为:

$$VMP = \frac{dR}{dL} = P \cdot \frac{dQ(L)}{dL} = P \cdot MP$$

对于产品市场上的完全竞争厂商而言,由于产品价格是由市场决定的,存在 $P=MR$,因此,$VMP=P \cdot MP$ 与 $MRP=MR \cdot MP=P \cdot MP$ 是等价的。为简化起见,本书在谈到要素的边际收益时,一律采用 MRP,而不再使用 VMP 的概念。

五、要素的边际成本和平均成本

为了获得最大利润,厂商在产品市场的决策中要遵循边际收益等于边际成本的原则,这一原则在要素市场上也是适用的。厂商在适用要素时,不仅要考虑增加要素所带来的收益,还要考虑增加要素所增加的成本,即增加要素购买所增加的费用。

要素的边际成本是指,在其他条件不变时,厂商增加一单位生产要素投入所增加的成本。设 ΔL 为生产中投入要素的增量,所引起的成本增量为 ΔC,成本增量与要素增量之比 $\Delta C/\Delta L$ 的极限,也就是成本对要素的导数 dC/dL 即为边际要素成本。用公式表示为:

$$MFC = \frac{dC}{dL} = \frac{dC}{dQ} \cdot \frac{dQ}{dL} = MC \cdot MP \quad (8-3)$$

其中,$MC=dC/dQ$ 为产品的边际成本,$MP=dQ/dL$ 为要素的边际产量,MFC 为增加一单位要素投入所增加的成本,即边际要素成本。需要注意的是,边际要素成本 MFC 和产品的边际成本 MC 是不同的,MC 是针对产品而言的,是产量的函数,而 MFC 是针对要素而言的,是要素数量的函数。

要素的平均成本是指,在其他条件不变时,厂商平均投入一单位生产要素所花费的成本。用公式表示为:

$$AFC = TC/X = W \quad (8-4)$$

其中，X 为要素的购买量，W 为要素市场价格。AFC 曲线实际上就是要素供给曲线。

如果要素市场是完全竞争的，那么生产要素的价格是由要素市场的供求所决定，为一常数，此时，厂商的边际要素成本曲线与平均要素成本曲线、要素供给曲线、要素市场价格线重合，为一水平线。如图 8-4 所示，$MFC=AFC=W=S$。

图 8-4 完全竞争厂商的要素成本曲线

如果要素市场是非完全竞争的，厂商对要素的价格有一定影响力，增加要素雇佣量将会抬高所雇佣的所有要素的价格，边际要素成本会比平均要素成本增加得更快。如图 8-5，MFC 曲线在 AFC 之上。

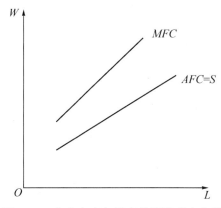

图 8-5 非完全竞争厂商的要素成本曲线

第二节 竞争性的要素市场

一、完全竞争厂商使用生产要素的原则

1. 完全竞争的要素市场

对要素市场的分析首先从完全竞争的市场开始。前面讲过的完全竞争市场称为完全竞争产品市场，现在我们要分析的是要素市场。这里的完全竞争市场是指，厂商所面对的产品市场是完全竞争的，所面对的要素市场也是完全竞争的。在分析产品市场时，我们已经对完全竞争的产品市场有所认识，它是指这样一个市场：数量极大的具有完全市场信息的买者和卖者买卖完全相同的产品。完全竞争的要素市场和完全竞争的产品

市场的情况相似,其市场结构特点可以概括为:要素市场上有无数多生产要素的买者和卖者;买卖方所交易的生产要素是同质的,没有任何区别;要素的买卖双方都具有完全的市场信息,不会贱卖,也不会贵买;生产要素在市场上自由流动。

相应地,这里指的完全竞争厂商是同时处于完全竞争产品市场和完全竞争要素市场的厂商。按照这个规定,不完全竞争厂商主要包括以下三种情况:在产品市场上完全竞争,但在要素市场上不完全竞争;在要素市场上完全竞争,但在产品市场上不完全竞争;在产品市场上和要素市场上都不完全竞争。

由于完全竞争要素市场中生产要素的买者和卖者数量都很多,所以每一份交易在整个市场交易额中都是微不足道的,任何人的买卖行为都不会对整个市场的交易水平和价格水平产生任何影响。因此,每一个要素买卖者都是市场价格的被动接受者,要素市场的价格由市场的总供求决定。显然完全竞争的要素市场在现实中也是不存在的。

2. 厂商使用生产要素的原则

厂商为达到利润最大化而使用要素,应满足要素使用的边际收益等于边际成本这一条件。如前所述,在完全竞争条件下,要素边际成本等于要素的市场价格,因此,完全竞争厂商使用生产要素的原则可以表述为:

$$MRP = W \tag{8-5}$$

或

$$P \cdot MP = W \tag{8-6}$$

也可用数学方法推导。设 π 代表完全竞争厂商的利润,它是要素 L 的函数,则有

$$\pi(L) = P \cdot Q(L) - W \cdot L$$

为达到利润最大化,必须使

$$\frac{d\pi(L)}{dL} = P \cdot \frac{dQ(L)}{dL} - W$$

$$P \cdot \frac{dQ(L)}{dL} = P \cdot MP = W$$

即 $MRP = W$

此时,厂商使用的要素数量为最优要素数量,完全竞争厂商实现利润最大化。如果 $MRP > W$,说明最后增加使用的一单位要素所带来的收益超过其成本,厂商的要素使用量小于最优要素数量,厂商没有实现最大利润,增加要素投入可以增加利润,直到 $MRP = W$ 为止;如果 $MRP < W$,说明最后增加使用的一单位要素所带来的收益不足以弥补其成本,厂商的要素使用量大于最优要素数量,厂商也没有达到最大利润,减少要素投入可以增加利润,直到 $MRP = W$ 为止。

[专栏 8-2] 马歇尔的分配理论

在均衡价格论的基础上,马歇尔建立了他自己的分配理论。

按照马歇尔的观点,分配问题就是国民收入如何分割为各生产要素的份额的问题。他说:"全部纯产品总量(the net aggregate of all the commodities produced),是所有这些

商品的需求价格,从而是生产这些商品的生产要素的需求价格的真正来源。换言之,这种国民收益或利得(National Dividend)是一国所有的生产要素的纯产品总量,同时又是支付这些生产要素的唯一源泉;它分为劳动工资、资本利息,以及最后土地和生产工具有级差优势的'生产者剩余'(Producer's Surplus)或地租。工资、利息和地租或'生产者剩余'构成全部国民收益,而全部国民收益又在它们之间进行分配;在其他条件不变的情况下,国民收益愈大,则它们各自的份额也愈大。"显然,生产要素各自所得的份额,也就是它们各自的价格。所以马歇尔所谓的分配问题,实质上是各个生产要素的价格问题。在生产要素中,除了劳动、资本、土地外,马歇尔还加上了"工业组织"(即企业家对企业的管理和监督);因而生产要素的所得份额或价格就相应地有工资、利息、地租、利润四项。

马歇尔的分配理论,与传统的分配理论比较起来,有很多相同之处,但亦有其特点:

第一,马歇尔把分配理论和价值理论紧密相连,两者同以供求均衡作用作为立论的一般原则和基础。在马歇尔看来,分配既然是生产要素的价格问题,于是他就把对一般商品进行价格分析的原则和方法,同样应用于各个生产要素的价格分析,把均衡价格概念同样引申到各个生产要素的价格形成上来。他认为各个生产要素都有一个正常的价格,这些正常价格就是实际工资、利息、地租、利润的基础,取决于各个生产要素的供给和需求。他说:"各种东西,不论是一种生产要素,还是用于当前消费的商品,它的生产势必扩展到供给与需求相均衡的限界或边际。"如同对一般商品的价格分析一样,马歇尔把每一个生产要素的需求和供给具体化为需求价格和供给价格(土地没有供给价格)。所以马歇尔的供求均衡价格理论,是从一般商品到生产要素,从价值论领域到分配论领域,贯彻始终的。

第二,马歇尔运用"边际生产力论"解释生产要素需求方面的原因,把边际生产力看作是各个生产要素需求价格的决定因素,所谓"边际生产力",就是一种生产要素的"边际增量产品",换言之,一种生产要素的每个增加单位所增加的产量(产值)依次递减(以"报酬递减规律"为基础),直到最后增加一个单位生产要素的产量(产值)就是这一生产要素的所谓"边际生产力"。在分配方面约翰·贝茨·克拉克创建并运用了"边际生产力论",以解释生产要素的收入报酬,认为"资本的边际生产力"决定利息的高低,"劳动的边际生产力"决定工资的多寡。马歇尔只是部分地采用了边际生产力论,认为"边际生产力原理"只能说明生产要素的需求方面,而生产要素的供给方面则须另行解释。

第三,在分配理论方面,马歇尔同样强调了心理因素。就生产要素的需求来说,按照马歇尔的观点,劳动或资本这种生产要素的需求价格是由于它们各自的边际生产力来决定的。但企业家对劳动或资本的需求是一种"派生需求"(Derived Demand)。如果消费者对企业家所出的产品的需求发生变动,则企业家对劳动或资本这种生产要素的需求也将会发生相应的变动。我们知道,在马歇尔看来,消费者(买主)对任何一定量商品(即企业家所出的产品,假定都是消费用货物)的需求价格,都是由这一定量商品对买者的边际效用所决定的。这就必然使由此而派生出来的对生产要素比如劳动或资本的需求和需求价格,充满着心理色彩。至于生产要素的供给,无论是劳动的所谓"负效应"(Disutility)或是资本的所谓"等待"(Waiting),都富于心理色彩,就更不待言。

如同对待一般商品的价格一样,马歇尔运用"供求均衡原理"解释生产要素的价格。他认为各个生产要素在国民收入中各自所得份额的大小,也就是它们各自的价格,取决于它们各自的供求均衡情况。

资料来源:张培刚著.微观经济学的产生和发展[M].1版.长沙:湖南人民出版社,1997:115-117.

二、完全竞争厂商对生产要素的需求曲线

1. 短期要素需求曲线

先来考察厂商的短期要素需求状况。假定厂商只使用一种可变动的生产要素劳动(L)进行生产,资本投入数量固定。在产品市场和要素市场都处在完全竞争的条件下,单个厂商对劳动的需求只占市场上全部劳动的极少部分,其购买行为不会引起劳动价格(W)的变动,从而劳动价格变化为一水平曲线,该价格线实际上也是劳动市场的供给曲线。厂商根据 $MRP=W$ 决定要素的使用量,如图8-6所示。

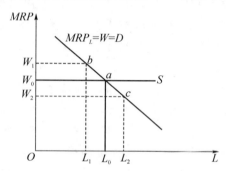

图8-6 完全竞争厂商短期要素需求曲线

MRP_L 为劳动的边际收益产品曲线,实质上表示了该厂商在劳动的不同价格水平下愿意而且能够购买的劳动的数量,因此也是厂商对劳动的需求曲线。当劳动价格为 W_0 时,厂商根据 $MRP=W$ 确定劳动的需求量为 L_0,对应的劳动边际收益产品曲线 MRP_L 上的 a 点即为需求曲线上的点。同理,MRP_L 曲线上对应着 W_1 和 L_1 的 b 点和对应着 W_2 和 L_2 的 c 点也是劳动需求曲线上的点。因此,MRP_L 曲线上的点都是需求曲线上的点,劳动的边际收益产品曲线和需求曲线重合为一条线,我们可以用劳动的边际收益产品曲线 MRP_L 来表示劳动的需求曲线 D。厂商的劳动需求曲线向右下方倾斜,斜率为负值。显然,劳动需求曲线之所以向右下倾斜,是因为劳动的边际产量随劳动使用量的增加而递减,即劳动的边际生产力递减的结果。

要素需求曲线与边际收益产品曲线既有联系,又相互区别。两者的联系主要表现在:第一,完全竞争厂商的要素需求曲线与边际收益产品曲线一样向右下方倾斜;第二,在完全竞争条件下,厂商对单一要素的需求曲线与其边际收益产品曲线完全重合,当要素价格变化时,要素需求量是沿着一条既定的边际收益产品曲线而变化的。两者的区别主要表现在两个方面:第一,包含的变量的含义不同。边际收益产品曲线的 L 表示要素的使用量,而作为要素需求曲线,这个 L 却是表示最优要素使用量或要素需求量;第二,反映的函数关系不同。对边际收益产品曲线而言,自变量为要素的使用量,边际收益产品是要素使用量的函数。对要素的需求曲线而言,自变量是要素的价格 W,要素的需求量 L 是要素价格的函数。

2. 长期要素需求曲线

再来看长期的情况。由于在长期中厂商投入的劳动和资本等要素都是可变的,因此

长期要素需求曲线的分析要比短期复杂。由于联合需求的特点,一种要素价格的变化,不仅影响到厂商对该种要素需求量的变化,也会影响到对其他要素的选择,从而最终改变厂商要素使用组合的选择。比如说对于纺织厂商,短期内机械投入可看作固定要素投入,如果工资率下降,厂商将招收更多的工人而保持纺织机械数量不变,通过工人的加班加点增加产出。长期中情况就会不同。由于工资率的下降,纺织产品的边际成本下降了,厂商将增加购置纺织机械来扩大生产规模。由于机械的增加,使每一水平下的劳动雇佣量的边际产量都会增加,纺织工人的边际收益产品曲线将向右移动,从而纺织工人的增加量将超过短期的情况。

我们用图8-7来说明长期中厂商生产规模的调整对要素需求的影响以及要素需求曲线的决定。如图8-7(a),厂商的劳动需求曲线为$MRP_{L(K1)}$,此时,劳动的价格为W_1,劳动需求量为L_1。对应的(b)图中,预算线为AB,产量水平为Q_1,厂商劳动和资本的投入分别为L_1和K_1。现在假设劳动的价格由W_1下降到W_2,在其他条件不变的情况下,厂商会使用更多的劳动替代资本,劳动使用量增加,资本使用量减少。替代效应使厂商增加劳动的投入到L_2,减少资本的投入到K_2,如图8-7(b)。随着劳动的增加和资本的减少,劳动的边际产量水平会下降。由于产品市场价格P是固定的,劳动边际产量的下降表现为劳动的边际收益产品曲线左移为$MRP_{L(K2)}$,如图8-7(a)。

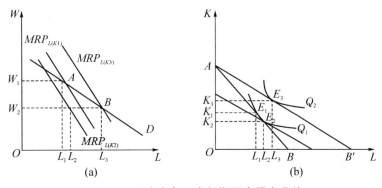

图8-7 完全竞争厂商长期要素需求曲线

劳动价格的变化不仅会产生一个替代效应,还会产生一个收入效应。由于劳动价格的下降,使厂商在既定成本下能够购买到的劳动和资本数量都会增加。如图8-7(b),收入效应使预算线移动到AB',产量水平为Q_2,劳动和资本投入分别增加为L_3和K_3,厂商的生产规模扩大了。随着资本投入的增加,劳动的边际产量增加,其他条件不变,劳动的边际收益产品曲线由$MRP_{L(K2)}$移动到$MRP_{L(K3)}$,如图8-7(a)。我们发现,由于厂商生产规模的调整,工资率为W_2时的劳动需求量不是$MRP_{L(K2)}$曲线对应的L_2,而是$MRP_{L(K3)}$曲线对应的L_3。连接劳动需求量为L_1时MRP_L曲线上对应的A点和劳动需求量为L_3时MRP_L曲线上对应的B点的曲线AB就是厂商的长期要素需求曲线。它是一条比短期需求曲线更为平缓的曲线。

这里还有一个替代效应和收入效应孰大孰小的问题。替代效应和收入效应使劳动的边际收益产品曲线向相反的方向变化。除了以上描述的收入效应大于替代效应的情况,还可能出现替代效应大于或等于收入效应的情况,厂商长期需求曲线的形状会有所不同。但不管劳动的边际收益产品曲线怎样移动,所得出的需求曲线都是向右下倾斜的。

三、从厂商需求曲线到行业需求曲线

完全竞争行业的要素需求曲线可以由行业中所有厂商的要素需求曲线水平相加得到,但不是简单的相加,要考虑到厂商采取共同行动时导致行业规模变化所带来的影响,以避免"合成谬误"。

假定完全竞争要素市场中包含有 n 个厂商。其中每一个厂商的经过行业调整后的要素需求曲线分别为 d_1、d_2、$\cdots$、d_n,整个市场的要素需求曲线 D 可以看成是所有这些厂商的要素需求曲线的简单水平相加,即

$$D = \sum_{m=1}^{n} d_m$$

式中,d_m 是任何一个厂商的要素需求曲线,特别应当注意的是,被简单地水平相加的是每个厂商的"真正的"要素需求曲线,即是在考虑了多个厂商共同行动所引起的全部调整之后得到的行业调整曲线 d_m,而不能是其边际收益产品曲线 $P \cdot MP$。如图 8-8(a),是某个厂商经过行业调整之后的需求曲线 d_m,图(b)是市场的要素需求曲线 D。当要素价格为 W_0 时,该厂商的要素需求量为 L_0,整个市场的要素需求量 L^* 为各厂商在价格为 W_0 时需求量的水平相加。

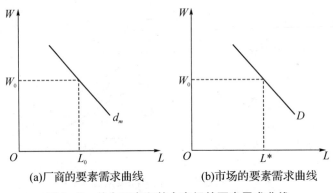

(a)厂商的要素需求曲线   (b)市场的要素需求曲线

图 8-8 单个厂商和整个市场的要素需求曲线

下面我们来考察厂商的共同行动如何影响整个行业对要素的需求。由于要素市场和产品市场都是完全竞争的,因此,单个厂商对生产要素需求量的变化不会影响到产品市场价格。厂商如果扩大对生产要素的需求量,厂商的产量会增加,但产品市场的供给曲线不会由于单个厂商的产量变化而变化,产品市场价格将维持不变。但当我们把对要素需求的分析扩展到整个行业时,情况就不同了。各厂商对生产要素需求的调整往往具有一致性。如果由于要素价格变化等原因,所有厂商都扩大对生产要素的需求量,结果是行业产出量增加,这将使产品市场上供给曲线右移。在其他条件不变时,产品市场价格将下降。产品价格的下降使单个厂商的要素边际收益产品低于原有水平,从而要素的需求曲线左移。这样,整个市场的要素需求状况将发生变化。我们用图 8-9 来说明行业要素需求曲线的推导。

在图 8-9 中,横轴为要素数量,纵轴为要素价格。D_1 为各个厂商需求曲线水平相加所得到的曲线,曲线的位置和形状由各厂商劳动需求曲线的总体状况决定。但 D_1 不是现实的行业需求曲线,因为当劳动的价格发生变化时,由于受各厂商要素和产量调整的

影响,新的劳动和价格的组合点将不在 D_1 上。假设劳动的初始价格为 W_1,市场上各个厂商劳动需求总量为 L_1,对应的 A 点在 D_1 上。接下来分析当劳动的价格发生变化时行业劳动需求量的变化情况及行业需求曲线的决定。

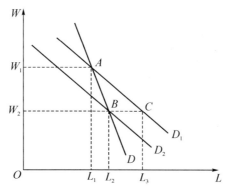

图 8-9　完全竞争行业要素需求曲线

假设劳动的价格由 W_1 下降为 W_2。随着工资成本的下降,行业内各厂商普遍增加对劳动的雇佣量,行业产量增加,产品市场上供给曲线向右移动,产品价格下降。产品价格的下降对厂商的影响就是降低了厂商的要素边际收益产品,使厂商的要素边际收益产品曲线左移动,D_2 曲线就是由厂商左移后的要素边际收益产品曲线水平相加得到的。D_2 曲线上与要素价格 W_2 及要素需求量 L_2 相对应的 B 点就是要素价格变动后行业需求曲线上的点。连接 A、B 两点的曲线就是行业要素需求曲线。

[专栏 8-3] 庞·巴维克(Bohm Bawerk,1851—1914)

古典资本理论分析方法是由奥地利人庞·巴维克、瑞典的克努特·维克塞尔(Knut Wicksell)和美国耶鲁大学的欧文·费希尔(Irving Fisher)各自独立提出来的。如果说门格尔(Menger)是奥地利经济学派的创始人,那么巴维克就是它的圣保罗(St. Paul)①。在推广和宣传奥地利对经济问题研究的独特方法方面巴维克作出了突出的贡献。然而他也有自己的理论,即建立在资本密集生产"迂回"基础上的资本与利息理论,而且这一理论很快成为外国读者心目中奥地利经济学的象征。这引起了激烈的争论,巴维克积极地投入这场争论,他熟练的辩论技巧在《马克思主义体系的终结》中得到了进一步的证明,该书迄今依然是对马克思主义经济学的一部极有深度的研究专著。

在生前,巴维克的名声可以与李嘉图和杰文斯相提并论,甚至超过了与他同时代的马歇尔。但是随着时间的流逝,他的吸引力逐渐下降,他的资本和利息理论是好还是坏,今天不再引人注目。在他的早期论文之后,他发表的第一部重要著作是《资本和利息》,他把 100 多位作者的研究精心划分为 5 种典型的利息理论区域,认为他们都没有弄懂利息的真正性质。令人惊讶的是,那些研究方法同巴维克最接近的作者,如李嘉图、西尼耳、杰文斯和门格尔,受到了最无情的批评。5 年以后他出版了他的《资本实证论》,该书

---

① 圣保罗,又名保罗、保禄,最初迫害过基督徒,后来保罗在大马士革遇到了耶稣,被耶稣点化,成为一个坚定的传道者。在天主教徒们的心中,他是智能和信念坚定的人中之神,更重要的是,圣保罗还是一个坚定地向外邦人(非犹太人)传教的使徒。

写作于匆忙之中,没有作最后校正就出版了。1904年,当他返回到学术工作上来的时候,对他的利息理论的争论正在激烈地进行,大多数批评都来自美国。巴维克不肯认真校改《资本实证论》的头版,而宁愿坐下来答复主要的批评家给他提出的问题,他简单地增加了 14 个"批评的离题"作为《资本实证论》第二版和第三版的附录。虽然后来维克塞尔尽了他最大的努力来改造巴维克的利息理论,清除了技术上的一些错误,但是大多数经济学家对巴维克已经失去了兴趣。

资料来源:萨缪尔森著;陈迅,白远良译释.萨缪尔森辞典[M].1 版.北京:京华出版社,2001:128-129.

四、完全竞争要素市场的均衡

对完全竞争要素市场均衡的考察,与对产品市场的考察相似。图 8-10 给出了完全竞争要素市场的均衡情况。市场供给曲线 S 和需求曲线 D 的交点 E 为均衡点,要素价格为 W_E,行业或市场的要素雇佣量为 L_E。

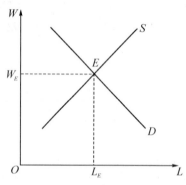

图 8-10 完全竞争要素市场均衡

以上讨论的是产品市场和要素市场都处在完全竞争时的情况。如果产品市场是不完全竞争的,即使要素市场是完全竞争的,厂商的均衡也会有所变化。因为,如果产品市场是不完全竞争的,厂商销售产品的边际收益就不再等于价格,$MRP=P \cdot MP$ 也就不成立了。此时,厂商的 MRP 曲线应位于它在完全竞争市场时的 MRP 曲线以下。

在图 8-11 中,有两条边际收益产品曲线,右边的一条是厂商在完全竞争市场条件下的 MRP 曲线,左边的一条是厂商在不完全竞争市场条件下的 MRP 曲线。要素市场价格为 W_0 时,产品市场为不完全竞争的厂商要素需求量为 L_1,小于产品市场为完全竞争时的要素需求量 L_2。

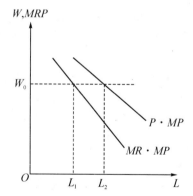

图 8-11 不完全竞争产品市场的要素需求

第三节 买方垄断的要素市场

一、买方垄断厂商使用生产要素的原则

这里所讨论的买方垄断是指，厂商在产品市场上作为产品的卖方是一个完全竞争者，而在要素市场上作为生产要素的买方是一个垄断者。作为要素市场上的独家买主，厂商面临的要素供给曲线是整个要素市场的供给曲线，是一条向右上倾斜的曲线。

根据利润最大化条件，买方垄断厂商对生产要素的雇佣应遵循边际收益等于边际成本的原则。由于在产品市场上是完全竞争者，买方垄断厂商使用要素的边际收益为边际收益产品，即 $MRP=MR \cdot MP=P \cdot MP$。但由于厂商在要素市场上不再是完全竞争者，其要素价格不再是常数，使用要素的边际成本不再等于要素价格，而等于边际要素成本。

而买方垄断厂商使用要素的边际收益和边际成本分别等于要素的边际收益产品和边际要素成本。因此，买方垄断厂商使用生产要素的原则为：

$$MRP=MFC \tag{8-7}$$

它与完全竞争厂商的要素使用原则相比，区别是：买方垄断厂商的边际要素成本不再等于要素价格 W。原因是，在买方垄断的情况下，厂商每增加一单位要素投入都会提高所有已雇佣要素的价格，边际成本总是高于要素价格。这也说明了买方垄断厂商的 MFC 曲线总在要素的供给曲线之上。

设买方垄断厂商的成本函数为 $L \cdot W(L)$，其中 $W(L)$ 为厂商的要素供给函数，则买方垄断厂商的边际要素成本为：

$$MFC=[L \cdot W(L)]'=W(L)+L \cdot \frac{dW(L)}{dL} \tag{8-8}$$

可见，买方垄断厂商的边际要素成本由两部分组成，第一部分是要素价格 $W(L)$，表示厂商为增加使用要素而必须支付给新增要素的价格，是由于增加要素使用而引起的成本增加；第二部分 $L \cdot dW(L)/dL$ 为价格上涨而引起的成本增加，其中，$dW(L)/dL$ 反映了由于增加使用要素而引起的要素价格变动。

在构成边际要素成本的两个部分中，$W(L)$ 是厂商面临的要素供给曲线。由于厂商是要素市场上的垄断买方，$W(L)$ 也是市场的要素供给曲线，向右上方倾斜，即要素的市场供给量随要素价格的上升而增加。由于 $W(L)$ 向右上方倾斜，其导数 $dW(L)/dL \geqslant 0$。则可知

$$MFC \geqslant W$$

即边际要素成本函数位于要素供给曲线之上，如图 8-12 所示。

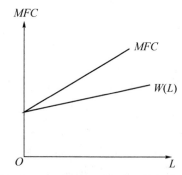

图 8-12 边际要素成本和供给曲线

二、买方垄断市场生产要素价格和数量的决定

买方垄断厂商所面临的供给曲线与完全竞争厂商有较大的不同。完全竞争厂商面对的要素供给曲线是一条与横轴平行的直线,与要素的边际成本和平均成本曲线重合。尽管如此,即使在完全竞争下,要素的市场供给曲线也仍然和厂商供给曲线不同,是向右上倾斜的。买方垄断厂商的供给曲线向右上方倾斜,说明要增加生产要素的雇佣量或使用量,就必须提高它们的价格;或者说,生产要素的价格越高,它们的供给量也就越大。

现在我们来说明买方垄断厂商的要素需求决策。如图 8-13,根据买方垄断厂商的要素使用原则,MRP 和 MFC 两条曲线的交点 E 就是厂商的要素需求点,要素需求量为 L_1。此时要素的价格是多少呢?要素的价格应当由要素的供给曲线决定,为 W_1。W_1 是厂商为雇佣 L_1 的要素量所能寻求到的最低价格。如果要素价格低于 W_1,厂商无法雇佣到足够的要素量;由于 W_1 和 L_1 的组合是市场供给状况的反映,厂商在 W_1 的价格水平上足以买到 L_1 的要素量,因此也决不会支付更高的价格,如 W_0。W_0 可以看成是厂商在完全竞争市场时为购买 L_1 的要素量所必须支付的价格。

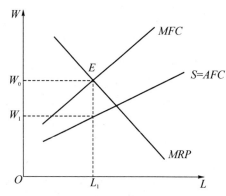

图 8-13 买方垄断厂商的要素需求

与完全竞争市场相比,买方垄断厂商的要素雇佣量小于完全竞争市场下应有的雇佣量,而要素价格又低于完全竞争要素市场情况下应有的价格。这反映了买方垄断厂商通过人为减少对要素的雇佣量而压低了要素价格,与垄断厂商在产品市场上通过限制产量以提高价格的情况是相对应的。

[专栏 8-4] 买方垄断厂商的要素价格和需求量的决定

设某厂商所生产的产品在市场上总是以 $P=20$ 元的价格出售,而它在劳动市场上是垄断的,且已知该厂商的生产函数为 $f(L,K)=8L^{0.5}K^{0.5}$,其中 K 固定为 100,L 是可以调整的。另外该厂商所面临的劳动市场供给函数为 $S_L: W=60+4L^{0.5}$。

由生产函数,我们可以求出劳动的边际产量为 $MP_L=4L^{-0.5}K^{0.5}$,因为 $K=100$,所以 $MP_L=40L^{-0.5}$。于是得到劳动的边际收益产品 $MRP_L=P \cdot MP_L=800L^{-0.5}$。

由 $W=60+4L^{0.5}$,根据 $MFC_L=W+L \cdot dW/dL$ 可得 $MFC=60+6L^{0.5}$。

根据买方垄断厂商的要素使用原则,有 $MRP_L=MFC_L$,即 $800L^{-0.5}=60+6L^{0.5}$。解该方程得 $L=57$,即该厂商的劳动需求量为 57。

将 $L=57$ 代入劳动供给函数 S_L,可得 $W=90$,即在该厂商 57 单位的劳动需求量下,劳动的价格被定为 90。

资料来源:范家骧,刘文忻. 微观经济学[M]. 1 版. 大连:东北财经大学出版社,2002:330-331.

三、买方垄断厂商的要素需求曲线

通过以上分析,我们得到了买方垄断厂商的一个要素需求点,即当要素需求量为 L_1 时,要素价格为 W_1。能否通过进一步的分析得到买方垄断厂商的要素需求曲线呢?答案是否定的。就像产品市场上的垄断厂商不存在确定的供给曲线一样,要素市场上的垄断买方也不存在确定的需求曲线。

在图 8-13 中,W_1 和 L_1 是厂商的一个最优决策点,假设我们再任意确定一个要素价格 W,只要它不等于 W_1,则不存在对应于该价格的最优要素使用量,因为在该价格上,厂商不可能找到某个要素量 L,使要素使用原则 $MRP=MFC$ 得到满足。事实上也不可能找到这样一个价格 $W(\neq W_1)$。假如一开始要素价格为 W_1,则垄断买主根据利润最大化目标决定雇佣要素量 L_1。一旦决定雇佣要素量为 L_1,则根据要素供给曲线,垄断买主总能支付正好等于 W_1 的价格,而决不是 W_0。

要素市场上的供给状况是买方垄断厂商的不可控因素。如果厂商的边际要素成本和边际收益产品状况是确定的,则厂商可以确定其最优要素雇佣量及价格,如图 8-13 所示,只能决定一对要素价格和要素需求量。一旦市场供给状况发生变化,厂商的要素边际成本也会随之变动,从而会出现一个价格对应多个需求量或一个需求量对应多个价格的情况(如图 8-14)。

在图 8-14 的(a)图中,S_1 和 MFC_1 是初始的情况,此时与价格 W_0 对应的要素需求量是 L_1。当市场供给状况发生变化,S_1 变动到 S_2,相应地,MFC_1 变动到 MFC_2,此时与要素价格 W_0 对应的要素需求量为 L_2,对同一个要素价格 W_0 存在两个不同的要素需求量 L_1 和 L_2。在图 8-14 的(b)图中出现的则是同一个要素需求量 L_0 对应两个要素价格 W_1 和 W_2 的情况。对于买方垄断厂商而言,由于不存在要素雇佣量和要素价格的一一对应关系,所以,确定的要素需求曲线是不存在的。

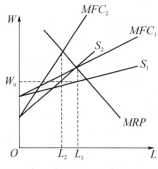
(a) 既定要素价格下的多种需求量

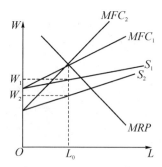
(b) 既定需求量下的多种要素价格

图 8-14 买方垄断厂商同一边际收益产品曲线下的不同需求组合

第四节 卖方垄断的要素市场

一、卖方垄断厂商的要素使用原则

这里的卖方垄断是指，厂商在产品市场上作为产品的卖方是垄断者，而在要素市场上作为要素的买方是完全竞争者，这种情况正好和第二节的买方垄断者是相反的。要素市场上卖方作为垄断者的情况一般不是要素需求理论研究的内容。由于厂商在产品市场上具有一定的垄断力度，因此它所面临的产品需求曲线是向右下方倾斜的；而在要素市场上，因为是完全竞争者，厂商面临着一条水平的要素供给曲线。

由于厂商是要素市场上的完全竞争者，因此，边际收益产品等于边际要素成本的要素使用原则仍然适用，卖方垄断厂商的要素使用原则为 $MRP=MFC$。先来看 MRP，因为 $MRP=MR \cdot MP$，而在产品市场垄断的情况下，厂商的产品边际收益 MR 与边际产量 MP 都是向右下方倾斜的，这样，该垄断厂商的边际收益产品曲线也必然是向右下方倾斜的，如图 8-15 中的 MRP 曲线。而边际要素成本 MFC，我们在分析完全竞争市场时已经指出，在完全竞争的要素市场中，存在 $MFC=W$，其中 W 表示要素市场给定的要素价格，即图 8-4 所示。这样，卖方垄断厂商的要素使用原则和公式 8-5 是一样的，可以写成：

$$MRP=W$$

图 8-15 给出了卖方垄断厂商的要素需求量是怎样决定的。

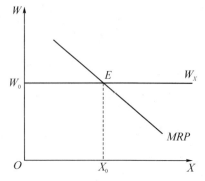

图 8-15 卖方垄断厂商的要素需求

图 8-15 中，水平线 W_X 表示某个厂商面临的要素供给曲线，该厂商的边际收益产品曲线为 MRP。在给定的要素价格 $W_X=W_0$ 下，厂商在 E 点达到均衡，要素需求量为 X_0。

二、卖方垄断厂商的要素需求曲线

与完全竞争的情况相似，卖方垄断厂商的要素需求曲线与其边际收益产品曲线完全重合，如图 8-16 所示。

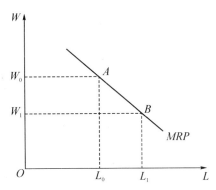

图 8-16　卖方垄断厂商的要素需求曲线

图 8-16 中，$MRP=MR \cdot MP$ 为边际收益产品曲线。当要素价格为 W_0 时，根据要素使用原则，要素需求量必须调整到使 $MRP=W_0$，即要素量为 L_0。显然 $A(W_0,L_0)$ 作为需求曲线上的点，也在 MRP 曲线上。如果给定另一要素价格 W_1，同样道理，要素需求量为 L_1，点 $B(W_1,L_1)$ 作为需求曲线上的点也在 MRP 曲线上。因此，需求曲线上的任一点都在边际收益产品曲线上，两条曲线完全重合。可以得到结论，卖方垄断厂商的要素需求曲线与其边际收益产品曲线一样，也由于边际生产力递减和产品的边际收益递减两个原因而下降。

以上得到的是单个厂商需求曲线的情况，现在来考虑卖方垄断市场的需求曲线。知道了单个厂商的要素需求曲线后，我们只要将市场内所有厂商的要素需求曲线水平相加，便可得到该要素的市场需求曲线。在分析完全竞争下的要素市场需求曲线时，我们曾经指出，要素价格改变时，由于市场内所有厂商都会调整自己的要素使用量，必然会影响到产品市场的情况，导致产品市场中产品价格的变化，因此在对各厂商的要素需求曲线水平相加时，必须先对其进行调整，相加的必须是各厂商的"真实的"要素需求曲线。显然，在卖方垄断下，这种情况也是可能存在的。如果各个厂商在各自的产品市场中都是唯一的垄断者，那么尽管所有厂商都会调整要素需求，但这并不影响每个厂商在各自产品市场上的价格，这样，行业调整曲线就仍然是 MRP 曲线，市场需求曲线也就是各厂商 MRP 曲线的水平相加。如果有一些厂商共同垄断着某个产品市场，那么它们的行业调整曲线就不再是原有的 MRP 曲线，市场需求曲线就应该是各个厂商的行业调整曲线 d_m 的水平相加，即：

$$D=\sum_{m=1}^{n}d_m$$

d_m 是任何一个厂商经行业调整后的要素需求曲线。

三、双边垄断

双边垄断是指:厂商在产品市场上作为产品的卖方是垄断者,在要素市场上作为生产要素的买方也是垄断者。双边垄断是不完全竞争要素市场的一个极端情况,可以看成是买方垄断和卖方垄断的综合。由于厂商在产品市场上是垄断者,因此它面临的产品需求曲线是向右下方倾斜的;而在要素市场上,厂商作为垄断者,又面临着一条向右上方倾斜的要素供给曲线。

双边垄断厂商的要素使用原则与一般条件下的使用原则一样,仍然是 $MRP=MFC$,即要素的边际收益等于要素的边际成本。图 8-17 说明了双边垄断厂商的要素价格和要素需求量的决定。曲线 MRP 和曲线 MFC 的交点决定了该厂商的要素需求量,为 X^*,而根据要素供给曲线 W_X,对应需求量 X^* 的要素价格为 W^*。

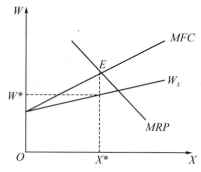

图 8-17 双边垄断厂商的要素需求

由于厂商在要素市场上是垄断买方,因此,和买方垄断要素市场同样的原因,双边垄断厂商的要素需求曲线和市场的要素需求曲线也都是不存在的。

本章小结

本章的内容大致构成西方分配论的核心内容,即"边际生产力分配论"。

生产要素市场上的需求和产品市场上的需求有很大的不同。在产品市场上,需求来自消费者,是对最终产品的直接需求,而厂商对生产要素的需求是一种引致需求,也是一种联合的需求。厂商只会适应消费者的需要从而是生产的需要而产生对要素的需求,由于多种生产要素必须共同使用这一技术上的原因,使厂商对一种要素的需求不仅取决于该种要素的市场价格,而且取决于一切可用的要素价格。

厂商对生产要素雇佣量的决定受利润最大化原则的指引,决策的基本原则是,要素的边际收益产品等于边际要素成本,即投入的最后一单位要素所增加的收益等于它所增加的成本,这一原则适用于不同的市场结构。只是由于要素市场结构不同,厂商在决策时所面对的变量参数就不同,要素需求原则会有不同的表现形式。

厂商作为完全竞争要素市场的购买者不能影响到要素市场的价格,而在不完全竞争市场上,厂商可以通过改变要素交易数量影响要素价格,从而获得利润。对完全竞争厂商来说,它使用要素的边际收益等于要素的边际产品和产品价格的乘积,而边际成本等于要素价格,因此,完全竞争厂商使用要素的原则是:边际收益产品等于要素价格。由完全竞争厂商的要素使用原则可以推导出它对要素的需求曲线。静态地看,完全竞争厂商的短期要素需求曲线向右下方倾斜,即要素需求量随要素价格的下降而增加。但在长期中,由于要素联合需求的影响,厂商的要素需求曲线将比短期变得更平缓。买方垄断厂商面临的要素供给曲线向右上方倾斜,因此,它使用要素的边际成本不再等于要素价格,而是等于边际要素成本,其要素使用原则为边际收益产品等于边际要素成本。由于不存在要素雇佣量和要素价格的一一对应关系,所以,买方垄断厂商不存在确定的要素需求曲线。卖方垄断厂商在要素市场上是完全竞争者,因此其要素使用原则与完全竞争厂商一样,是边际收益产品等于要素价格。由卖方垄断厂商的要素使用原则可以推导出它对要素的需求曲线,也是一条向右下方倾斜的曲线。双边垄断可以看成是买方垄断和卖方垄断的综合,其要素使用原则符合一般要求,即边际收益产品等于边际要素成本,但双边垄断厂商没有确定的要素需求曲线。

复习思考题

一、名词解释

引致需求   联合需求   边际收益产品   边际要素成本   完全竞争要素市场   买方垄断   卖方垄断   双边垄断

二、选择题

1. 厂商的要素需求曲线向右下方倾斜的原因在于 ( )
   A. 边际成本递减   B. 边际产量递减
   C. 边际效用递减   D. 规模报酬递减

2. 假定一个厂商在完全竞争的市场中,当投入要素价格为5元,该要素投入的边际产量为1/2时获得了最大利润,那么,商品的价格一定是 ( )
   A. 2.5元   B. 10元   C. 1元   D. 4元

3. 当生产的产品价格上升时,作为在竞争性市场中一个追求利润最大化的厂商而言,对劳动的需求曲线将 ( )
   A. 左移   B. 保持不变   C. 右移   D. 变平坦

4. 在完全竞争市场上,生产要素的边际收益取决于 ( )
   A. 该要素的边际生产力   B. 该要素的平均收益
   C. 该要素的平均水平   D. 该要素的边际成本

5. 以下属于引致需求的是 ( )
   A. 电工对万能表的需求
   B. 投资商为房地产而对某块地皮的需求
   C. 某公司为扩大销售额而对营销人才的需求
   D. 个体户李某为跑运输而对卡车的需求
   E. 服装店老板对时尚服装的需求

6. 在产品市场和要素市场均为完全竞争的企业内,工人的工资率为10,边际产量为5,则产品的价格为( )。
   A. 2.0   B. 0.5   C. 1.0   D. 5.0

7. 行业对某种生产要素的需求曲线,与单个厂商对这种要素的需求曲线相比( )。
   A. 前者与后者重合   B. 前者比后者陡峭
   C. 前者比后者平坦   D. 以上都不是

8. 已知生产要素的组合是(20A,30B,40C),产量是500。如果生产要素的组合变成了(20A,31B,40C),产量增加到520。由此可知( )。
   A. 要素A的边际物质产品为20   B. 要素B的边际物质产品为20
   C. 要素C的边际物质产品为20   D. 要素B的边际收益产品为20

9. 假设生产某种商品需要使用A、B、C三种要素,当B的投入量连续增加时,它的边际物质产品( )。
   A. 递减
   B. 在技术不变、A和C的数量同比例增加时将下降

C. 递增

D. 在 A 和 C 的数量及技术条件不变时将下降

10. 既要提高工资又要避免失业，在下列哪一种情况下比较容易实现？（   ）

A. 劳动的需求富有弹性　　　　　　B. 劳动的供给富有弹性

C. 劳动产品的需求富有弹性　　　　D. 劳动产品的需求缺乏弹性

三、问答题

1. 在完全竞争市场上，为什么可以用要素的边际收益产品曲线来表示厂商的短期需求曲线，厂商的长期需求曲线和短期需求曲线有什么不同？

2. 为什么买方垄断厂商不存在确定的需求曲线？

3. 下列说法错在何处？

(1) 收入分配就是计算出各种生产要素的产出，然后给予它应得的部分。

(2) $MRP = P \cdot MP$

(3) 厂商最后雇佣的那个工人所创造的产值大于所雇佣的工人创造的平均产值时，厂商获得最大利润。

(4) 全体厂商对某种要素的需求曲线比单个厂商对这种要素的需求曲线更平缓。

4. 产品的边际收益和要素的边际收益有什么不同？

5. 完全竞争厂商、买方垄断厂商和卖方垄断厂商对生产要素需求的原则是什么，有什么不同？

四、计算题

1. 设某一厂商使用的可变要素为劳动 L，其生产函数为 $Q = -0.01L^3 + L^2 + 36L$（Q 为日产量，L 为每日投入的劳动小时数），所有市场（劳动市场及产品市场）都是完全竞争的，单位产品价格为 10 美分，小时工资为 4.8 美元，厂商要求利润最大化。问厂商每天要雇佣多少小时劳动？

2. 在完全竞争的市场上，某厂商的生产函数为 $Q = 10L - 0.5L^2$，假定产品市场上的价格为 5，劳动的工资率为 10，求厂商利润最大化的劳动使用量。

3. 假设某垄断者只使用一种可变要素 L 生产单一产品，该可变要素的价格为 $P_L = 5$，产品需求函数为 $P = 85 - 3Q$，生产函数为 $Q = 2\sqrt{L}$。请分别求出该垄断者利润最大化时使用的劳动（L）、产品数量（Q）和产品价格（P）。

4. 如果生产要素市场是完全竞争的，试证明：

$$\frac{MP_L}{P_L} = \frac{MP_K}{P_K} = \frac{1}{MC}$$

5. 假定劳动力的边际产出函数为 $14 - 0.08N$，其中，N 是劳动投入量。产品市场和劳动市场都是完全竞争市场。

(1) 当 $P = 1$，单位劳动的名义工资为 4 美元、3 美元、2 美元、1 美元时，劳动力需求各为多少？

(2) 给出劳动力需求方程。

(3) 在 $P = 2$，名义工资分别为 4 美元、3 美元、2 美元、1 美元时，劳动力需求各为多少？

(4) 在其他条件不变时，价格水平上升对劳动力需求有何影响？

6. 假定对劳动的市场需求曲线为 $D_L = -10W + 150$，劳动的供给曲线为 $S_L = 20W$。其中，S_L、D_L 分别为劳动市场供给、需求人数，W 为每日工资。试求：

(1) 在这一市场中，劳动与工资的均衡水平是多少？

(2) 假如政府希望把均衡工资提高到 6 元/日，其方法是直接补贴给企业，然后由企业给工人提高工资。为使职工平均工资由原来的工资提高到 6 元/日，政府需要补贴企业多少？新的就业水平是多少？企业付给职工的总补贴是多少？

(3) 假如政府不直接补贴给企业，而是宣布法定最低工资为 6 元/日，则在这个工资水平下将需要多少劳动？失业人数是多少？

附录 1：公式推导

1. 公式 8-1 的推导

厂商的收益等于其产品价格和产品数量的乘积，即：

$$R = P * Q$$

设厂商的需求函数和生产函数分别为 $P = P(Q)$ 和 $Q = Q(L)$，则厂商的收益函数可写成：

$$R = P * Q = P[Q(L)] * Q(L)$$

式中，$P[Q(L)]$ 为产品价格，是要素数量的复合函数：产品价格是产品数量的函数，产品数量又是要素数量的函数。由于使用要素的边际收益是收益对要素的导数，则有：

$$MRP = \frac{dP}{dQ} * \frac{dQ}{dL} * Q + P * \frac{dQ}{dL} = \left[Q * \frac{dP}{dQ} + P \right] * \frac{dQ}{dL} = MR * MP \tag{1}$$

式中，$MR = Q * (dP/dQ) + P$ 为产品的边际收益，可以证明如下：

为了求得产品的边际收益，将厂商的收益写成产品的函数：

$$R = P * Q = P(Q) * Q \tag{2}$$

由于产品的边际收益等于收益对产品的导数，则有：

$$MR = Q * \frac{dP}{dQ} + P \tag{3}$$

2. 公式 8-2 的推导

设完全竞争厂商使用的生产要素为劳动 L，则其生产函数为：

$$Q = Q(L) \tag{4}$$

完全竞争厂商的收益函数为：

$$R(Q) = P * Q \tag{5}$$

将(4)代入(5)，则可以将收益看成生产要素的(复合)函数：

$$R(L) = P * Q(L) \tag{6}$$

为了求得要素的边际收益，必须以要素为自变量求取导数，求取的导数即边际收益产品。对(6)式两边对 L 求导，得：

$$MRP = P * \frac{dQ(L)}{dL} = P * MP \tag{7}$$

附录 2："联合需求"对厂商要素需求的影响

前面在分析厂商要素需求时假定，只有一种生产要素可以变动（没有其他要素或其他要素既定不变）的情况下，厂商对各种要素的需求。其实，生产要素的需求是一种联合的需求或相互依存的需求。任何生产行为所需要的都不是一种生产要素，而是多种生产要素。这里补充说明多种要素可以变动条件下厂商对要素的需求。

假设厂商生产某种产品 Z，使用的三种生产要素 A、B 与 C 都是可以变动的，并假设三种生产要素的价格 P_A、P_B 和 P_C 以及产品的价格 P_X 是已知的,为了获得最大利润厂商选择使用的这三种要素的数量组合应满足如下条件:

$P_A/MP_A = P_B/MP_B = P_C/MP_C = MC_X = P_X$。

在上式中,A 要素的 MP_A 是指其他要素既定,增加一单位的 A 要素引起的产品增加量(设为 2 个单位产品);P_A 是指使用一单位 A 要素所需付出的成本(设为 4 元);$P_A/MP_A = 4$元$/2 = 2$ 元,是指追加使用一单位的 A 要素所得产品的一个单位所费成本,因而是厂商追加使用一单位的 A 要素所得产品的边际成本 MC_X,所以当 $MC_X = P_X$ 时厂商的利润达到最大化。同理,设 $P_B = 6$ 元,$MP_B = 3$,$P_C = 8$ 元,$MP_C = 4$,则 $P_B/MP_B = 6$ 元$/3 = 2$ 元,表示厂商追加使用一单位的 B 要素所得产品的边际成本,$P_C/MP_C = 8$ 元$/4 = 2$ 元,表示厂商追加使用一单位的 C 要素所得产品的边际成本。把假设数据代入上式

4 元$/2 = 6$ 元$/3 = 8$ 元$/4 =$产品价格 2 元。

满足上述条件意味着,厂商使用一定数量的三种要素的最后一个单位要素所生产产品的一个单位的成本恰好等于产品的销售价格,因而这样的要素组合是给厂商带来最大利润的最优要素组合。例如,假设 $P_A = 3$ 元,$MP_A = 2$,则 $P_A/MP_A = 3/2 = 1.5$ 元 $= MC_X < P_X$,这表示在其他要素不变条件下,追加使用一个单位的 A 要素所得产品的一个单位的成本小于该单位产品的销售价格,因而增加使用 A 要素可以使利润增加。

第九章 要素市场的供给理论

要素市场的供给理论所探讨的是各种生产要素的供给以及均衡价格的决定问题。早在19世纪,法国古典经济学家萨伊就提出了一个"三位一体"的公式:劳动—工资,资本—利息,土地—地租,英国经济学家马歇尔后来又在此基础上增加了企业家才能—利润,成为"四位一体"公式。这个公式概括了微观经济学生产要素理论的核心,即在生产过程中,工人提供了劳动,获得了工资;资本所有者提供了资本,获得了利息;土地所有者提供了土地,获得了地租;企业家提供了企业家才能,获得了利润。简而言之,各种生产要素都根据自己在生产中所作出的贡献获得相应的报酬。

本章主要从不同生产要素的供给出发,探讨各种生产要素的分配原则以及工资、地租和利息的决定。

第一节 生产要素供给原则

一、要素供给者

我们知道,在西方经济学的要素需求理论中,要素使用者是"单一"的,即是生产者或厂商,因而其行为目标也是"单一"的,即追求利润的最大化。转到供给方面之后,问题稍稍复杂一些:要素所有者既可以是生产者,也可以是消费者。生产者生产许多将要再次投入于生产过程的"中间产品"或"中间生产要素"(如钢材、车床等),因而是中间要素的所有者;消费者则向市场提供"原始生产要素"(如劳动、土地和资本等),因而是原始要素的所有者。由于要素所有者的身份不同,因而它们的行为目的也不相同。按照西方学者的假定,生产者和消费者的行为目的分别是利润最大化和效用最大化。要素所有者及其行为目标的不一致自然会影响到对要素供给的分析。最重要的影响便是要素供给原则肯定不会再像要素需求原则那样一致,因为不同的行为目标将导出不同的行为原则,由此进而影响诸如分析的方法、形式甚至某些结论等。因此,从理论上来说,要素供给理论须分成两个并列的部分分别加以讨论:根据生产者的利润最大化行为讨论其对中间要素的供给,根据消费者(或资源所有者,如劳动、土地和资本等的所有者)的效用最大化行为讨论其对原始要素的供给。

但是,在上述两个部分中的第一部分即中间要素的供给与一般产品的供给并无任何区别,因为中间要素即中间产品本身就是一般的产品,而关于一般产品的供给理论在产品市场,特别是在完全竞争产品市场的分析中已经详细讨论过,因此本章关于要素供给的讨论可以完全局限于要素所有者为消费者、其行为目的为效用最大化这一范围之内,即是从消费者的效用最大化行为出发来建立其要素供给量与要素价格之间关系的理论。

一旦局限于消费者范围之内,要素供给问题便有一个明显的特点:消费者拥有的要素数量(简称为资源)在一定时期内总是既定不变的。例如,消费者拥有的时间一天只有24小时,其可能的劳动供给不可能超过这个数;又例如,消费者拥有的土地也是固定的,比如说为2公顷,则它可能的土地供给也只有这么多;再例如,消费者拥有的收入每日为500元,则它不可能储蓄(即供给资本)比这更多,等等。

由于资源是既定的,消费者只能将其拥有的全部既定资源的一部分(当然,这部分可以小到0,也可能大到等于其资源总量)作为生产要素来提供给市场。全部既定资源中除去供给市场的生产要素外,剩下的部分可称为"保留自用"(或简称为"自用")的资源。因此,所谓要素供给问题可以看成是:消费者在一定的要素价格水平下,将其全部既定资源在"要素供给"和"保留自用"两种用途上进行分配以获得最大效用。

二、要素供给原则

消费者提供要素时怎样才能使效用达到最大呢?显然,在这里为获得最大的效用必须满足如下条件:作为"要素供给"的资源的边际效用要与作为"保留自用"的资源的边际效用相等。如果要素供给的边际效用小于保留自用的边际效用,则可以将原来用于要素供给的资源转移一单位到保留自用上去从而增大总的效用。之所以能够如此是因为,减少一单位要素供给所损失的效用要小于增加一单位保留自用资源所增加的效用;反之,如果要素供给的边际效用大于保留自用的边际效用,则可以反过来,将原来用于保留自用的资源转移一单位到要素供给上去。根据同样的道理,这样改变的结果亦将使总的效用增大。最后,由于边际效用是递减的,上述调整过程可以最终达到均衡状态,即要素供给的边际效用和保留自用的边际效用相等。

消费者供给生产要素的目的是为了获得收入,并由收入而实现效用。所以,要素供给的效用是一种间接效用。假设要素供给增量(例如劳动供给增量)为 ΔL,由此引起的收入增量为 ΔY,而由收入增量所引起的效用增量为 ΔU,则:

$$\frac{\Delta U}{\Delta L}=\frac{\Delta U}{\Delta Y}\cdot\frac{\Delta Y}{\Delta L}$$

取极限即得:

$$\frac{dU}{dL}=\frac{dU}{dY}\cdot\frac{dY}{dL} \qquad (9-1)$$

式中,dU/dL 即为要素供给的边际效用,它表示要素供给量增加一单位所带来的消费者效用增量;dU/dY 和 dY/dL 则分别为收入的边际效用和要素供给的边际收入。因此,(9-1)式表示:要素供给的边际效用等于要素供给的边际收入与收入的边际效用的乘积。

一般来说,单个消费者不过是要素市场上众多要素所有者之一,即它是要素市场上的完全竞争者。它多提供或少提供一点要素供给量并不影响要素的市场价格。或者说,它所面临的要素需求曲线是一条水平线。在这种情况下,要素的边际收益等于要素的价格,即有:

$$\frac{dY}{dL}=W$$

于是式(9-1)简化为：

$$\frac{dU}{dL} = W \cdot \frac{dU}{dY} \qquad (9-2)$$

这便是完全竞争条件下消费者要素供给的边际效用公式。

与要素供给提供间接效用相比，自用资源的情况稍稍复杂一些：它既可带来间接效用，亦可带来直接效用，而且更为重要的是带来直接效用。例如，拿消费者拥有的时间资源来说，如果不把时间用于劳动（即不作为劳动要素去供给市场），则可以将它用来做家务，也可以看电影或干脆休息。显然，自用时间在这里是通过不同的途径产生效用的。在第一种情况下，它节省了本来需请别人来帮忙做家务的昂贵开支，因而和要素供给一样，可以说是间接地带来了效用，即通过节约开支相对增加收入从而间接增加效用；在后两种情况下，它则直接地增加了消费者的效用，因为它直接地满足了消费者的娱乐和健康的需要。

为了分析的简单方便起见，以后假定自用资源的效用都是直接的，即不考虑类似于上述时间可以用来干家务这类现象。若用 l 表示自用资源数量，则自用资源的边际效用就是效用增量与自用资源增量之比的极限值 dU/dl，它表示增加一单位自用资源所带来的效用增量。

借助于上面指出的要素供给的间接效用和自用资源的直接效用概念，可以将效用最大化条件表示为：

$$\frac{dU}{dl} = \frac{dU}{dY} \cdot W \qquad (9-3)$$

或

$$\frac{dU/dl}{dU/dY} = W \qquad (9-4)$$

如果考虑有所谓"收入的价格"W_y，则显然有 $W_y = 1$。于是将(9-4)式写成：

$$\frac{dU/dl}{dU/dY} = \frac{W}{W_y} \qquad (9-5)$$

上式左边为资源与收入的边际效用之比，右边则为资源和收入的价格之比。这个公式与产品市场分析中的效用最大化公式是完全一致的。

上述要素供给原则可以推导如下：设消费者拥有的单一既定资源总量为 $\bar{L}$，资源价格（亦即要素价格）为 W，在该要素价格下，消费者的自用资源量为 l，从而其要素供给量为 $\bar{L}-l$，从要素供给中得到的收入为 $Y=W(\bar{L}-l)$。消费者的效用来自两个方面，即自用资源和要素供给的收入，故效用函数可写为 $U=U(Y,l)$。消费者在既定资源数量条件下决定资源在要素供给和保留自用两种用途之间进行分配，故约束条件（即预算线）为 $(\bar{L}-l)+l=\bar{L}$，或者改写成收入与要素供给量的关系，即得：$Y+W \cdot l = W \cdot \bar{L}$。于是消费者的要素供给问题可以表述为：

在约束条件 $Y+W \cdot l = W \cdot \bar{L}$ 下使效用函数 $U=U(Y,l)$ 达到最大。

对该问题求解即得利润最大化条件,亦即要素供给原则(9-4)式。①

第二节 劳动供给曲线和工资率的决定

一、劳动供给曲线

1. 劳动供给的时间配置模型

劳动供给是指劳动者所提供的一定劳动或服务的时间数,它涉及劳动者对其拥有的既定时间资源在劳动和闲暇两个方面的分配。

劳动者对劳动供给的决策是要考虑自己既定的时间资源如何有效地分配。我们知道,一个劳动者每天能够利用的时间资源最多不可能超过24小时,他每天只能拥有24小时。这24小时可分为两部分:一部分为劳动时间,另一部分为闲暇时间。所谓劳动时间,就是劳动者可以把24小时中的一部分提供给市场(也就是劳动者提供劳动)的时间。而闲暇时间则是指劳动者把除劳动以外的时间用于睡觉、吃饭、娱乐、休闲等活动的时间。我们不妨把劳动之外的时间都称作是闲暇。

劳动者通过提供劳动,从事各种生产性活动可以获得劳动收入,收入用于消费可以提高劳动者自身的效用水平。同时,劳动者提供劳动也需要付出一定的成本。这种成本主要包括两类:一是劳动使劳动者牺牲了一定的闲暇;二是在劳动过程中,劳动者需要付出一定的体力和脑力,所以劳动本身可能并不令人快乐,经济学中统一把它们称为劳动产生的负效用。闲暇本身也同样可以给劳动者带来效用,因为通过闲暇,可以从事一些娱乐和消费活动或从事其他个人感兴趣的活动,通过这些活动均可以使劳动者恢复体力和脑力,在不同的方面获得一定程度的满足。实际上,对于劳动者而言,劳动往往构成了闲暇的条件或基础。劳动者每天可以利用的时间资源是有限的,当用于劳动的时间增加时,闲暇时间就会减少,反之,劳动时间减少时,闲暇时间就会增加。所以说,劳动的供给问题实际上是劳动者将其既定的时间资源在劳动和闲暇两种用途上的分配问题。

消费者会把他每天24小时的时间在劳动供给和闲暇之间进行权衡。但是,消费者会把多少时间用于劳动,多少时间用于闲暇呢?这实际就是劳动者的效用最大化决策。这种决策过程和前面消费者理论中所讲的消费者的决策行为在本质上是相同的。劳动供给来源于劳动者或家庭部门,劳动者本身也是消费者。对应于特定的工资率,劳动者提供劳动的数量是由劳动者的选择行为所决定的。劳动供给与其他生产要素供给相比

---

① 求要素供给原则的数学方法可以论述如下:设消费者即要素所有者的效用函数为:
$U=U(Y,l)$
限制条件为:
$Y+W \cdot l = W \cdot \bar{L}$
令 $f = U(Y,l) + \lambda(Y + W \cdot l - W \cdot \bar{L})$
在这里,λ 为拉格朗日乘子。于是新函数 f 的一阶条件为:
$\partial f/\partial Y = \partial U/\partial Y + \lambda = 0$
$\partial f/\partial l = \partial U/\partial l + \lambda W = 0$
$\partial f/\partial \lambda = Y + W \cdot l - W \cdot \bar{L} = 0$
假设二阶条件能够得到满足,解上面联立方程中的前两个即可以求得要素供给原则(9-4)式。

存在着一个重要的差别,即劳动是一种最重要的生产要素,同时也是消费者收入的最大来源。消费者行为理论中研究了在收入水平给定的条件下,消费者如何在不同产品和劳务中分配自己的收入以寻求效用最大化。我们同样可以利用消费者行为理论中的无差异曲线等工具来分析劳动的供给。

劳动者在分配使用其时间时也要追求效用最大化。他的时间只有两个用途,一是闲暇,二是劳动以换取收入。一般来说,收入和闲暇都是正常商品,更多的收入或更多的闲暇时间能给人们带来更高的效用水平。图 9-1 给出了劳动者关于收入及闲暇的正常偏好和无差异曲线。在图 9-1 中,横轴 H 代表闲暇时间,纵轴 I 代表收入,无差异曲线 U 表示劳动者不同的时间分配方案所带来的满足程度。用 W 表示每小时工资率,劳动者每天用于在劳动和闲暇之间进行分配的总时间是 24 小时,一定的时间分配方案给劳动者带来的收入为:

$$I=(24-H^*) \cdot W \tag{9-6}$$

图 9-1 中,如果劳动者将时间全部用于闲暇,那么最多只有 24 小时,此时收入为零,就是图中的 B 点的情况;如果劳动者将全部时间用于劳动,此时闲暇时间为零,他的总收入为 $24W$,就是图中的 A 点的情况。直线 AB 上的任意一点,都表示劳动者一天内享受的闲暇时间和从劳动时间中得到收入的一个组合点,所以 AB 线为劳动者时间配置的预算约束线,其斜率为工资率 W,也就是说,闲暇的相对价格为 W。利用消费者行为理论的相关知识,我们可以很容易得到劳动者劳动与闲暇选择的均

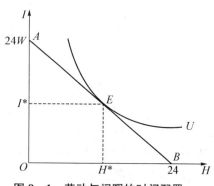

图 9-1 劳动与闲暇的时间配置

衡点为 E 点,即无差异曲线 U 与预算约束线 AB 的切点,劳动者在 E 点达到效用最大化。此时,劳动者用于闲暇的时间是 H^*,劳动时间为 $24-H^*$,得到的收入 I^* 为 $W(24-H^*)$。实际的情况是,一个人不可能每天 24 小时不停地工作来使自己的收入达到最大化,由于生理和心理的需要,他必须有一定的闲暇时间。而在固定的时间资源约束条件下,每个人的劳动时间和闲暇时间又是此消彼长的,他又必须将时间在劳动和闲暇中作出合适的分配。均衡点 E 就是闲暇与收入的边际替代率等于单位时间工资率 W 的那个最优的收入—闲暇组合。

在现实生活中,每个劳动者拥有的时间资源是既定的。这包含两层含义:第一,每天只有 24 小时,这是不会改变的;第二,在这固定的 24 小时之中,有一部分时间必须用于睡眠、吃饭等以再生产劳动力,劳动者还必须有时间去参加社会活动、从事人际交往、照顾老人或孩子等。虽然不同的劳动者对劳动力再生产所需要的时间会有个体差异,但对于特定的劳动者而言或从一般的意义上来说,这部分时间在短期内是比较固定的。为了分析方便,我们假定劳动者用于劳动力再生产及其他活动的时间为每天 8 个小时,那么劳动者每天可以自由支配的时间资源为 $24-8=16$ 小时。

再假设劳动者存在一部分非劳动收入,即不管其是否劳动都会有的收入,比如存款的利息收入,用 I_0 表示。那么,劳动者的预算约束为:

$$I = I_0 + W \cdot (H_0 - H^*) = I_0 + W \cdot L (0 \leqslant H^* \leqslant H_0) \qquad (9-7)$$

式 9-7 中,I 代表收入,I_0 代表非劳动收入,W 代表工资,L 代表劳动供给量,H_0 代表劳动者可用于劳动和闲暇的所有时间资源。

这样,我们可以构建一个新的时间配置模型,如图 9-2 所示。图中,U_1、U_2 和 U_3 分别代表劳动者三条无差异曲线,预算约束线为 AB,劳动者的最优选择出现在无差异曲线和预算线相切的 E 点。在该点上,边际替代率等于预算约束线的斜率 W。此时,劳动者的闲暇时间为 H^*,劳动时间为 $L^* = H_0 - H^*$,收入为 $I = I_0 + W \times (H_0 - H^*)$。

通过以上分析,可以发现,劳动者的收入是一个变动的量,一方面取决于消费者向要素市场提供的劳动数量,另一方面取决于单位劳动时间的工资率。

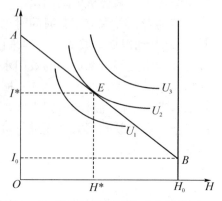

图 9-2 劳动供给的无差异曲线分析

2. 劳动供给曲线

接下来我们来分析得出劳动供给曲线。在图 9-3 中,横轴 H 表示闲暇时间,纵轴 I 表示收入。A_1B 是工资为 W_1 时的预算约束线,它与无差异曲线 U_1 相切于 E_1 点,此时闲暇时间为 H_1,从而劳动供给量为 $L_1 = H_0 - H_1$。对应于图 9-4,可以得到劳动供给曲线上的一点 $K_1(W_1, L_1)$;如果工资从 W_1 上升到 W_2,再上升到 W_3,对应的预算约束线由 A_1B 顺时针旋转到 A_2B 和 A_3B,它们分别与无差异曲线 U_2 和 U_3 相切于 E_2 点和 E_3 点。均衡点 E_2 和 E_3 对应的闲暇时间分别为 H_2 和 H_3,可以得到图 9-4 中劳动供给曲线上的两点 $K_2(W_2, L_2)$ 和 $K_3(W_3, L_3)$。重复以上过程,便可以得到图 9-3 中类似于 E_1、E_2 和 E_3 的其他点,把这些点连接起来就可以得到劳动者时间配置的价格扩展线。相应地,在图 9-4 中可以得到类似于 K_1、K_2 和 K_3 的其他点,把这些点连接起来,就可以得到劳动者的劳动供给曲线 S。

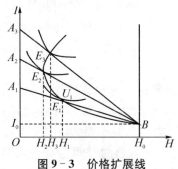

图 9-3 价格扩展线

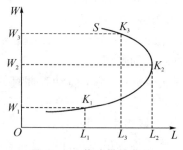

图 9-4 劳动供给曲线

需要注意的是,完整的劳动的供给曲线与一般的具有正斜率的供给曲线不同。正如图 9-4 描绘的劳动供给曲线那样,它具有一段向后弯曲的部分,这一段曲线的斜率为负值。这说明,当工资较低时,如图 9-4 中工资低于 W_2 时,随着工资的上升,劳动者会被较高的工资水平吸引减少闲暇,从而增加劳动供给量。在这个阶段,劳动供给曲线向右上方倾斜。但是,工资上涨对于劳动供给的吸引力是有限的,随着工资的持续提高,劳动供给量的增加越来越慢,当工资上涨到 W_2 时,劳动者的劳动供给达到最大。此时如果继续增加工资,劳动供给量非但不会增加,反而会随着工资水平的上升而减少。于是劳动供给曲线从 W_2 点开始向后弯曲。

3. 工资变动的替代效应和收入效应

劳动供给曲线为什么会向后弯曲?为了解释这个问题,我们换一个角度来看劳动供给、劳动价格即工资以及它们之间的关系。首先,可以将劳动供给看成是闲暇需求的反面。因为在时间资源总量给定的条件下,劳动供给的增加就是闲暇需求的减少;反之亦然。其次,劳动的价格即工资实际上就是闲暇的机会成本。增加一单位时间的闲暇,意味着失去本来可以得到的一单位劳动的收入,即工资。这样,工资又可以看成是闲暇的价格。最后,在上述关于劳动供给及工资的重新解释的基础上,劳动供给量随工资而变化的关系即劳动供给曲线便可以用闲暇需求量随闲暇价格而变化的关系即闲暇需求曲线来加以说明,只不过后者与前者正好相反而已。换句话说,解释劳动供给曲线向后弯曲现在变成了解释闲暇需求曲线为什么向前上斜。现在可以运用第三章第关于对一般商品需求曲线形状的讨论来回答上述问题了。

我们知道,对正常商品的需求曲线总是向右下方倾斜的,即需求量随价格的上升而下降。其原因有两个:一是替代效应,一是收入效应。正常商品价格上涨后,由于替代效应,消费者转向相对便宜的其他替代品;由于收入效应,消费者相对"更穷"一些,以至于减少对正常品的购买。就一般的正常商品而言,替代效应和收入效应共同作用使其需求曲线向右下方倾斜。

现在来考虑闲暇商品的情况。对闲暇商品的需求亦受到替代效应和收入效应两个方面的影响。先看替代效应。假定闲暇的价格即工资上涨,于是,相对于其他商品而言,闲暇这个商品现在变得更加"昂贵"了(其机会成本上升了)。于是消费者减少对它的"购买",而转向其他替代商品。因此,由于替代效应,闲暇需求量与闲暇价格反方向变化。这一点与其他正常商品一样。再来看收入效应。在这里,闲暇商品完全与众不同。假定其他条件不变时,对于一般商品,价格上升意味着消费者实际收入下降,但闲暇价格的上升却相反,意味着实际收入的上升。因为消费者此时享有同样的闲暇即提供同样的劳动量可以获得更多的收入。随着收入的增加,消费者将增加对商品的消费,从而亦增加对闲暇商品的消费。结果,由于收入效应,闲暇需求量与闲暇价格的变化方向相同。这样一来,在一般正常商品场合在同一方向起作用的替代效应和收入效应,在闲暇商品场合却起着相反的作用。因此,随着闲暇价格的上升,闲暇需求量究竟是下降还是上升要取决于这两种效应的大小。如果替代效应大于收入效应,则闲暇需求量随其价格上升而下降;反之,如果收入效应大于替代效应,则闲暇需求量随其价格的上升而上升。这就意味着劳动供给曲线向后弯曲。

那么,闲暇价格变化的收入效应会不会超过替代效应?对一般商品(不仅是正常品,还包括一部分劣等品)来说,收入效应通常要小于替代效应。消费者消费的商品有很多种,而每一种只占消费者预算上的很小部分,而且具有很相近的替代品。因此,单种商品价格变动通常对消费者收入并不造成很大影响,而却非常容易引起消费者的替代行为。例外的情况仅是所谓的吉芬商品。现在讨论到闲暇商品,情况却有所不同。消费者的收入的大部分可能是来自劳动供给(当然还有一部分非劳动收入)。假定其他因素不变,闲暇价格即工资的上升会大大增加消费者的收入水平。因此,闲暇价格变化的收入效应较大。如果原来的工资即闲暇价格较低,则此时工资稍稍上涨的收入效应不一定能抵消、当然更谈不上超过替代效应,因为此时的劳动供给量亦较小,从而由工资上涨引起的整个劳动收入增量(它等于工资增量与劳动供给量之乘积)并不很大;但如果工资已经处于较高水平(此时劳动供给量也相对较大),则工资上涨引起的整个劳动收入增量就很大,从而可以超过替代效应。于是劳动供给曲线在较高的工资水平上开始向后弯曲。

总起来看,在工资水平比较低的阶段,工资水平提高产生的替代效应大于收入效应。因为低工资带来的收入变化不会太大,所以劳动供给随工资水平的提高而增加,劳动供给曲线向右上方倾斜。但是,当工资水平提高到一定程度之后,工作较少的时间就可以维持较好的生活水平,此时人们会将更加珍视闲暇,工资水平提高的收入效应强度增加,超过替代效应,从而使劳动供给曲线出现向后弯曲的形状。在现实的经济中,对绝大多数人而言,工资水平还没有高到使劳动者富足的程度,实际的劳动供给曲线很难出现向后弯曲的情况。为了分析的方便,后文在使用劳动的供给曲线时,仍然把劳动的供给曲线看成是一条向右上倾斜的正斜率的曲线,而不再考虑其向后弯曲的情况。

[专栏9-1] 漂亮的收益

美国经济学家丹尼尔·哈莫米斯与杰文·比德尔在1994年第4期《美国经济评论》上发表了一份调查报告。根据这份调查报告,漂亮的人的收入比长相一般的人高5%左右,长相一般的人又比长相丑陋一点的人的收入高5%~10%。为什么漂亮的人收入高?

经济学家认为,人的收入差别取决于人的个体差异,即能力、勤奋程度和机遇的不同。漂亮程度正是这种差别的表现。

个人能力包括先天的禀赋和后天培养的能力,长相与人在体育、文艺、科学方面的天才一样是一种先天的禀赋。漂亮属于天生能力的一个方面,它可以使漂亮的人从事其他人难以从事的职业(如当演员或模特)。漂亮的人少,供给有限,自然市场价格高,收入也就高。

漂亮不仅仅是脸蛋和身材,还包括一个人的气质。在调查中,人们认为漂亮是包括外形与内在气质的一种综合。这种气质是人内在修养与文化的表现。因此,在漂亮程度上得分高的人实际上往往是文化高、受教育高的人。两个长相相近的人,也会由于受教育不同表现出来的漂亮程度不同。所以,漂亮是反映人受教育水平的标志之一,而受教育是个人能力的来源,受教育多,文化高,收入水平高就是正常的。

漂亮也可以反映人的勤奋和努力程度。一个工作勤奋、积极上进的人,自然会打扮得体,举止文雅,有一种朝气。这些都会提高一个人的漂亮得分。漂亮在某种程度上反映了人的勤奋,与收入相关也就不奇怪了。

最后,漂亮的人机遇更多。有些工作,只有漂亮的人才能从事,漂亮往往是许多高收入工作的条件之一。就是在所有人都能从事的工作中,漂亮的人也更有利。漂亮的人从事推销更易于被客户接受,当老师会更受到学生热爱,当医生会使病人觉得可亲。所以,在劳动市场上,漂亮的人机遇更多,雇主总爱优先雇佣漂亮的人。有些人把漂亮的人机遇更多,更易于受雇称为一种歧视,这也不无道理。但有哪条法律能禁止这种歧视?这是一种无法克服的社会习俗。

漂亮的人的收入高于一般人。两个各方面条件大致相同的人,由于漂亮程度不同而得到的收入不同。这种由漂亮引起的收入差别,即漂亮的人比长相一般的人多得到的收入称为"漂亮贴水"。

资料来源:梁小民.微观经济学纵横谈[M].上海:生活·读书·新知三联书店,2000.

二、劳动的市场供给曲线

与产品的市场供给一样,整个劳动市场的供给也是建立在个人劳动供给基础之上的,因此,通过将所有单个劳动者的劳动供给曲线进行水平加总,就可以得到劳动的市场供给曲线。

为了分析方便,假定所有提供同种劳动的劳动者只有两个。如图 9-5 所示,纵轴表示工资水平,图(a)和(b)中横轴均表示单个劳动者的劳动供给量,图(c)中的横轴则表示劳动的市场供给量。当工资水平为 W_1 时,劳动者 1 提供的劳动数量为 L_{11},劳动者 2 提供的劳动数量为 L_{21},劳动的市场供给量就是 $L_1=L_{11}+L_{21}$。变动劳动的工资水平,就可以相应地得到一系列劳动的市场供给量,从而得到劳动的市场供给曲线。

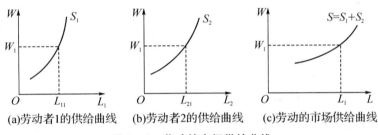

(a)劳动者1的供给曲线　(b)劳动者2的供给曲线　(c)劳动的市场供给曲线

图 9-5　劳动的市场供给曲线

从理论上说,与个人的劳动供给曲线一样,劳动的市场供给曲线后端也应该是向后弯曲的。但不同的是,劳动的市场供给曲线有一个较长的向右上方上升的过程。原因就在于,随着工资水平的提高,虽然一些单个劳动者可能减少劳动供给量,但是同样会有越来越多的新劳动者加入劳动大军,因而,劳动市场供给曲线的主体是向右上方倾斜的。另外,从整个社会来看,在一定阶段,极高的工资水平带来的收入效应超过替代效应,从而使劳动供给反方向变动的情况也很少出现,因为低收入阶层总是在社会总人口中占较大的比重,他们的收入效应一般不大可能会超过替代效应。因此,一般情况下,我们讨论的劳动市场供给曲线可以视为一条向右上方倾斜的曲线。

三、劳动市场均衡与工资的决定

1. 完全竞争条件下劳动市场均衡与工资的决定

工资作为劳动的价格,是由劳动市场中需求和供给的相互作用决定的。在完全竞争的劳动市场中,对劳动的需求和供给决定均衡工资和就业水平,而且劳动市场的均衡工资正好使得劳动的供求处于均衡状态。把前面所讨论的劳动需求曲线和劳动供给曲线放在一起,就可以得到劳动市场的均衡(如图 9-6 所示)。

图 9-6 中,横轴表示劳动数量,纵轴表示工资水平。S 代表劳动供给曲线,D 代表劳动需求曲线。由于要素的边际生产力递减和产品的边际收益递减,要素的市场需求曲线

通常总是向右下方倾斜的,劳动的市场需求曲线也不例外。将向右下方倾斜的劳动需求曲线和向右上方倾斜的劳动供给曲线结合起来,即可决定均衡的劳动数量和工资水平。图中 E 点为劳动市场的均衡点,此时均衡工资水平为 W^*,均衡就业量为 L^*。当工资水平高于 W^* 时,如在 W_1 点,劳动供给量大于劳动需求量,市场上存在多余的劳动力,有些劳动者找不到工作或劳动时间不足,从而愿意以更低的工资水平提供劳动,结果,市场工资水平下降。反之,当工资水平低于 W^* 时,如在 W_2 点,劳动供

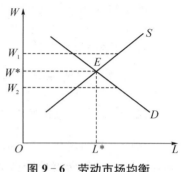

图 9-6 劳动市场均衡

给量不能满足劳动需求,市场上存在劳动力短缺,有些厂商得不到所需要的劳动,从而愿意以更高的工资水平雇佣劳动,促使市场工资水平上升。在竞争性的劳动市场中,当存在上述两种情况时,工资水平均会作出相应的调整,直到劳动供求平衡为止。

均衡工资的决定因素包括劳动需求的决定因素和劳动供给的决定因素两方面。影响劳动需求方面的因素有:①产品价格。当某种技能的劳动所生产的产品价格上升时,其边际产品价值增加,工资将会上升;当产品价格下降时,工资将会下降。而且,当产品价格变化时,工资变化的程度还依赖于劳动技能的专用程度。劳动技能越专用,工资变化幅度越大。②技术。技术水平可以表现在边际产品或边际生产力上。当生产力提高时,边际产品价值增加,工资上升。③其他要素的情况。可用于替代劳动的要素的价格下降时,对劳动的需求将会减少,工资将会下降。和劳动互补的要素价格下降或质量提高时,对劳动的需求将会增加,工资将会上升。

影响劳动供给方面的因素有:①非劳动收入或已经积累起来的财富。非劳动收入越多,或者已经积累起的财富越多,用较高的工资才能吸引人们提供更多劳动,意味着更高的均衡工资。所以,社会保障(失业救济和最低生活标准)使均衡工资上升。②人们对工作和闲暇的偏好。显然,更看重收入的人群,其劳动供给较多,提供同样劳动要求的工资较低,从而均衡工资也较低。③教育。接受教育可以看作是人力资本投资。一个社会中人们平均接受教育的年限越长,在教育上的支出越大,工资要求越高,均衡工资越高。④人口。一个时期的生育高峰意味着大约 20 年后的劳动供给大幅度增加,在其他条件不变的情况下,将会有工资下降的压力。当然,人均寿命的延长也会使劳动供给增加,产生工资下降的影响。⑤习俗和法规。妇女解放使劳动供给增加,产生工资下降的趋势;降低就业年龄界限使劳动供给增加,产生工资下降的趋势;放宽向本地移民的限制,使本地劳动供给增加,也产生工资下降的趋势。

随着时间的推移,劳动的供给曲线和需求曲线都会发生移动,如图 9-7 所示。从需求方面来看,由于储蓄和投资,资本投入会逐年增加,从而将需求曲线由 D_1 向外推移到 D_2,技术进步也会起到同样的作用;从供给的方面来看,随着人口的增长,劳动供给曲线也会由 S_1 外移到 S_2。总体工资水平是上升还是下降,取决于供给和需求两方面的力量。图 9-7 中工资水平由 W_1 上升到 W_2,这是目前绝大多数国家的历史发展轨迹。

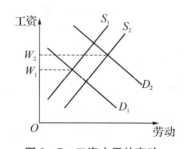

图 9-7 工资水平的变动

2. 不完全竞争条件下劳动市场均衡与工资的决定

不完全竞争的劳动市场有两种情况：买方垄断和卖方垄断。这里分析一下买方垄断的情况下工资的决定。买方垄断是指劳动市场上只有一个买主的情况，也称为独家买方。如图 9-8 所示，唯一的买者面对一条向右上方倾斜的劳动供给线。垄断的买者是这种劳动市场上的价格决定者，只要他提高雇佣劳动的价格即工资水平，就可以得到较多的劳动供给，而且，其雇用量决定工资水平。劳动的价格即工资水平与劳动供给量之间的关系可以表示为：

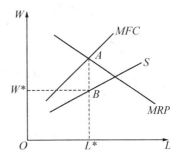

图 9-8 买方垄断条件下劳动市场的均衡

$$W = f(L) \tag{9-8}$$

因为工资水平与劳动供给量同方向变化，所以 $f'(L) > 0$。而厂商的成本函数为：

$$C = W \cdot L \tag{9-9}$$

可以导出边际要素成本

$$MFC = dC/dL = f'(L) \cdot L + f(L) = (dW/dL) \cdot L + W \tag{9-10}$$

由于 $dW/dL > 0$，所以 $MFC > W$。从图形上看，要素市场上的垄断买者的边际要素成本曲线 MFC 总是位于劳动供给曲线的上方，且更为陡峭，MRP 则表示劳动的边际收益产品曲线。当劳动投入的边际要素成本等于劳动的边际收益产品，即 $MFC = MRP$ 时，达到了买方垄断条件下劳动市场的均衡，均衡点为 A 点，均衡数量为 L^*，但价格并不是由均衡点决定，而是由 B 点决定。因为在均衡点所决定的价格水平上，劳动供给者所接受的最低工资水平为 W^*，这就是均衡的工资水平。

四、工会与劳动供给

1. 工会的目标

前面的分析是以每个劳动者在劳动市场上都独立地进行劳动供给的决策为前提的。但现实的市场往往不完全是这样的，还存在工会这种卖方垄断组织的作用。工会是由一群工人组成的，借以增强工人市场力量的组织。西方的工会主要有两种类型，一种是技术工会，指一批具有相同技艺但由不同行业的工人组成的会员组织，如木工联盟、电工联盟等；另一种是产业工会，是由同一行业或企业中不同工种的工人组成的会员组织，如汽车工人联盟。在西方，大约有超过 20% 的工人属于工会会员工人。

在现代社会中，工会已经是劳动市场活动的一个不可分割的部分，对劳动市场具有很大的影响。工会的存在造成一种差别：有组织的工人的市场力量得到增强，从而使工会会员工人的工资水平高于非会员工人的工资水平。按美国最有影响的全国性工会组织"劳联—产联"的说法，有 57% 的人愿意参加工会。

工会对劳动市场的影响与工会的目标有关。我们通过模型来进一步说明。在图 9-9 中，工会面临的需求曲线为 D，相对应的边际收益曲线为 MR，S 表示工会的劳动供给曲线。假设工会是劳动供给的唯一来源,所以它可以根据不同的目标选择劳动的供给量。一般而言,工会的目标可以概括为三种。

一是工人总收入最大化。工人的总收入不仅包括工资,也包括劳动条件等其他利益。总收入最大要求 $MR=0$,此时工会提供劳动的数量为 L_1,按照这一劳动数量由需求曲线上的 E_1 点决定的工资水平为 W_1。但在工资水平为 W_1 时,劳动的供给大于劳动的需求,会造成部分工人失去工作,这时工会必须为这些工人解决就业问题,否则会损害这部分工人的利益。

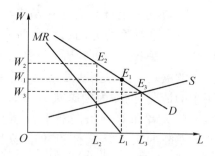

图 9-9 工会的目标和劳动供给选择

二是工人的工资水平最大化。工资水平最大化要求边际收益等于边际成本,相应的均衡点为需求曲线上的 E_2 点,此时工会将提供 L_2 数量的劳动,工资水平为 W_2。当工资水平为 W_2 时,劳动的供给大于劳动的需求的问题更加突出,许多想在这一工资水平下工作的人将会失去工作。

三是就业人数最大化。这时工会提供的劳动数量为 L_3,也就是由劳动的供给曲线和需求曲线的交点 E_3 所决定的劳动数量,这也是完全竞争劳动市场上的均衡劳动量。但此时的工资水平为 W_3,是三个目标中的最低水平。

从以上分析中,我们可以归纳出工会的两个基本目标,一是提高工资水平,二是增加就业人数。显然,工会的这两个基本目标是相互矛盾的。在劳动市场需求状况不变的情况下,更多的就业将带来工资水平的下降,而提高工资又会降低就业水平,这就是工会目标选择的两难境地。

2. 工会对劳动供给的影响

在大多数情况下,工会追求的首要目标是提高会员工人的工资。工人的实际工资水平取决于工会与厂商双方的力量,即劳资力量的对比,以及其他一些经济与非经济因素(如经济的繁荣与萧条,政府的管制等)。实际工资水平主要是劳资双方集体协商的结果。工会对会员工人工资的干预主要从以下几种情况着手。

第一种情况:增加对劳动的需求

在劳动供给不变的情况下,通过增加对劳动的需求可以提高工资水平。这种方法不但会使工资水平提高,而且可以增加就业(如图 9-10 所示)。

在图 9-10 中,劳动的需求曲线 D_0 与供给曲线 S 相交于 E_0 点,决定均衡的工资水平为 W_0,就业水平为 L_0。劳动的需求增加后,劳动的需求曲线由 D_0 向右平行移动到 D_1,这时新的劳动需求曲线 D_1 与供给曲线 S 相交于 E_1 点,决定了工资水平为 W_1,就业水平为 L_1。$W_1 > W_0$,

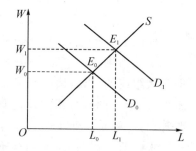

图 9-10 工会增加劳动需求

$L_1 > L_0$,说明当劳动需求增加后,工资水平会上升,就业水平也会提高。可见,这种方法对于工会而言是非常好的,因为它能够同时满足工会的两个目标,既能够增加工资水平也能提高就业水平。

工会增加厂商对劳动需求的方法有很多种,具体包括:①增加产品需求。工会增加厂商对劳动需求的最主要方法就是增加市场对产品的需求,因为劳动需求是由产品需求派生而来的。增加对产品的需求主要有三种方法:参与产品广告、进行政治游说和实行贸易保护政策。②提高劳动边际生产力。劳动边际生产力的增加会直接导致对劳动需求的增加。主要形式有专门的培训计划、在职培训活动、职业资格制度等。③增加厂商的数量。工会可以通过游说,促使那些鼓励厂商在当地建立公司的政府计划获得通过,从而增加劳动需求。

第二种情况:减少劳动供给

在劳动需求不变的条件下,工会通过减少劳动供给同样也可以达到提高工资水平的目的,但这种方法会使就业量减少(如图9-11所示)。

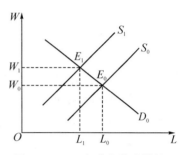

图9-11 工会减少劳动供给

在图9-11中,劳动的初始供给曲线 S_0 与需求曲线 D 相交于 E_0 点,决定了均衡的工资水平为 W_0,就业水平为 L_0。劳动的供给减少后,劳动的供给曲线由 S_0 向左平行移动到 S_1,这时新的劳动供给曲线 S_1 与需求曲线 D 相交于 E_1 点,决定了工资水平为 W_1,就业水平为 L_1。说明当劳动供给减少后,工资水平会上升,就业水平却会下降。

工会减少劳动供给的方法主要包括减少合格的劳动供给数量和影响非工资收入两种。首先,工会可以通过限制非会员受雇的方法来减少劳动供给。其次,迫使政府通过限制移民迁入、禁止使用童工、强制退休、减少工作时间等法律,也可以减少合格的劳动供给数量。第三,工会还可以利用就业许可证制度限制劳动进入相关行业。这种制度通常由政府制定,要求某类从业者满足一定的条件。这些条件可能包括一定程度的受教育水平或必要的工作经验,获得从业证书前可能还要通过某种考试。另外,为阻止工人的跨地区流动,证书有时还要附带最低限度的住所条件。通过这些手段,劳动供给受到有效的限制,工资水平因此而提高。

工会还可以通过影响非工资收入来增加工人的工资。工会通常支持增加失业者和部分丧失劳动能力者的补助金、工人赔偿金、社会保险金以及退休金等,因为这会降低劳动参与率,使劳动供给减少,达到提高工资水平的目的。

第三种情况:集体谈判

在许多情况下,工会可以采用集体谈判的方式作为提高工资水平的手段。所谓集体谈判是指工会作为其全体会员的代表与雇主进行工资谈判。显然,工人如果分别与雇主单独进行谈判,必将处于不利地位,但如果工人组织起来,以同一个声音说话,其谈判力量就会大大增强。在集体谈判中,工会常常以罢工对雇主实施威胁。

图9-12中,供给曲线 S 表示每个工人单独与雇主谈判时的劳动供给。当工会对雇主进行威胁时,通常是努力让雇主相信:如果工资率低于 W_1,雇主将得不到任何劳动力。而在 W_1 的工资水平上,雇主可以在 L_2 的范围内得到任何数量的劳动力。当工资水平高于 W_1 时,雇主可以得到的劳动力数量不断增加。于是我们得到新的供给曲线 $S'ABS$。在这条新供给曲线的 W_1B 区间上,劳动供给曲线变得完全富有弹性,如果雇主在此区间上雇用某个数量的劳动,他们就必须支付 W_1 的工资。如果雇主希望雇用比超过 L_2 数量的工人,就应该支付更高的工资。集体谈判的效果是,当不存在工会罢工威胁时,劳动市

场的均衡在 E 点上,工资水平为 W^*,就业水平为 L^*。出现罢工威胁后,均衡点移到需求曲线与新供给曲线的交点 A,雇主将以 W_1 的工资水雇用数量 L_1 的工人。

通过集体谈判虽然可能为工会成员带来一定的利益,但也会付出一定的成本。因为,一部分在议定工资水平上愿意提供劳动的工会成员会丧失工作机会。如图 9 – 12 所示,与在 E 点相比,W_1 的工资水平将使雇主解雇数量为 $(L^* - L_1)$ 的工人。同时,过高的工资还吸引了数量为 $(L_2 - L^*)$ 的工人到这里寻找工作,从而最终导致了总数为 $(L_2 - L_1)$ 的工人失业。

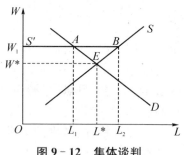

图 9 – 12 集体谈判

第四种情况:鼓励最低工资法案

工会迫使政府通过立法规定最低工资,这样,在劳动的供给大于需求时也可以使工资维持在一定的水平上。这种方法对工资与就业的影响也可以用图 9 – 12 来说明。

如果没有最低工资法,劳动市场的均衡在 E 点上,工资水平为 W^*,就业水平为 L^*。但由于最低工资法的出台,政府规定了工资不得低于 W_1,为了遵守法律,雇主只愿意在 W_1 的工资水平上雇用数量为 L_1 的工人。而在此条件下,愿意就业的人数多达 L_2,于是,L_1L_2 这一段便成了最低工资法带来的失业。

当然,工会对工资决定的影响也是有限度的。这种影响的大小取决于整个经济形式的好坏,劳资双方的力量对比,政府干预的程度与倾向性,工会的斗争方式与艺术,社会对工会的同情和支持程度,等等。

第三节 土地市场及地租的决定

一、土地的供给曲线

经济学上的土地是一个广泛的概念,泛指一切自然资源。土地不仅指地面,还包括地下、空中、水中的一切自然资源。这种生产要素是自然赋予的,并非人为作用的结果。

土地作为人类赖以生存和发展的最基本生产要素,和资本、劳动等其他生产要素在供给方面有很大的不同。马歇尔曾指出,土地有两点基本性质:一是土地的地理位置是固定的,不能移动的,这就形成了土地在分布、天然的肥沃程度等方面的各种不同的自然差别,由于土地的不流动性影响到人们生产活动的方便程度,故而它影响到土地的收益。二是土地的数量即供给量是固定的,与市场对土地的需求无关。土地是大自然所赋予的,所有没有生产成本和供给价格,供给量不随需求变化而变化,所有土地具有永久性、固定性和不变性。资本和劳动等生产要素在一定程度上或在足够长的时期内其数量是可以随其价格的变化而变化的。而土地的存量基本上是固定的,它既不能被生产出来,也不能被毁灭,其数量既不能增加,也不能减少,也就是说,土地的供给数量不会因人们的任何决策而改变。这意味着每一片特定的土地供给都是完全无弹性的,土地的供给量不会由于租金的大小而改变,所以,土地的供给曲线是一条垂直于横轴的直线(如图 9 – 13 所示)。

在图 9-13 中,横轴表示土地的供给数量,纵轴表示土地的价格即租金,垂直于横轴的曲线 S 表示土地的供给曲线,说明土地供给是完全无弹性的,供给量不会随租金的变化而改变。

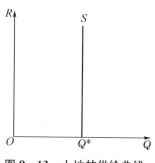

图 9-13　土地的供给曲线

土地的数量是固定不变的这种认识主要是从地质意义上而言的。在经济意义上,土地的多少是指土地被人们利用的情况,它并不是一个不变的量,而是和其他生产要素一样都是可变的量。除极短期内,土地的供给弹性不会是零。这样,土地的供给曲线也应该和其他生产要素的供给曲线一样,是向右上方倾斜的一条正斜率的曲线。

在整个社会范围内,土地是存在竞争性的。随着经济的不断发展,可供利用的土地数量是不断增加的;如果资源的价格不断提高,废弃的矿井就会被重新开采,新的矿井也会被不断地发现。土地的竞争性不仅存在于整个社会,也存在于各个不同的行业中。同一块土地,往往是有多种用途的,既可以用于耕种,也可以用于建工厂,或用于修路、建房子等,这块土地最终用于什么用途,要看哪个行业能支付更高的价格。土地的这种竞争性往往是与另一种生产要素——资本的使用相联系的。当在单位土地上投入的资本不断增加时,这块土地的边际产出就会不断增加,从而土地的使用者能支付更高的土地使用价格。反过来说,当土地的使用者能支付更高的土地使用价格时,就能得到更多的土地使用量,如果土地使用者只能支付较低的土地使用价格,他能使用的土地数量就是较少的。那些密集使用资本从而能支付较高土地价格的行业或厂商将面对更大的土地供给量,那些只能支付较低土地价格的行业或厂商将面对较少的土地供给量。对于一个行业或厂商而言,如果能支付的土地价格上升了,则面对的土地供给量就会增加。当整个社会能支付更高的土地价格时,整个社会的土地供给量也就会增加。

[专栏 9-2] 资源之赌

1980 年,朱利安·西蒙(Julian Simon)——经济学家和富足学派的倡导者,向环境悲观主义者发出了一个挑战。西蒙相信技术的进步能够找到任何可供消耗资源的替代物,他答应悲观主义者可以挑选任何自然资源,并愿意与他们打赌,所选资源的价格将会下降而不是上升。

波尔·埃利希(Paul Ehrlich)——有名的生物和环境学家,他接受了西蒙的挑战。埃利希最早出名是由于他在 1968 年写的一本名叫《人口爆炸》的书,他在书中预言了即将席卷世界的饥荒。在后来一本书中,他预言到 1985 年将会出现主要原材料严重短缺的情况。毫不奇怪,埃利希确信西蒙的预言是可以攻破的。他在 5 种金属——铬、铜、镍、锡和钨上下了 1 000 美元的赌注,认定在排除通货膨胀的影响之后,它们的价格会在 1990 年上升。但西蒙最后获得了胜利,在调整了通货膨胀的影响之后,10 年里所有 5 种金属的价格都下降了许多,在这场赌博中,埃利希不仅未注意到长期资源价格的相对趋势,更不幸的是,他又正好挑上了商业循环中长期因素看好的 10 年。

二、土地的供求与地租的决定

1. 土地的供求与地租的决定

地租是使用土地而向土地所有者支付的报酬,是土地这种生产要素的价格。这里作为生产要素报酬的土地价格与商品的价格有所不同,严格地说,土地是没有价格的,所谓土地的价格实际上是土地所有制让渡土地使用权而收取的使用费或报酬。

地租是由土地的需求和供给共同决定的。土地的需求取决于土地的边际生产力,由于边际生产力是递减的,土地的需求曲线是一条向右下方倾斜的曲线。如果把土地的供给看成是固定不变的,土地的供给曲线垂直于横轴。将向右下方倾斜的土地需求曲线和垂直于横轴的土地供给曲线结合起来,就可以决定土地的均衡价格,即地租(如图9-14所示)。

在图9-14中,横轴表示土地的供给数量,纵轴表示土地的价格即地租,垂直于横轴的曲线 S 为土地的供给曲线,表示土地的供给量固定为 Q^*,D 为土地的需求曲线。土地的需求曲线和供给曲线相交于 E 点,决定了地租水平为 R^*。

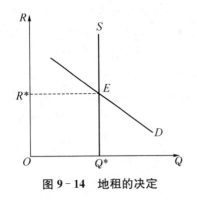

图9-14 地租的决定　　　　图9-15 竞争性土地价格的决定

根据上述地租决定理论,可以给出一个关于地租产生的解释。如图9-15,假设一开始时,土地供给量固定不变为 $\bar{Q}$,对土地的需求曲线为 D',从而地租为0;现在由于技术进步使土地的边际生产力提高,或由于人口增加使粮食需求增加,导致粮食价格上涨,对土地的需求曲线便开始向右边移动,从而地租开始出现。因此,可以这样来说明地租产生的(技术)原因:地租产生的根本原因在于土地的稀少,供给不能增加;如果给定了不变的土地供给,则地租产生的直接原因就是土地需求曲线的右移。土地需求曲线右移是因为土地的边际生产力提高或土地产品(如粮食)的需求增加从而粮价提高。如果假定技术不变,则地租就由土地产品价格的上升而产生,且随着产品价格的上涨而不断上涨。

2. 级差地租

以上对地租所进行的讨论,实际上隐含着一个假定,即土地都是同质的。但事实上,由于其肥沃程度和地理位置的不同,土地是非同质的。根据土地的肥沃程度、地理位置、交通便利程度以及气候条件的不同,土地可以分为不同的等级,不同等级土地的使用者使用土地的价格是不一样的,即地租不同,就形成了级差地租。所以,级差地租就是不同土地或同一土地上由于土地肥力、相对位置或开发程度不同而形成的差别地租。

最早研究级差地租理论的是英国古典经济学家大卫·李嘉图(David Richardo)和德国古典经济学家冯·杜能(J. H. Von Thünen)。李嘉图考察的主要是农业用地的级差地租问题,并将地租问题同劳动价值理论联系起来,建立了级差地租理论的初步体系。李嘉图定义的地租量,其多少与土地的肥力有关,等于土地产出与使用同量资本和劳动的最劣等土地的产出差额。杜能在《孤立国对农业和国民经济之关系》(简称《孤立国》)一书中,认为除土地肥力是决定地租支付能力的要素外,区位也是决定地租的重要因素。他特别分析和观察到,假使土地沃度和劳动生产力均相同,邻近市中心的农作物生产者,比远离市中心的生产者,多享有一定的地租利益,其地租额度大致与两地距市场之交通成本的差额相等。因此,区位因素表现为运输成本的差异性。杜能所提出的区位地租弥补了李嘉图地租理论的不足,两者并称古典级差地租理论之双璧。

马克思以科学的劳动价值论和平均利润理论为基础,批判地吸收了李嘉图和杜能等人的古典地租理论,创立了马克思主义的级差地租理论。

马克思认为资本主义地租的实质是超额利润,其大小等于处于有利条件的个别生产价格和整个生产部门的社会生产价格的差额。这种差额由于土地所有权的存在而转变为地租,由土地使用者交给土地所有者。马克思把级差地租分为两种形式:级差地租Ⅰ和级差地租Ⅱ。级差地租Ⅰ是等量资本和等量劳动投在等面积不同肥沃度和位置的土地上所产生的不同级差生产力带来的级差超额利润的转化形态。级差地租Ⅱ是指在同一块土地上连续追加投资,每次投入资本的生产率不同而产生的超额利润所转化的地租形态。

现代西方经济学家认为,一般而言,人们对土地的利用总是从优至劣依次进行。土地产品的价格必须等于使用最劣等土地进行生产所耗费平均成本。否则就没有人使用最劣等土地从事生产。由于最劣土地产品的平均成本等于市场价格,生产者所获收入仅够支付成本,没有多余,不能支付地租,这种土地就叫作"边际土地"。肥沃程度高、交通便利的土地,其生产成本较低,能够得到平均成本以上的额外报酬。这种额外报酬就成为级差地租(如图9-16所示)。

在图9-16中,纵轴P表示土地所生产产品(简称土地产品)的价格和生产的平均成本;横轴Q表示土地产品的数量。AC_1、AC_2、AC_3分别表示耕种优、中、劣三种土地所耗费的平均成本。假如这时农产品的市场价格为P_1,即等于优等土地上的平均生产成本,则优等土地被耕种。而由于农产品价格低于中、劣等土地的平均成本,中、劣等土地就无人耕种。土地产品价格低表示市场需求低,中、劣等土地也无须被使用。由于农产品价格等于平均成本AC_1,耕种优等土地者的收入正好补偿成本,故该种土地为"边际土地",无须缴纳地租。

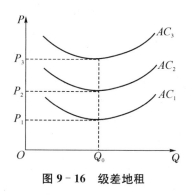

图9-16 级差地租

由于经济发展和人口增加,社会对农产品的需求增加。农产品价格相应上涨。例如升至P_2,这时中等土地被用于耕种。同时相应地中等土地成为"边际土地",无须缴纳地租。但优等土地由于土地产品价格上升,高于生产的平均成本,因而存在剩余P_1P_2。剩余部分便成为优等土地耕种者需要缴纳地租。

假如上述过程持续下去,土地产品的价格进一步上涨到P_3,即等于劣等土地上的平均成本,这时劣等土地也可以被利用,劣等土地为"边际土地",无须缴纳地租。此时,中等土地需要缴纳的地租为 P_2P_3，而优等土地需要缴纳的地租为 P_1P_3。并且由于土地产品的价格的进一步上升，级差地租也会随之上升。

具体来说，形成级差地租的条件有三种情况：(1) 不同地块肥沃程度的差别；(2) 不同地块的地理位置即距离市场远近的差别；(3) 同一地块的追加投资的生产率的差别。由前两个条件形成的地租，叫做级差地租第一形态或级差地租 Ⅰ；由第三个条件形成的地租，叫做级差地租第二形态或级差地租 Ⅱ。

三、租金、准租金和经济租金

地租是由于土地总量固定不变，因需求因素所决定的产品价格超过成本的余额。西方学者根据地租的这个特性向几个方向进行了发展，产生了租金、准租金和经济租金的概念。

1. 租金

地租是当土地供给固定时的土地服务价格，因而地租只与固定不变的土地有关。但在很多情况下，不仅土地可以看成是固定不变的，而且有许多其他资源在某些情况下，也可以看成是固定不变的，例如某些人的天赋才能就很类似于土地，其供给数量也是固定不变的。这些固定不变的资源也有相应的价格，这种价格显然与土地的地租非常相似。为与特殊的地租相区别，可以把这种固定不变的一般资源的服务价格叫做"租金"。换句话说，地租是当所考虑的资源为土地时的租金，所以地租只是租金的一个特例，而租金则是一般化的地租。

2. 准租金

租金以及特殊的地租均与资源的供给固定不变相联系。这里的固定不变显然对（经济学意义上的）短期和长期都适用。但是，在现实生活中，有些生产要素尽管在长期中可变，但在短期中却是固定的。例如，由于厂商的生产规模在短期内不能变动，其固定生产要素对厂商来说就是固定供给的：它不能从现有的用途中退出而转到收益较高的其他用途中去，也不能从其他相似的生产要素中得到补充。这些要素的价格在某种程度上也类似于租金，通常被称为"准租金"。所谓准租金就是对供给量暂时固定的生产要素的支付，即固定生产要素的收益。

准租金可以用厂商的短期成本曲线来加以分析（如图 9-17 所示）。图中，横轴表示产品产量 Q，纵轴表示产品价格 P，MC、AC、AVC 分别表示厂商的边际成本、平均成本和平均可变成本。当产品价格为 P_0 时，厂商生产的产品产量为 Q_0。此时，厂商的总收益为图中 OP_0EQ_0 的面积，而总可变成本为 $OBCQ_0$ 的面积，它代表了厂商为生产 Q_0 的产量所需可变生产要素的成本。总收益在弥补了可变生产要素成本后剩下的面积 BP_0EC 就是固定投入要素的收益，也这就是准租金。

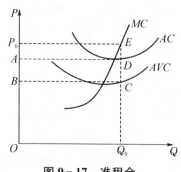

图 9-17 准租金

如果从准租金 BP_0EC 中减去固定总成本 $BADC$，则得到经济利润 AP_0ED。可见，准租金为固定总成本与经济利润之和。当经济利润为 0 时，准租金便等于固定总成本。当厂商有经济亏损即经济利润小于 0 时，准租金也可能小于固定总成本。

需要注意的是,所有一切人为形成的实物资本和人力资本,其供给量在短期内是固定的,而在长期中却是一个可变量,例如生产设备、出租的房屋,各种专业人才等资源。它们在短期内供给不变的情况下所得到的报酬就是准租金。以生产设备为例,在短期内,企业的生产设备的供给量是固定不变的,要生产一部分新的机器设备需要一定的时间。因此,在这段时间内,如果需求增加了,生产要素的报酬就要提高。这部分资金的报酬就是准租金。但是,在长期里,准租金将消失。这种生产要素的报酬所以称为"准租金",是因为它在短期里和租金的特点极为相似,属于一种租;但它又不是真正的租,它在长期里将消失。

3. 经济租金

因为租金是固定供给要素的服务价格,固定供给意味着即使要素价格下降也不会减少该要素的供给量。或者说,要素收入的减少不会减少该要素的供给量。因此,租金就可以看成是这样一种要素收入:其数量的减少不会引起要素供给量的减少。有许多要素的收入尽管从总体上看不同于租金,但其收入的一部分却可能类似于租金,亦即如果从该要素的全部收入中减去这一部分并不会影响要素的供给。这一部分要素收入就叫做"经济租金"。简单地说,经济租金就是生产要素所有者得到的要素收入与其提供要素所要求的最低收入之间的差额,即要素的实际收入超过其机会成本的余额。这一部分余额是要素所有者提供要素的超额报酬。例如一个演员的年薪为 500 万元,假设他不做演员而只能当一名工人,年薪可能为 5 万元,那么这位演员的机会成本便为 5 万元,其经济租金则为 495 万元。

理解经济租金必须明确以下几点:一是长期内因生产要素需求增加而引起的;二是由生产要素所有者得到的;三是不是因其自身因素好或边际收益产品高而得到的。例如,某技术工人在一般需求状况下,年收入 6 万元,但由于需求增加,该技术工人每年收入提高到 10 万元,因为厂商如果不支付这么多报酬,就得不到这个技术工人。因此,该技术工人的收入超过厂商为使他留在该企业中所必须支付的报酬,多出的 4 万元就是经济租金。

经济租金的概念与消费者剩余的概念类似,其共同特点是它们都是由实际发生额与自己所希望的数额的差额形成的,因而都认为是自己得到的一种剩余。二者的区别在于:消费者剩余是由于商品购买而使消费者从心理上感受到的一种额外福利,并不是实际收入的增加;而经济租金则是生产要素供给者确实得到的一种额外收入,是实际收入的增加。

经济租金的几何解释也类似于生产者剩余(如图 9 - 18 所示)。在图 9 - 18 中,要素需求曲线为 D,供给曲线为 S,均衡价格为 P_0,均衡要素使用量为 Q_0。要素总收益为 OP_0EQ_0,但按照要素供给曲线,要素所有者为提供 Q_0 单位的要素所愿意接受的最低要素收入为 $OAEQ_0$,也就是要素供给的机会成本。供给曲线以上要素价格线以下的阴影部分 AP_0E 是要素的超额收益,即为要素的经济租金。这一部分超过机会成本的要素收益即使去掉也不会影响要素的供给量。

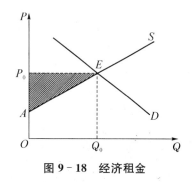

图 9 - 18 经济租金

只要一种要素的供给曲线是向上倾斜的,都可以把要素所有者的全部收益分解为经济租金和机会成本这两部分。二者比重的大小,取决于要素供给弹性的大小。在需求曲线既定的情况下,要素供给弹性越小,或供给曲线越陡峭,要素报酬中经济租金的比例就越高,而机会成本的比例就越低;反之,则相反。如果供给曲线是垂直的,要素收入就全部表现为经济租金,它恰好等于租金或地租(如图 9-14 所示),图中 OR^*EQ^* 部分的面积既是地租也是经济租金。由此可见,租金实际上是经济租金的一种特别情况,即当要素供给曲线垂直时的经济租金,而经济租金实际上则是更为一般的概念,它不仅适用于供给曲线垂直的情况,也适用于供给曲线不是垂直的一般情况。当然,如果要素供给曲线是水平的,由于要素得到的报酬过低,经济租金也消失了。

第四节 资本的供给和利息率的决定

资本是由劳动和土地相结合提供出来的一种生产要素,同时,也经常被看成是与劳动、资本并列的第三种生产要素。资本作为一种可变动的、可积累的生产要素,在经济活动中占据重要的地位。与劳动和土地相比,资本的提供更具有间接性和复杂性。本节分析资本的供给及其价格决定问题。

一、资本与利息

1. 资本

厂商生产产品不仅要使用劳动力和土地等自然资源,而且要使用机器、厂房、办公室、计算机之类的资本品。与劳动一样,资本也是由消费者提供的,只不过是他们把自己收入的一部分提供给厂商,然后厂商再用这笔资金去购买或租用资本品。资本从实物形式来看,表现为机器、厂房等物质产品,从货币形式来看,又表现为股票、债券等金融产品。在日常生活中,资本的含义是比较宽泛的,不论有形的、无形的有用之物,乃至人,都可以被看成是资本。在经济学中,资本是一种独特的生产要素。这种独特性可以概括为三个方面:第一,资本是可以通过人们的生产活动生产出来的,即它的数量是可以改变的;第二,生产出资本的目的,是以此获得更多的商品和劳务;第三,资本通过用于生产过程来得到更多的商品和劳务,即资本是被用于生产过程的投入要素。

由于第一个特点,资本便与其他两个生产要素即土地和劳动区别开来了。因为土地和劳动均是"自然"给定的,不能由人们的经济活动生产出来;由于第二及第三个特点,资本便与一切非生产要素的东西区别开来了。例如,由于第二个特点,它不同于普通的消费商品,因为消费商品不能带来更多的商品和劳务,其价值仅等于自身而不能增值;再例如,由于第二及第三个特点,它甚至也不同于单纯的储蓄。因为在现代社会中,单纯的储蓄本身仅仅意味着可贷资金的增加。如果这些资金并不实际贷出,则不能增值;即使贷出去,从而增值,也可能不是被用于生产过程。

根据上述三个特点,可以将资本定义为:由经济制度本身生产出来并被用作投入要素以便进一步生产更多的商品和劳务的物品。

2. 利息和利率

作为一种生产要素,资本也同样具有市场价格。例如,一台机器设备、一幢建筑物在市场上可以按照一定价格出售,也可以在市场上被租赁。使用资本的价格,即资本的服务费,被称为利息。资本所有者提供资本,相应地就会得到利息。利息与工资的计算方式不同,它不是用货币的绝对量来表示,而是用利率来表示,利率是利息在每一单位时间内(例如一年内)在货币资本中所占的比率。

例如,一台价值为 10 000 元的机器,被使用一年得到的收入为 1 000 元,用这个年收入除以机器本身的价值即可得到该机器每单位价值的年收入:1 000/10 000＝10%。这就是该机器的价格或利率。

由此可见,资本的价格或利率等于资本的年收入与资本价值之比。用公式可以表示为:

$$r=\frac{Z}{P} \tag{9-11}$$

式中,Z 为资本的年收入,P 为资本价值。

如果在使用资本的这一年里,资本价值本身发生了变化(即资本增值或贬值),例如在上面的例子中,机器的市场价格在一年中上升或下降了,则在计算利率时应当将这个资本价值增量部分与资本的收入同样看待。因此,利率的决定公式应改为:

$$r=\frac{Z+\Delta P}{P} \tag{9-12}$$

式中,ΔP 为资本价值增量,它可能大于、等于或小于 0。

对于不同的资本而言,它们的价值或者年收入可能并不相同,但年收入与资本价值的比率却有趋向于相等的趋势。例如,如果某种资本具有较高的利率,则人们将去购买它,从而它的市场价格即资本价值被抬高,于是根据公式(9-12),它的利率将下降。这个过程将一直继续下去,直到这种资本的利率与其他资本的利率相等时为止。

为什么应该对资本支付利息呢？经济学家们认为,人们普遍有一种在未来消费与现期消费中更加看重现期消费的偏好。或者说,大多数人认为,现在多增加一单位消费所带来的边际效用大于将来多增加这一单位消费所带来的边际效用。之所以如此,是因为未来是难以预期的,人们对物品未来效用的评价总要小于现在的效用。在这种情况下,人们总是喜爱现期消费,因此放弃现期消费把货币作为资本用于未来消费就应该得到利息作为补偿。

为什么资本也能带来利息呢？经济学家们用迂回生产理论来解释这一点。迂回生产就是先生产生产资料(或称资本品),然后再用这些生产资料去生产消费品。他们认为,迂回生产能提高生产效率,而且迂回生产的过程越长,生产效率就越高。但迂回生产如何能实现呢？就必须有资本。所以,资本使迂回生产成为可能,从而就提高了生产效率。这种由于资本而提高的生产效率就是资本的净生产力。资本具有净生产力是资本能带来利息的根源。

在经济活动中,利息起着重要的作用。首先,利息的存在可以鼓励少消费,多储蓄。增加储蓄是发展经济的关键,而刺激人们增加储蓄的最有力手段就是提高利率。也正因为如此,一般国家在经济开始发展时总要采取高利率的政策。其次,利息的存在可以使资本得到最有效的利用。如果社会的利率水平是既定的,那么人们就会把资本用于获得利润率最高的部门,利润率最高的部门也就是资本能最好地发挥其作用的部门。此外,企业在支付利息的情况下就会更节约、更有效地利用资本。因此,利息的存在是刺激企业有效地利用资本的最好手段。最后,当一个社会出现了通货膨胀时,提高利息率可以压抑对可贷资金的需求,刺激可贷资金的供给,从而在一定程度上减轻通货膨胀的压力。

二、资本的供给

1. 消费和储蓄

一般来说,对资本的衡量总是通过存量来计算的,即以在某个时点上厂商拥有的工厂、机器和设备的数量来衡量。当然,厂商所拥有的银行存款以及各种有价证券也属于资本存量。这些资本是怎么形成的呢?资本的供给与劳动和土地的供给有着较大的差别。资本和土地及劳动的一个根本区别在于:资本的数量是可以变化的,即它可以被人们的经济活动创造出来。而土地和劳动是不能被经济活动所创造出来的,在经济分析中,它们的供给被认为是固定数量的。由于数量固定,不同经济主体对土地和劳动的使用存在一个此消彼长的问题。而资本却不同,由于其数量可以变动,个人完全可以在不影响其他人资本拥有量的情况下来增加自己的资本存量,这就是储蓄。储蓄就是消费者保留其收入的一部分不用于当前的消费。当一个人进行储蓄而非消费时,他就增加了自己拥有的资本数量。

厂商所能得到并使用的资本总量取决于家庭能够提供的资本数量,而家庭能够提供的资本数量又取决于家庭的储蓄决策。一个家庭储蓄的具体原因是多种多样的:有的是为了自己退休后的生活需要,有的是为了购买住房,也有的是为了年老后的医疗费用,还有的是为自己的子女准备高等教育的费用,等等。从根本上来讲,家庭的储蓄行为实际上是将现在的一部分消费推迟到未来进行,因此,家庭储蓄的最终目的并不是为了形成社会资本,而是为了增加未来的消费。储蓄要成为社会资本,必须被用于生产过程。而在消费者的储蓄中,总是有一部分资金不能被贷出去,从而也就不能增值;即使能够被贷出去,而且也得到了增值,但如果没有被用于生产,也不能被称为社会资本。

消费者或家庭的储蓄决策是受多种因素影响的。主要的影响因素有消费者的收入水平、物价水平、利率水平、社会经济和政治的发展状况、社会保障体系的完善程度、金融机制及风险防范机制的健全程度,以及风俗习惯等。

每个家庭或个人的都有一个储蓄或资本供给问题,整个市场的资本供给就是所有单个家庭资本供给的总和。图 9-19 中的资本市场供给曲线显示了资本供给量随利率的变动而变动的规律。在短期内,资本供给是缺乏弹性的,甚至是完全没有弹性的,图中垂直的短期资本供给曲线 S_S 给出了这种情况的极端的例子。其原因在于家庭在短缺内很难对利率的变动作出及时的反应,并对储蓄计划进行相应的调整。但是,时间足够长,他们就会对利率的变化作出相应的反应,调整自己的储蓄计划。

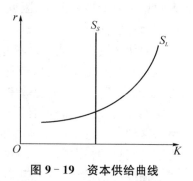

图 9-19 资本供给曲线

当利率水平上升时,家庭会减少消费,增加储蓄,资本供给就会增加;相反,当利率水平下降时,家庭会增加消费,减少储蓄,资本供给就会减少。因此,长期的资本供给曲线 S_L 比较富有弹性,是一条向右上方倾斜的曲线。

2. 跨期选择模型

由于消费是当前消费,而储蓄是未来消费,因此消费者的储蓄决策实际上是一个跨期选择问题。在收入既定的情况下,不同的消费者对待当前消费和未来消费的偏好是不同的。消费者对当前消费和未来消费的不同态度决定了消费者的储蓄决策。每个消费者都必须在现期消费和未来消费之间保持一种合适的平衡。

消费者不仅可以在不同的商品组合中作出选择,而且可以在不同时期的消费中进行安排。我们利用前面的消费者行为理论对消费者的储蓄从长期消费决策的角度作进一步的分析。假设消费者的一生可以分为两个时期,分别用"今年"和"明年"表示。这样我们就可以分析消费者在今年的消费数量和明年的消费数量之间如何进行选择(如图9-20所示)。图中,"今年"的消费用横轴 C_1 表示,"明年"的消费用纵轴 C_2 来表示。在这两个时期内消费者的收入分别为 I_1 和 I_2,市场利率水平为 r。正如消费者在

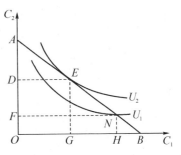

图9-20 消费者的跨期选择

某一特定时期内在两种商品之间有相应的偏好一样,消费者在今年的消费和明年的消费之间也具有相应的偏好。这些偏好可以用图中的无差异曲线 U_1、U_2 等来表示。无差异曲线在这里表示的是给消费者带来同等满足程度的今年消费和明年消费的商品数量的各种组合。它与普通的无差异曲线一样,也是向右下方倾斜的,凸向原点,并且较高位置的无差异曲线代表较高的效用水平。无差异曲线向右下方倾斜表明,为了保证总效用水平不变,减少今年的消费量就必须用增加明年的消费量来弥补。凸向原点表明,今年消费对明年消费的边际替代率递减,因为随着今年消费量的增加,今年消费的边际效用就会下降,而随着明年的消费量就会减少,明年消费的边际效用就会上升,从而今年消费替代明年消费的能力将下降。

此外,消费者还面对着一条跨期选择的预算约束线 AB,它表示消费者能够达到的现期和未来消费的各种组合。N 点自然是预算线上的一点,在 N 点,消费者既不借钱也不储蓄,今年的收入完全用于今年的消费 OH,明年的收入也完全用于明年的消费 OF,我们称 N 点为财富状况或禀赋点。当然,消费者的决策并不是一定要限于这个禀赋点,通过借入或借出,他可以移到预算线的其他点。如果消费者沿着预算线从 N 点向上移动,表示借出,因为今年消费减少,而明年消费增加;如果消费者沿着预算线从 N 点向下移动,表示借入,因为今年消费增加,而明年消费减少。

下面我们来考虑两种极端的情况:如果消费者把所有的收入都放到明年消费,那么今年的收入存到明年,本息合计 $I_1(1+r)$,再加上明年的收入,总共可以消费 $I_1(1+r)+I_2$,这就是图中的 A 点;相反,如果消费者把明年的收入全部预支到今年消费,为了保证他明年的收入足以还本付息,他最多只能借 $I_2/(1+r)$,再加上今年的收入 I_1,他在今年总共可以消费 $I_1+I_2/(1+r)$,这就是图中的 B 点。把 AB 两点用直线相连就构成了预算线 AB,其斜率为:

$$\text{斜率} = \frac{OA}{OB} = \frac{I_1(1+r)+I_2}{I_1+I_2/(1+r)} = 1+r$$

可见,预算线的斜率,也就是当前消费相对于未来消费的"价格",即利率加上1。从

图形上可以看出,预算线是向右下方倾斜的,斜率其实应该是一个负值,但为了分析问题的方便,我们往往取其绝对值。

从图 9-20 中我们看出,无差异曲线 U_2 和预算线 AB 相切于均衡点 E,此时,消费者的未来消费和对当前消费的边际替代率正好等于 $1+r$,达到效用最大化。在 E 点,消费者今年的消费额为 OG,储蓄额为 GH,明年的消费额为 OD。因为 N 点在无差异曲线 U_1 上,所以其效用水平不如 E 点高。

因为预算线的斜率为 $1+r$,其倾斜程度由市场利率 r 决定,如果利率提高,预算线会变得更加陡峭,而且将围绕禀赋点 N 顺时针旋转。相反,如果利率降低,预算线会变得更加平缓,而且将围绕禀赋点 N 逆时针旋转。所以,当利率不断变化时,新的预算线将与不同的无差异曲线相切,从而得到不同的消费者均衡点。将不同利率水平下消费者的最优储蓄量连接起来,就可以得到一条资本供给曲线,也称储蓄曲线。

下面我们通过分析跨期选择中的价格效应来得到消费者的储蓄曲线。如图 9-21 所示。

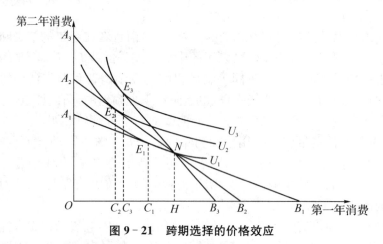

图 9-21 跨期选择的价格效应

在图 9-21 中,一开始利率为 r_1,相应的预算约束线为 A_1B_1。现利率上升至 r_2,在图中表现为 A_1B_1 绕 N 点顺时针旋转至 A_2B_2(不论利率如何变化,禀赋点始终在预算线上),均衡点从 E_1 变为 E_2,第一年储蓄由 HC_1 增加至 HC_2,同时效用水平由 U_1 上升到 U_2。让我们看一下其中的价格效应。r 上升意味着当前消费相对于未来消费的价格上升了,消费者会用相对"便宜"的未来消费来替代相对"昂贵"的当前消费。同时,由于消费者后来是净储蓄者,利率的上升提高了消费者的实际财富。从收入效应来看,如果消费是一种正常商品,实际收入提高后,能同时增加两个时期的消费,并达到更高的效用水平。对利率上升的价格效应进行分解,见表 9-1。

表 9-1 利率上升的价格效应分解

	收入效应	替代效应	价格效应
第 1 年消费	正	负	负/正
第 2 年消费	正	正	正

对第二年消费来说,由于收入效应和替代效应的作用是同方向的,可以断定,利率上升后,原来的储蓄者会增加第二年的消费。第一年的价格效应可能是正的,也可能是负

的,要看收入效应和替代效应哪个更大。在图9-21中,利率从 r_1 上升到 r_2 后,储蓄是上升的,但若利率进一步上升到 r_3,预算线转到 A_3B_3,此时,第一年的消费反而增加了,储蓄相应下降到 HC_3。

一般地,对一个储蓄者来说,在低利率水平时,储蓄增加的财富较少,利率上升的替代效应大于收入效应,因此,随着利率的上升,当前消费减少,储蓄增加;而在高利率水平,储蓄增加的财富较多,则有可能使收入效应超过替代效应,这样,随着利率的上升,当前消费反而增加,储蓄相应减少。如果我们画一条联系利率和储蓄的曲线,可得到图9-22中那样向后弯曲的储蓄曲线。在利率水平低时,曲线是正斜率的,而当利率水平到达很高水平时,曲线向后弯曲,变成负斜率。这和前面分析的个人劳动供给曲线的道理是一样的。

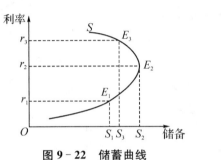
图9-22 储蓄曲线

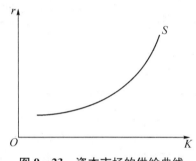
图9-23 资本市场的供给曲线

图9-22表示了单个消费者的资本供给曲线,如果把所有消费者的资本供给曲线水平相加,就可以得到资本市场的供给曲线 S,如图9-23所示。一般而言,由于一个国家或地区人口众多,收入水平差异较大,而且政府会对经济进行宏观调控,实际利率水平很难高到使所有消费者的资本供给曲线达到向后弯曲的程度。所以,随着利率水平的提供,消费者的储蓄会不断上升,但资本市场的供给曲线基本不会发生向后弯曲的情况,而是一条向右上方倾斜的曲线。

三、资本市场的均衡

1. 资本市场的需求与供给

利率是一种价格,而且是可贷资金的价格。正因为利率也是一种价格,所以它与商品价格以及土地、劳动等生产要素价格的决定没有什么两样,也是由资本的需求和供给决定的。可见,利率取决于可贷资本的供给与需求。

资本市场上可贷资本的供给来源于家庭的储蓄,一般来说,利率越高,个人储蓄的意愿就越强,资本市场上的供给量也就越多,因此资本市场的供给曲线是一条如图9-24所示的向右上方倾斜的曲线 S。

从整个社会来看,资本市场上可贷资本的需求主要由两部分组成:厂商和家庭。可贷资本的大部分需求主要来自于厂商,厂商对资本的需求主要用于投资。厂商的投资意愿依赖于投资净现值的大小,而投资净现值的大小又取决于利率的水平高低。利率越低,净现值越大,厂商的投资意愿就越强烈,对可贷资本的需求也就越大;反之,利率越高,厂商的投资意愿就越低,对可贷资本的需求就越小。可见,厂商对于可贷资本的需求量与利率反方向变化。所以,我们把单个厂商的资本需求曲线水平相加,就可以得到图

9-24中资本市场上所有厂商对资本的需求曲线D_I,同单个厂商的资本需求曲线一样,市场的资本需求曲线也是向右下方倾斜的。

家庭也会对可贷资本产生一定的需求。比如人们想购买某些商品如住房、小汽车等,往往超出了他们当前的收入水平,这时他们可能希望通过向银行等金融机构贷款来满足这些消费需求。消费者的贷款需要与利率呈反方向变动,利率越高,消费者的借款成本就越高,从而贷款意愿就越低,对资本的需求量就越小。

2. 资本市场的均衡

结合资本市场的供给与需求两个方面,我们可以分析资本市场的均衡,如图9-24所示。图中D_C曲线代表消费者对可贷资金的需求,D_I曲线代表厂商对投资资金的需求。因为可贷资本的大部分需求主要来自于厂商,所以一个社会厂商的投资需求总是要大于个人的消费需求,因此D_I曲线位于D_C曲线的上方。曲线D代表社会对于资本的总需求,它是由D_I曲线和D_C曲线水平相加而得到的。曲线S代表可贷资本的市场供给。可贷资本市场的需求曲线和供给曲线的交点E决

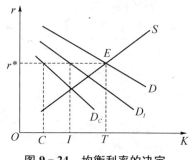

图9-24 均衡利率的决定

定了均衡的市场利率水平r^*。在该利率水平下,市场的可贷资本总量为T,其中C满足对消费资金的需求,而I满足对投资资金的需求,根据曲线D的构造原理,均衡的可贷资本总量$T=C+I$。

如果利率水平高于r^*,对资本的需求就会小于资本的供给,于是资本市场上存在多余的资本。在这种情况下,贷款者之间的竞争将促使利率水平下降。这将增加人们借钱消费的意愿和厂商的投资意愿,最终将使市场上所有的可贷资本都得到利用,利率也将回到均衡水平r^*。反之,当利率水平低于r^*时,市场上可贷资本的数量不能满足对资本的需求,借款者之间的竞争将导致利率水平上升,这一过程直到利率水平回到r^*时为止。

当然,如同商品市场一样,我们也可以对资本市场进行比较静态分析。例如,在经济萧条时,厂商的预期利润下降,厂商将减少对可贷资本的需求,可贷资本的需求曲线会向左移动,在可贷资本供给不变的情况下,将会降低市场的均衡利率水平。在可贷资本需求不变的条件下,如果政府增加货币供应量,将会使可贷资本的供给曲线向右移动,这也同样会降低市场的均衡利率水平。

需要注意的是,图9-24中所描述的市场均衡利率只是一种抽象的理论分析,我们不能由此认为只存在一种均衡的市场利率,从而认为所有的借贷者都是按照这一种均衡利率进行借贷。在现实经济生活中,市场利率是多种多样的,比如长期贷款和短期贷款的利率就不一样,5年政府债券和20年政府债券的利率也不一样。一般来说,长期贷款的利率要高于短期贷款的利率,长期债券的利率要高于短期债券的利率。这是因为,时间越长,未来的不确定性和风险就越大。

[专栏9-3] 收入分配和所有权

西方经济学家反对马克思的剩余价值理论,反对按所有权来划分阶级,他们认为不应根据占有生产要素的种类来划分贫穷和富有的阶级,因为同一类生产要素的所有者之

间的差别并不亚于不同种类生产要素的所有者之间的差别。劳动者在智力、体力、技能、受教育程度和积极性上的差别相当大;不同的地理位置、肥沃程度、矿产和地下水的质量等也有很大的差别;不同的机器、新旧程度不同的设备所代表的技术水平也有很大的差别。因此,既有富裕的劳动者,也有贫穷的资本家和土地所有者,还有失败的企业家。但是也有一些西方经济学家认为按所有权来划分阶级是有道理的,所有权的划分与贫富的划分在总体上总是一致的。

由于看到两种分配理论存在着不可调和的分歧,许多西方经济学家认为,收入分配或再分配在伦理学上的价值已超出了经济学所讨论的范畴。他们认为必须强调如下两点:第一,边际生产力概念必须同生产要素所有权的概念分开。作为说明资源如何在生产过程中分配、说明各种资源的生产效率的一种分析工具,边际生产力理论的合理性并不在于谁去占有和占有什么。第二,有效率和分配均等并不存在一致性。原则上,各生产要素所有权的再分配,可以在边际生产力基础上使收入均等化,但这实际上是不可能的。因为按照边际生产力理论,有效率的生产要求生产中的要素投入组合根据要素的相对稀缺变化不断进行相应的调整。经济条件发生变化,生产要素的使用也要发生变化,要素的价格和收入自然也将发生变化。

资料来源:萨缪尔森.萨缪尔森辞典[M].陈迅,白远良,译释.北京:京华出版社,2001.

第五节 欧拉定理

如果产品市场和要素市场都是完全竞争的,而且厂商的生产又是规模报酬不变,那么在市场均衡的条件下,所有生产要素实际所取得的报酬总量正好等于社会所生产的全部产品。这一结论被称为产量分配净尽定理。由于这个定理可以用数学上的欧拉定理加以说明,所以,也被称为欧拉分配定理。

从前面各节所学的内容中我们知道,某种生产要素的价格由其市场供求曲线的交点决定。而要素的需求曲线的基础是厂商使用要素的原则,即在完全竞争条件下,要素的边际产品价值等于要素的价格。我们分别以劳动和资本为例,厂商使用要素的原则可以表示为:

$$P \cdot MP_L = W \qquad (9-13)$$

$$P \cdot MP_K = r \qquad (9-14)$$

式中,P 为产品价格,MP_L 和 MP_K 分别为劳动和资本两种要素的边际产品,W 为劳动的价格即工资,r 为资本的价格即利率。如果将式(9-13)和式(9-14)的两边同时除以产品的价格 P,则两式可简化为:

$$MP_L = \frac{W}{P} \qquad (9-15)$$

$$MP_K = \frac{r}{P} \qquad (9-16)$$

式(9-15)中等式右边的 W/P 为劳动价格与产品价格之比,可以看作是劳动的实际价格或实际工资。所以式(9-15)表示劳动的实际价格等于劳动的边际产品,或者说,劳动的实际报酬等于劳动的实际贡献。

在式(9-16)中等式右边的 r/P 为资本价格与产品价格之比,可以看作是资本的实际价格或实际利率。所以式(9-16)表示资本的实际价格等于资本的边际产品,或者说,资本的实际报酬等于资本的实际贡献。

假定整个社会的劳动量和资本量分别为 L 和 K,整个社会总产品总量为 Q,那么欧拉分配定量可以表示为:

$$Q = L \cdot MP_L + K \cdot MP_K \qquad (9-17)$$

$L \cdot MP_L$ 表示所有劳动要素的实际报酬,$K \cdot MP_K$ 表示所有资本要素的实际报酬。下面我们来证明欧拉定理。假设有两种生产要素劳动 L 和资本 K,生产函数为:

$$Q = Q(L, K)$$

又假设该生产函数是规模报酬不变,就有:

$$f(\lambda L, \lambda K) = \lambda f(L, K)$$

如果令 $\lambda = 1/L$,则有

$$\frac{Q}{L} = f\left(\frac{L}{L}, \frac{K}{L}\right) = f(1, k) = \varphi(k) \qquad (k = K/L)$$

其中,k 为资本—劳动比率或人均资本,人均产量 Q/L 是人均资本 k 的函数。于是可以得到:

$$Q = L\varphi(k)$$

然后分别对劳动对 L 和资本 K 求偏导:

$$\frac{\partial Q}{\partial L} = \varphi(k) + L\frac{\partial \varphi(k)}{\partial k}\frac{\partial k}{\partial L} = \varphi(k) + L\varphi'(k)\frac{\partial k}{\partial L}$$

$$= \varphi(k) + L\varphi'(k)\left(-\frac{K}{L^2}\right) = \varphi(k) - k\varphi'(k) \qquad (9-18)$$

$$\frac{\partial Q}{\partial K} = L\frac{\partial \varphi(k)}{\partial k}\frac{\partial k}{\partial K} = L\varphi'(k)\frac{1}{L} = \varphi'(k) \qquad (9-19)$$

由上面两式可得:

$$L\frac{\partial Q}{\partial L} + K\frac{\partial Q}{\partial K} = L[\varphi(k) - k\varphi'(k)] + K\varphi'(k)$$

$$= L\varphi(K) - K\varphi'(k) + K\varphi'(k) = L\varphi'(k) = Q \qquad (9-20)$$

这一结果就是欧拉定理。其中,$\frac{\partial Q}{\partial L}$ 表示劳动的边际产品 MP_L;$\frac{\partial Q}{\partial K}$ 表示资本的边际产品 MP_K。因此,欧拉定理表明,在所给条件下,全部产品 Q 恰好足够分配给劳动要素 L 和资本要素 K。

应该注意的是,产量分配净尽定理(或欧拉定理)只有在规模报酬不变的条件下才适用的。在规模报酬递增的情况下,产量会不够分配给各个生产要素,即有:

$$Q < L\frac{\partial Q}{\partial L} + K\frac{\partial Q}{\partial K}$$

而在规模报酬递减的情况下,产量在分配给各生产要素之后又会有剩余,即有:

$$Q > L\frac{\partial Q}{\partial L} + K\frac{\partial Q}{\partial K}$$

当处于不够和剩余时,为了使各生产要素都能得到它们的边际产品作为回报,在经济社会中,应该有某种机构来补足缺额和取走剩余。

第六节 洛伦兹曲线和基尼系数

边际生产力分配理论说明了生产要素价格是如何决定的,但它并没有说明社会收入分配的平等程度如何,洛伦兹曲线解决了这个问题。洛伦兹曲线(Lorenz Curve)是用来衡量社会收入分配或财产分配平均程度的曲线,由美国统计学家 M. O. 洛伦兹(M. O. Lorenz)于 1905 年提出的,旨在用以比较和分析一个国家在不同时代,或者不同国家在同一时代的收入与财务的平等情况。洛伦兹首先将一国总人口按照由低到高排队,然后从收入最低的任意百分比开始考察他们的所得到的收入百分比,最后,将这样得到的人口累计百分比和收入累计百分比的对应关系描绘在图形上,即得到洛伦兹曲线。所以,洛伦兹曲线是由累计的一定人口数占总人口中的百分比与这部分人口所获得的收入占总收入中的百分比状况来表示(如图 9-25 所示)。

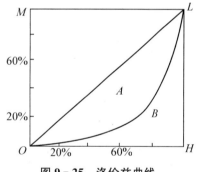

图 9-25 洛伦兹曲线

图中,横轴 OH 表示人口(或家庭)累计百分比,纵轴 OM 表示收入或财产的累计百分比,对角线 OL 为相应的洛伦兹曲线。其中,直线对角线 OL 称为收入分配绝对平等线,在这条线上,任何一点的横坐标数和纵坐标数都相等。这意味着从社会上最穷的人开始计算,总人口中最穷的 5% 人口拥有全社会总收入(或总财产)的 5%,总人口中最穷的 10% 人口拥有全社会总收入(或总财产)的 10%,等等。总而言之,社会中最穷人口所拥有的收入(或财产)在全社会总收入(或总财产)中所占的比例,与这些人口在总人口中所占的比例是相同的。这意味着社会的收入(或财产)分配是绝对平均的。

图中折线对角线 OHL 称为收入分配绝对不平等线。这意味着除了 HL 线代表的最后一个人以外,其他人的收入(或财产)都是 0,即所有的收入(或财产)都归最富有的一个人所有。

实际的收入分配曲线则是介于绝对平均线和绝对不平均线之间的一条向右下凸出的曲线,即位于 OHL 三点构成的三角形区域中,如曲线 OL。在这一区域,横坐标的数值大于纵坐标的数值,意味着从最穷的人开始算起,社会中最穷人口所拥有的收入(或财产)在全社会总收入(或总财产)中所占的比例,小于这些人口在总人口中所占的比例。显然,洛伦兹曲线的弯曲程度具有重要的意义。弯曲程度越大,表示社会收入分配不均的程度就越严重;反之,则表示社会收入分配就越接近于平均。

[专栏9-4] 财富的分配与创造

经济生活中，财富的分布存在严重的不平等。在美国，1%的家庭占有大约全部财富的40%，纽约大学的著名学者爱德华·伍尔夫的研究表明，财富的分配变得越来越不平等。由于近20年来股市的繁荣，处于最高收入阶层的1%的家庭其财富翻了一番。财富拥有上的巨大差别刺激着各个时代的激进者和革命者，激进派提议征收严厉的所得税、财产税和遗产税，而革命者则要求没收所有积累的大量财富，并在社会中进行公平的分配。但是，近年来，一种较为保守的政治潮流在减弱财富再分配的呼声。经济学家认识到对财产收入和财富的过高税赋会减弱储蓄的积极性，并且还可能降低一个国家的资本形成，尤其在一个开放的经济中，税收过高会导致财富流出该国，而进入税收的天堂国家，这将减少一个国家的财富和国民的收入，最终影响一个国家的健康发展。

每天，人们都会看到大家都在孜孜不倦地工作和省钱，将可怜的几个钱存起来等待退休或集中一块儿使用，但如此的勤俭并不是社会财富的主要来源。劳伦斯·萨默斯等人的研究表明，个人财富的很小一部分，大概只有20%能够用生命周期内的储蓄来解释。例如在美国，一个中产阶级的家庭在连续20年内，每年储蓄2 000美元(占其收入的5%，这个储蓄率接近美国最近20年个人的平均储蓄率4.8%)。再假设每年他的储蓄能得到5%的净收益，那么，在此期间这个家庭积累起来的财富将是73 200美元，仅占美国家庭平均净财富的四分之一。与勤俭比起来，企业家精神是更重要的致富途径，美国近年的经济表明企业家精神在创造财富的过程中起着重要的作用，企业家们的冒险精神在财富的积累中得到了体现。他们通过发明新产品新技术和组件新公司，依靠创新获得了巨额利润。在他们中有微软公司的创始人比尔·盖茨和雅虎公司的杨致远等。当然，在财富的来源中，也有很大的一部分来自继承，据调查，美国最富有的1%的人口中有三分之二的人其财富来源于继承，财富通过继承集中在少数人手中，引起了担心财富分配不平等的人们的强烈反对。

洛伦兹曲线反映了每一等级人口的实际收入同完全平等的收入之间的偏离，可以说它在某种意义上抓住了收入分配不平等的本质。为了更好地用指数反映社会收入分配的平等状况，意大利经济学家C.基尼(C. Gini)根据洛伦兹曲线计算出了反映一个国家贫富差距的指标，这就是基尼系数。

如果用A表示洛伦兹曲线与绝对平等线OL之间的面积，用B表示洛伦兹曲线与绝对不平等线OHL之间的面积，用G表示基尼系数，那么，计算基尼系数的公式为：

$$G=\frac{A}{A+B} \quad (0 \leqslant G \leqslant 1) \qquad (9-21)$$

当$A=0$时，基尼系数也等于零，这时收入(或财产)分配绝对平等。

当$B=0$时，基尼系数等于1，这时收入(或财产)分配绝对不平等。

实际的基尼系数总是大于0而小于1。基尼系数越小，收入(或财产)分配越平等；基尼系数越大，收入(或财产)分配越不平等。

基尼系数被西方经济学家普遍公认为一种反映收入分配平等程度的方法，也被现代国际组织(如联合国)作为衡量各国收入分配的一个尺度。一般地，若基尼系数低于0.2表示收入绝对平均；介于0.2~0.3表示比较平均；介于0.3~0.4表示基本合理；介于

0.4~0.5表示收入差距较大;0.5以上表示收入差距悬殊。基尼系数等于0.4是国际公认的分配警戒标准。目前,我国共计算三种基尼系数:农村居民基尼系数、城镇居民基尼系数和全国居民基尼系数。

[专栏9-5] **基尼系数的警示**

基尼系数是反映一国社会分配状况的指标,0为"完全平等",1为"极端不平等"。目前公认的标准是,基尼系数在0.3以下为"好",0.3~0.4之间为"正常",超过0.4为"警戒"。一旦基尼系数超过0.6,表明该国社会处于可能发生动乱的"危险"状态。拉美平均0.522的基尼系数,意味着该地区不少国家已经相当接近甚至超过了0.6的危险状态。

玻利维亚就是一个例子。2003年10月,因"天然气管道问题"而发生社会冲突造成数十人死亡,桑切斯总统因此被迫下台。事件的导火索是当地土著农民反对兴建一条经智利运送到北美的天然气出口管道。然而,农民与政府之间的矛盾早在"天然气管道问题"出现之前就已暗流涌动了。

玻利维亚是世界上主要的古柯种植区之一。那里的印第安土著居民世世代代以种古柯为生,缺乏其他生产技能。虽然贩毒分子利用古柯牟取暴利,但是对于大多数古柯种植者来说,其收入只能维持生活。政府出于禁毒的需要,下令禁止古柯种植,切断了土著居民赖以谋生的手段,却没有提供适当的资金和技术去帮助他们开发其他合法作物的种植,双方矛盾由此产生。天然气的开采和出口可以为玻利维亚提供大量的财富,但是土著居民却无法从经过自己土地的天然气管道建设中得到利益,搭上发展的列车,相反,他们还面临着进一步贫困化和边缘化的危险。这种收入分配不公和政策上的失误促成土著居民联合起来反对政府。这是社会问题冲击经济发展的典型例子。

据世界银行的报告,阿根廷和委内瑞拉在本世纪初发生了严重的经济衰退,两国的贫困人口迅速增加,相当一部分中产阶级家庭沦落到贫困阶层。两国的基尼系数与10年前相比有明显的上升,其中阿根廷的基尼系数从0.43上升到0.55。基尼系数的微小变化在现实生活中却能强烈地感受到。最明显的一点就是阿根廷近年来绑架和抢劫案大量增加。阿根廷是世界上最有竞争力的农业国之一,其人文发展水平一度接近发达国家。委内瑞拉也是世界上最重要的产油国之一。这两个国家在发展中的挫折值得深思。

拉美的教训是,总体财富增长的过程中,如果忽视了底层民众的利益,就有可能导致一个人口众多的社会群体享受不到经济发展所带来的好处。一旦这个庞大的群体被排除在发展之外,那么这个社会很可能会孕育危机,经济也往往无法持续、稳定地发展。

本章小结

本章介绍了劳动、土地和资本三种要素的供给理论,分析了工资、地租和利率的决定。

劳动的供给取决于劳动者在工作时间与闲暇时间之间的选择,在理论分析中主要考察工资变动的替代效应和收入效应所产生的综合影响。一般情况下,劳动的供给随着工资水平的上升而增加,供给曲线向右上方倾斜。在完全竞争的劳动市场中,劳动的均衡取决于劳动的需求和供给的自发作用,而在不完全竞争条件下,工会的活动对就业与工资水平产生一定的影响。

对于固定性的土地供给而言,供给曲线是垂直的,所以地租全部表现为经济租金。但在竞争性的土地供给分析中,土地的供给曲线仍然可以是向右上方倾斜的,反映了在不同价格水平上土地资源的使用情况,而不是其固有数量。土地市场的供求决定了土地资源的价格即地租。地租的概念不断发展,形成了对经济租金的认识。经济租金是要素所有者获得的超过要素提供的最低回报水平的报酬,即要素的实际收入超过其机会成本的余额。

资本市场的均衡也取决于资本市场的供求关系。从需求方面来看,资本的需求主要取决于厂商的投资决策,利率水平所衡量的是投资的机会成本,在投资的回报水平可以确定的情况下,投资需求量随利率水平的下降而增加。从供给方面来看,资本的供给取决于个人的储蓄决策,一般来讲,利率上升会导致储蓄增加,并进而引起资本供给的增加。

复习思考题

一、选择题

1. 工资率上升所导致的替代效应是指( )。
   A. 工作同样长的时间可以得到更多的收入
   B. 工作较短的时间也可以得到同样的收入
   C. 工人愿意工作更长的时间,用收入带来的享受替代闲暇的享受
   D. 工人愿意工作更短的时间,增加闲暇的享受替代收入带来的享受

2. 某工人在工资率为每小时 2 美元的时候每周挣 80 美元,每小时 3 美元的时候每周挣 135 美元,由此可以断定( )。
   A. 收入效应起着主要作用
   B. 替代效应起着主要作用
   C. 收入效应和替代效应都没有发挥作用
   D. 无法确定

3. 厂商的总利润和准租金相比 ( )
   A. 总利润大于准租金　　　　　　　　B. 总利润等于准租金
   C. 总利润小于准租金　　　　　　　　D. 上述情况均可发生

4. 下列哪一项判断是错误的? ( )
   A. 经济租金属于长期分析,而准租金属于短期分析
   B. 经济租金是对某些特定要素而言,而经济利润则是对整个厂商来说的
   C. 厂商存在经济利润,则其要素存在经济租金
   D. 一种要素在短期内存在准租金,并不意味着长期中也存在经济利润

5. 一国的基尼系数为 0.5,如果某项政策使得该国的洛伦兹曲线变得近于直线,那么根据消费理论,在总收入不变的情况下,该国居民总的消费需求将会( )。
   A. 缩小　　　　　　　　　　　　　　B. 不变
   C. 扩大　　　　　　　　　　　　　　D. 三者都不是

二、简述题

1. 如果某人意外地接受了一笔财产,他的收入—闲暇预算约束线有何变化? 其工作时间是上升了还是下降了?
2. 请用经济学用语说明,当你的月薪达到 7 000 元时,在面对进一步提高工资时的矛盾心态以及最后关于是否接受更多工作的决定。
3. 解释劳动市场向后弯曲的劳动供给曲线的成因。
4. 在讨论固定要素价格时,租金和准租金分别是什么?
5. 土地的供给曲线为什么是垂直的?

三、计算题

1. 假设劳动者每天的时间资源为 24 小时,用 T 表示;24 小时中提供劳动的时间用 W 表示,自用的时间(即闲暇)用 L 表示,劳动的单位价格(即工资率)用 R 表示,劳动的收入用 Y 表示劳动者从劳动收入和闲暇中获得的总效用函数为 $U=48L+LY-L^2$,试求劳动者的劳动供给曲线,并证明:①当 $R=0$

时,他完全不劳动;②劳动供给 W 随 R 的上升而增加;③不管工资率 R 有多高,劳动时间 W 不超过 24 小时。

2. 某厂商的一种产品单价为 10 元,每月销售量为 100 单位,产品的平均可变成本为 5 元,平均不变成本为 6 元,试求每月的准租金和经济利润。

3. 已知某完全竞争行业中每个厂商的短期成本函数都是 $STC=0.1Q^3-3Q^2+30Q+20$。市场的产品价格 $P=120$,求厂商的经济利润和准租金。

4. 假定一个消费者做两期决策:第一期工作,第二期休息。消费者工作的净收入是 12 000 元,退休期的退休金为收入的 50%。用 C_1 代表第一期的消费开支,C_2 代表第二期的消费开支,他的跨期效用函数是 $U=C_1C_2$。

(1) 假定有金融机构可以提供存贷款服务,存贷款利率是 10%,该消费者两期的消费分别是多少?

(2) 假定没有金融机构,同时缺乏其他的投资渠道,那么该消费者两期的消费分别是多少? 相比第一种情形,他的效用是高还是低?

第十章 一般均衡和福利经济学

在现代市场经济中,所有市场主体,包括厂商和消费者之间都是相互依存的。尽管个人的决策都是在独立和自由的状态下进行的,但任何市场的均衡却都是取决于所有参与者的决策和行为,是一种所有市场、所有市场参与者都相互联系下的同时均衡,即一般均衡。一般均衡分析就是要将所有相互联系的各个市场看成是一个整体来加以研究,分析当整个经济的价格体系恰好使所有的产品都供求相等时的市场均衡问题。

在一般均衡分析的基础上,本章还要研究福利经济学。福利经济学研究的目的是为了对不同经济状况的社会合意性进行评价,以提供改善经济运行的方法和政策。

第一节 一般均衡分析

一、市场之间的相互联系

在前面几章的分析中曾经探讨过不同市场之间的相互作用、相互影响问题。例如,就产品市场而言,某种产品 A 的价格上升将引起其替代产品 B 和补充产品 C 的需求曲线右移和左移,从而使 B 和 C 的价格上升和下降。如果再进一步分析下去,则 B 和 C 的价格变化一方面会继续影响它们各自的替代产品和补充产品的价格,另一方面又反过来影响产品 A 的价格……于是,某种产品价格的变化将波及许多其他产品市场。同样的,就要素市场而言,某种要素 f 的价格变化亦将改变其替代要素和补充要素的需求曲线从而它们的价格。进一步分析,则这些替代和补充要素的价格变化也会继续影响它们各自的替代和补充要素价格的变化,并反过来影响初始要素 f 的价格……于是,某种要素价格的变化也将波及许多其他要素市场。最后,产品市场和要素市场之间也是相互联系、相互影响的:产品价格的提高将提高相应要素的需求曲线,而要素价格提高则降低相应产品的供给曲线,如此等等。

为了更好地理解整个经济体系中各个不同市场的相互作用过程,我们通过一个简单的例子来考察一个简化的市场经济情况。这里总共有四个市场:钢铁市场、汽车市场、汽油市场、劳动市场,如图 10-1 所示。图 10-1 由图(a)、图(b)、图(c)和图(d)构成,他们分别代表钢铁市场、汽车市场、汽油市场、劳动市场。在刚开始时,四个市场都处于均衡状态,四个市场的供给曲线在图中表示为 S_A、S_B、S_C 和 S_L,四个市场的需求曲线分别为 D_A、D_B、D_C 和 D_L;其中,钢铁市场、汽车市场和汽油市场的均衡产量分别为 Q_A、Q_B 和 Q_C,市场的均衡价格分别为 P_A、P_B 和 P_C;劳动市场的均衡劳动使用量为 L_1,均衡工资水平 W_1。

现在假设由于某种原因,比如铁矿石的价格上涨、煤炭价格上涨或者电力价格上涨等,这都可以使钢铁的供给减少,导致钢铁市场的供给曲线向左移动,如图 10-1(a)所示,供给曲线由 S_A 向左平移至 S_A'。供给的减少将导致钢铁市场的均衡价格上升到 P_A',均衡产量下降到 Q_A'。但市场均衡的变化远未到此完结,由于钢铁是汽车工业的重要投入要素,钢铁价格的上涨会直接导致汽车工业的成本上升,这样汽车的供给也将减少,供给曲线会由 S_B 向左移动到 S_B',从而汽车的均衡价格将上升至 P_B',均衡产量将下降到 Q_B',如图 10-1(b)所示。由于汽车和汽油是互补品,汽车市场的变动将会导致汽油市场的变动,从图 10-1(c)可以看出,由于汽车的需求量下降,汽油的需求将减少,这会导致汽油的需求曲线向左移动,由 D_C 向左移动到 D_C',从而汽油的均衡价格下降至 P_C',均衡产量将下降到 Q_C'。由于钢铁、汽车、汽油等行业的产量都是下降的,在技术水平和其他因素不变的条件下,这就会导致市场对劳动等要素需求的减少,从而影响到要素市场的均衡,如图 10-1(d)所示。由于市场对劳动需求的下降,需求曲线将从 D_L 向左移动到 D_L',结果均衡的工资水平就由 W_1 下降到 W_2,均衡的劳动供给量也由 L_1 下降到 L_2。

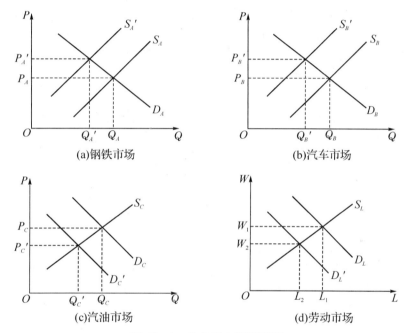

图 10-1 各市场之间的联系

可以预测,要素市场的变化还会反过来影响到产品市场。由于劳动的工资水平下降,厂商的生产成本将下降,从而钢铁、汽车、汽油等产品的供给还会有一定的上升,均衡价格还会有所下降,均衡产量还会有一定上升。可以看出,一个市场发生的变动,会引起其他市场一系列的变动,而其他市场的变动,又会反过来导致最初发生变动的市场再次发生变动。当然这种市场之间的相互影响会一直持续下去,直到最后所有市场又重新达到新的均衡状态,即新的一般均衡状态。

二、一般均衡的含义

到目前为止,本书所讨论的内容都是单个市场的均衡问题,当我们考虑整个市场体系的均衡问题时,我们的分析也就从局部均衡分析(Partial Equilibrium Approach)扩展到了一般均衡分析(General Equilibrium Approach)。

局部均衡分析研究的是单个产品市场或要素市场,其方法是把所考虑的某个市场从相互联系的构成整个经济体系的市场全体中"取出"单独加以研究。在这种研究中,该市场产品的需求和供给仅仅看成是其本身价格的函数,其他价格则被假定为不变,而这些不变价格的高低只影响所研究产品的供求曲线的位置。可见,局部均衡分析认为某种产品价格只取决于这种产品本身的供给和需求的作用,而不受其他产品的价格和供求状况的影响。所得到的结论是,该市场的需求和供给曲线共同决定了市场的均衡价格和均衡数量。局部均衡分析方法是马歇尔最先于1890年在他的代表著作《经济学原理》中使用的,同时也成了马歇尔经济学说在方法论上的一个主要特点。这种分析方法在对结论要求精度不高的情况下,可以比较容易地得出分析结论,满足经济分析的要求。同时,局部均衡分析方法便于我们考察单独的不同变量之间的相互关系,有利于确定变量之间关系的性质和影响程度。

　　局部均衡分析虽然能够简化分析,使我们更容易地理解单个经济参与者的决策行为。但由于各种市场间存在的相互联系,任何产品的价格都不可能仅仅取决于该产品的供求关系,还必然要受到其他产品市场供求关系的影响,必须把所有的市场结合起来考察产品价格的共同决定。即要进一步将局部均衡分析发展为一般均衡分析。

　　一般均衡的概念和分析是建立在局部均衡理论基础上的。一般均衡分析将所有相互联系的各个市场看成一个整体加以研究,在分析经济问题时假定各种产品的供给、需求和价格都是相互作用,彼此影响的,一种产品的价格和供求的均衡,只有在一切产品的价格和供求都达到均衡时才能决定。在一般均衡理论中,每一产品的需求和供给不仅取决于该产品本身的价格,而且也取决于所有其他产品的价格。每一产品的价格都不能单独地决定,而必须和其他产品价格联合决定。当整个经济的价格体系恰好使所有的产品都供求相等时,市场才能够达到一般均衡状态。

　　完全竞争市场一般均衡的严格定义是指满足以下三个条件的一组价格体系:(1) 在该组价格体系下,每个消费者提供自己所拥有的投入要素,并在各自的预算约束下实现其效用最大化;(2) 每个厂商在该组价格体系下,在给定的技术水平下决定要素的投入和产出量以使其利润水平最大化;(3) 在该组价格体系下,每个要素市场和产品市场上总需求都等于总供给。此时,就称经济处于一般均衡状态,这组价格称为一般均衡价格。

[专栏10-1] 一般均衡理论的产生和发展

　　一般均衡理论是由在瑞士洛桑学院任教的法国经济学家里昂·瓦尔拉斯(Leon Walras)于19世纪70年代创立的。瓦尔拉斯认为,任何一种商品的价格都不能单独由其市场的供求关系所决定,它必然受到其他市场供求关系的影响。只有将所有市场联系在一起来共同考虑它们的价格决定因素,才能建立较完善的价格理论。于是,他把所有市场供求都相等的经济状态称作"一般均衡",并将所有市场的供求均衡等式组成一庞大的方程组,然后求出所有商品的价格解。然而,他没能提供一个有力的证据来证明在这种体制下确实存在一个均衡点。

　　到了20世纪中期,数学天才约翰·冯·纽曼以及美国诺贝尔经济学奖得主阿罗(Kenneth Arrow)和德布鲁(Gerard Debreu),运用了拓扑学和集合论这样强有力的数学工具,才对竞争均衡的存在给出了一个完整的证明。这个革命性的发现表明,即使在许多不同的地区存在成千上万种投入品和产出品,即使货物生产和销售的时间并不相同,但在一定的限制条件下,总是存在至少一组价格使得所有投入品和产出品的供求能够实现完全均衡。当人类迈入计算机时代之时,哈伯特·斯卡夫(Herbert Scarf)发展了第一个实际计算一般经济均衡的方法——这产生了经济学中的一个新领域:可以计量的一般经济均衡模型。竞争性均衡的有效性这一思想为重农学派和亚当·斯密所直观地理解。在竞争经济有效性的实际证明中有两个决定性的突破:先是帕累托引入了"效率"这个概念,后来阿罗和德布鲁给出了强有力的证明。

今天,经济学家们倾向于强调竞争的动态优势——竞争突破传统,鼓励创新和应用最实用的技术。历史研究指出,竞争不仅能够"正确定价",而且能够导致强劲的投资和加速技术变迁。19世纪末,马歇尔建立了以局部均衡分析为基础的价格理论。直到20世纪30年代,这两种理论(一般均衡和局部均衡)一直都被看着是互不相干、各自独立的价格理论。1939年,英国经济学家希克斯出版了他的《价值与资本》一书,用局部均衡方法去研究一般均衡问题,简化和丰富了一般均衡理论,并在局部均衡分析与一般均衡分析之间架起了一座桥梁。

资料来源:萨缪尔森.萨缪尔森辞典[M].陈迅,白远良,译释.北京:京华出版社,2001.

三、瓦尔拉斯的一般均衡模型

在西方古典经济学家那里已经涉及了一般均衡状态的内容,其起源最早可以追溯到魁奈(Quesnay)的"经济表"。1874年,洛桑学派的里昂·瓦尔拉斯(Leon Walras)第一次正式提出一般均衡理论,并运用数学方法对市场达到一般均衡进行了描述,提出了一般均衡存在性、唯一性和稳定性等问题。此后,西方经济学家们包括帕累托、希克斯、诺伊曼、萨缪尔森、阿罗、德布鲁和麦肯齐等人对一般均衡理论不断给予了改进和发展。尤其是二十世纪五六十年代,美国经济学家阿罗和法国经济学家德布鲁利用集合论、拓扑学等数学方法对一般均衡的存在性问题在极为严格的假定条件下进行了公理化证明,奠定了现代西方经济学中一般均衡理论的基础。

1. 论证思路和假设前提

瓦尔拉斯的基本思路是:一种产品(或要素)的需求和供给不仅取决于该种产品(或要素)的价格,还取决于所有其他产品和要素的价格。每种产品(或要素)供求相等时,该市场处于局部均衡。若存在一组价格使得所有产品和要素的供求都处于均衡,那么整个社会实现一般均衡。也就是说,无论是在产品市场上,还是在要素市场上,每种产品或者要素的需求量和供给量都最终取决于所有产品和要素的价格。

瓦尔拉斯按照从简单到复杂的思路一步一步地构建自己的一般均衡理论体系。首先,他从产品市场着手来考察交换的一般均衡,论证市场产品需求取决于所有产品和要素的价格,是价格体系的函数;而后从要素市场的角度来考察包括生产过程的一般均衡,论证市场产品供给也取决于所有产品和要素的价格,是价格体系的函数;最后从市场需求等于市场供给得出一价格组,当找出的这一组价格恰好使整个经济体系的供求相等,市场就达到了一般均衡。瓦尔拉斯还运用一般均衡分析方法考察了货币交换和货币窖藏的作用而得出了他的"货币和流通理论",从而把一般均衡理论由实物经济推广到货币经济。

瓦尔拉斯模型的主要假设包括:(1)对于产品的假定:整个经济中有 r 种产品,各种

产品的数量用 $Q_1, Q_2, Q_3, \cdots, Q_r$ 表示,其价格则分别为 $P_1, P_2, P_3, \cdots, P_r$;整个经济中有 $n-r$ 种要素,各种要素的数量用 $Q_{r+1}, Q_{r+2}, Q_{r+3}, \cdots, Q_n$ 表示,其价格分别为 $P_{r+1}, P_{r+2}, P_{r+3}, \cdots, P_n$;所有产品市场和要素市场均为完全竞争市场。

(2) 对于家户的假定:假定整个经济中有 H 个家户,每个家户都是产品的需求者和要素的供给者;每个家户从要素供给中得到收入,并在要素收入的约束条件下购买各种产品以使效用得到最大;每一家户的全部收入均来自要素供给,没有意外之财;每一家户将全部收入均用于消费,即既没有储蓄,也没有负储蓄;每一家户的偏好即效用函数为既定不变。

(3) 对于厂商的假定:假定整个经济中有 K 个厂商,每个厂商都是要素的需求者和产品的供给者;厂商在生产函数的约束条件下生产各种产品以使利润达到最大;每一厂商的生产函数为既定不变,没有中间产品,没有投资或负投资。

2. 家户的产品需求和要素供给行为分析

家户 h 的产品需求:

设用 $Q_{ih}(i=1,\cdots,r)$ 表示一个典型家户 h 对第 i 种产品 Q_i 的需求,于是 h 对所有产品的需求量分别为 $Q_{1h}, Q_{2h}, Q_{3h}, \cdots, Q_{rh}$。

家户 h 的要素供给:

设用 $Q_{jh}(j=r+1,\cdots,n)$ 表示家户 h 对第 j 种要素 Q_j 的供给,于是 h 对所有要素的供给量分别为 $Q_{(r+1)h}, Q_{(r+2)h}, Q_{(r+3)h}, \cdots, Q_{nh}$。

家户 h 的效用:

取决于它所消费的各种产品数量$(Q_{1h}, \cdots, Q_{rh})$以及它向市场提供的各种要素数量$(Q_{(r+1)h}, \cdots, Q_{nh})$。(说明:因为向市场提供各种要素会获得收入,而收入又会用于消费,从而形成效用)。

于是家户 h 的效用函数可写成:

$$U_h = U_h = (Q_{1h}, Q_{2h}, Q_{3h}, \cdots, Q_{rh}; Q_{(r+1)h}, Q_{(r+2)h}, Q_{(r+3)h}, \cdots, Q_{nh}) \quad (10-1)$$

其中,U_h 为家户 h 的效用函数。家户 h 的全部收入均来自其要素供给。

家户 h 的全部收入与在各种产品上的支出:

又由于产品和要素价格对单个家户来说是既定不变的常量(产品和要素市场均为完全竞争),且不存在储蓄和负储蓄,故家户 h 的全部收入就等于各种要素的供给与各种要素的价格乘积的数学求和: $P_{r+1} \cdot Q_{(r+1)h} + \cdots + P_n \cdot Q_{nh}$。其中,$P_{r+1}, P_{r+2}, P_{r+3}, \cdots, P_n$ 分别为各种要素的价格。家户 h 在各种产品上的支出则为 $P_1 \cdot Q_{1h} + \cdots + P_r \cdot Q_{rh}$。其中,$P_1, \cdots, P_r$ 分别为各种产品的价格。

家户 h 的预算约束即"预算线"为:

$$P_1 Q_{1h} + P_2 Q_{2h} + \cdots + P_r Q_{rh} = P_{(r+1)} Q_{(r+1)h} + P_{(r+2)} Q_{(r+2)h} + \cdots + P_n Q_{nh} \quad (10-2)$$

于是,家户 h 是在预算约束$(10-2)$的条件下,选择最优的产品消费量即产品需求量$(Q_{1h}, Q_{2h}, Q_{3h}, \cdots, Q_{rh})$和最优的要素销售量即要素供给量$(Q_{(r+1)h}, Q_{(r+2)h}, Q_{(r+3)h}, \cdots, Q_{nh})$以使其效用函数$(10-1)$达到最大。

家户 h 对每种产品最优的需求量以及对于每种要素的最优供给量:

根据在约束条件下的多元函数极值原理可知,家户 h 对每种产品最优的需求量取决

于所有的产品价格和要素价格,即取决于整个经济的价格体系。可以证明如下:

设某家户的效用函数为 $U=U(Q_1,Q_2)$,受到的限制条件为 $P_1Q_1+P_2Q_2=I$

建立拉格朗日函数:

$$L(Q_1,Q_2,\lambda)=U(Q_1,Q_2)+\lambda(I-P_1Q_1-P_2Q_2)$$

求拉格朗日函数的一阶偏导数:

$$\frac{\partial L}{\partial Q_1}=\frac{\partial u}{\partial Q_1}-\lambda P_1=0$$

$$\frac{\partial L}{\partial Q_2}=\frac{\partial u}{\partial Q_2}-\lambda P_2=0$$

$$\frac{\partial f}{\partial \lambda}=I-P_1Q_1-P_2Q_2=0$$

由这些效用最大化条件可以求出最优消费量 Q_1 和 Q_2。显而易见,如果改变约束条件中的价格 P_1 和 P_2,则最优消费量 Q_1 和 Q_2 也将随之变化。这就是说,最优消费量 Q_1 和 Q_2 均是价格 P_1 和 P_2 的函数。

于是有家户 h 对各种产品的需求函数:

$$Q_{1h}=Q_{1h}(P_1,\cdots,P_r;P_{(r+1)},\cdots,P_n)$$
$$\cdots \qquad (10-3)$$
$$Q_{rh}=Q_{rh}(P_1,\cdots,P_r;P_{(r+1)},\cdots,P_n)$$

同样,家户 h 对每种要素的最优供给量也取决于所有的产品价格和要素价格,即整个经济的价格体系。于是又有家户 h 对各种要素的供给函数:

$$Q_{(r+1)h}=Q_{(r+1)h}(P_1,\cdots,P_r;P_{(r+1)},\cdots,P_n)$$
$$\cdots \qquad (10-4)$$
$$Q_{nh}=Q_{nh}(P_1,\cdots,P_r;P_{(r+1)},\cdots,P_n)$$

上述对单个家户 h 的讨论也适用于所有其他家户。

市场对每种产品最优的需求:

将所有 H 个家户对每一种产品的需求加总起来,就得到每一种产品的市场需求;与单个家户的需求情况一样,每一种产品的市场需求显然也是整个经济的价格体系的函数,即有:

$$Q_1^d=Q_1^d(P_1,\cdots,P_r;P_{(r+1)},\cdots,P_n)$$
$$\cdots \qquad (10-5)$$
$$Q_r^d=Q_r^d(P_1,\cdots,P_r;P_{(r+1)},\cdots,P_n)$$

$$Q_i^d=\sum_{h=1}^{H}Q_{ih}$$

其中,$(i=1,\cdots,r)$ 为第 i 种产品的市场需求。

每一种要素的最优市场供给:

再将所有 H 个家户对每一种要素的供给加总起来,就得到每一种要素的市场供给;

与单个家户的供给情况一样,每一种要素的市场供给显然也是整个价格体系的函数。于是有:

$$Q^s_{(r+1)}=Q^s_{(r+1)}(P_1,\cdots,P_r;P_{(r+1)},\cdots,P_n)$$
$$\cdots$$
$$Q^s_n=Q^s_n(P_1,\cdots,P_r;P_{(r+1)},\cdots,P_n)$$

(10-6)

$$Q^s_j = \sum_{h=1}^{H} Q_{jh}$$

其中,$(j=r+1,\cdots,n)$ 为第 j 种产品的市场供给。

3. 厂商的产品供给和要素需求行为分析

与前述一样,先来考察某单个厂商 k 的产品供给和要素需求,然后将所有 K 个厂商的产品供给和要素需求分别相加求得产品的市场供给和要素的市场需求。

设用 $Q_{ik}(i=1,\cdots,r)$ 表示厂商 k 对第 i 种产品 Q_i 的供给。于是,厂商 k 对所有产品的供给量分别为 $Q_{1k},Q_{2k},Q_{3k},\cdots,Q_{rk}$;

设用 $Q_{jk}(j=r+1,\cdots,n)$ 表示厂商 k 对第 j 种要素 Q_j 的需求。于是,厂商 k 对所有要素的需求量分别为 $Q_{(r+1)k},Q_{(r+2)k},Q_{(r+3)k},\cdots,Q_{nk}$。

厂商的收入、支出与利润:

厂商在出售产品之后得到的收入为 $P_1 \cdot Q_{1k}+P_2 \cdot Q_{2k}+\cdots+P_r \cdot Q_{rk}$,厂商在购买要素时花费的支出为 $P_{(r+1)} \cdot Q_{(r+1)k}+P_{(r+2)} \cdot Q_{(r+2)k}+\cdots+P_n \cdot Q_{nk}$。

厂商 k 的利润函数可写成:

$$\pi_k=(P_1Q_{1k}+P_2Q_{2k}+\cdots+P_rQ_{rk})-(P_{(r+1)}Q_{(r+1)k}+P_{(r+2)}Q_{(r+2)k}+\cdots+P_nQ_{nk})$$

(10-7)

于是厂商 k 的目的是选择最优的产品供给量 $(Q_{1k},Q_{2k},Q_{3k},\cdots,Q_{rk})$ 和要素需求量 $(Q_{(r+1)k},Q_{(r+2)k},Q_{(r+3)k},\cdots,Q_{nk})$,以使其利润函数(10-7)式达到最大。

从形式上看,要使利润不断增大,可以不断增大产出 $Q_{ik}(i=1,\cdots,r)$,同时,不断减少投入 $Q_{jk}(j=r+1,\cdots,n)$。但实际上这是不可能的。因为产出和投入之间存在着一定的函数关系。要想不断地扩大产出,就必须不断地增加投入;而要想不断地减少投入,就不能不削减产出。任何一种产品的产出和其他诸种要素的投入之间的这种关系可以用生产函数来表示:

$$Q_{1k}=Q_{1k}(Q_{(r+1)k},Q_{(r+2)k},Q_{(r+3)k},\cdots,Q_{nk})$$
$$\cdots$$
$$Q_{rk}=Q_{rk}(Q_{(r+1)k},Q_{(r+2)k},Q_{(r+3)k},\cdots,Q_{nk})$$

(10-8)

于是,厂商 k 实际上是在生产函数(10-8)式的约束条件下,实现利润函数(10-7)式的最大化的。

根据有约束条件的多元函数极值原理可知,厂商 k 对每种产品的供给量取决于所有产品和要素的价格即整个价格体系。于是有厂商 k 的产品供给函数:

$$Q_{1k}=Q_{1k}(P_1,\cdots,P_r;P_{(r+1)},\cdots,P_n)$$
$$\cdots \quad (10-9)$$
$$Q_{rk}=Q_{rk}(P_1,\cdots,P_r;P_{(r+1)},\cdots,P_n)$$

厂商 k 对每种要素的需求量亦为整个价格体系的函数：

$$Q_{(r+1)k}=Q_{(r+1)k}(P_1,\cdots,P_r;P_{(r+1)},\cdots,P_n)$$
$$\cdots \quad (10-10)$$
$$Q_{nk}=Q_{nk}(P_1,\cdots,P_r;P_{(r+1)},\cdots,P_n)$$

产品的市场供给：

上述对单个厂商 k 的讨论也适用于所有其他厂商。将所有 K 个厂商对每一种产品的供给加总起来，就得到每一种产品的市场供给；与单个厂商的供给情况一样，每一种产品的市场供给显然也是整个价格体系的函数：

$$Q_1^s=Q_1^s(P_1,\cdots,P_r;P_{(r+1)},\cdots,P_n)$$
$$\cdots \quad (10-11)$$
$$Q_r^s=Q_r^s(P_1,\cdots,P_r;P_{(r+1)},\cdots,P_n)$$

其中，

$$Q_i^s=\sum_{k=1}^{K}Q_{ik}(i=1,\cdots,r)$$

为第 i 种产品的市场供给。

要素的市场需求：

再将所有 K 个厂商对每一种要素的需求加总起来，就得到每一种要素的市场需求；与单个厂商的需求情况一样，要素的市场需求显然也是价格体系的函数：

$$Q_{(r+1)}^d=Q_{(r+1)}^d(P_1,\cdots,P_r;P_{(r+1)},\cdots,P_n)$$
$$\cdots \quad (10-12)$$
$$Q_n^d=Q_n^d(P_1,\cdots,P_r;P_{(r+1)},\cdots,P_n)$$

其中，

$$Q_j^d=\sum_{k=1}^{K}Q_{jk}(j=r+1,\cdots,n)$$

为第 j 种产品的市场需求。

4. 产品市场和要素市场的一般均衡

上面分别讨论了家户从而市场的产品需求和要素供给，以及厂商从而市场的产品供给和要素需求。现在可以将它们综合起来考察所有产品和要素市场的一般均衡问题。

市场的需求方面：

已知所有 r 个产品其市场的需求函数为：

$$Q_1^d = Q_1^d(P_1,\cdots,P_r;P_{(r+1)},\cdots,P_n)$$
$$\cdots \qquad (10-13)$$
$$Q_r^d = Q_r^d(P_1,\cdots,P_r;P_{(r+1)},\cdots,P_n)$$

所有 $n-r$ 个要素其市场的需求函数为：

$$Q_{(r+1)}^d = Q_{(r+1)}^d(P_1,\cdots,P_r;P_{(r+1)},\cdots,P_n)$$
$$\cdots \qquad (10-14)$$
$$Q_n^d = Q_n^d(P_1,\cdots,P_r;P_{(r+1)},\cdots,P_n)$$

如果将产品和要素统统不加区别地看成为商品，则整个经济就共有 n 种商品（r 种产品，$n-r$ 种要素），n 个商品价格。于是这 n 种商品的需求函数就可以更加简洁地表示成为 n 个商品价格的函数，即

$$Q_1^d = Q_1^d(P_1,\cdots,P_n)$$
$$\cdots \qquad (10-15)$$
$$Q_n^d = Q_n^d(P_1,\cdots,P_n)$$

或

$$Q_i^d = Q_i^d(P_1,\cdots,P_n) \quad (i=1,\cdots,n) \qquad (10-16)$$

市场的供给方面：

已知所有 r 个产品其市场的供给函数为：

$$Q_1^s = Q_1^s(P_1,\cdots,P_r;P_{(r+1)},\cdots,P_n)$$
$$\cdots \qquad (10-17)$$
$$Q_r^s = Q_r^s(P_1,\cdots,P_r;P_{(r+1)},\cdots,P_n)$$

所有 $n-r$ 个要素其市场的供给函数为：

$$Q_{(r+1)}^s = Q_{(r+1)}^s(P_1,\cdots,P_r;P_{(r+1)},\cdots,P_n)$$
$$\cdots \qquad (10-18)$$
$$Q_n^s = Q_n^s(P_1,\cdots,P_r;P_{(r+1)},\cdots,P_n)$$

于是，将产品和要素统统看成商品后，整个经济体系的 n 个商品的市场供给函数可简洁地表示为：

$$Q_1^s = Q_1^s(P_1,\cdots,P_n)$$
$$\cdots \qquad (10-19)$$
$$Q_n^s = Q_n^s(P_1,\cdots,P_n)$$

或

$$Q_i^s = Q_i^s(P_1,\cdots,P_n) \quad (i=1,\cdots,n) \qquad (10-20)$$

经济体系的一般均衡条件：

要使整个经济体系处于一般均衡状态，就必须使所有的 n 个商品市场都同时达到均衡，即所有 n 个市场的需求和供给都相等，用公式来表示就是：

$$Q_1^d(P_1,\cdots,P_n)=Q_1^s(P_1,\cdots,P_n)$$
$$\cdots \quad (10-21)$$
$$Q_n^d(P_1,\cdots,P_n)=Q_n^s(P_1,\cdots,P_n)$$

现在的问题是，是否存在一组价格 $(P_1^*,\cdots,P_n^*)$ 恰好使得上述一般均衡的条件(10-21)式成立？

就一般意义来说，这一问题就是一个 n 元一次方程组。可以用线性代数来求解。在 n 元一次方程组中，如果其系数行列式不等于零，则方程组有唯一解，可以用消元法来求解。

5. 一般均衡的存在性：瓦尔拉斯的证明

在上述一般均衡条件(10-21)式中，一共有 n 个方程，同时也有 n 个变量，即 n 个价格 $P_1,\cdots,P_n$ 须要决定。但是瓦尔拉斯认为，在这 n 个价格中，有一个可以作为"一般等价物"来衡量其他商品的价格。例如，可以让第一种商品的价格为"一般等价物"，即令 $P_1=1$；于是，所有其他商品的价格就是它们各自同第一种商品交换的比率。这样一来，均衡条件中的变量就减少了一个，即现在须要决定的未知数是 $n-1$ 个价格。

另一方面，如果用 $P_1,\cdots,P_n$ 顺次去乘一般均衡条件中的第 1 式，$\cdots$，第 n 式的等式两边，则有：

$$P_i \cdot Q_i^d = P_i \cdot Q_i^s \quad (i=1,\cdots,n)$$

再将这 n 个等式加总起来，可得到一个恒等式：

$$\sum_{i=1}^{n} P_i \times Q_i^d \equiv \sum_{i=1}^{n} P_i \times Q_i^s \quad (10-22)$$

之所以是恒等式，是因为在上式的左右两边都代表同一个社会成交量。这个恒等式被称为瓦尔拉斯定律。由瓦尔拉斯定律可知，在一般均衡条件(10-21)式中那 n 个联立方程并非都是相互独立的，其中有一个可以从其余 $n-1$ 个中推出。例如，由其余 $n-1$ 个方程通过瓦尔拉斯定律可推出第一个方程。为此，将瓦尔拉斯定律展开如下：

$$P_1 \times Q_1^d + \sum_{i=1}^{n} P_i \times Q_i^d \equiv P_1 \times Q_1^s + \sum_{i=1}^{n} P_1 \times Q_i^s \quad (10-23)$$

如果在一般均衡条件中，所有从 2 到 n 的其余 $n-1$ 个等式均成立，则上述公式简化为：

$$P_1 \cdot Q_1^d = P_1 \cdot Q_1^s$$

亦即 $Q_1^d = Q_1^s$，从而，第一个等式成立。

因此，在一般均衡条件中，须要决定的未知数是 $n-1$ 个，独立方程的数目也是 $n-1$ 个。瓦尔拉斯认为，在一般均衡条件中，$n-1$ 个独立方程可以唯一地决定 $n-1$ 个未知数，即 $n-1$ 个价格，从而得到结论：存在一组价格，使得所有市场的供给和需求都恰好相等，亦即存在着整个经济体系的一般均衡。

6. 一般均衡的"试探过程"

即使确实存在着一般均衡状态,即存在着一组价格,能使每一个市场的供求相等,还有一个问题须要解决:实际的经济体系是否会达到这个一般均衡状态呢?

如果现行价格恰好为均衡价格,使得所有市场都达到供求一致,则在这种情况下,实际经济体系当然就处于一般均衡状态上不再变化。但是,如果现行价格并不等于均衡值呢?这时,麻烦就可能出现:实际的交易可能会发生在"错误"的价格水平上。交易者并不知道均衡价格在什么水平上;或者,他们可以通过价格的不断调整来确定均衡状态,但这种调整过程也许需要很长时间,在其完成之前不能保证不发生交易。一旦发生"错误"的交易,则瓦尔拉斯的一般均衡体系就未必能成立。

为了避免上述困难,瓦尔拉斯假定,在市场上存在一位"拍卖人"。该拍卖人的任务是寻找并确定能使市场供求一致的均衡价格。他寻找均衡价格的方法如下:首先,他随意报出一组价格,家户和厂商根据该价格申报自己的需求和供给。如果所有市场供求均一致,则他就将该组价格固定下来,家户和厂商就在此组价格上成交;如果供求不一致,则家户和厂商可以抽回自己的申报,而不必在错误的价格上进行交易。拍卖者则修正自己的价格,报出另一组价格。改变价格的具体做法是:当某个市场的需求大于供给时,就提高该市场的价格,反之,则降低其价格。这就可以保证新的价格比原先的价格更加接近于均衡价格。如果新报出的价格仍然不是均衡价格,则重复上述过程,直到找到均衡价格为止。这就是瓦尔拉斯体系中达到均衡的所谓"试探过程"。

尽管瓦尔拉斯最先认识到一般均衡问题的重要性,但他关于一般均衡存在性的证明却是错误的。按照瓦尔拉斯的看法,由于在所有市场的供给和需求都相等的均衡条件中,独立的方程数目与变量数目相等,故一般均衡的存在是有保证的。①

尽管瓦尔拉斯计算方程数目和变量数目的方法是相当不能令人满意的,但它在很长时间里被人们所接受,无人提出疑问。这种情况直到二十世纪二三十年代之后才有所改变。后来的西方经济学家利用集合论、拓扑学等数学方法,在相当严格的假定条件下证明:一般均衡体系存在着均衡解,而且,这种均衡可以处于稳定状态,并同时满足经济效率的要求。这些假设条件有:任何厂商都不存在规模报酬递增;每一种商品的生产至少必须使用一种原始生产要素;任何消费者所提供的原始生产要素都不得大于它的初始存量;每个消费者都可以提供所有的原始生产要素;每个消费者的序数效用函数都是连续的;消费者的欲望是无限的;无差异曲线凸向原点,等等。总之,在一定的假设条件全部得到满足时,一般均衡体系就有均衡解存在。②

---

① 瓦尔拉斯的论证逻辑显然是错误的,例如,下述两个联立的独立方程恰好也只有两个未知数:
$x+y=1$
$x+y=-1$
但它显然无解,因为这两个方程是不相容的。
此外,即使方程组有解,还存在如下问题,即所得解是否有经济意义呢?例如,方程 $x^2=-1$ 有一个解 i,但 i 为虚数单位,并无经济意义。在许多情况下,甚至负数也没有经济意义。例如价格等就不能为负数。

② 关于一般均衡存在性的现代证明都要涉及高深的、复杂的数学工具,详细的论述将超出本书的范围。

第二节　两部门一般均衡模型

在完全竞争情况下，要实现静态的一般均衡需要三个条件：一是交换的一般均衡，即商品如何在消费者之间有效地进行分配；二是生产的一般均衡，即要素如何在生产者之间有效地配置；三是生产和交换的一般均衡，即经济资源如何在整个社会有效地配置。以下通过建立一个最简单的两部门经济模型加以说明。假设：

（1）整个社会只有两个消费者 A 和 B，只消费两种商品 X 和 Y；

（2）只有两种生产要素 L（劳动）和 K（资本），各生产要素是同一可分的；

（3）X 和 Y 由两个生产部门生产，一个专门生产 X，一个专门生产 Y，均使用两种要素进行生产；

（4）经济中 L 和 K 的总量固定，但每一产品部门可投入的要素是可变的；

（5）两种产品生产的相对要素密集度不同，生产技术固定。

一、交换的一般均衡

1. 消费的埃奇沃斯方框图

交换的一般均衡是指在社会生产状况既定、收入分配状况既定的条件下，通过消费者之间的交易使得交易者达到效用最大化的均衡状态。

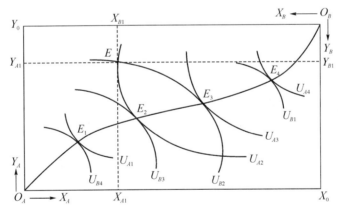

图 10-2　交换的一般均衡

我们首先考虑两种既定数量的产品在两个消费者之间分配的一般均衡条件，然后将所得到的结论推广到一般情况。假定经济中只有两个消费者 A 和 B，只有两种商品 X 和 Y。消费者 A 和 B 进行 X 和 Y 两种商品的交易，而且消费者 A 和 B 都追求效用最大化。下面我们用一种叫做埃奇沃斯盒状图（Edgeworth Box Diagram）的工具来分析两种商品如何在两个消费者之间进行分配的问题。埃奇沃斯盒状图是以序数效用和无差异曲线分析为基础的，英国经济学家埃奇沃斯于 19 世纪末首次使用了这一分析工具。

图 10-2 是交换的埃奇沃斯盒状图，该图由消费者 A 的商品组合坐标平面图和消费者 B 的商品组合坐标平面图旋转 180°啮合而成。假定社会所生产的两种商品 X 和 Y 的产量是既定的，分别为 X_0 和 Y_0。图中，两个原点 O_A 和 O_B 分别表示消费者 A 和 B 消费两种商品 X 和 Y 的起点。横轴表示 X 商品的数量，纵轴表示 Y 商品的数量。消费者 A

所消费的两种商品 X 和 Y 的数量从 O_A 出发,分别以水平向右和垂直向上的距离来表示。同样,消费者 B 所消费的两种商品 X 和 Y 的数量从 O_B 出发,分别以水平向左和垂直向下的距离来表示。因此,在埃奇沃斯盒状图中的每一点都代表消费者 A 和 B 所消费的两种商品 X 和 Y 的组合点。由于两种商品的产量是既定的,埃奇沃斯盒状图中的每一点也表示一定量的商品 X 和 Y 在消费者 A 和 B 之间的分配。如果我们沿着下横轴向右移动,表明 A 消费的 X 不断增加,而 B 消费的 X 不断减少;相应地,如果我们沿着左纵轴向上移动,表明 A 消费的 Y 不断增加,而 B 消费的 Y 不断减少。同样的原理也适用于消费者 B 在上横轴和右纵轴上的移动。

图中凸向 O_A 点的四条曲线 U_{A1}、U_{A2}、U_{A3}、U_{A4} 是消费者 A 的无差异曲线,当然 A 的无差异曲线有无数条,并且离原点越远的无差异曲线效用水平越高。另外四条凸向 O_B 点的曲线 U_{B1}、U_{B2}、U_{B3}、U_{B4} 是消费者 B 的无差异曲线,当然 B 的无差异曲线也有无数条,并且离原点越远的无差异曲线效用水平越高。这样,盒状图中的任何一点都是一条 A 的无差异曲线和一条 B 的无差异曲线的交点,代表着两个消费者对两种产品的既定分配状况。假设这个点是图中的任意一点 E,该点是消费者 A 的无差异曲线 U_{A2} 和消费者 B 的无差异曲线 U_{B2} 的交点。在这个点上,消费者 A 所拥有的商品 X 的数量为 X_{A1},消费者 B 所拥有的商品 X 的数量为 X_{B1},$X_{A1}+X_{B1}=X_0$;消费者 A 所拥有的商品 Y 的数量为 Y_{A1},消费者 B 所拥有的商品 Y 的数量为 Y_{B1},$Y_{A1}+Y_{B1}=Y_0$。这时,A 所得到的效用水平为 U_{A2},B 所得到的效用水平为 U_{B2}。这个 E 点是不是两个消费者最大效用的组合点即两个消费者的一般均衡点呢?显然不是。因为在该点上消费者 A 和 B 通过交换各自拥有的商品,还有可能提高他们的效用水平。也就是说,双方会通过交易使得至少一方的效用水平提高而不会同时降低另一方的效用水平。

那么如何进行交换呢?我们可以设想,如果消费者 A 沿着无差异曲线 U_{B2} 用 Y 来交换消费者 B 的 X,A 拥有的商品 Y 的数量将减少,拥有的商品 X 的数量将增加;而 B 则正好相反,拥有的商品 Y 的数量将增加,拥有的商品 X 的数量将减少。这样,消费者 A 的效用水平就可以提高到离 O_A 点更远的无差异曲线上,而此时消费者 B 的效用水平并没有任何减少,仍然在无差异曲线 U_{B2} 上。这个过程可以一直持续到 E_3 点,此时 A 的效用水平由 U_{A2} 增加到 U_{A3},两条无差异曲线 U_{A3} 和 U_{B2} 相切,这也是在 B 的效用水平不变的条件下,A 能够达到的最大效用水平。这是因为在两条无差异曲线相切的情况下,A 已经不可能在 B 的效用水平不变的情况下通过交换来增加自己的效用水平。同样,如果消费者 B 沿着无差异曲线 U_{A2} 用 X 来交换消费者 A 的 Y,直到 E_2 点,这时 A 的效用水平并没有降低,B 却可以提高自己的效用水平并使效用水平达到最大。可见,在 E 点消费者并没有达到均衡。

按照上面的分析,E_2 点和 E_3 点都应该是消费者的均衡点,也就是有效消费点,但最终选择哪一点却取决于消费者 A 和 B 的讨价还价能力。如果在 E_3 点,A 的效用水平达到最大化,而 B 的效用水平不变;而在 E_2 点,B 的效用水平达到最大化,A 的效用水平不变。因此,实际的选择很可能会在 E_2 点和 E_3 点之间的某一点,这样消费者 A 和 B 的效用水平都能得到提高。但是不管交换最终的哪一点结束,都必须使消费者 A 和 B 各自的无差异曲线相切,否则,消费者通过交换就有可能至少在某一方效用水平不变的情况下,使另一方的效用水平增加。

两条无差异曲线相切意味着它们的斜率相等,从消费者行为理论中我们知道,无差异曲线的斜率就是商品的边际替代率,因此,无差异曲线相切也就表明:

$$MRS_{XY}^{A} = MRS_{XY}^{B} \qquad (10-24)$$

当消费者 A 的两种商品的边际替代率等于消费者 B 的两种商品的边际替代率,就达到了两个消费者的最大效用组合即实现了交换的一般均衡。把图中如 E_1、E_2、E_3 和 E_4 等所有可能的交换均衡点连接起来,就构成了一条从 O_A 到 O_B 的曲线,称之为交换的契约曲线(Contract Curve)。契约曲线上的任意一点,消费者 A 和 B 的边际替代率都是相等的。只要交易双方通过交换达到契约曲线上的点,便达到了交换的一般均衡。

2. 效用可能性边界

交换的契约曲线上的任意一点都对应着交换双方一定的效用水平,比如图 10-2 中 E_1 点表示消费者 A 获得的效用水平为 U_{A1},消费者 B 获得的效用水平为 U_{B4};在 E_2 点表示 A 获得的效用水平为 U_{A2},B 获得的效用水平为 U_{B3},等等。如果将契约曲线上各点所表示的效用水平组合描绘在坐标为效用水平的空间上,就可以得到效用可能性边界(Utility-Possibility Frontier),如图 10-3 所示。

在图 10-3 中,横轴表示消费者 A 的效用水平,纵轴表示消费者 B 的效用水平,图中的曲线就称为效用可能性边界。效用可能性边界上的点与契约曲线上的点是相对应的,所以,效用可能性边界是所有无差异曲线切点的集合,即在每一点上消费者的边际替代率都相等,因此它表示在给定一个人的满足程度的情况下,另一个人可能达到的最大的满足程度。在效用可能性边界与纵轴的交点上,消费者 B 获得的效用水平最大,A 获得的效用水平为 0,表示社会所生产的全部商品 X 和 Y 都被 B 消费了,

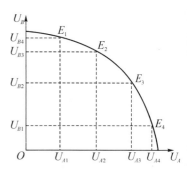

图 10-3 效用可能性边界

A 的消费量为 0。在效用可能性边界与横轴的交点上,消费者 A 获得的效用水平最大,B 获得的效用水平为 0,表示社会所生产的全部商品 X 和 Y 都被 A 消费了,B 的消费量为 0。沿着效用可能性边界与纵轴的交点向效用可能性边界与横轴的交点逐渐移动,B 所获得的效用水平越来越小,A 所获得的效用水平越来越大。

在效用可能性边界与坐标轴构成的区域内的各点都是无差异曲线的交点,在这些点上,至少可以在一方效用水平不变的情况下增加另一方的效用水平。因此都不是双方的效用最大点。图 10-2 中的 E 点就不是有效点,因为它所在的两条无差异曲线的交点在效用可能性边界以内。而 E_1、E_2、E_3 和 E_4 点都是两条无差异曲线的切点,处于效用可能性边界曲线上,所以是有效消费点。由此我们可以得出结论:效用可能性边界是在社会的产出水平既定时社会成员可能达到的最高的效用水平的有效消费点组合。

二、生产的一般均衡

1. 生产的埃奇沃斯方框图

讨论了交换的一般均衡之后,我们再来研究两种既定数量的生产要素在两种产品的生产之间如何分配的问题,即生产的一般均衡。生产的一般均衡是指在技术与社会生产资源总量既定的情况下,社会对于资源的配置使得产品产量达到最大的状况。

假定社会用劳动 L 和资本 K 两种生产要素生产 X 和 Y 两种产品,且社会拥有的劳动资源总量为 L_0,拥有的资本资源总量为 K_0。我们仍然用埃奇沃斯盒状图来分析社会如何配置资源才能使产品的产量达到最大。生产的埃奇沃斯盒状图的构造原理同交换的埃奇沃斯盒状图相同,不同的是生产的埃奇沃斯盒状图研究在两种产品和两种投入要素条件下生产者如何选择以及这种选择之间的相互作用。

图 10-4 为生产的埃奇沃斯盒状图,横坐标表示劳动要素的数量,纵坐标表示资本要素的数量。以盒状图左下角 O_X 为原点的坐标系表示生产 X 产品投入的劳动 L_X 和资本 K_X;以盒状图右上角 O_Y 为原点的坐标系则表示生产 Y 商品投入的劳动 L_Y 和资本 K_Y。于是,图中任意一点就代表两种生产要素 K 和 L 在 X 和 Y 两种产品的配置情况。

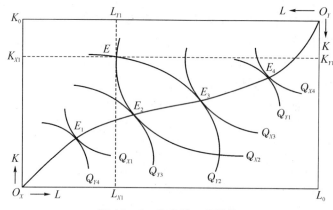

图 10-4　生产的一般均衡

图中凸向 O_X 点的四条曲线 Q_{X1}、Q_{X2}、Q_{X3}、Q_{X4} 是 X 部门的等产量线,当然 X 的等产量线有无数条,并且离原点越远的等产量曲线代表的产量水平越高。另外四条凸向 O_Y 点的曲线 Q_{Y1}、Q_{Y2}、Q_{Y3}、Q_{Y4} 是 Y 部门的等产量线,当然 Y 的等产量线也有无数条,并且离原点越远的等产量曲线代表的产量水平越高。这样,盒状图中的任何一点都是一条 X 的等产量线和一条 Y 的等产量线的交点,代表着两种产品的生产对两种投入要素的既定分配使用状况。假设这个点是图中的任意一点 E,该点是 X 的等产量线 Q_{X2} 和 Y 的等产量线 Q_{Y2} 的交点。在这个点上,用于生产 X 商品的劳动和资本数量分别为 L_{X1} 和 K_{X1},产量达到 X_2;用于生产 Y 产品的劳动和资本数量分别为 L_{Y1} 和 K_{Y1},产量达到 Y_2。但是 E 点并不是资源配置的有效点,因为如果进一步让劳动要素由生产 Y 产品转向生产 X 产品,同时让资本要素由生产 X 产品转向生产 Y 产品,两种产品的产量可以同时提高。

例如,如果我们沿着等产量曲线 X_2 移动到 E_2 点,产品 X 的产量不变而产品 Y 的产量却可以增加到 Y_3,此时两条等产量曲线 X_2 和 Y_3 相切,这也是在产品 X 的产量不变的条件下,产品 Y 能够达到的最大产量。这是因为在两条等产量曲线相切的情况下,已经不可能在 X 的产量不变的情况下通过生产要素的重新配置来增加 Y 的产量。同样,如果沿着等产量曲线 Y_2 移动到 E_3 点,在产品 Y 的产量不变而产品 X 的产量却可以增加到 X_3。当然,如果要素的重新配置使产量的组合能达到 E_2 和 E_3 之间的某一点,X 和 Y 两种产品的产量都能增加。总之,无论怎么调整 X 和 Y 的产量,资源的有效配置点都必须是两种产品等产量线的切点。

从上面的分析中我们可以得出结论,生产的一般均衡的条件是两种生产要素的边际技术替代率对于使用这两种要素而生产的产品来说都是相等的:

$$MRTS_{LK}^X = MRTS_{LK}^Y \qquad (10-25)$$

可见,之所以 E 点不是资源配置的有效点,因为在 E 点用于 X 和 Y 两种产品生产的劳动与资本两要素的边际技术替代率不相等。对于 X 产品生产而言,用劳动替代资本的边际技术替代率 $MRTS_{LK}^X$ 数值较高,即 MP_L^X(用劳动生产 X 产品所获得的边际产量)数值相对较大,MP_K^X(用资本生产 X 产品所获得的边际产量)数值相对较小。对于 Y 产品生产而言,用劳动替代资本的边际技术替代率 $MRTS_{LK}^Y$ 数值较低,即 MP_L^Y 数值相对较小,MP_K^Y 数值相对较大。对于 X 产品生产而言,用少量的劳动就可以替代较多的资本,从而抽出大量的资本,投入少量的劳动,就可以维持产量不变。对于 Y 产品生产而言,情况正好相反,由于资本的边际产量 MP_K^Y 相对较高,用少量的资本就可以替代较多的劳动,从而抽出大量的劳动,投入少量的资本,就可以维持产量不变。将 Y 产品生产中抽出的劳动用于 X 产品的生产,将 X 产品生产中抽出的资本用于 Y 产品的生产,将同时提高 X 和 Y 两种产品的产量,或至少提高一种产品的产量。资源配置将继续下去,直至达到 X 产品的等产量曲线和 Y 产品的等产量曲线相切为止。只有在切点,劳动和资本两种要素的边际技术替代率对于 X 和 Y 两种产品而言才是相等的。

从生产的埃奇沃斯盒状图中任一非资源配置均衡点出发,都可以通过资源的重新配置达到均衡点,所以,这样的均衡点有无数多个。如果我们将所有的类似于 E_1、E_2、E_3 和 E_4 等这样的等产量曲线的切点(即均衡点)连接起来,就构成一条从 O_X 到 O_Y 的曲线,称为生产的契约曲线,曲线上任意一点都代表两种产品的边际技术替代率相等,都是要素市场的一般均衡点。当生产要素按照这条曲线进行配置时,它们生产的产量达到最大。

2. 生产可能性边界

生产的契约曲线上的每一点都对应着两种产品 X 和 Y 一定的产量水平,比如图 10-4 中 E_1 点表示产品 X 的产量水平为 X_1,产品 Y 的产量水平为 Y_4;E_2 点表示产品 X 的产量水平为 X_2,产品 Y 的产量水平为 Y_3,等等。如果将契约曲线上各点所表示的两种产品的产量水平组合描绘在坐标为产量的空间上,就可以得到生产可能性边界(Production-Possibility Frontier),如图 10-5 所示。生产可能性边界的构造原理与效用可能性边界相同。

在图 10-5 中,横轴表示产品 X 的产量,纵轴表示产品 Y 的产量,凹向原点的曲线就是生产可能性边界。生产可能性边界上的点与契约曲线上的点是相对应的,所以,生产可能性边界是所有等产量曲线切点的集合。因此生产可能性边界上的每一点都代表在生产资源既定的情况下,一个经济可能达到的两种产品最大产量的组合。生产可能性边界与纵轴的交点,表示将全部生产要素都投入到产品 Y 时可得到的最大产量,此时,产品 X 的产量为 0,表示社会的全部生产要素都被生产产品 Y 使用了,X 的使用量为 0。生产可能性边界与横轴的交

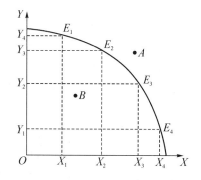

图 10-5 生产可能性边界

点,表示将全部生产要素都投入到产品 X 时可得到的最大产量,此时,产品 Y 的产量为 0,表示社会的全部生产要素都被生产产品 X 使用了,Y 的使用量为 0。沿着生产可能性边界与纵轴的交点向生产可能性边界与横轴的交点逐渐移动,产品 Y 的产量越来越小,产品 X 的产量越来越大。

从图 10-5 中可以看出,生产可能性边界的斜率为负,这是因为在社会要素总量既定的情况下,要增加某一种产品的产量就必须要增加要素投入,而另一种产品的要素投入就不得不减少,必然导致其产量减少。另外,曲线的形状是凹向原点的,即生产可能性边界自上而下变得越来越陡峭。我们把在一定的技术水平下利用既定资源生产两种产品时为增加一单位某产品所必须放弃的另一种产品的数量称为边际转换率(Marginal Rate of Transformation,记为 MRT)。例如,从 X 产品转换为 Y 产品生产的边际转换率表示为:

$$MRT_{XY} = -\frac{dY}{dX} \tag{10-26}$$

上式表示增加一单位 X 产品的产量所必须放弃的 Y 产品的产量。边际转换率反映了产品转换的机会成本,它是生产可能性边界上各点切线的斜率。由于边际报酬递减规律的作用,产品的边际转换率会随该产品数量的增加而递增。边际转换率递增,导致了生产可能性曲线的形状是凹向原点的。

生产可能性边界上的每一点都对应着生产的契约曲线上的点,而生产的契约曲线上的每一点都是有效率的点,所以生产可能性边界上的点都是社会在既定资源和技术条件下可能达到的最大产出点。在生产可能性边界以外的区域是在目前条件下不可能达到的产量区域,即在现有资源和技术条件下,不可能生产出如图 10-5 中 A 点那样的产品组合。因此,生产可能性边界以外的区域被称为"生产不可能性区域"。生产可能性边界以内的区域中没有实现两种产品最大产量的组合,称为"生产无效率区域",如图 10-5 中的 B 点,在保持 X 的产量不变时,Y 的产量还可以增加,或保持 Y 的产量不变,X 的产量还可以增加,所以 B 点就是无效率的。

生产可能性边界的位置取决于投入要素的数量和技术状况。如果要素数量或技术状况发生了变化,则可能生产的最大产出组合就可能发生变化,从而导致生产可能性边界的位置发生变化。假定初始的资源数量和技术条件所确定的生产可能性边界为图 10-6 中的 PP 曲线,PP 曲线上任意一点均表示在既定条件下经济所能生产的最大产出组合。比如 PP 曲线上的 E 点,对应的最大产出组合为 (X_1, Y_1)。现在我们假定资源数量增加了,生产可能性边界会向右上方移动到 $P'P'$ 的位置,则在 X 和 Y 两种商品的生产上均有更多的资源,于是 X 和 Y 的最大产量均有增加。假定增加的资源数量以某种方式分配到 X 和 Y 这两种产品的生产上,使得 X 和 Y 的最大产出组合增加到 (X_2, Y_2)。于是在原来条件下得到的生产可能性边界 PP 上的 E 点在新的资源数量条件下移动到了 E' 点。当然实际情况可能要复杂一些。如果新增的资源较多地投入到 X 产品的生产中,那么产品 X

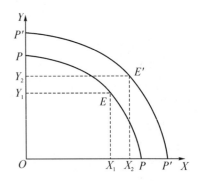

图 10-6 生产可能性边界的变化

产量增加的速度要大于产品 Y 产量增加的速度,新的均衡点应该位于 E' 点的下方;相反,如果新增的资源较多地投入到 Y 产品的生产中,新的均衡点应该位于 E' 点的上方。同样,如果是技术进步,生产可能性边界会向右上方移动。随着时间的不断推移,生产可能性边界不断地向外移动,这表明经济增长了。当然,生产可能性曲线也可能会向着原点的方向移动,比如那些长期遭受战乱或动荡的经济,由于生产资源和技术的萎缩,导致生产能力和产出的不断下降,经济的生产可能性边界位置更低了。

三、生产与交换的一般均衡

前面已经分别讨论了交换的一般均衡和生产的一般均衡问题,现在我们要把交换和生产这两方面结合起来,讨论生产和交换的一般均衡,即生产和交换同时达到均衡的状态。因为交换的一般均衡考察的是产品市场的均衡,生产的一般均衡考察的是要素市场的一般均衡,因此生产和交换的一般均衡就是考察经济社会中包括产品市场和要素市场的所有市场是如何达到均衡状态的。

生产达到均衡并不能保证交换同时达到均衡,交换达到均衡也不能保证生产同时达到均衡。要使生产和交换同时达到均衡需要具备一定的条件,这里要做出假设,假设生产是实现一般均衡的,在此基础上考察生产与交换同时实现均衡的问题。

生产一般均衡的实现意味着生产要素的分配应使经济的生产能力落在生产可能性边界上的某点,如图 10-7 中的 O_B 点,X 产品的产量为 X_0,Y 产品的产量为 Y_0。理论上,这一点可以是生产可能性边界上的任一点,生产可能性边界上的每一点都决定一个交换的埃奇沃斯盒状图。

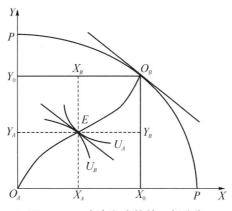

图 10-7 生产和交换的一般均衡

下面的问题是,在产量既定的情况下,消费者如何选择消费的产品组合比例才能实现最有效的分配。由于生产可能性边界上的产量点为 O_B,于是 $O_AY_0O_BX_0$ 就构成了一个交换的埃奇沃斯盒状图,两个消费者对产品的消费被限定在这个盒状图中。根据交换的一般均衡理论,消费者的选择应该沿着契约曲线 O_AO_B 进行,因为在契约曲线上的任意一点都代表消费者消费两种产品的边际替代率相等,从而决定了消费者的最优选择,并使产品市场达到均衡。但是契约曲线上有无穷多个点,任意一点都满足交换的一般均衡条件,究竟哪一点才是最终的均衡点呢? 要使整个社会的交换和生产同时达到均衡,消费者必须在这样一点上进行选择,在该点上,两种产品的边际替代率恰好等于生产这两

种产品的边际转换率,即:

$$MRS_{XY} = MRT_{XY} \tag{10-27}$$

在图 10-7 中,消费者 A 的一条无差异曲线 U_A 正好和消费者 B 的一条无差异曲线 U_B 相切,消费均衡点为 E 点。在 E 点,消费者 A 所消费的 X 产品的数量为 X_A,消费的 Y 产品的数量为 Y_A;消费者 B 所消费的 X 产品的数量为 X_B,消费的 Y 产品的数量为 Y_B。此时,两条无差异曲线的切线与生产可能性边界在 O_B 点的切线平行,说明两条无差异曲线切线的斜率和生产可能性边界在 O_B 点切线的斜率正好相等。因此,在 X 和 Y 两种产品的总产出水平分别为 X_0 和 Y_0 时,让消费者 A 消费 X_A 数量的 X 产品,消费 Y_A 数量的 Y 产品;让消费者 B 消费 X_B 数量的 X 产品,消费 Y_B 数量的 Y 产品,可以达到交换和生产的一般均衡。

为什么 $MRS_{XY} = MRT_{XY}$ 是交换和生产一般均衡的条件呢?这是因为如果两者不相等,通过调整生产要素与产品的重新分配能在不减少一个消费者效用的情况下,使另一个消费者的效用增加,从而增加社会总效用。如果 $MRS_{XY} > MRT_{XY}$,把 Y 的产量和消费者 A 对 Y 的消费量同时减少一个单位,为保证 A 的效用不变,需要给他增加消费 $1/MRS_{XY}$ 单位的 X(Y 对 X 的边际替代率为 $1/MRS_{XY}$)。在少生产一单位 Y 的条件下,可以多生产 $1/MRT_{XY}$ 单位的 X(Y 对 X 的边际转化率为 $1/MRT_{XY}$)。显然,$1/MRS_{XY} < 1/MRT_{XY}$,如果把 $1/MRT_{XY}$ 单位的 X 全由 A 消费,不但可以弥补其少消费一单位 Y 所减少的效用,而且还由于其多享有 $1/MRT_{XY} - 1/MRS_{XY}$ 的 X 而使其效用增加,直至调整到社会总效用最大。同理,当 $MRS_{XY} < MRT_{XY}$ 时,也可以通过调整生产要素和产品的重新分配使社会总效用达到最大。因此,只有当商品的边际替代率等于边际转化率时,整个社会的消费和生产才能实现一般均衡。

第三节 经济效率与帕累托最优条件

一、福利经济学概述

从亚当·斯密以来,人们普遍认为自由放任能推动经济发展,"看不见的手"能够协调好社会经济生活的各个方面,但是,随着经济的发展,出现了收入与财富分配不均等、贫富差距扩大等现象。这些问题的出现一方面导致了经济效率的降低,另一方面使社会矛盾更加尖锐,在分析和解决这些问题的过程中,就产生了福利经济学。

福利经济学是在一定的价值判断的前提下,研究社会经济制度,评价经济体系运行的经济理论。福利经济学的哲学基础是 18 世纪末 19 世纪初英国思想家边沁(Jeremy Bentham)的"功利主义"。边沁认为人的本性在于追求幸福,人的行为是趋利避害,绝大多数人的幸福就是社会的道德准则和立法依据。

福利经济学的先驱是英国经济学家霍布森(J. A. Hobson)。他把福利问题作为经济学的一个独立研究领域来进行研究,认为应以社会福利研究作为经济学的新方向,考察社会分配不均问题,主张通过改良主义办法增进社会总福利。英国经济学家庇古(A. C. Pigou)在 1920 年出版的《福利经济学》一书中建立了福利经济学的理论体系。庇古福利经济学的理论基础是基数效用论,庇古根据边际效用基数论提出两个基本的福利命题:

国民收入总量愈大,社会经济福利就愈大;国民收入分配愈是均等化,社会经济福利就愈大。他认为,经济福利在相当大的程度上取决于国民收入的数量和国民收入在社会成员之间的分配情况。因此,要增加经济福利,在生产方面必须增大国民收入总量,在分配方面必须消除国民收入分配的不均等。庇古创立的福利经济学被称为旧福利经济学,其特点主要是以基数效用论为基础,分析福利的性质、经济福利的衡量、福利水平高低的判断准则,同时还研究福利变化的主要因素,如何增加社会福利以及政府应采取的福利经济政策等问题。

20世纪30年代开始,庇古的福利经济学受到罗宾斯、卡尔多、希克斯、勒纳等人的批判,福利经济学在不断发展中逐渐形成了以序数效用论为理论基础的新福利经济学。新福利经济学更加重视对经济效率的研究,V.帕累托(Vilfredo Pareto)的"最优状态"概念和A.马歇尔的"消费者剩余"概念是福利经济学的重要分析工具。新福利经济学以帕累托的最优理论为出发点,可以分为两派:"补偿原则论派"和"社会福利函数论派"。20世纪50年代美国经济学家阿罗(K. P. Arrow)提出了不可能性定理和社会选择理论大大地发展了新福利经济学。当代的福利经济学研究领域除抽象的福利理论之外,向着较为具体的现实领域和层次发展。同时福利经济理论也渗透于影响着政治、社会、管理和决策的诸多方面。

福利经济学的社会目标具有伦理性质,不是由经济理论分析与研究结果来决定的,也不是由经验或事实来决定的,而是假设的。假设的社会目标应为社会大多数人所能够并愿意接受,一旦有了社会目标,就可以对社会经济运行进行评价。总之,福利经济学具有突出的规范性质,不能用事实来检验,因此容易引起争论。

[专栏10-2] 维尔弗雷多·帕累托(Vilfredo Pareto,1848—1923)

帕累托是近代意大利的经济学家和社会学家,他是继瓦尔拉斯之后洛桑学派一般均衡理论的开拓者,现代西方纯粹经济学和计量经济学的先行者。帕累托在经济领域的主要研究集中于纯粹经济学。他曾划分纯粹经济学为静态经济学、连续均衡的动态经济学与经济现象运动的动态经济学。虽然他曾经指出经济分析的发展方向,但是他的著作还是属于静态分析理论。

帕累托在纯粹经济理论方面作出的最突出的进展是均衡价格理论。在他的《政治经济学教程》里,《经济一般均衡概念》、《嗜好》、《阻碍》和《经济均衡》等四章,以及《数学附录》,均标志着他对经济的均衡理论的发展。他从瓦尔拉斯的静态均衡方程体系出发,同后者相反,他反对效用理论是最后的真理。帕累托在他的经济均衡分析理论中,既论证了自由竞争经济、垄断经济并扩及寡头垄断,还探讨了集体主义经济。他扩大了瓦尔拉斯的一般均衡理论的分析范围,指出了集体主义经济与自由竞争经济在理论上密切的同一性。他运用无差异曲线和指数函数的理论,说明序数效用的可比性,形成所谓的帕累托最优化。这不是一般意义上的最优化,而是具有"无一人增加利益而不减损另一人利益"的特别意义。这样,在完全竞争均衡的情况下,所有货物的价格的比例等于它们的边际产品的价值的比例。

帕累托最优被认为是福利经济学的重要发展标志。在他的影响下,30年代后期西方福利经济学开始离开庇古的轨道去探索达到最大经济福利,即帕累托最优化的必要条件。循此方向,希克斯、卜格森、西塞图夫斯基、萨缪尔森等人发展了高度抽象的福利经济学理论。

资料来源:萨缪尔森.萨缪尔森辞典[M].陈迅,白远良,译释.北京:京华出版社,2001.

二、经济效率

新福利经济学家认为福利经济学应当研究效率而不是研究公平,只有经济效率问题才是最大福利的内容。如何判断各种不同的资源配置的优劣,以及确定所要可能的资源配置中的最优资源配置呢?

意大利著名的经济学家帕累托提出了判别经济效率的标准。帕累托假设了一个简单的模型:社会中只有甲、乙两个人,所要的资源只有两种可能的配置状态 A 和 B,对于 A、B 的好坏,甲乙两人都有自己的看法。甲对 A 和 B 的选择具有如下三种可能:

$$A>B \quad A=B \quad A<B$$

式中,符号">"、"="和"<"分别表示甲的三种看法,即"优于"、"无差异于"和"劣于"。同样的,乙对 A 和 B 的选择也具有如下三种可能,即:

$$A>B \quad A=B \quad A<B$$

式中,符号">"、"="和"<"分别表示乙的"优于"、"无差异于"和"劣于"三种看法。

从社会(即由甲和乙两个人构成的社会)的观点来看,这两种资源配置状态 A 和 B 谁优谁劣呢?

(1) 当甲、乙看法一致时,因为社会只有两人,所以可以认为甲、乙的共同看法就是社会的观点,即:

$$A>B, A=B 或 A<B$$

(2) 当甲、乙看法完全相反时,如:甲认为 $A>B$ 而乙认为 $A<B$,或甲认为 $A<B$ 而乙认为 $A>B$,由于两个人势均力敌,无法说谁的观点更正确,所以这时,从社会的观点看,资源配置方式 A 与 B 是不可比较的。

(3) 当甲、乙看法基本一致时,即两人中至少有一人认为 A 优(或劣)于 B,而没有人认为 A 劣(或优)于 B,则从社会的观点看,亦有 A 优(或劣)于 B。如果两人都认为 A 与 B 无差异,则从社会的观点看,亦有 A 与 B 无差异。

将这种只有两个人及两种资源配置状态的假设推广到有许多人并且存在多种资源配置状态的一般社会环境中:假设 A 与 B 是多种资源配置状态中的任意两种状态,如果至少有一人认为 A 优于 B,而没有人认为 A 劣于 B,则认为从社会的观点看也是 A 优于 B。这就是帕累托最优状态标准,简称帕累托标准。

利用帕累托最优状态标准,可以对资源配置状态的任意变化做出"好"与"坏"的判断:如果既定的资源配置状态的改变使得至少有一个人的状况变好,而没有使任何人的状况变坏,则认为这种资源配置状态的变化是"好"的;否则认为是"坏"的。这种以帕累托标准来衡量为"好"的状态改变称为帕累托改进。更进一步,利用帕累托标准和帕累托改进,可以来定义所谓"最优"资源配置,即:如果对于某种既定的资源配置状态,所有的帕累托改进均不存在,即在该状态上,任意改变都不可能使至少有一个人的状况变好而又不使任何人的状况变坏,则称这种资源配置状态为帕累托最优状态。换言之,如果对于某种既定的资源配置状态,还存在有帕累托改进,即在该状态上,还存在某种(或某些)改变可以使至少一个人的状况变好而不使任何人的状况变坏,则这种状态就不是帕累托最优状态。

帕累托最优状态又称做经济效率。满足帕累托最优状态就是具有经济效率的;反之,不满足帕累托最优状态就是缺乏经济效率的。例如,如果产品在消费者之间的分配已经达到这样一种状态,即任何重新分配都会至少降低一个消费者的满足水平,那么,这种状态就是最优的或最有效率的状态。同样的,如果要素在厂商之间的配置已经达到这样一种状态,即任何重新配置都会至少降低一个厂商的产量,那么,这种状态就是最优的或最有效率的状态。

[专栏10-3] 白天与黑夜对盲人是一样的

牧师、心理学家、经济学家三人决定去打高尔夫球。在他们前边,是两位打得非常缓慢的人。打到第八洞时,他们因实在受不了开始大声地抱怨。

牧师说:"圣母呀,我祈祷,他们下次再来打球前应该好好练习练习。"

心理学家说:"我敢发誓,肯定有人喜欢打慢球。"

经济学家说:"我真没有想到打高尔夫球花这么长的时间。"

在打到第九洞时,心理学家忍受不了这样的节奏,就走向那两位缓慢者的球童,要求让他们这些后来者先打。球童说可以,并解释说他们二位是双目失明的退休消防队员,所以球打得很慢;他们都是因为在大火中救人而致盲的,所以希望三位不要再提高嗓门抱怨了。

牧师听罢深感惭愧地说:"我身为神职人员,可我居然一直在诅咒盲人球打得慢。"

心理学家亦感到惭愧:"我是一位职业为人排忧解难的人,可我一直在抱怨需要帮助的盲人的球打得慢。"

经济学家见状表情凝重地对球童说:"听仔细了,下次让他们晚上来打球。"

白天与黑夜对盲人是一样的,经济学家的话形象地揭示了帕累托改进、帕累托最优的含义。

三、帕累托最优状态的实现

早在两百多年前,亚当·斯密就曾断言:人们在追求自己的私人目的时,会在一只"看不见的手"的指导下,实现增进社会福利的社会目的。每一个人所考虑的不是社会利益,而是他自身的利益。但是,他对内身利益的研究自然会或不如说必然会引导他选定最有利于社会的用途。所以,每一个人受着一只看不见的手的指导,去尽力达到一个并非他本意想达到的目的。当代西方经济学家将亚当·斯密的上述思想发展成为一个更加精致的"原理":给定一些理想条件,单个家户和厂商在完全竞争经济中的最优化行为将导致帕累托最优状态。这就是所谓"看不见的手"的原理。

尽管前面是在两个消费者、两种产品、两个生产者、两种投入要素的简单情况下推导出帕累托最优条件的,但它们显然也适用于多个消费者、多种商品、多个生产者、多种要素的一般情况。

(1) 交换的最优条件

任何两种产品的边际替代率对所有的消费者都相等。用公式表示即是：

$$MRS_{XY}^{A} = MRS_{XY}^{B} \qquad (10-28)$$

式中，X 和 Y 为任意两种产品；A 和 B 为任意两个消费者。

(2) 生产的最优条件

任何两种要素的边际技术替代率对所有生产者都相等。用公式表示即是：

$$MRTS_{LK}^{X} = MRTS_{LK}^{Y} \qquad (10-29)$$

式中，L 和 K 为任意两种要素；X 和 Y 为任意两种产品，生产者为任意的 C 和 D。

(3) 生产和交换的最优条件

任何两种产品的边际替代率等于它们的边际转换率。用公式表示即是：

$$MRS_{XY} = MRT_{XY} \qquad (10-30)$$

式中，X 和 Y 为任意两种产品。

当上述三个边际条件均得到满足时，称整个经济达到了帕累托最优状态。

那么什么样的经济机制才能实行生产和交换的一般均衡呢？西方经济学的基本结论是：完全竞争的市场机制可以实现生产和交换的一般均衡，任何竞争均衡都是帕累托最优状态，同时，任意帕累托最优状态也都可由一套竞争价格来实现。

由一般均衡理论的基本结论可以知道，在完全竞争市场上存在一系列价格，这些价格恰好使得所有的市场同时处于均衡状态。对应于这一特定的市场均衡状态和一般均衡价格，如果它们使得交换、生产以及交换与生产均符合帕累托最优标准的条件，那么竞争市场的一般均衡状态就是帕累托最优状态。

首先，从交换的角度来看，对于任意一个消费者而言，为了自身的效用最大化，消费者在既定收入约束条件下选择的消费两种产品的最优数量满足的条件是产品的边际替代率等于相应产品价格之比，即：

$$MRS_{XY} = \frac{P_X}{P_Y} \qquad (10-31)$$

式(10-31)中，P_X 和 P_Y 分别为两种产品 X 和 Y 产品的价格。

在完全竞争市场上，每一个消费者都是价格接受者，因而在一般均衡状态下，所有消费者面对的产品价格相同，因而，所有消费者消费任意两种产品的边际替代率都相等，即交换符合帕累托最优标准的条件。

其次，从生产方面来看，每个厂商生产的目的都是为了利润最大化。厂商理论的分析告诉我们，为了获得最大化的利润，厂商将把生产要素投入确定在最优组合点上，即厂商将使得生产要素的边际技术替代率等于相应要素价格之比，即：

$$MRTS_{LK} = \frac{w}{r} \qquad (10-32)$$

式(10-32)中，w 和 r 分别是劳动 L 和资本 K 的市场价格。

同样由于在完全竞争市场上，厂商都是价格接受者，因而所有生产者面对的生产要素价格都相同。于是，当经济处于均衡时，任意两个生产者使用任意两种生产要素的边际技术替代率都相同。这样,生产符合帕累托最优标准的条件。

最后,从交换与生产两个方面同时考虑,在完全竞争市场上,消费者按交换的帕累托最优条件决定的产品数量来选择两种产品的消费组合。厂商为了获取最大的利润把产品生产出来并提供给市场。厂商将把每种产品的产量选择在价格等于边际成本之点。

如果厂商使用既定的资源生产两种产品,那么由于厂商面临的生产要素市场是完全竞争的,因而厂商的总成本也就既定。这时,厂商增加一种产品的生产所增加的成本就等于另外一种产品的生产成本。因此,增加一单位产品 X 所放弃的产品 Y 的产量与产品 X 的边际成本成正比,与产品 Y 的边际成本成反比。即

$$MRT_{XY} = \frac{MC_X}{MC_Y} \tag{10-33}$$

式(10-33)中,MC_X 和 MC_Y 分别表示厂商生产产品 X 和产品 Y 的边际成本。

在完全竞争市场上,厂商为了利润最大化,将使得每种产品的边际成本等于该产品的价格,即 $MC_X = P_X$ 和 $MC_Y = P_Y$。结果,(10-26)式可以表示为:

$$MRT_{XY} = \frac{P_X}{P_Y} \tag{10-34}$$

式(10-34)表示,厂商选择产品数量最优组合使得两种产品的边际转换率等于两种产品的价格之比。

把消费者效用最大化的条件和厂商产品最优组合的条件结合起来考虑,则有

$$MRT_{XY} = \frac{P_X}{P_Y} = MRS_{XY} \tag{10-35}$$

式(10-35)表示任意消费者对任意两种产品的边际替代率都等于这两种产品的边际转换率。从而,交换与生产符合帕累托最优标准的条件。

以上分析表明,当完全竞争市场达到长期均衡时,经济效率亦即帕累托最优的三个条件都自动满足,这一结论便是福利经济学第一基本定律,即竞争性的均衡是帕累托最优状态。其完整表述为:

如果一个经济符合以下条件:

(1) 消费者偏好具有完备性、反射性和可传递性,需求是非饱和的,边际替代率递减规律成立;

(2) 边际技术替代率递减规律成立,规模报酬不变或递减;

(3) 生产和消费均不存在外部经济。

那么每一个完全竞争的一般均衡是帕累托最优的。

福利经济学第一定律的重要性在于,它表述了一种我们可以用来确保帕累托有效配置的普遍机制——竞争性市场机制,它表明竞争市场的特定结构具有实现帕累托有效配置的合乎需要的特性。该定律的逆定律也成立,这就是福利经济学第二基本定律:在与上一定律相同的前提条件下,每一种帕累托最优的资源配置方式都可以通过完全竞争的一般均衡来达到。

有关完全竞争经济符合帕累托最优条件的结论是进一步、比较正式地证明了亚当·斯密"看不见的手"的理论,也就是说,人们在完全竞争经济中只追求自身的利益极大化,

而均衡的结果却达到了社会目标,即经济的效率。

[专栏 10-4] 帕累托最优条件

假定有 A、B 两个消费者,两个生产者使用生产要素 L、K 生产 X 和 Y 两种产品,生产者使用了所有的初始要素生产出所有产品,消费者消费了所有产品。消费者的效用函数为:

$$U_A = U_A(q_X^A, q_Y^A)$$
$$U_B = U_B(q_X^B, q_Y^B)$$

其中,q_X^A, q_Y^A 是消费者 A 对产品 X、Y 的消费量;q_X^B 和 q_Y^B 是消费者 B 对产品 X、Y 的消费量。

生产函数则用隐函数来表示:

$$F_1 = (q_{1X}, q_{1Y}, L_1, K_1) = 0$$
$$F_2 = (q_{2X}, q_{2Y}, L_2, K_2) = 0$$

其中,$q_{1X}, q_{1Y}, q_{2X}, q_{2Y}$ 是两个生产者的 X 和 Y 的产量;L_1, K_1, L_2, K_2 是两个生产者使用的要素 L 和 K 的数量。

消费者对产品的总消费水平等于它们的总产出水平,整个社会的生产要素总量是一定的:

$$q_X^A + q_X^B = q_{1X} + q_{2X}$$
$$q_Y^A + q_Y^B = q_{1Y} + q_{2Y}$$
$$L_1 + L_2 = L_0$$
$$K_1 + K_2 = K_0$$

在上述这些约束条件下,如果在 B 的效用水平为既定(U_0)时 A 的效用达到极大,就将达到帕累托最优。现在来考察在这些约束条件下消费者 A 的效用极大化,构造拉格朗日函数:

$$L = U_A(q_X^A, q_Y^A) + \lambda [U_B(q_X^B + q_Y^B) - U_0] + \theta_1 F_1(q_{1X}, q_{1Y}, L_1, K_1) + \theta_2 F_2(q_{2X}, q_{2Y}, L_2, K_2) + \sigma_1(q_X^A + q_X^B - q_{1X} - q_{2X}) + \sigma_2(q_Y^A + q_Y^B - q_{1Y} - q_{2Y}) + \delta_1(L_1 + L_2 - L_0) + \delta_2(K_1 + K_2 - K_0)$$

其中,$\lambda, \theta_1, \theta_2, \sigma_1, \sigma_2, \delta_1, \delta_2$ 是拉格朗日乘数。

令其偏导数为 0,可得:

$$\frac{\partial L}{\partial q_X^A} = \frac{\partial U_A}{\partial q_X^A} + \sigma_1 = 0; \quad \frac{\partial L}{\partial q_Y^A} = \frac{\partial U_A}{\partial q_Y^A} + \sigma_2 = 0$$

$$\frac{\partial L}{\partial q_X^B} = \lambda \frac{\partial U_B}{\partial q_X^B} + \sigma_1 = 0; \quad \frac{\partial L}{\partial q_Y^B} = \lambda \frac{\partial U_B}{\partial q_Y^B} + \sigma_2 = 0$$

$$\frac{\partial L}{\partial q_{1X}} = \theta_1 \frac{\partial F_1}{\partial q_{1X}} - \sigma_1 = 0; \quad \frac{\partial L}{\partial q_{1Y}} = \theta_1 \frac{\partial F_1}{\partial q_{1Y}} - \sigma_2 = 0$$

$$\frac{\partial L}{\partial q_{2X}}=\theta_2\frac{\partial F_2}{\partial q_{2X}}-\sigma_1=0;\frac{\partial L}{\partial q_{2Y}}=\theta_2\frac{\partial F_2}{\partial q_{2Y}}-\sigma_2=0$$

$$\frac{\partial L}{\partial L_1}=\theta_1\frac{\partial F_1}{\partial L_1}+\delta_1=0;\frac{\partial L}{\partial K_1}=\theta_1\frac{\partial F_1}{\partial K_1}+\delta_2=0$$

$$\frac{\partial L}{\partial L_2}=\theta_2\frac{\partial F_2}{\partial L_2}+\delta_1=0;\frac{\partial L}{\partial K_2}=\theta_2\frac{\partial F_2}{\partial K_2}+\delta_2=0$$

L 对于这些乘数的偏导数也应该等于0，即那些约束条件都得到满足。从中可以得出：

$$\frac{\sigma_1}{\sigma_2}=\frac{\partial U_A/\partial q_X^A}{\partial U_A/\partial q_Y^A}=\frac{\partial U_B/\partial q_X^B}{\partial U_B/\partial q_Y^B}=\frac{\partial F_1/\partial q_{1X}}{\partial F_1/\partial q_{1Y}}=\frac{\partial F_2/\partial q_{2X}}{\partial F_2/\partial q_{2Y}}$$

该式表明两个消费者消费产品的边际替代率相等，并且等于两个生产者的产品转换率，同时：

$$\frac{\delta_1}{\delta_2}=\frac{\partial F_1/\partial L_1}{\partial F_1/\partial K_1}=\frac{\partial F_2/\partial L_2}{\partial F_2/\partial K_2}$$

这意味着两个生产者的边际技术替代率也相等。因此，一般的帕累托最优条件是包含消费和生产的帕累托最优条件的，因为其本身就是结合了消费与生产的整体经济的考察。

这里只进行了简单的两个消费者和两个生产者模型的证明，按照以上思路，可以证明 m 个消费者、n 种生产要素和 s 种产品情况下的帕累托最优条件。当然，结论是与此相同的。

第四节 社会福利函数

一、社会福利函数

在第二节，我们介绍了效用可能性边界（或效用可能性曲线），在效用可能性边界区域内有无数多个点，不同的点代表的福利水平也不一样，福利经济学的目的就是要在效用可能性区域当中寻找一点或一些点，使社会福利达到最大。帕累托最优条件告诉我们，社会福利必须在效用可能性边界上达到，但并没有告诉我们，究竟在效用可能性边界上的哪一点或哪些点上达到。为了解决上述问题，必须要知道在效用可能性曲线上每一点所代表的社会福利的相对大小，或者更一般地说，必须要知道效用可能性区域或整个效用空间中每一点所代表的社会福利的相对大小，这就是所谓的社会福利函数（Social Welfare Function，简称SWF）。社会福利函数是反映社会所有个人的效用水平和社会福利水平之间的函数。

假定经济系统中有两个人，其效用水平分别为 U_A 和 U_B，而社会福利水平为 W，那么，社会福利函数可以写为：

$$W=W(U_A,U_B) \tag{10-36}$$

在给定式(10-36)时，由一个效用水平组合 (U_A,U_B) 可以求得一个社会福利水平。

如果我们把社会福利水平固定为某个值,例如令 $W=W_1$,则社会福利函数成为：

$$W_1 = W(U_A, U_B) \tag{10-37}$$

上式表明,当社会福利水平为 W_1 时,两个消费者之间的效用水平 U_A 和 U_B 的关系。该关系的几何表示就是图(10-8)中曲线 W_1。曲线 W_1 称为社会福利曲线,又称为社会无差异曲线。所以,社会福利曲线可以定义为在社会偏好(社会对各种不同的收入分配制度的偏好)既定条件下,能给社会带来同等福利水平的两个消费者的效用组合的轨迹。在该曲线上,不同的点代表着不同的效用组合,但所表示的社会福利却是一样的。同样令社会福利水平为 W_2 和 W_3,也可以得到相应的社会福利曲线 W_2 和 W_3。通常假定这些社会无差异曲线与单个消费者的无差异曲线一样,也是向右下方倾斜且凸向原点,并且较高位的社会无差异曲线代表较高的社会福利水平。

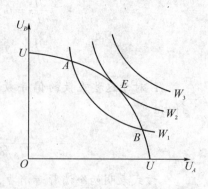

图 10-8　最大社会福利

根据社会福利函数即社会福利曲线,结合效用可能性曲线 UU 即可决定最大的社会福利。从图(10-8)中可以看出,最大社会福利显然在效用可能性曲线 UU 和社会无差异曲线 W_2 的切点 E 上达到。这一点被称为"限制条件下的最大满足点"。这是能导致最大社会福利的生产和交换的唯一点。之所以称为限制条件下的最大满足点,是因为它不容许为任何可能值,即不能任意选择,而要受到既定的生产资源、生产技术条件等的限制。UU 曲线和社会福利曲线 W_1 交于 A 点和 B 点。这些点所代表的社会福利都低于 W_2,因而不是最大社会福利；W_3 是比 W_2 更高的社会福利曲线,代表更大的社会福利,但这种更大的社会福利超出了效用可能性曲线,也就是超出了现有条件下所能够达到的最大水平。

如果确实存在上述所谓社会福利函数,则可以在无穷多的帕累托最优状态中进一步确定那些使社会福利最大化的状态。果真做到了这一点,则资源配置问题便可以看成是彻底解决了。例如,假定按照图(10-8),社会福利在 E 点达到最大。这个 E 点同时表明三个帕累托最优条件均被满足,即它相应于图(10-7)中的 E 点。作为图(10-7)中的 E 点,一方面它表明了既定产出在两个消费者之间的最优分配状况,即消费者 A 消费 X_A、Y_A 量的产品,消费者 B 消费 X_B、Y_B 量的产品；另一方面它又与生产可能性曲线 PP 上的点 O_B 相应,从而与生产的埃奇沃斯盒状图(10-4)中生产契约曲线上的点相应,而生产契约曲线上的点表明了既定投入要素在两种产品的生产之间的最优分配状况。由此,图(10-8)中 E 点同时实现了资源的最优分配使用和交换的最大社会福利,即实现了整个经济的资源最优配置。

因此,彻底解决资源配置问题的关键在于社会福利函数。社会福利函数究竟存不存在呢,或者说,能不能从不同个人的偏好当中合理地形成所谓的社会偏好呢？美国著名经济学家肯尼斯·约瑟夫·阿罗于 1951 年在相当宽松的条件下证明了这是不可能的,这就是有名的"阿罗不可能性定理"。

二、阿罗不可能性定理

社会福利函数表明,社会福利是建立在个人的效用函数基础之上的,而个人的效用水平又是取决于不同的个体的价值判断，这就意味着社会的偏好顺序取决于不同的个体的偏好顺序。那么能否通过一种社会机制把不同的个人偏好顺序综合为一种社会偏好顺序，从而形成一个统一的全体社会成员都可以接受的社会福利函数呢？阿罗对此给出了否定的回答。

阿罗首先假定社会中的每一个人都能够根据自己的偏好标准对一切可能的社会经济安排作出优劣排序，社会福利函数就是综合所有个人的排序信息，将其综合成全社会的排序。为了保证社会福利函数能被普遍接受，它必须满足以下五条性质：

（1）与个人的偏好一样，社会的偏好也必须能用无差异曲线或直接用偏好来排定其顺序，并且排列的原则始终一致；

（2）如果情况是社会偏好 a，不偏好 b，那么当一个人或更多的人将其对 a 的偏好置于对 b 的偏好之上时，社会必须保持对 a 的偏好胜于对 b 的偏好；

（3）假定某人对 a 的偏好胜于 b，对 b 的偏好胜于 c，并且 a 是社会的最大偏好。如果该人的偏好发生了一定的变化，认为 a 胜于 c，c 胜于 b，那么不管社会对 c 和 b 的偏好是否变化，a 仍然是社会的最大偏好；

（4）对于任意两种情况 a 和 b，如果所有的个人对 a 的偏好都胜于对 b 的偏好，那么社会对 a 的偏好就胜于对 b 的偏好；

（5）社会对 a 的偏好胜于对 b 的偏好，不能只是因为一个人对 a 的偏好胜于对 b 的偏好，即不存在独裁。任何一个人的偏好都不能自动地占据统治地位而成为社会偏好。

阿罗证明，如果一个社会满足以上所有的条件，就有可能无法从个人偏好顺序然后得到社会的偏好顺序。或者说，在某些条件下，社会福利函数的形成必然要违背以上五个条件中的某几条。通过严格的数学逻辑推理，阿罗指出：在非独裁的情况下，不可能存在有适用于所有个人偏好类型的社会福利函数。阿罗的严格证明用到了较高深的数学知识，本书不予介绍，但其基本思想可以由一个"投票悖论"的例子加以阐述。

"投票悖论"最早是由法国哲学家孔多塞（Marquis de Condorcet）在 1785 年提出的，因而该悖论又称为"孔多塞效应"，而利用数学对其进行论证的则是阿罗。

假设在一个社会中有甲、乙、丙三个人，现在要在 a、b、c 三种社会状态中进行选择。假定每个人对不同政策的偏好是严格的，即没有人在任意两种社会状态之间感到无差异，且每个人的偏好都具有传递性，他们都能对 a、b、c 三种社会状态进行明确的排序，如表 10-1 所示。

表 10-1 不同个人偏好的社会选择

甲	乙	丙
a	b	c
b	c	a
c	a	b

若在 a 与 b 中选择，那么按照偏好次序排列如下：
甲$(a>b)$；乙$(b>a)$；丙$(a>b)$；社会次序偏好为$(a>b)$。

若在 b 与 c 中选择，那么按照偏好次序排列如下：
甲$(b>c)$；乙$(b>c)$；丙$(c>b)$；社会次序偏好为$(b>c)$。

若在 a 与 c 中选择,那么按照偏好次序排列如下:

甲$(a>c)$;乙$(c>a)$;丙$(c>a)$;社会次序偏好为$(c>a)$

于是得到三个社会偏好次序——$(a>b)$、$(b>c)$、$(c>a)$,其投票结果显示"社会偏好"有如下事实:社会偏好 a 胜于 b、偏好 b 胜于 c、偏好 c 胜于 a。显而易见,这种所谓的"社会偏好次序"包含有内在的矛盾,即社会偏好 a 胜于 c,而又认为 a 不如 c!所以按照投票的大多数规则,不能得出合理的社会偏好次序。

以上只是三个人对三种社会状态的偏好排序,如果推广到更多的人对更多的社会状态进行偏好排序,则更容易出现投票悖论现象。

阿罗不可能性定理说明,在许多情况下,不可能从不同的企业、不同的个人、不同的所有者、不同的利益集体的利益偏好中推导出和构造出一个共同的利益。这一定理意味着在许多问题上根本不存在什么体现全社会共同利益的社会福利,因此根本无法构造出经济学家所谓的"社会福利函数"。

三、社会福利函数的多样性

由于福利是极其规范的问题,不同的经济学家对社会福利函数往往有不同的理解,很难存在能够被共同接受的社会福利函数。一般来说,社会福利函数(从而社会无差异曲线)取决于环境、制度、文化、信仰、道德、风俗、习惯等诸多因素。当这些因素不同,或者当这些因素变化时,社会福利函数就可能不同,从而社会的最优状态也可能不同。下面介绍几种代表性的社会福利函数(假定每个社会都只由 A、B 两个成员组成)。

1. 功利主义的社会福利函数

功利主义把社会福利函数看做是个人效用函数的加总。功利主义强调一个社会应追求社会总效用的最大化,社会福利与分配无关,不论是高收入者还是低收入者,他们之间的每一单位效用是等价的。功利主义的社会福利函数是一种加法型社会福利函数,可以写成:

$$W(x)=U_A(x)+U_B(x)$$

式中,x 表示所消费的商品数量,$W(x)$ 表示社会福利,它等于社会成员 A 的效用 U_A 加上社会成员 B 的效用 U_B。功利主义社会福利函数的社会无差异曲线如图 10-9 所示。

如果令 $W=W_1$(W_1 是某一大于零的常数),则根据功利主义的社会福利函数有:$U_B=W_1-U_A$。换句话说,U_B 是 U_A 的一个"线性"函数,故它在图中表示为标有 W_1 的直线型社会无差异曲线。这说明,在社会福利水平既定的情况下,不同人的个人效用之间具

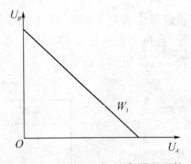

图 10-9 功利主义社会福利函数

有严格的一对一的抵消关系。也就是说,不管他们的效用谁多谁少,整个社会的福利水平是不变的。不管 W_1 是全部分配给第一个人还是全部分配给第二个人,或者在两者之间平均分配,社会福利水平都是相同的。

2. 贝努利—纳什社会福利函数

如果一个社会比功利主义更加重视收入的分配和平等问题,则它的社会福利函数就

可能具有如下的乘法形式：

$$W(x)=U_A(x) \cdot U_B(x)$$

这种乘法型社会福利函数也叫做贝努利—纳什社会福利函数。它的社会无差异曲线如图10-10所示。

令 $W=W_2$（W_2 为某一大于零的常数），则根据贝努利—纳什社会福利函数有：$U_B=W_2/U_A$。换句话说，U_B 是 U_A 的一个"反比例"函数，故它在图中可表示为标有 W_2 的双曲线型社会无差异曲线。双曲线型社会无差异曲线意味着，当社会成员的效用总量给定时，分配越是平等，社会福利就越大。反之，分配越不平等，社会福利就越小。例如，设 U_A 和 U_B 的总和为10，则当效用的分配绝对平等（$U_A=5$、$U_B=5$）时，社会福利函数达到最大，即：

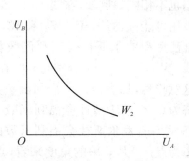

图10-10 贝努利—纳什社会福利函数

$$W=U_A \cdot U_B=5\times 5=25$$

而当效用的分配从平等变得不平等时，社会福利函数就会变小。例如，当 $U_A=7$、$U_B=3$ 时有：

$$W=U_A \cdot U_B=7\times 3=21$$

特别是，当效用的分配绝对不平等（$U_A=10$、$U_B=0$）时，社会福利函数达到最小，即有：

$$W=U_A \cdot U_B=10\times 0=0$$

3. 罗尔斯社会福利函数

罗尔斯社会福利函数更加重视提高社会上状况最差的那些人的生活水平。罗尔斯（J. Rawls）认为，在社会成员之间的收入水平存在差距的情况下，富者的一单位效用与穷者的一单位效用不是等价的，社会福利水平应由社会中境况最糟的那个人的福利水平决定，所以，社会福利最大化标准应该是使境况最糟的社会成员的效用最大化。罗尔斯社会福利函数可以写成：

$$W=\min(U_A, U_B)$$

其社会无差异曲线如图10-11中标有 W_3 的直角L形社会无差异曲线。为了说明这一点，我们令 $W=W_3$（W_3 为某一大于零的常数）。于是，由罗尔斯社会福利函数可知：当 $U_A<U_B$ 时，有 $W_3=U_A$；当 $U_A=U_B$ 时，有 $W_3=U_A=U_B$；当 $U_A>U_B$ 时，有 $W_3=U_B$。由于罗尔斯将境况最差的人的福利等同于社会福利，所以这一理论带有强烈的平均主义色彩。也就是说，在获得任何既定的社会福利水平时，较富者的效用增加不能抵消较穷者的效用降低。图中罗尔斯主义

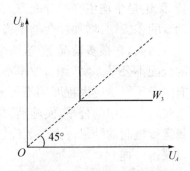

图10-11 罗尔斯社会福利函数

的社会无差异曲线呈直角L形，只要偏离45°线，社会福利曲线就垂直于较穷者的坐标轴。因为除非境况最差的人的福利增加，否则社会福利就不会增加，这也正是罗尔斯的

理论通常被称为分配公正的最大最小理论的原因。

显而易见,当社会福利函数不同时,社会的最优状态也不相同。例如,在图10-12中,UU是整个社会的效用可能性曲线,W_1、W_2和W_3分别代表与加法型、乘法型和罗尔斯社会福利函数相应的社会无差异曲线。W_1、W_2和W_3分别与UU在点f、g和h处相切。这意味着,加法型社会福利函数条件下的社会最优状态为点f,乘法型社会福利函数条件下的社会最优状态为点g,罗尔斯社会福利函数条件下的社会最优状态为点h。从效率的角度来看,点f、g和h都满足帕累托最优的要求,但从分配的角度来看,点g比点f更加平等,点h又比点g和点f更加平等。这意味着,即使每个人都具有相同的利己动机,但由于环境、社会成规等的不同,自由竞争的市场经济也可能会导致不同的结果。

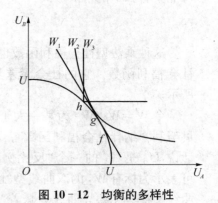

图10-12 均衡的多样性

第五节 效率与公平

到目前为止,本书各个章节的内容所讨论的主要是效率问题。然而,经济学家注意到,除了效率之外,公平常常也是一个社会所追求的目标。下面我们就来简要地探讨效率与公平的关系问题。

公平是一个十分规范的问题,具有丰富的含义,难以给予一个让多数人接受的定义。大多数情况下,人们所说的公平更多的是指结果的公平。当然,人们也关注规则的公平、过程的公平、机会的公平等。

效率与公平既存在统一性,也存在难以解决的矛盾。从统一性上来说,其一,效率是公平的基础。从历史上看,只有效率提高到一定的程度产生了剩余物品,才出现了公平问题。在效率低下、还没有产生剩余物品时,空谈公平就失去了意义。也就是说,效率使公平建立在更雄厚的物质基础上,公平的最终实现要以效率的极大提高为基础。其二,公平促进效率。分配公平合理能够使各个阶层的劳动者充分发挥其主动性、创造性和积极性,能够促使社会的稳定发展,从而全面促进劳动效率的提高。相反,严重的分配不公,无论是平均主义的分配方式,还是收入差距的过大乃至产生的两极分化,都会降低劳动者的积极性,增加社会的不稳定因素甚至发生社会骚动,影响效率。

然而,在很多情况下,这两个目标是相互矛盾的。一方面,效率的实现必然造成更大的分配不公。实际上,效率本身就是建立在社会分配不平等基础上的,为了提高效率,有时必须忍受更大程度的不平等;另一方面,为了增进公平,又必须牺牲更多的效率。追求收入分配中的公平,实施消灭贫困的社会政策措施,必然会降低资源配置效率,伤害市场运行机制的结果。大多数经济学家认为,公平与效率之间存在矛盾,好比鱼与熊掌难以兼得一样。

[专栏 10-5] 关于公平的不同理解

在西方经济学中,对公平主要有以下几种理解:

第一种理解是平均主义。平均主义是一种朴素的公平观点,它比公平本身的含义要明确的多。即使如此,平均主义也有许多定义,其中包括分享法律与政治权利方面的严格规定。不过在经济学中,公平通常被认为是社会成员在消费品的分配中获得与他人均等的一份。但是,人们普遍认为平均主义不是所希望的一种分配方式,人们消费的商品组合都一样,未必就是愉快,因而有必要引入对商品组合的判断。此外,把平均分配引入社会,也将会把财富从生产能力较多的人那里转移到生产能力较少的人手中,而这种转移显然不利于财富总量的增加。

第二种理解是在引入个人效用函数的基础上展开的。自从基数效用理论成为个人福利大小的衡量标准之后,出现了考察所有个人效用水平总和的社会福利函数。这种社会福利函数的特点是,社会给予每个人的效用以同样的权数,它克服了平均主义的某些问题,并把平均主义的观点作为特例包含进来。但由于个人效用函数度量上的困难,再加上在效用水平之间进行比较的困难,使得这种类型的社会福利函数不可能得到公认。

第三种理解来自于罗尔斯主义的观点。这种观点强调,如果不公平使社会成员中处境最差的人境况变好,那么社会的公平程度就会得到提高。因此,罗尔斯主义的观点是,最公平的配置是使社会中境况最差的人的效用最大化,根据罗尔斯主义的理解,公平可以是平均的,也可以不是。如果通过给予较高生产能力的人一定收入能使社会的产品更多,那么社会中境况最糟的人照样会变好。

第四种理解是一种市场主导的观点。这种观点认为,只要市场是自由竞争的,那么经济当事人之间的交易就是自愿的,市场竞争性的结果就是公平的。以此为基础,资源配置使得那些最有能力并且工作最努力的人得到了相应的报酬。

从以上四种理解来看,公平的含义是各不相同的。平均主义的观点明显要求资源平均配置;罗尔斯主义尽管不要求完全平均,但为了使境况最糟的人生活能得到改善,仍给予平均以较大的关注;以功利主义为基础的总效用最大化的观点要求在全社会境况最好和最坏的人之间有所区别;对平均最不关注的是市场主导的观点,即使市场竞争的结果导致商品和劳务配置非常不平均,市场主导的观点仍认为是公平合理的。

西方学者就效率与公平关系的认识并不统一,在经济政策的目标选择上也就自然不同。那些坚持经济自由主义,重视市场作用的人,自然抬高效率的作用,认为应该更加重视市场效率的发挥,主张先效率后公平;那些坚持国家干预主义,强调政府作用的人,自然就会更加重视公平的作用,主张先公平后效率。

坚持把效率放在第一位的学者认为,一是在完全竞争条件下,市场机制能使资源配置实现最优状态,达到最有效率状态。市场通过自由竞争实现效率,没有自由就没有竞争,也就没有效率。所以,把效率放在第一位就是把自由放在第一位,自由是"天赋权利"。二是效率本身意味着公平。效用与个人能力和努力相关,效率反映了个人的勤奋程度与技术水平,收入多少是给他的报酬。

坚持把公平(平等)放在第一位的学者认为,一是平等作为人的一种"天赋权利",不能用金钱衡量和交换。竞争造成收入差别是对这种天赋权利的侵犯。二是效率本身不能保证公平,而且它来自不公平。由于市场竞争,人们并非站在同一条起跑线上,有人先天家庭条件好,有人却差,造成收入差别,这不是由勤奋与懒惰造成的。

从根本上讲,效率与公平之间的对立统一关系是由市场运行机制所决定的。以效率为目标的市场机制的运行必然产生具有差异化的结果,如收入分配差距、工作机会的不同、行业或区域差距等。如果任由市场作用,导致差异化结果的无限扩大,则最终必然产生阻碍市场机制作用的力量,导致制度崩溃,社会瓦解。市场运行本身需要克制市场机制的因素,以避免市场作用的无限扩大所产生的恶果。所以,市场经济运行机制本身就要求有公平的含义。在市场运行中,既不能过分追求效率,忽视公平,也不能过分追求公平,忽略效率的根本作用,二者应该兼顾。

如何实现效率和公平的兼顾,学者们并无一致的答案。大体来说,较为普遍的一个思路是"效率优先,兼顾公平"。在政策目标选择上首先考虑效率,在保证效率的基础上,再考虑兼顾公平的问题。

效率优先要求充分发挥市场的资源配置作用,提供资源配置和使用效率,增加物质产出和社会财富。由于效率属于现实生产力范畴,而公平属于生产关系和上层建筑范畴,因而从效率与公平在社会发展因素的序列中的一般关系来看,效率优先是必然的,兼顾公平是必要的,因而是合理的。一般来说,生产效率越低下,社会公平实现的就越不充分,人们就越缺少自由、民主、公平;反之,生产效率越高,社会财富越丰富,在社会物质文明增强的基础上构建的人类社会秩序就越完善,人们所享有的自由、民主、公平就越充分,能实现自我、完善自我的机会也就越多。所以,在二者的关系中要以效率为先,而不是首先考虑公平。

当然,效率优先并不否认公平,更不能牺牲公平只顾效率。在坚持效率优先的同时,必须兼顾公平,因为只有坚持公平才能够调动效率的创造者,提高经济主体参与创造的积极性和主动性。不公平会使经济主体失去工作热情,降低工作效率。所以,兼顾公平既是目标取向,也是重要手段。

本章小结

与局部均衡分析相比,一般均衡理论强调各种市场之间相互影响、相互作用的关系,这对于观察和研究整个市场经济中各个市场上的价格决定更具有实际意义。一般均衡理论试图证明的是:供求相等的均衡不仅可以存在于单个的市场,还可以同时存在于所有的市场。这个理论是西方微观经济学论证"看不见的手"原理的一个必要环节。之所以是必要环节,是因为只有经济中所有的市场都处于均衡状态,即处于一般均衡状态,单个市场均衡所具有的资源配置的最优化状态才能实现,从而理论才具有现实意义。一般均衡的分析实现了从整体上看待资源配置问题,给资源配置的效果提供了更科学的判断标准,这使得西方经济学对资源配置问题的研究从个体分析上升到了更高的层面,也使西方经济学从理论论证上更加完善。当然也要看到,一般均衡要依赖于一些极为苛刻的假设条件才能成立,而这些假设条件在经济现实中是不存在的。

福利经济学是西方微观经济学论证亚当·斯密"看不见的手"原理的最后一个环节。其目的在于说明:完全竞争的市场可以导致帕累托最优状态,而这一状态对整个社会来说又是资源配置的最优状态。福利经济学以帕累托最优状态为标准,论证了完全竞争市场符合帕累托最优标准所要求的一切条件,从而完全竞争的社会是最优的。西方经济学进而认为,对于任何一个处于帕累托最优状态的社会而言,如果以此时的状态为最初的分配状态,那么一定存在着一般均衡价格,使该价格下的配置恰好是最初的帕累托最优状态。并且就特定的社会福利函数而言,完全竞争市场、帕累托最优状态和社会福利最大是相互联系的。总起来看,在西方微观经济学的理论体系中,本章所涉及的一般均衡和福利经济学的理论完成了对亚当·斯密的"看不见的手"原理的论证。

复习思考题

一、名词解释

一般均衡　　帕累托最优　　边际转换率　　生产可能性曲线　　效用可能性曲线

二、选择题

1. 一般均衡理论试图说明的问题是（　　）。
   A. 单个产品或单个要素市场的均衡
   B. 劳动市场的均衡
   C. 产品市场和货币市场的均衡
   D. 所有产品市场和要素市场的均衡

2. 下列哪种情况是帕累托最优？（　　）
   A. 收入分配公平
   B. 不使社会中的某些成员福利变差就无法使其他成员福利改善
   C. 企业内部化其所有外部性
   D. 不损害他人福利而改善部分人的福利

3. 交换的效率是指（　　）。
   A. 经济处于生产可能性曲线上
   B. 消费者为一种商品支付的价格是他们觉得公平合理的价格
   C. 消费者能够消费他们所想消费的全部商品和劳务
   D. 如果所有的消费者对某种商品支付相同的价格,那么消费者从该商品中所获得的边际效用相等

4. 假定对于苹果和橘子,小赵更喜欢苹果,小张更喜欢橘子,水果的价格对两人是相同的,在效用最大化时,（　　）。
   A. 小赵将消费更多的苹果
   B. 小张将消费更多的橘子
   C. 苹果对橘子的边际替代率对两人来说相等
   D. 苹果对橘子的边际替代率对于小赵来说更大

5. 有两个消费者甲和乙,对于甲来说,商品1替代商品2的边际替代率是4;对于乙来说,商品1替代商品2的边际替代率是3,则（　　）。
   A. 甲用商品2换乙的商品1　　　　B. 甲用商品1换乙的商品2
   C. 甲和乙不可能发生交换　　　　D. 以上说法都不对

6. 当不同的厂商面对不同的投入品价格时,（　　）。
   A. 经济处于不均衡状态　　　　B. 价格差异始终存在
   C. 生产不是由效率的　　　　　D. 生产处于可能性曲线上

7. 如果苹果与香蕉之间的边际转换率是3个苹果换1根香蕉,1根香蕉的相对价格是2个苹果,那么厂商将（　　）。
   A. 生产更多的苹果和更多的香蕉
   B. 如果将资源由香蕉生产转向苹果生产,境况会变好
   C. 如果将资源由苹果生产转向香蕉生产,境况会变好
   D. 资源在苹果和香蕉生产之间转移

8. 如果竞争理论是经济的准确描述,那么（　　）。
   A. 经济运行在效用可能性曲线上　　　　B. 经济运行在生产可能性曲线上

C. 资源的配置是帕累托最优的   D. 以上都对

9. 福利经济学认为（ ）。
   A. 竞争性市场均衡都是有效率的
   B. 完全竞争市场的一般均衡是帕累托最优的
   C. 如果个人偏好是凸的，则每一个帕累托有效配置都是一个竞争性均衡
   D. 以上说法都对

10. 由多数投票决定的社会偏好不具备下列哪一个特性？（ ）
    A. 非独裁关系   B. 帕累托有效
    C. 传递性   D. 以上特性都是

三、简述题

1. 什么是局部均衡和一般均衡，两者的区别和联系是什么？
2. 假如一个经济原来处于一般均衡状态，如果某种原因使商品 X 的市场供给 S_X 增加，那么：
   (1) 在商品 X 的市场上，其替代品市场和互补品市场会有什么变化？
   (2) 在生产要素市场上会有什么变化？
   (3) 收入的分配会有什么变化？
3. 帕累托最优的含义是什么？当经济资源配置达到帕累托最优时，是否意味着收入的平等分配，为什么？
4. "人们追求效用最大化，会用自己所有的收入进行消费。"这就是所谓的瓦尔拉斯定律。然而，现实中人们并没有花完自己所有的收入，这是否说明人们并非追求当期效用最大化？请阐明理由。
5. 一个社会仅有 L 和 K 两种资源，现在生产衣服的 $MRTS_{LK}=4$，而生产食物的 $MRTS_{LK}=3$，那么该社会现有的生产状况是否有效率？为什么？如何改进？
6. "为了达到帕累托最优状态，任何使用两种投入要素的两个厂商，即使他们生产的产品很不相同，也必须确保在这两种要素间的边际技术替代率相等。"这种说法正确吗？为什么？

四、计算题

1. 甲有 300 单位商品 X，乙有 200 单位商品 Y，两人的效用函数都是 $U(x,y)=xy$，推导出所有满足帕累托最优的状态。两人通过交换达到帕累托最优，求出社会的价格体系，并求出交换后的交换结果。

2. 已知商品 X 的生产函数为 $X=5L^{0.4}K^{0.6}$，商品 Y 的生产函数为 $Y=4L^{0.5}K^{0.5}$，若社会上有 $L_0=100, K_0=200$，且只生产商品 X 和商品 Y，则该社会的生产契约曲线是什么？

3. 考虑一个纯交换经济，此经济只有两个消费者 A 和 B，两种商品 x 和 y。消费者 A 和消费者 B 的效用函数定义为 $U_A(x_A,y_A)=3x_A+5y_A$，$U_B(x_B,y_B)=9x_B+2y_B$，这个经济的总禀赋为 $x_A+x_B=10, y_A+y_B=10$。
   (1) 请给出完全竞争均衡的定义。
   (2) 请给出帕累托最优配置的定义。
   (3) 假设初始财富配置为消费者 A 和消费者 B 各拥有 5 单位 x 和 y，x 与 y 的价格比为 $\frac{P_x}{P_y}$，当经济达到完全竞争均衡时，这个价格比能否大于 1？为什么？
   (4) 假设条件如上，这个价格比能否小于 1，为什么？

第十一章 市场失灵和微观经济政策

在前面各章内容中,我们讨论了市场机制如何调节产品的生产、分配、交换和消费,以实现稀缺资源的有效配置。这些论证表明,市场机制可以调节产品的供求数量,可以调节生产要素的供求数量并决定收入分配,可以调节资金的供求并指导人们在现在与未来之间进行选择。正是市场这种无可替代的作用使得重视资源有效配置和经济发展的国家不断建立和扩大市场,以充分发挥市场经济的功能。然而,放眼全球,世界上没有哪一个国家是完全依赖自由市场经济的,政府或多或少地会介入经济活动,并经常在经济运行中扮演重要的角色。政府之所以要参与经济活动,是由于市场机制并不是在任何情况下都能充分地起到作用的,现实的市场机制运行经常会背离帕累托最优,出现市场失灵。

市场失灵需要政府进行调节和干预,发挥"看得见的手"的功能。政府的职能主要是弥补市场的不足,促进效率、公平和稳定。但是,由于现实经济的复杂性以及政府机制本身的缺陷,政府这只"看得见的手"也会经常出现失灵。

第一节 市场失灵

一、市场有效性的条件

早在200多年前,西方经济学的鼻祖亚当·斯密已经提出了"看不见的手"的原理。斯密写了一段被广为引用的著名的话:"每个人都在力图应用他的资本,来使其生产产品能得到最大的价值。一般地说:他并不企图增加公共之福利,也不知道他所增进的公共福利为多少。他所追求的仅仅是他个人的安乐,仅仅是他个人的利益。在这样做时,有一只看不见的手引导他去促进一种目标,而这种目标决不是他所追求的东西。由于追逐他自己的利益,他经常促进了社会利益,其效果比他真正想促进社会利益时所得到的效果为大。"斯密还非常生动地描绘说:"我们能享用可口的晚餐,并非由于肉摊主、酒贩子或面包师的仁慈善意,而是由于这些人对自身利益的关心。我们求诸于的不是他们的良心,而是他们的自利之心;我们从来不必去对他们诉说我们的生活需要,而只需讲交易对他们带来的好处。"因此,斯密认为,最能满足人类生活需求的经济体制,就是让人们自由劳动、自由交换的市场体制。人们只要追求个人的经济利益,就可以在市场机制这只"看不见的手"的引导下,增进整个社会的福利。

之后的经济学家们都力图使斯密"看不见的手"的理论精确化和规范化。他们应用数学工具和其他方法试图证明市场机制的有效性,最主要的成果就是市场均衡理论和福利经济学定理。我们知道,无论是局部均衡理论,还是一般均衡理论市场机制要达到资源有效配置,或者说帕累托最优状态,必须符合福利经济学基本定律的几个重要前提。

这些条件也就是一般均衡理论的几个理论假设。这些理论假设包括：

(1) 完全和对称信息的假设。市场交易的交易双方或多方对交易的内容，比如商品的质量、衡量标准等有关信息有完全充分和对称的了解。

(2) 完全竞争的假设。市场上有大量的厂商和消费者，每个经济人都只能被动地接受市场价格，按价格信号决定自己应该如何生产和消费，而不能以任何手段以个体的力量影响价格。

(3) 规模报酬不变或递减的假设。在这个假设下，随着生产规模的扩大，单位产品的成只会不变或增加，不会减少，因此，增加产量不会增加单位产品的报酬率。

(4) 生产和消费没有经济外部性问题。经济人的生产和消费活动不会对其他人的福利造成任何有利或不利的影响。

(5) 交易费用忽略不计的假设。人们总是可能相互达成自愿的交易增进彼此的福利，交易活动的额外费用为零。

(6) 经济人完全理性的假设。个人在作出经济决策时，总是能够最大限度地增进自己的福利。

由于市场机制发挥其最佳功能有赖于若干重要的市场条件，因此市场机制本身并不是万能的。以上的这些假设条件就像物理学中没有摩擦力的假设一样，在现实中往往是难以成立的。经济学家把上述几条使福利经济学基本定律失效的情形称为"市场失灵"（Market Failure）。

根据《现代经济学词典》的解释，市场失灵是指私营市场体制完全不能提供某些商品，或者不能提供最合意的或最适度的产量。市场失灵不是市场的不完全性，而是市场扭曲，也可定义为：市场价格既不等于该商品的边际社会收益，也不等于该商品的边际社会成本。在市场失灵的情况下，市场的运行不能实现资源的最优配置。

二、市场失灵的表现

市场失灵说明市场机制在某些领域不能起作用或不能起有效作用。导致市场失灵的原因是多方面的，主要有：经济外部性、公共产品、信息不完全及垄断等。

1. 垄断

由于一些现实因素使某些行业无法达到完全竞争的市场结构，会导致不同程度的垄断，从而出现市场失灵。在垄断的情况下，卖主可以通过提高产品价格和限制产量来选择最有利的价格。垄断的结果是导致较高的价格、较低的产量和垄断者的额外利润。虽然垄断在经济上有一定的必然性，但就其抑制竞争与降低社会福利而言，它同时又具有经济上的不合理性。因此，许多国家都通过相关法律对可能出现的垄断进行限制，并对已经存在的垄断采取相应的管制和干预政策。

2. 外部性

外部性又称溢出效应，是指私人的经济活动对他人造成了影响而又未将这些影响计入市场交易的价格和成本之中。之所以称其为"外部"是因为经济活动之外的人也受到了影响，这种影响可能是正面的，也可能是负面的。因此，外部性可以分为正的外部性和负的外部性。正的外部性又称外部收益，是指某个经济行为主体的活动使他人或社会受益，而受益者无须花费代价。负的外部性又称外部成本，是指某个经济行为主体的活动使他人或社会受损,而造成这种损失的人却没有为此承担相应的成本。

[专栏 11-1] **两种市场失灵**

20 世纪初的一天,列车在绿草如茵的英格兰大地上飞驰。车上坐着英国经济学家庇古(A. C. Pigou)。他一边欣赏风光,一边对同伴说:列车在田间经过,机车喷出的火花(当时是蒸汽机)飞到麦穗上,给农民造成了损失,但铁路公司并不用向农民赔偿。这正是市场经济的无能为力之处,称为"市场失灵"。

将近 70 年后的 1971 年,美国经济学家乔治.斯蒂(G. J. Stigler)和阿尔钦(A. A. Alchian)同游日本。他们在高速列车(这时已是电气机车)上见到窗外的禾苗,想起了庇古当年的感慨,就问列车员,铁路附近的农田是否受到列车的损害而减产。列车员说,恰恰相反,飞速奔驰的列车把吃稻谷的飞鸟吓走了,农民反而受益。当然,铁路公司也不能向农民收"赶鸟费"。这同样是市场经济所无能为力的,也称为"市场失灵"。

当外部性存在时,消费者和生产者在进行经济活动决策时所依据的市场价格,既不能反映其全部的边际社会收益,也不能反映其全部的边际社会成本,而只能反映经济活动内部的成本和收益。这样,市场价格所传递的信息是不真实的。其原因在于,某种经济活动的外部性的存在,使得除交易双方之外的第三方受到了影响,而该第三方因此而获得的收益或因此而付出的成本在交易双方的决策中未予考虑。其后果在于,依据失真的价格信号进行决策,消费者个人的完全竞争均衡会导致社会的消费过多或过少,生产者个人的完全竞争均衡会造成社会的生产过多或过少,市场经济的资源配置功能就会出现失灵,经济运行的结果将不可能达到帕累托最优状态,从而导致了市场失灵。

3. 公共产品

自 20 世纪 60 年代起,越来越多的经济学家发现,市场之所以会失灵,还在于它不能有效地提供社会正常活动所必不可少的公共产品。公共产品由于具有非竞争性和非排他性这两个基本特征,在自由市场中无法提供,或产量不足。但是,公共产品过于缺乏会损害经济运行的效率,甚至使整个社会经济无法正常运行。向社会提供公共产品的任务只能由政府来承担,这已成为第二次世界大战后政府干预经济活动的极为重要的理由。以布坎南(Buhcanan)为代表的新制度经济学家甚至认为那些能够保证社会经济正常而又有效运行的法律、公共安全及自然秩序都是公共产品。这些公共产品能够使市场有效运作,但却不能由市场提供,导致了市场的失灵。

4. 市场不完全

市场不完全是指即使消费者对有些产品或劳务愿意支付的价格高于生产成本,私人市场仍无法提供这些产品或劳务。私人保险公司一般不愿意承担风险很大的保险业务,私人银行也不太愿意提供金额大、周期长的贷款。还有一种情况就是"互补性市场"。比如在发展中地区或新开发的地区,基础设施(供水、供电、道路、煤气、房产等)部门与制造业部门或商业部门之间就存在互补关系。市场无法解决基础设施与制造业、商业同时提供的问题,必须由政府来规划和协调,这个地区才能发展起来。这里显然也存在着市场失灵。

5. 信息不完全和不对称

市场机制是否能实现资源配置的效率,取决于各市场主体能否按照利益最大化的要求作出正确而理智的决策,从而取决于他们能否掌握全面、正确和充分的信息。完全信息只是一种理想化的假设,实际上,信息和其他资源一样,也是稀缺的、有价值的,要想获得足够的信息就必须支付足够的费用。搜寻信息的成本有时候会十分昂贵,迫使消费者、生产者在信息不充分的情况下作出决策,导致决策失误与市场配置资源效率的下降。信息在很多方面具有公共产品的特征,因而在自由市场经济中总是供给不足的,因此政府要经常承担起向消费者免费提供信息的职能,并代替消费者作出某些决策。比如,政府免费提供气象预报,负责对食品、化妆品、药品进行抽查和检验等。

信息不完全的问题还有一个方面就是信息不对称。信息不对称是指市场上买方与卖方所掌握的信息是不对称的,一方掌握的信息多一些,另一方所掌握的信息少一些。当市场的一方无法观察到另一方的行为,或者无法获知另一方行动的信息时,就产生了信息不对称的情况。例如,投保人肯定比保险公司更了解自己的身体状况和发病的可能性;产品的生产者对自己生产的产品的质量和性能也比消费者知道得多,等等。一旦供求双方所掌握的信息不对称,市场将出现逆向选择、道德风险和委托—代理等问题,产生市场失灵。

另外,市场失灵也包括了像收入分配不公、通货膨胀、失业、区域发展不协调、经济结构不合理等问题。

第二节 垄断

一、垄断市场的效率损失

一般来说,垄断厂商的产量小于完全竞争时的产量,而价格却高于完全竞争时的价格,因此,与完全竞争市场相比,垄断市场是缺乏效率的,不能实现资源配置的帕累托状态。图 11-1 给出了垄断市场效率损失的分析。

在图中,横轴表示产量,纵轴表示价格。曲线 D 和 MR 分别为该厂商的需求曲线和边际收益曲线,MC 为厂商的边际成本曲线。垄断厂商的利润最大化原则是边际成本等于边际收益。因此,均衡点为 E_1 点,利润最大化产量为 Q_1。在该产量水平上,垄断价格为 P_1。由于价格高于边际成本,垄断厂商的利润为 P_1BE_1C 面积。

显然,上述垄断厂商的利润最大化状况并没有达到帕累托最优状态。在利润最大化产量 Q_1 上,价格 P_1 高于边际成本 MC,这表明,消费者愿意为增加额外一单位产量所支付的数量超过了生产该单位产量所引起的成本。因此,存在有帕累托改进的余地。例如,假设消费者按照既定的垄断价格 P_1 购买了垄断产量 Q_1。现在进一步考虑,是否可以有某种方式使垄断厂商和消费者的状况都变好?如果让垄断厂商再多生产一单位产量,让消费者以低于垄断价格但大于边际成本的某种价格购买该单位产量,则垄断厂商和消费者都从中得到了

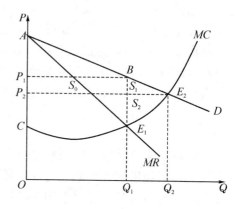

图 11-1 垄断的效率损失

好处:垄断厂商的利润进一步提高,因为最后一单位产量给它带来的收益大于它支出的成本;消费者的福利进一步提高,因为它实际上对最后一单位产量的支付低于它本来愿意的支付(本来愿意的支付用需求曲线的高度衡量,即它等于垄断价格)。

当产量不断增加的时候,价格也不断下降。这种情况可以一直持续到边际成本曲线与需求曲线相交的 E_2 点。在 E_2 点,垄断厂商的产量为 Q_2,价格为 P_2。我们可以把 E_2 点看成是厂商在完全竞争情况下的均衡点。回顾一下本书第六章的相关内容,我们知道,完全竞争厂商的均衡出现在其边际成本曲线与需求曲线(即边际收益曲线)的交点。把 E_2 看成是厂商在完全竞争状态下的均衡点,只是为了与垄断厂商的均衡状况进行比较。实际上,在与均衡点 E_2 所对应的 Q_2 产出水平上,需求曲线与边际成本曲线相交,即消费者为额外一单位产量的愿意支付等于生产该额外产量的成本。此时,不再存在任何帕累托改进的余地。因此,Q_2 也正是帕累托意义上的最优产出。这与完全竞争厂商实现均衡的结果完全一样。

那么我们来看一下,垄断与竞争相比,到底有怎样的效率损失。图中 11-1,E_1 为垄断厂商均衡点,消费者剩余为 ABP_1,生产者剩余为 P_1BE_1C;如果厂商是竞争的,则均衡点为 E_2 点,此时,消费者剩余变为 AE_2P_2,生产者剩余变为 P_2E_2C。从竞争到垄断,生产者剩余变化了 (S_0-S_2) 的面积,消费者剩余变化了 $-(S_0+S_1)$。其中 S_0 只是从消费者转移到了垄断者,社会总福利没有变化。垄断与竞争相比较,社会总福利减少量为 (S_1+S_2) 的面积。在竞争的情况下,社会通过生产提供出了 (S_1+S_2) 的效用,通过交换分别构成消费者 (S_1) 和厂商 (S_2) 的福利增加。但是由于垄断不能实现帕累托最优状态,这部分福利无法形成。它们是垄断造成的净损失,又叫无谓损失,也是垄断的社会成本。

上述关于垄断情况的分析,也适用于垄断竞争或寡头垄断等其他非完全竞争的情况。实际上,只要市场不是完全竞争的,只要厂商面临的需求曲线不是一条水平线,而是向右下方倾斜,则厂商的利润最大化原则就是边际收益等于边际成本,而不是价格等于边际成本。当价格大于边际成本时,整个经济便偏离了帕累托最优状态,均衡于低效率之中。

二、限制垄断的措施

1. 价格管制

垄断常常导致资源配置缺乏效率,垄断利润通常也被看成是不公平的。这就使得有必要对垄断进行政府干预,以提高效率,并尽量满足公平的目标。政府对垄断的干预是多种多样的。这里先来讨论政府对垄断价格和垄断产量的管制。参见图(11-2)。图中反映的是某垄断厂商的情况。曲线 $D=AR$ 和 MR 是它的需求曲线(从而平均收益曲线)和边际收益曲线。曲线 AC 和 MC 是其平均成本和边际成本曲线。在没有管制的条件下,垄断厂商生产其利润最大化产量

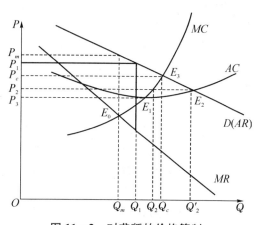

图 11-2 对垄断的价格管制

Q_m,并据此确定垄断价格 P_m。这种垄断均衡一方面缺乏效率,因为在垄断产量 Q_m 上,价格高于边际成本;另一方面缺乏"公平",因为在 Q_m 上,垄断厂商获得了超额垄断利润,即经济利润不等于0,或者说,全部利润大于正常利润。这种情况和图(11-1)是相同的,垄断造成了无谓损失。

现在考虑政府的价格管制。政府应当制定什么样的价格为好呢?如果政府的目标是提高效率,则政府应当将价格定在 P_c 的水平上。当价格为 P_c、产量为 Q_c 时,均衡点正好是需求曲线和边际成本曲线的交点 E_3。根据对图(11-2)的分析,我们知道,此时无谓损失全部消失,于是实现了帕累托最优。

尽管实现了帕累托最优,但效率的目标可能会在一定程度上妨碍"公平"。对垄断者来说,他花费了一定的成本实现了对市场的垄断,本应获得一定的垄断利润作为回报,但在政府的价格管制下,他只获得了相当于竞争情况下的利润。这会打击垄断者的积极性,可能会减缓技术进步、妨碍制度创新等,从而造成新的效率损失。从效率和公平双重目标考虑,P_c 的管制价格水平可能偏高了。对垄断进行价格管制,不是要取消垄断,而是要对垄断者实施必要的限制。比较合理的管制价格水平可以确定在 P_m 和 P_c 之间。这样,既可以通过限制垄断价格消除一部分无谓损失,提高效率,也不会打击垄断者生产积极性。比如将限制价格定在图中的 P_1,厂商的实际边际收益曲线变成图中黑线部分,E_1 点是边际收益曲线与边际成本曲线的交点,对应的产量为 Q_1。在这样的限制价格水平上,价格较垄断者自主定价时低,产量较垄断者自主定价时大。无谓损失部分消失,资源配置效率得到提高。如果管制价格更低一些,效率损失就会更小一些,一直到 P_c,实现最高效率。

如果政府对垄断管制过严,管制价格过低(低于 P_c),不仅不会增加效率,反而会带来新的效率损失。比如,P_2 属于严厉的管制价格,在这个价格下,会出现市场供不应求的缺口 $Q_2Q'_2$,从而产生社会福利的无谓损失。如果管制价格被定在 P_3 及以下,垄断者会因为无法弥补成本而退出市场。

对自然垄断的政府管制已经在本书第六章做了描述,此处略过。

2. 反托拉斯法案

政府对垄断的更加强烈的反应是制定反垄断法或反托拉斯法。西方很多国家都不同程度地制定了反托拉斯法,其中,最为突出的是美国。这里以美国为例做一概括介绍。

19世纪末和20世纪初,美国企业界出现了第一次大兼并。正如列宁在《帝国主义论》中所指出的那样,结果形成了一大批经济实力雄厚的大企业。这些大企业被叫做"垄断"厂商或托拉斯。这里的"垄断"不只局限于指一个企业控制一个行业的全部供给的"纯粹"的情况,而且也包括几个大企业控制一个行业的大部分供给的情况。按照这一定义,美国的汽车工业、钢铁工业、化学工业等都属于垄断市场。垄断的形成和发展,深刻地影响到美国社会各个阶级和阶层的利益。

从1890年到1950年,美国国会通过一系列法案,反对垄断。其中包括《谢尔曼法》(1890)、《克莱顿法》(1914)、《联邦贸易委员会法》(1914)、《罗宾逊—帕特曼法》(1936)、《惠特—李法》(1938)和《塞勒—凯弗维尔法》(1950),统称反托拉斯法。在其他西方国家中也先后出现了类似的法律规定。

美国的这些反托拉斯法规定，限制贸易的协议或共谋、垄断或企图垄断市场、兼并、排他性规定、价格歧视、不正当的竞争或欺诈行为等，都是非法的。例如，《谢尔曼法》规定：任何以托拉斯或其他形式进行的兼并或共谋，任何限制州际或国际的贸易或商业活动的合同，均属非法；任何人垄断或企图垄断，或同其他个人或多人联合或共谋垄断州际或国际的一部分商业和贸易的，均应认为是犯罪。违法者要受到罚款和（或）判刑。《克莱顿法》修正和加强了《谢尔曼法》，禁止不公平竞争，宣布导致削弱竞争或造成垄断的不正当做法为非法。这些不正当的做法包括价格歧视、排他性或限制性契约、公司相互持有股票和董事会成员相互兼任。《联邦贸易委员会法》规定：建立联邦贸易委员会作为独立的管理机构，授权防止不公平竞争以及商业欺骗行为，包括禁止伪假广告和商标等。《罗宾逊—帕特曼法》宣布卖主为消除竞争而实行的各种形式的不公平的价格歧视为非法，以保护独立的零售商和批发商。《惠特—李法》修正和补充了《联邦贸易委员会法》，宣布损害消费者利益的不公平交易为非法，以保护消费者。《塞勒凯弗维尔法》补充了《谢尔曼法》，宣布任何公司购买竞争者的股票或资产从而实质上减少竞争或企图造成垄断的做法为非法。《塞勒—凯弗维尔法》禁止一切形式的兼并，包括横向兼并、纵向兼并和混合兼并。这类兼并指大公司之间的兼并和大公司对小公司的兼并，而不包括小公司之间的兼并。

[专栏11－2] 美国电话电报公司（AT&T）案件

在1983年之前，美国电话电报公司实际上垄断了电信市场。它掌握了95%以上的各类长途电话业务，提供85%的地方电话线路，并销售全国大部分的电话设备。美国电话电报公司所拥有的各公司联合体（通常称为贝尔系统）包括贝尔电话实验室、西部电器公司和23家贝尔营业公司。

1974年，司法部控告美国电话电报公司：首先，垄断了长途电话市场，阻止其他长途电话公司与地方交换台进行沟通，其手段是非竞争性的；其次，垄断了电信设备市场，其手段是拒绝购买所有非贝尔公司的有关设备，妨碍其他电信设备制造商向电话用户或贝尔营业公司出售电信设备。

政府主要的法律和经济理由是贝尔系统利用它在地方电话市场受管制的自然垄断，来创造其在长途电话和电信设备市场上的垄断权。案件的理论基础被威廉·巴克斯特（William Baxter，法学家和前联邦反托拉斯部门的主管）称为"贝尔法则"。其内容是被管制的垄断者有动机（一个受管制的垄断者，能通过横向或纵向一体化增加利润。例如，他可以在相关产业给潜在的竞争对手制造不利条件，或让受管制的公司给非管制的公司的产品支付高价，然后又通过自己产品加价的方式将成本转嫁出去，以增加利润。如果管制者对企业的成本和行为方面的信息掌握不完全的话，则这种行为发生的可能性就非常高）也有机会来垄断相关的市场（例如他们的产品与原料市场）。有效的解决办法就是折分这些公司，以隔离其垄断环节。

由于担心案件（判决）可能对自己不利，贝尔的管理层与政府达成了调解。贝尔系统基本上同意在每一个问题上都接受政府提出的调整意见。贝尔系统的各地方电话营业公司被分离出去，并于1984年重组为7个大型的地区性电话公司。美国电话电报公司保留了它的长途电话业务、贝尔电话实验室（研究机构）和西部电器公司（设备制造商）。

其净效果是将贝尔系统的规模和销售额缩小了80%。被管制的垄断者再也不允许在相关的竞争性产业中运营了。

贝尔系统的肢解为电信业带来了翻天覆地的变化。今天各电话公司可以自由地从任何厂商那里购买它们所用的设备,可以自由地进入蜂窝电话、有线电视、数据服务以及因特网的服务市场,当然也包括它们所提供的传统电话服务。

比反托拉斯法更重要的是新技术的发展对传统电信业带来的挑战。无线或移动(蜂窝)电话系统打破了贝尔对传统(有线)电信系统的自然垄断;电话公司也加入了提供家庭电视信号的行列;光纤线路成为信息高速公路的重要组成部分,在全国乃至世界范围内传输大量数据信息。互联网以一种在10年前不可想象的方式将各地的人联结在一起。没人能够确知,如果贝尔系统不被解散,这些技术还会不会发展得如此之快。不过至少有一点是清楚的:垄断不是加速技术变化的必要条件。

美国反托拉斯法的执行机构是联邦贸易委员会和司法部反托拉斯局。前者主要反对不正当的贸易行为,后者主要反对垄断活动。对犯法者可以由法院提出警告、罚款、改组公司直至判刑。

第三节 外部性

一、外部性及其分类

到目前为止,我们讨论的微观经济理论,特别是其中的"看不见的手"的原理,要依赖于一个隐含的假定:单个消费者或生产者的经济行为对社会上其他人的福利没有影响,即不存在所谓"外部影响"(也叫"外部性")。但是,在实际经济中,这个假定往往并不能够成立。在很多时候,某个人(生产者或消费者)的一项经济活动会给其他社会成员带来好处,但他自己却不能由此而得到补偿。此时,这个人从其活动中得到的私人利益就小于该活动所带来的社会利益。这种性质的外部影响被称为所谓"外部收益"(正外部性)。根据经济活动的主体是生产者还是消费者,外部收益可以分类为"生产的外部收益"和"消费的外部收益"。另一方面,在很多时候,某个人(生产者或消费者)的一项经济活动会给社会上其他成员带来危害,但他自己却并不为此而支付足够抵偿这种危害的成本。此时,这个人为其活动所付出的私人成本就小于该活动所造成的社会成本。这种性质的外部影响被称为所谓"外部成本"(负外部性)。外部成本也可以视经济活动主体的不同而分为"生产的外部成本"和"消费的外部成本"。

(1) 生产的外部收益

当一个生产者采取的经济行动对他人产生了有利的影响,而自己却不能从中得到报酬时,便产生了生产的外部收益。生产的外部收益的例子很多。例如,一个企业对其所雇用的工人进行培训,而这些工人可能转到其他单位去工作。该企业并不能从其他单位索回培训费用或得到其他形式的补偿。因此,该企业从培训工人中得到的私人利益就小于该活动的社会收益。

(2) 消费的外部收益

当一个消费者采取的行动对他人产生了有利的影响,而自己却不能从中得到补偿时,便产生了消费的外部收益。例如,当某个人对自己的房屋和草坪进行保养时,他的隔壁邻居也从中得到了不用支付报酬的好处。此外,一个人对自己的孩子进行教育,把他们培养成更值得信赖的公民,这显然也使其隔壁邻居甚至整个社会都得到了好处。

(3) 生产的外部成本

当一个生产者采取的行动使他人付出了代价而未给他人以补偿时,便产生了生产的外部成本。生产的外部成本的例子也很多。例如,一个企业可能因为排放脏水而污染了河流,或者因为排放烟尘而污染了空气。这种行为使附近的人们和整个社会都遭受了损失。再如,因生产的扩大可能造成交通拥挤及对风景的破坏,等等。

(4) 消费的外部成本

当一个消费者采取的行动使他人付出了代价而又未给他人以补偿时,便产生了消费的外部成本。和生产者造成污染的情况类似,消费者也可能造成污染而损害他人。吸烟便是一个明显的例子。吸烟者的行为危害了被动吸烟者的身体健康,但并未为此而支付任何东西。此外,还有在公共场所随意丢弃果皮纸屑等垃圾。

上述各种外部影响可以说是无所不在、无时不在。尽管就每一个单个生产者或消费者来说,他造成的外部收益或外部成本对整个社会也许微不足道,但所有这些消费者和生产者加总起来,所造成的外部收益或外部成本的总的效果将是巨大的。例如,由于生产扩大而引起的污染问题现在已经严重到危及人类自身生存环境的地步了。

二、外部性对资源配置的影响

在存在外部性的情况下,私人的边际收益和边际成本与社会的边际收益和社会的边际成本发生偏离,而在市场经济中,单个厂商或消费者的决策取决于私人成本和私人利益的比较,而不是基于社会成本和社会利益的比较,当厂商和消费者仅从私人利益出发来作决策而不考虑外部性时,必然会使资源配置偏离帕累托最优状态。即使市场是完全竞争的,经济资源也达不到最优配置,不能实现有效率的均衡。

1. 外部成本与资源配置低效率

外部成本的存在使得单个厂商或消费者的决策给第三者带来的损害不能通过价格来反映,从而使其产量或消费量过大,导致低效率。

来看一个污染的例子。

假设在一条河的下游,渔民们依靠在河中捕鱼为生。上游的化工厂向河流中排放废水,就产生了外部成本问题。河流中被排放的废水越多,河中的鱼就越少,渔民的收益也就越少。如果减少对废水的排放,化工厂的产量就会下降,因此,在没有外来干预的情况下,化工厂在决策时不会考虑渔民们的收益。由于渔民所遭受的损失没有被纳入企业成本收益,从而不能在市场价格中得到反映,就会导致资源配置的低效率。

我们用图 11-3(a) 和图 11-3(b) 给出化工厂污染造成的负外部性的分析。图 11-3(a) 表示一个化工厂在竞争性市场中的生产决策,图 11-3(b) 用来分析所有的化工厂都产生相似的外部影响的情况。

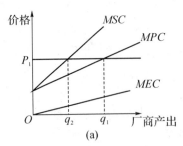 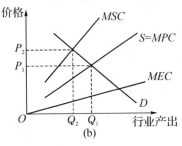

图 11-3 污染的负外部性

图 11-3(a)中,MPC 是一个化工厂的边际成本曲线,也称边际私人成本(Marginal Private Cost),该厂商处于完全竞争的市场中,是市场价格 P_1 的接受者。化工厂在生产决策时并不考虑它的行为对他人造成的影响,只计算自身的成本和收益,则该厂商利润最大化的产出水平为 q_1。然而,伴随着每一单位的产量,都会有废水倾倒如河流,对下游渔民产生了边际外部成本(Marginal External Cost),即图中的 MEC 曲线。这条曲线向右上倾斜,是因为随着污染水平的提高,继续向河中倾倒 1 单位的废水给渔民带来的损害是不断上升的。从整个社会的角度看,该厂商的边际成本应该是其私人成本加上外部成本,即边际社会成本(Marginal Social Cost)曲线 $MSC(MSC=MPC+MEC)$。MSC 曲线与价格线所决定的产出为 q_2。

对于厂商来说,q_1 的产量水平符合利润最大化要求,是理想的产量。但对社会来说,在这个产量水平上,边际社会成本 MSC 大于边际收益 P_1,说明 q_1 的产量水平过高了,造成的污染过多。符合社会最优的产出水平是 q_2,因为在 q_2 产出水平上边际社会成本等于生产者的边际收益。在 q_2 产出水平上,生产者承担了决策的社会成本,与产量 q_2 对应的污染水平显然小于产量为 q_1 时的污染水平。

再来考虑所有的化工厂都把废水倾倒入河中会发生什么。在图 11-3(b)中,竞争性行业按利润最大化原则确定的总产量水平由需求曲线 D 与供给曲线即行业的边际成本曲线 MPC 决定,产量为 Q_1。有效率的产出水平则是由边际社会成本曲线 MSC 与边际社会收益曲线即需求曲线 D 的交点所决定的,产出水平为 Q_2。显然,就行业来说,产出水平也过高了。

在这个例子中,由于每单位的产出都导致废物的产生,无论是看一家厂商的污染还是整个行业的污染,按经济效率的要求都显示产量过多。产品不正确的定价是导致无效率的根源。在图 11-3(b)中,P_1 的价格水平过低,它只反映了私人的边际成本,而不是社会的边际成本。过低的成本核算水平导致过多的资源使用和更高的产量。

2. 外部收益与资源配置低效率

外部收益的存在使得单个厂商或消费者的决策给第三者带来的收益不能通过价格来反映,从而使其产量或消费量过小,导致低效率。

仍然通过一个例子来分析外部收益的效率问题。假定一个房屋主人修理和美化房屋能给邻居带来外部收益,如图 11-4 所示。

图中,MC 表示房屋修理的边际成本曲线,这一成本不受修理量的影响,因此是水平的。需求曲线 D 衡量修理对房主的边际私人收益(Marginal Private Benefit)。房主将选择其需求曲线与边际成本曲线交点所决定的 q_1 作为他修理房屋的最优水平。但是,房屋修理给邻居带来了外部收益,如边际外部收益曲线 MEB(Marginal External Benefit)所示。MEB 曲线向下倾斜,是由于在修理量小的时候,边际收益大,随着修理工作的扩大,边际收益下降。

把每个修理水平上的边际私人收益和边际外部收益相加,可以得到边际社会收益曲线 MSB (Marginal Social Benefit),即 $MSB=D+MEB$。由 MSB 曲线和 MC 曲线的交点决定有效修理量水平 q_2。显然,房主不可能在 P_1 的价格水平上

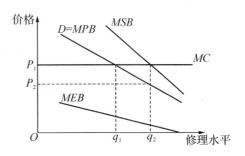

图 11-4 正外部性与效率

提供 q_2 的修理量,除非他得到来自邻居的报酬,使其修理价格由 P_1 降到 P_2。可见,外部收益的存在无法鼓励房主的房屋修理量达到社会理想的水平。

三、外部性的干预方案

外部性的存在会导致市场失灵,使资源配置效率下降。在外部性影响下,产量要么过多,要么过少,其原因在于价格体系不能反映这种外部影响。要解决外部性问题,就要将外部收益或外部成本反映到价格体系中,使私人收益及成本与社会收益及成本相一致。本节讨论在政府参与下的集中干预性方案。

1. 庇古税收

最早系统研究外部性问题的是英国经济学家庇古,他提出这样一个法则:如果要达到社会福利的极大化,任何经济活动的边际社会收益与边际社会成本必须相等。他认为,在存在外部影响的情况下,政府应该对带来外部成本的经济人征税,税额等于边际外部成本,或者,对于带来外部收益的经济人,政府应该给与相应的补贴,补贴额等于边际外部收益。

我们用图 11-5 来说明对造成外部成本的经济活动征税的效应。图 11-5 给出了某个厂商在生产中排放污染物的情况,图中边际社会成本曲线 MSC 是由每一产量的边际外部成本曲线 MEC 与边际私人成本曲线 MPC 相加而得到的。边际私人成本 MPC 与需求曲线 D 的交点 E_1 所决定的产量 q_1 表示竞争性市场的产出水平,价格为 P_1。然而,由于外部性的存在,q_1 的产量过多了,造成了太多的污染。从整个社会来说,必须把边际外部成本考虑进去。庇古认为,政府应该对厂商的每一单位产量征税,税额等于

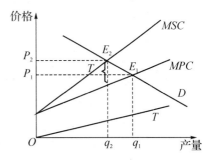

图 11-5 对外部成本征税

最佳产量 q_2 水平下的边际外部成本,其大小用 T 表示。这样一来,边际外部成本变成了厂商的内部成本,在生产决策中就不得不将其考虑进去。于是,产出水平就由边际社会成本曲线 MSC 与需求曲线 D 的交点 E_2 决定,实现最佳产量 q_2。

对于存在外部收益的生产和消费活动,政府可以通过给予补贴的方法消除外部性影响,鼓励生产者或消费者形成最佳的产量或消费量,以实现帕累托最优。图 11-6 给出了对存在外部收益的活动进行补贴的效应分析。

图 11-6 中，边际社会收益曲线 MSB 是由每一产量的边际私人收益曲线 MPB 与边际外部收益曲线 MEB 相加而得到。由边际社会收益曲线 MSB 与厂商的边际成本曲线 MC 交点决定的最佳产量水平为 q_2。而厂商在决定产量时不会考虑外部收益，因此，产量水平由厂商私人的边际收益与边际成本曲线交点决定，为 q_1，小于社会最佳产量水平。为了鼓励厂商提供更多的产量，对于每一单位的产量可以给予补贴 T，其大小是对应于 q_2 产量水平的边际外部收益。这样一来，厂商的

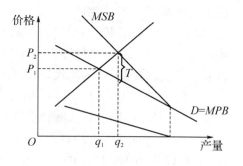

图 11-6 对外部收益补贴

实际边际收益上升了，增加的这部分收益将纳入决策中考虑，厂商仍然按利润最大化原则决定产量，产量为 q_2，实现了社会最佳产量。

总之，按照庇古税收方案，无论一种外部影响表现为成本还是收益，都可以通过税收或补贴手段将这种外部成本或外部收益予以内部化而消除外部影响。尽管庇古的税收方案在理论上能够解决外部经济问题，但是在实际操作上比较困难。政府要确定最优产量或消费水平的税收或补贴，就必须确切地知道外部成本或外部收益，而这种信息对于政府是很难得到的。事实上，受外部影响的第三方也不一定知道他受到了多大的损害或得到多大的收益，就算知道，也不一定能准确地提供给政府。只要政府不能确切地知道外部成本和外部收益，庇古的税收方案在现实中就很难有效实施。

2. 标准与费用

在现实生活中，政府还经常运用标准和费用的方法来解决外部成本问题，主要应用于控制污染。标准方案是指政府颁布污染的标准，费用方案是指向排放污染的企业征收排放费。政府无力采用哪一种方法控制污染，都必须知道把污染控制在什么程度才是合适的，所谓合适是符合社会最优。因此，在讨论标准和费用方案之前，我们先来讨论最优的污染程度。

最优污染水平的确定

从理论上讲，污染程度为零是最优的。但是，在一定的技术水平下，某些产业只要进行生产，就不可避免地产生污染。要想彻底消除污染，除非该产业的企业全部停产。因此，最优的污染程度只能是较轻的污染程度。那么用什么标准来衡量这一较轻的污染程度呢？对于一个企业而言，其产出的最优条件是边际私人成本等于边际收益，对于整个社会而言，产出的最优条件是边际社会成本等于边际社会收益。由于污染也是一种产品，是一种有害产品，其产出的最优条件同样也是边际社会成本等于边际社会收益。

那么，如何确定污染的边际社会成本与边际社会收益呢？我们以一家化工厂排放废气破坏临近地区的空气质量为例加以分析。图 11-7 给出了化工厂污染的边际社会成本、边际社会收益以及最优污染程度的说明。

图 11-7 中，横轴表示化工厂排放的废气水平，纵轴表示污染造成的边际成本或者降低污染所花费的成本。MSC 曲线为污染造成的边际社会成本，表示与化工厂废气相关的递增的损害，污染越严重，造成的边际损害则越大。MCA 曲线是减少废气所花费

的边际成本。减少污染的工作可以由厂商来做，也可以由政府来做。不管谁来做，都要花费成本。在不同的污染程度下，降低污染所花费的边际成本不同。在污染比较严重时，要使污染降低一个单位所花费的边际成本较小。随着污染程度的降低，每减少一单位污染所发生的成本增量越来越大。因此，MCA 曲线向右下方倾斜。

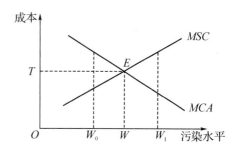

图 11-7 最优污染程度

显然，在污染所造成的边际社会成本与降低污染的边际成本相等时决定最优污染水平，均衡点是 MSC 曲线与 MCA 曲线的交点 E 点，对应的社会最优污染水平是 W。在 E 点的右边，污染程度较为严重，污染所造成的边际社会成本大于降低污染的边际成本，继续降低污染是有利的，这时应减少产量以降低污染程度。在 E 点左边，污染程度较轻，清除污染的边际成本大于污染本身造成的边际社会成本，污染量可以适当扩大。这时，增加产量从而允许污染量扩大将使社会受益。

排放标准与排放费用

在确定了最优污染标准后，政府就可以以此作为制定政策的依据。以化工厂生产为例，政府应将化工企业的污染标准定为 W。如果厂商的污染超过这一标准，政府将予以重罚。高额的污染罚金将会迫使厂商采取安装降低污染的设备、开发降低污染的技术等方法降低污染，从而使污染符合社会最优标准。

政府也可以采取收费的方法控制污染，排放费用按照平均每一单位污染量征收。在图 11-7 中，对每一单位污染征收 T 数额的排放费用可以使污染符合社会最优水平 W 的标准。在单位排放费用为 T 的情况下，不论污染量超出 W 的标准，还是达不到 W 的标准，对于化工企业都是不利的。在污染量超过 W 标准的情况下，厂商降低污染的边际成本低于污染排放费用，因而减少污染是有利的。因为每减少一单位的污染，厂商都可以减少 T 数额的排放费用支出，而增加的降污开支小于 T。在污染量低于 W 标准的情况下，厂商降低污染的边际成本高于污染排放费用，因而增加污染是有利的。因为每增加一单位的污染，厂商所节约的降污开支都大于应缴纳的排放费用，增加污染，缴纳排放费对企业有利。只有使污染量达到 W，才是厂商的最佳选择。

3. 可转让许可证

除以上所讨论的，政府还可以使用可转让许可证来实现对污染造成的外部影响的干预。可转让许可证是由政府出售的，每个可转让许可证都明确规定了厂商可以排放污染的数量。在这个制度下，每个厂商都必须有许可证才能排放污染，任何厂商排放许可证没有允许的污染时都将受到惩罚。如果厂商降低污染的边际成本较高，就需要为购买许可证支付较高的价格，以购买较多的许可污染额度，而那些降低污染的边际成本较低的厂商则只需支付较低的价格，购买较少的许可污染额度。

在可转让许可证的制度下，政府首先要确定合适的污染水平，然后按确定的合适污染水平总单位数出售可转让污染许可证。如果有足够多的厂商和许可证，一个竞争性的许可证市场就会形成并发展起来。在市场实现均衡时，许可证的价格等于所有厂商降低污染的边际成本，政府选择的合适排放水平会以最低的成本实现。

[专栏 11-3] 美国的污染许可证（Pollution Permits）

1990年，美国政府在其环境控制计划中，宣布了一种用以控制二氧化硫这一最有害的环境污染物排放量的全新方法。在1990年空气洁净修正法案中，政府发行了一定数量的二氧化硫排放量许可证，到90年代结束，排放量减少到了1990年的50%左右。这一计划的创新之处就在于许可证可以自由交易。电力产业得到污染许可证，它可以像股票一样进行买卖。那些能以较低成本降低硫化物排放量的厂商会把自己的污染许可证卖掉，以获得额外的收益。另外一些需要为新工厂争取更多许可证，或难以减少污染排放量的厂商会买进许可证以减少排污的费用。实践证明，污染许可证的实行起到了积极的作用。最初，美国政府计划在开始几年许可证的价格应在每吨二氧化硫300美元左右，然而到了1997年，市场价格下降到每吨60~80美元。成功的原因之一是这一计划给了厂商足够的创新激励，厂商发现使用低硫煤比早先预想的要容易，而且更便利。这个重要实验的成功为那些主张环境政策应以市场手段为基础的经济学家们以强有力的支持。

四、科斯定理

政府在矫正外部性方面，可以采用税收、限制标准、收费和许可证等方法起到作用，但是政府干预并不是解决外部性问题的唯一方法。如果将外部影响内在化，则可望在政府缺席的情况下，通过市场机制仍然能够达到资源配置的帕累托效率。一种可行的办法是在产权明确化的基础上，通过市场交易来解决外部性问题。通过产权明确化来解决外部性问题的思想是以科斯为代表的产权经济学家提出的。

早在1924年，庇古就举过一个例子来说明政府干预的必要性。假设从城市 A 到城市 B 有两条道路，一条比较好，但较窄，而另一条路凹凸不平，但较宽。走好的一条路要花5分钟，而走坏的一条路要30分钟。在没有管制的情况下，人们会选择走好的一条路。所以，好的那条路就会变得十分拥挤，开车用的时间也会不断地增加，直到用在好路上的时间也为30分钟为止。庇古建议政府对走好路的人征税，迫使一些人走坏路。这样，剩下的人就可以走得快一些，而走坏路的人也没有损失，社会福利因此提高。

科斯于20世纪60年代对传统的庇古法则提出了修正。科斯认为，外部性问题从根本上说是因为产权界定不够明确或界定不恰当而造成的，所以政府不必一定要用干预的方法来试图消除社会收益或成本与私人收益或成本之间的差异，政府只需界定并保护产权，而随后产生的市场交易就能达到帕累托最优。

科斯在1960年发表的《社会成本问题》一文中提出了一个著名的论点，即无论哪一方拥有产权都能带来资源的有效配置。科斯举了这样一个例子：一个牧场主和一个农场主是邻居，牧场主的牛经常闯入农场主的田地践踏庄稼，如果这片土地的产权没有界定（比如是公共地产），那么损害庄稼就是一种外部成本。现在假定农场主拥有种庄稼的土地的产权，那么牧场主必须为他的牛所犯的过失而向农场主支付赔偿，否则农场主可与他对簿公堂。现在，践踏庄稼成了牧场主的内部成本，他会好好管教他的牛，减少牛损害庄稼的事件发生。但是，最优的结果并非杜绝这类事件的发生，而是使牧场主管教牛的边际成本正好等于需支付给农场主的赔偿费。

如果这片土地的产权由牧场主拥有,他就拥有让他的牛践踏庄稼的权力,在这种情况下,一个资源最佳配置的结局也同样能产生。因为在这种产权界定下,农场主将愿意出钱给牧场主,让他不要放牛出来毁坏自己的庄稼。牛少毁坏一点庄稼,农场主的利润就多一点,所以农场主愿意出钱的金额最高也会达到牛损害庄稼带来的经济损失,最后,均衡的损害庄稼水平将与农场主拥有土地产权的情形一模一样。

以科斯为代表的产权经济学家指出,只要明确界定产权,经济行为主体之间的交易行为就可以有效地解决外部性问题。科斯定理可以表述为:只要法定权利可以自由交换,且交易成本为零,那么法定权利的最初配置状况对于资源配置效率而言就是无关紧要的。

产权界定在不同人身上只是带来收入分配的不同,而不影响资源配置的效率。当农场主拥有产权时,牧场主须付出补偿;而当牧场主拥有产权时,农场主须作出补偿。在这两种情况下,牛践踏庄稼的事件都下降到最高效率的水平(不一定是零),但是不同的人承担了成本或享受了收益。

在化工厂排放污染的例子中,只有在污染的权利界定不明确的情况下才会偏离帕累托最优状态。如果厂商有排放废气的权利,居民就要向厂商付钱以享受清洁空气;如果界定居民对清洁空气有产权,厂商就要向居民付钱以获得排放废气的权利。只要明确界定产权,不论是给予化工厂污染的权利,还是给予居民不受污染的权利,都可以通过化工厂与居民之间的自由交易使污染量符合帕累托最优条件,也就是使污染符合社会最优标准。

在科斯定理出现之前,西方经济学家一般认为,市场机制这一"看不见的手"只有在不存在外部影响的情况下才会起作用。如果存在着外部影响,市场机制就无法导致资源的最优配置。科斯定理的出现则进一步强调了"看不见的手"的作用。按照这个定理,只要那些假设条件成立,则外部影响等也不可能导致资源配置不当。或者换个说法,在所给条件下,市场力量足够强大,总能够使外部影响"内部化",从而仍然可以实现帕累托最优状态。

为什么财产权的明确和可转让具有这样大的作用呢?按照西方学者的解释,其原因在于,明确的财产权及其转让可以使得私人成本(或利益)与社会成本(或利益)趋于一致。将财产权明确赋予某人,并假定该权利可以自由买卖,则财产权对所有者来说就是一件有价值的特殊"商品"。特别是在生产污染例子中,财产权(即污染权或不被污染权)就是一种有价值的特殊"生产要素"。这种要素与资本和劳动一样,无论是生产者从市场上买到的,还是自身原来拥有的,都是生产成本的一部分。如果是从市场上买来的,毫无疑问便构成成本的一部分。如果是自身原来就拥有的,则可以出售获得收益。如果不出售而自己用于生产,则遭受的是本可出售获益的机会成本。因此,在这种情况下,生产者生产产品时就存在两种成本,一种是生产产品本身的成本,可称之为生产的边际成本;另一种是使用财产权所遭受的成本或机会成本,以及相应的使用财产权的边际成本。生产者的总成本应当是这两种成本之和。如果将使用财产权的边际成本加到生产的边际成本上去,则总的私人边际成本曲线就要增加,从而利润最大化产量就要减少。在完全竞争条件下的理想均衡状态中,可以期望加入使用财产权的边际成本之后所得到的总的私人边际成本与社会边际成本相一致,从而私人最优产量与社会最优产量相一致。

科斯定理表明,明确规定的财产权有助于解决外部性问题,但是产权方法的有效性依赖于交易费用很低的前提未必能得到满足。科斯本人也指出,如果双方就产权交易的谈判不顺利,费时费力,甚至根本谈不成,这就是交易费用过高。在这种情况下,一开始产权给予哪一方就至关重要。只有在涉及外部影响的当事人为数很少,并能以极低的费用进行有效的协商时,产权方法才有意义。而事实上,一是谈判费用不会极低,二是当事人的数目常常很多,难以达成完美的解决方案。市场机制在解决外部性问题上的作用实际上是很有限的。

[专栏 11-4] 罗纳德·哈里·科斯(Coase Ronald Harry,1910—2013)

　　1991 年诺贝尔经济学奖获得者科斯在其漫长的学术生涯中,出版过一本名叫《英国广播:垄断研究》的学术专著,还发表了 18 篇文章。不过,可以肯定的是,他的名气仅仅是由两篇文章带来的:一篇是《企业的性质》,这是他发表的第一篇文章;另一篇是《社会成本问题》。在第一篇文章中,科斯提出了一个人们从未提到过的简单可笑的问题:产业企业为什么要存在?由这个问题引出了一系列惊人的结论:购买或雇佣生产要素要签订合同;生产产品和劳务而使用要素的过程需要知道价格,这两方面都有耗费现实的资源;在这样的市场交易费用达到一定水平时,采用按等级原则而集中化起来的组织取代市场机制过程,便是合算的;这种组织就称为企业。但是,协调运用的投入要素的成本随企业的扩大而上升,这样就给企业的规模确定了一个限度;因此,超过那个界限规模时,更多的交易就由别的更小的企业包去了。这篇文章发表后,几乎没有任何知音,直到后来经济学家们转向分析家庭和其他非营利、非市场组织的经济学时,科斯关于重视因使用市场而耗费的成本这一具有变革性的思想,才体现出他的全部意义。

　　第二篇关于社会成本问题的文章,与经济学家写的任何一篇文章都迥然不同,没有图表或方程,而使用了大量的律师和法官的语言。这篇文章的大部分内容都是在考证庇古在《福利经济学》中的一段论述:有关蒸汽机车施加给农场主的外部成本和工厂烟囱施加给家庭的外部成本问题。庇古把这种情况看成是市场的失败,需要政府来进行管制。针对这一点,科斯提出了一个论点来向庇古挑战:一、如果明确规定一切相关资源的财产权利,并且,一切有关部门的经济代理者能在一起相互协商,交易费用不计,那么这些代理人会主动地、自愿地达成协议,把污染导致的费用由受害者转向施害者。二、更令人吃惊的是,在这些条件下可以表明,由私人议定的、具体应对污染承担的责任形式,并不影响国民收入的价值或构成。这就是所谓的科斯定理。仅仅由一篇文章引出一个,更不要说两个完整的经济学分支,实属罕见。产权经济学和法律经济学这两个从不同经济领域发展起来的经济分支,可以追溯到科斯论社会成本问题的这篇文章。

第四节　公共物品

一、公共物品的识别

　　到目前为止我们所讨论的基本上都属于私人物品范畴,本节将讨论不同于私人物品的公共物品问题。市场上存在众多的私人物品,这些私人物品具有两个鲜明的特点。第一个是排他性：只有对商品支付价格的人才能够使用该商品；第二个是竞争性：如果某个人已经使用了某商品，其他人就不能再同时使用该商品。市场机制只有在具备上述两个特点的私人物品的场合才真正起作用，才有效率。

然而，在现实的经济中，还存在着许许多多不满足排他性或竞争性特点的物品。如果一件物品不具有排他性，即无法排除一些人不支付便使用，则它毫无疑问就会带来外部影响，并造成市场机制的失灵。"国防"和"海鱼"是缺乏排他性的两个生动例子。一个公民即使拒绝为国防付费，也可以享受国防的好处；同样，我们也很难阻止渔民自由地在公海上捕捞海鱼。"国防"和"海鱼"的区别在于竞争性方面。容易看到，国防除了不具有排他性之外，同时也不具有竞争性。例如，新生人口一样享受国防提供的安全服务，但原有人口对国防的消费水平不会因此而降低。从某种程度上讲，道路和电视广播等也与国防一样既不具有排他性也不具有竞争性。在达到拥挤之前，道路上多一辆汽车不会妨碍原有汽车的行驶；某个人打开电视广播同样不会影响其他人收看收听。另一方面，"海鱼"则毫无疑问是竞争性的：当某个人捕捞到一些海鱼时，其他人所可能捕捞到的海鱼数量就减少了。

通常把国防这样一类既不具有排他性也不具有竞争性的物品叫做公共物品，而把海鱼这样一类不具有排他性但却具有竞争性的物品叫做公共资源。公共物品和公共资源可以看成是外部影响造成市场机制失灵的两个特殊例子。

我们将同时具有非排他性和非竞争性的物品称为纯粹公共物品。非排他性是指人们不能被排除在消费某一商品之外。非排他性意味着无法或很难对人们消费这种产品收费。排他性往往依赖于一个社会的法律架构和技术实现能力。生产者之所以能向消费者收费，一方面是因为"法律"（一种公共契约）赋予他该商品的产权，另一方面是因为当时的技术能帮助他实现"占有"，易于实施的是对诸如椅子、面包的占有，技术难度较大的如用加密技术实现对软件或电视节目的占有。对公共物品而言，或者无法设定产权，或者无法在当时的技术条件下实现排他，因此无法向消费者收取费用，也就无法排除人们免费地使用。

非竞争性是指在任一给定的公共物品产出水平下，向一个额外的消费者提供该商品的边际成本为零。非竞争性意味着共享消费不会带来成本的增加，即一个个体的消费不减少其他个体可获得的消费量。竞争性源于商品本身的属性——成本属性。对于私人产品，增加消费就要增加产品数量，从而提高成本。与私人物品的数量可分割性不同，公共物品是整体提供的，一般具有不可分割性。当公共物品未达到充分消费之前，每增加一个消费者不必相应增加生产的可变成本。如果公共物品的消费产生了消费竞争时，就须采取措施限制消费人数，这种商品就不再是纯粹的公共物品了。

对公共物品的识别可以通过图11-8来进行。识别公共物品的第一个步骤是看某一物品的消费中是否存在竞争性，若是有竞争性就肯定不是纯粹公共物品范畴。存在竞争性的物品还要看其是否具有排他性，以区分私人产品和公共资源。对于不存在竞争性的物品要进一步识别，看该物品在消费中是否能够排他，以区分纯粹公共物品和准公共物品。

根据这种识别过程，大致可以区分出以下四种类型的物品：①同时具有非排他性和非竞争性纯粹公共物品；②同时具有排他性与竞争性的纯粹私人物品；③同时具有非排他性与竞争性的公共资源;④同时具有排他性与非竞争性的准公共物品。

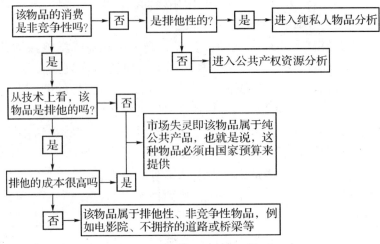

图 11-8 公共物品的识别标准

严格地讲,只有同时具备非排他性和非竞争性的物品才是真正的公共物品。现实中,纯粹公共物品较少,而准公共物品较多。国防通常被认为是纯粹公共物品,公海上的航标灯也具备纯粹公共物品的特征。然而,很多非私人物品只具有纯粹公共物品两种特征中的一种,如大桥、收费公路、有线电视等。因此,本节所分析的公共物品不仅包括纯粹公共物品,还包括具有排他性和非竞争性的准公共物品,统称为公共物品。

二、公共物品的提供

1. 搭便车问题

由于公共物品具有非排他性,因而难免会产生"搭便车"问题(Free-rider Problem)。所谓搭便车,就是指某些个人虽然参与了公共物品的消费,但却不愿意支付公共物品的生产成本,完全依赖于他人对公共物品生产成本的支付。因此,公共物品的存在给市场机制带来了严重的问题:即使某种公共物品带给人们的利益要大于生产的成本,私人市场也不会提供这种产品。

一般来说,公共物品覆盖的消费者人数越多,搭便车问题就越严重,公共物品由私人市场提供的可能性就越小。由于搭便车问题的存在,产生了一个典型的市场失灵的情形,即市场无能力使公共物品的供给和分配达到帕累托最优。经济学家们认为,公共物品的生产必须依靠一种集中计划的过程,以达到资源的有效配置。因为在公共物品的消费过程中不存在一种类似于竞争市场的协调刺激机制,从而难以避免搭便车问题的产生,由政府集中计划生产并根据社会福利原则来分配公共物品就称为解决搭便车问题的唯一选择。

[专栏 11-5]"公共住房的发展商"——英国政府在房地产市场中的作用

英国是世界上最早实行政府干预住房市场的国家。从 1890 年至今,它保障的目标群由中低阶层逐渐转向低收入阶层。英国 100 多年的经验表明,政府需要直接介入居民住房问题,并作为公共住房的供应商。

有趣的是，这个以自由市场的鼻祖亚当·斯密而闻名的国家，在中低收入阶层住房保障问题上，政府却大量干预市场。同美国和欧洲大陆的其他国家相比，英国的住房系统是以"双高"——高自有住房比率和高公共住房比率而著称。目前，它的自有住房家庭的比率达到70%，这一比率与美国不相上下。而它的公共住房系统，尽管经历了1980年代以来的私有化浪潮的冲击，仍然服务于500万个家庭，占全国住房总量的四分之一。

在19世纪末，作为工业革命发展的伴随物，工薪阶层的住房呈现出集体化管理的形式。英国政府着手建立公共住房系统。1890年，英国政府通过立法，要求地方政府为工薪阶层建造经济适用房。1896年，伦敦县政府在伦敦近郊划地15英亩，建造了第一个供5 700人居住的住宅区。到一战时，全国已建成大约2.4万个公共住宅单位。

尽管如此，住房短缺与私人房屋租金的飙升引发的社会动乱，促使英国政府实行租金管制和资助地方政府大规模地扩张公共住宅建设。到第二次世界大战爆发时，公共住宅迅速增加到200万个单位，占全国住宅总量的10%。二战后到1970年的30年是英国公共住宅发展的高峰时期，地方政府又增建了400万个住宅单位。到1979年，公共住宅已达到近650万个单位，占全国住宅总量的三分之一。政府用于房屋建设的开支达到52亿英镑，占政府开支约8%。

公共住房的私有化

进入20世纪80年代，撒切尔夫人领导下的政府改变了长期奉行的住房福利政策，推行公共住房私有化，目的是提高中产阶级的自有房的比重，缩减公共住房开支。从1981年到2001年，政府出售了近190万个单位，自有住房家庭的比重从56%上升到近70%。与此同时，政府缩减住房建设开支，地方政府的建房从20世纪70年代的每年10万个单位下降到80年代中期的不足3个万单位，到了90年代中期几乎为零。

公房私有化进程中直关键作用的是1980年通过的《住房法》，其中最重要的条款是"购买权"，即凡是公共住宅的租户，在住满两年以后就有权折价购买其所住的公屋。优惠价起点为房屋市价的30%，折价的幅度依居住的期限而定。居住期越长，折价越多，直至到房价70%的上限。

公共住房的前景

1. 公共住房的比重趋于下降

虽然20世纪80年代的大规模的住房私有化浪潮已过，但由于政府削减新建住宅的资金和旧房维修基金，使公共住宅的建设处于停滞状态。与此同时，政府有意识地扶植非营利组织的住房协会，强调由它提供低成本的社会住房，取代地方政府的住宅所有权和管理权。特别是1988年的《住房法》，允许租房通过自愿投票，将其居住的公房整体转移给住房协会。这使住房协会在公共住宅私有化的过程得到很大的发展，仅英格兰就有2 000多家住房协会。政府在分类上将公共住宅和住房协会拥有的住宅归在一起统称为社会住房。目前，全国共有社会住房520万个单位，其中地方政府的公房占三分之二。其余三分之一归住房协会所有。

2. 住房资金渠道多样化

地方政府的公共住房建设资金严于中央政府。在英格兰，地方政府每年编制住房计划。在苏格兰，地方政府每四年编制一次"住房投资项目"。住房计划通常包括两个部分：地方政府解决住房问题的战略；列举住房需求、状况和投资项目的各种细节。从技术上讲这些住房计划是地方政府向中央提出的投标。中央政府通过对计划书下达指导原则,并用这些原则来评估和筛选地方政府提交的项目。在目前政府公共住房建设资金紧缩的条件下,这些计划是有效地控制住房资金的工具。相比之下,住房协会更多地利用房屋抵押在私人资本市场上借入资金。这在一定程度上缓解了政府投入的不足。但也提高了借入成本。

3. 住房补偿转向"人头"为主

在英国,住房建设资金和住房补贴来自两个不同的政府部门。劳动和社会保障部制定住房补贴政策,地方政府的相关部门负责审核和执行。住房补贴的基本原则是,租户在支付房租后的收入不应低于社会补助收入的水平。因此,住房补贴支出完全取决于住房需求。任何人,只要其收入低于政府设定的标准,支付较高的租金和符合条件,都可申请住房补贴。对于那些完全依赖于社会补助或收入不超过社会补助水平的穷人,他们的房贴等于支付的租金。

显然,政府在削减住房建设资金的同时,并不能控制对低入家庭的住房补贴。近年来随着房租不断上涨,英国政府的住房补贴也水涨船高,在西方国家中首屈一指。2003年,它的住房补贴支出为126亿英镑,占国内生产总值1.2%。同时,优惠的住房福利也降低了低收入家庭就业的积极性。英国政府从2008年起实行新的房贴政策,将补贴与当地的平均房租水平挂钩,希望能节约开支。

4. 公共住房的功能转变为以低收入家庭为对象的社会保障

促成这一转变的力量来自两个方面。一方面是私有化的过程中那些地区好,质量高的住宅首先被私有化,而剩下的公房大多处于边远地区,居住条件差,住房质量低环境恶劣,使社会住房趋于穷人化。另一方面,中央政府削减对地方政府的补贴,迫使它们大幅度提高租金。高租金并没有对依赖政府补贴度日的穷人带来影响,却加重了其余入租户的负担,促使他们放弃租房,选择购买公房。这也加速了公房向低收入阶层的过渡。目前,公房的住户是以低收入家庭为主,有一半的住户是没有工作的穷人和老弱病残。租者平均收入仅为那些购买公房家庭收入的四分之一。

为鼓励穷人实现自有信房的梦想,而又可以留在原来的社区,英国政府于2006年4月推出一种被称为"购买社会住房"的计划。这是为那些没有资格参与或没有能力先行使"购买权"条款的住户而设计。按照这一方案,购房者会得到一种类似于"购买权"条款的优惠价格购买他们租屋的所有权。租户可最低购买住房25%的所有权,其余部分的所有权仍旧业主所有,但需要支付2.75%~3%的费用。等收入增加后,他们再购买整套住房的所有权。

英国100多年的经验表明,政府需要直接介入居民住房问题,并作为公共住房的供应商。它保障的目标群由中低收入阶层逐渐转向低收入阶层,值得我们借鉴。目前,我国低收入居民的住房问题正成为日益突出的社会问题。政府在人力、物力和财力的制约的条件下,锁定低收入家庭为住房保障系统的对象。在推动商品化住房的同时,政府要担当廉租房和经济适用房建设的主体,与私人建筑商结成合作伙伴确保其政策的实施。

瑞典经济学家林达尔(Erik Lindahl)对公共物品作出了深入研究,得出这样一个结论:如果每一个社会成员都按其获得的公共物品的边际收益的大小自动交付相应的费用,则公共物品的生产就能达到最优水平,在西方财政经济理论中,这被称作"林达尔均衡"。

然而，这一具有效率的均衡的实现，需要以下假设前提：

首先，每个社会成员都愿意准确披露自己从公共物品消费中获得的边际收益，而不存在有意隐瞒或低估边际收益，从而试图少付或不付应该承担的费用的情况。

其次，每个社会成员都清楚其他社会成员的嗜好和收入状况，了解公共物品给其他社会成员，甚至准确知道公共物品给彼此带来的真实收益，从而使得任何个人不存在隐瞒或低估边际收益的可能性。

上述情况只有在人数很少的情况下才存在。例如，对一个不大的生活社区来说，居民之间大致知道彼此的收入情况和偏好，人们清楚一种公共物品能够给彼此带来的边际收益，在这样的情况下，即使处于讨价还价式的决策过程中，人们通常也不会有隐瞒其偏好的念头。既然人们不想也无法将其对公共物品的偏好隐瞒起来，依据人们所获得边际收益的大小来确定各自应分担的公共物品的成本费用，并最终在边际社会成本和边际社会收益相一致的基础上实现公共物品的最佳供给，或许是能够实现的事情。

但是，对一个由亿万人组成的社会来说，情况就完全不同了。在一个人口众多的社会，没有人能够完全了解其他人的收入和偏好情况，因此难以了解公共物品给其他社会成员带来的边际收益。既然每个社会成员从消费公共物品中获得的边际收益不为他人所了解，而应付费用取决于所获得的边际收益，因此，每个社会成员都有隐瞒自己的边际收益的倾向。这样一来，一方面，公共物品的消费者可以通过其瞒报边际收益减少其对公共物品的出资份额；另一方面，由于公共物品的消费不具有排他性，公共物品的消费者不会因为其出资额的减少而失去公共物品的任何收益。那些不付任何费用的消费者完全能够享受与付费者相同数量的公共物品。

对于公共物品来说，不存在一种刺激机制来诱使个人真实地显示其偏好。由于公共物品的特性，个人无论付费与否，付费多少，他能享用的公共物品总是相同的。这种"搭便车"的可能性诱使追求效用最大化的个人隐瞒或扭曲自己的偏好，坐享由他人的付费所形成的供给，由此造成公共物品的实际供给偏离帕累托最优水平。当"搭便车"人数众多时，资源配置就更加无效率。对于公共物品来说，由于个人不愿意真实显示自己的偏好，并且不存在一个公共物品的价格体系，因此不存在一种从消费者到生产者，以及从生产者到消费者的信息传递机制。政府或社会计划者不可能知道个人消费对公共物品的偏好函数，因而就难以正确地估计社会对公共物品的实际需求量。由于不能获得有关公共物品支付愿望的信息，公共物品的供给者就无法了解因公共物品的增加而增加的成本能否通过增加收费来得到补偿，由此会导致公共物品供给不足。由于公共物品不能像私人物品那样通过市场过程有效率地提供，因此就需要通过集体选择来决定公共物品方面的生产什么、如何生产和为谁生产的问题，以及决定每个社会成员为公共物品的供给所必须承担的份额即税收份额为多少的问题。

2. 公共物品的最优数量

先来看一下私人物品最优数量的决定。为简单起见，假定社会上只有 A 和 B 两个消费者，他们对某种私人物品的需求量分别为 D_A 和 D_B，该私人物品的市场供给曲线为 S，参见图 11-9。

由于是私人物品，故可将消费者 A 与 B 的需求曲线 D_A 和 D_B 水平相加即得到某市场需求曲线 D。市场需求曲线 D 与市场供给曲线 S 的交点决定该私人物品的均衡数量

Q_0 和均衡价格 P_0。这个均衡数量 Q_0 就是私人物品的最优数量。因为在这个产量水平上,每个消费者的边际收益恰好等于商品的边际成本。假定市场是完全竞争的,则供给曲线代表了每个产量水平上的边际成本,需求曲线代表了每个产量水平的边际收益。故当供给量为 Q_0 时,边际成本为 $Q_0 H$;而在价格为 P_0 时相应的边际收益为 CE 和 FG。由图可知,$CE=FG=Q_0 H$,即每个消费者的边际收益等于边际成本。

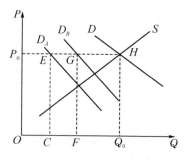

图 11-9　私人物品的最优数量

再来看公共物品。与私人物品的讨论一样,我们仍然假定每个消费者对公共物品的需求曲线是已知的,为 D_A 和 D_B,公共物品的市场供给曲线为 S。如何从个人的需求曲线形成市场的需求曲线呢?这里的关键之处在于公共物品的市场需求曲线不是个人需求曲线的水平相加,而是它们的垂直相加。之所以如此,原因在于公共物品消费上的非竞争特点。由于消费上的非竞争性,每个消费者消费的都是同一个商品总量,因而每一消费者的消费量都与总消费量相等;另一方面,对这个总消费量所支付的全部价格,却是所有消费者支付的价格的总和。设公共物品的数量为图 11-10 中的 R,消费者 A 和 B 的消费量于是都是 R。

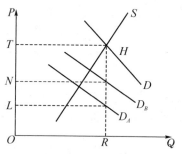

图 11-10　公共物品的最优数量

当 A 和 B 的消费量均为 R 时,他们所愿意支付的价格按各自的需求曲线分别为 L 和 N。因此,当消费量为 R 时,消费者 A 和 B 所愿意支付的价格之和就是 $L+N=T$。

有了公共物品的市场供求曲线,则公共物品的均衡数量即可决定,这就是市场供求曲线交点所指示的 R。实际上,这个均衡数量 R 也代表着公共物品的最优数量。要解释这一点并不困难。当公共物品数量为 R 时,根据供给曲线,公共物品的边际成本为 T,而根据消费者的需求曲线,A 和 B 的边际利益分别为 L 和 N,从而总的社会的边际利益为 $L+N=T$。于是,边际的社会利益等于边际成本,公共物品数量达到最优。这里值得注意的是,公共物品的最优标准与私人物品的最优标准不完全相同。在私人物品场合,最优标准是每个消费者的边际收益与边际成本相等。而在公共物品场合,最优标准是每个消费者的边际收益之和与边际成本相等。这个区别仍然是根源于是否具有消费的竞争性这个基本特点。

三、公共选择理论

公共选择理论也称为"公共选择"或"集体选择"。所谓集体选择,就是所有的参加者依据一定的原则通过相互协商来确定集体行动方案的过程。公共选择理论则特别注重研究那些与政府行为有关的集体选择问题。一个重要的方面是分析公共物品的选择机制,研究如何改进公共物品的生产过程,如何提高公共物品的生产效率。

1. 集体选择的规则

(1) 一致同意规则。一致同意规则是指集体决策须经全体当事人一致同意或至少没有一个人反对时才能做出,每一个参与者对集体决策都有否决权。所以一致同意规则是最为理想的集体决策方式,也是实现帕累托最优的唯一途径。任何一项集体决策对参与者来说,都可能带来利益或损失,所以每一个参与者都会认真对待集体决策,衡量利弊,发表支持或否决的意见。因此按照一致同意规则决策可以使每一个当事人都受益而不受损。而且从自由层面上讲,一致同意也可以使个人自由得到充分的保证。由于每个人都有否决权,任何人都不能把自己的意愿强加于他人,因而每个人都是平等的,利益都能得到保障。同时一致同意规则还可以保证任何一项总收益超过总成本的议案都能通过,使每一个成员的收益都超过成本,有助于集体内部合作。

一致同意规则的优点,一是不会导致对任何一个当事人的损害。在每个当事人都能正确地判断自己利益的假设前提下,一致通过的方案必须是帕累托最优的。二是任何当事人都不能把自己的意愿强加给别人,因为每个人都有否决权。一致同意规则的缺点,主要是达成协议的成本常常太大,在许多情况下甚至根本就无法达成协议。

(2) 多数同意规则。多数同意规则也叫简单多数或多数票制,一项集体抉择必须得到所有当事人中的过半数或半数以上某个比例的多数人同意方可实施。这里所说的同意是指赞成或不反对。与一致同意规则相比,多数同意规则的协商成本较低,也更容易达成协议。

多数同意规则的缺点主要表现在三个方面。一是忽略了少数当事人的利益。由于多数当事人赞成方案就可以通过,所通过的方案往往只能改善多数人的福利,可能会损害反对的当事人的福利。因此,多数同意具有强制性,多数派成员会将自己的意愿强加给少数派成员,迫使他们接受对自己不利的方案。二是可能会出现收买选票的现象。这是因为,在多数同意规则下,单个当事人的选择对最终选择结果影响不大,从而一部分当事人忽视了投票权,选票就可能被利益集团操纵。利益集团就可以通过较小的代价来收买那些不重视投票权的当事人,让他们按照利益集团的意愿投票。三是在多数同意规则下,最终的集团选择结果可能不是唯一的。不同的投票秩序导致不同的集体选择结果,使当事人做出前后不一致甚至可能相互矛盾的结果。

除了一致同意规则和多数同意规则以外,民主制度下的公共选择还有其他一些方式,如加权投票规则、否决投票规则等。

2. 最优的集体选择规则

上面所说的各种集体选择规则都是有利有弊的。这就产生了如何确定最优的集体选择规则的问题,即按照什么样的规则来进行集体选择,才能保证所得到的结果是最有效率的? 在这方面,西方公共选择理论家们提出了两个主要的理论模型。

(1) 成本模型。按照这一模型,任何一个集体选择规则都存在着性质完全不同的两类成本。一类叫做决策成本,指的是在该规则下通过某项集体行动方案(亦即作出决策)所花费的时间与精力。集体决策的形成需要参加者之间不同程度的讨价还价。随着人数的不断增加,讨价还价行为发生的可能性将成倍增加,从而决策成本也将成倍增加。另一类是外在成本,指的是在该规则下通过的某项集体行动方案与某些参加者的意愿不一致而给他们带来的损失。当通过的某项集体行动方案与某些参加者个人的实际偏好一致时,这些参加者个人承担的外在成本就等于零;而当两者不相一致时,他们承担的外在成本就大于零。显而易见,随着这种不一致的人数和程度的增加,外在成本的总量也将增加。对于不同的集体选择规则,决策成本和外在成本的大小是不一样的。例如,与一致同意规则相比,多数规则的决策成本可能较低,因为容易作出决策,但外在成本却可能较高,因为决策的结果可能和很多人的意愿不一致。决策成本和外在成本之和叫做相互依赖成本。最优集体选择规则的成本模型的结论是,理性的经济人将按最低的相互依赖成本来决定集体选择的规则。

(2) 概率模型。与成本模型不同,寻找最优集体选择规则的概率模型并不是追求社会相互依赖成本的最小化,而是力图使集体决策的结果偏离个人意愿的可能性达到最小。根据这一模型,最好的集体选择规则就是那种能使上述偏离可能性达到最小的规则。西方一些公共选择理论家证明,按照这一标准,集体选择中的多数规则是一种比较理想的规则。

3. 政府官员制度的效率

按照公共选择理论,政府官员制度是指那种由通过选举所产生的、被任命的以及经过考试而录用的政府官员来管理政治事务的制度。总的来说,这种政府官员制度的效率是比较低的。其原因如下:

首先是缺乏竞争。政府的各个部门都是某些特殊服务的垄断供给者。没有任何其他的机构可以替代这些政府部门的工作。由于缺乏竞争,政府部门的效率一般都比较低下。此外,由于缺乏竞争的对手,人们甚至无法判断政府部门的成本即每年的财政支出是否太多,或者,它们的产出即所提供的服务是否太少,很难准确地判定政府部门的效率。

其次是机构庞大。政府官员一般不会把利润最大化(或者成本最小化)作为自己的主要目标,因为他很难把利润直接占为己有。政府官员追求的主要是规模(亦即官员机构)的最大化,因为规模越大,官员们的地位就越高,权力就越大,得到进一步提升的机会就越多。

最后是成本昂贵。政府官员会千方百计地增加自己的薪金,改善工作条件,减轻工作负担,从而不断地提高他们的服务的成本,导致浪费的极大化。

公共选择理论认为,解决政府官员制度低效率的主要途径是引入竞争机制。具体做法是:第一,使公共部门的权力分散化。分散有利于减少垄断的成分。第二,由私人部门承包公共服务的供给。由政府投资的公共服务,并不一定必须由政府来生产。例如,街道清扫、垃圾处理、消防、教育、体检等公共服务的生产都可以实行私有化。第三,在公共部门和私人部门之间展开竞争。如果允许私人部门和公共部门一样提供公共服务,则它们之间就会展开竞争,竞争将提高公共部门的效率。第四,加强地方政府之间的竞争。地方政府的权力不仅受到公民选票的制约,而且受到居民自由迁移的制约。当一个地方政府的公共服务的成本(税收)太高而质量太低时,居民就可能迁移到其他地区去。居民的迁出会减少当地政府的税收。因此,地方政府之间的竞争也可以促使它们提高效率。

[专栏11-6] 詹姆斯·布坎南(James Buchanan, 1919—2013)

布坎南是"公共选择理论"的创始人,并获得1986年的诺贝尔经济学奖。布坎南致力于研究经济和政治决策理论的契约和法制基础近半个世纪,因而成为公共选择理论及非市场决策的经济研究的奠基人。他运用经济方法去分析政治决策过程,创立了公共选择理论,使公共选择理论成为经济学的一个重要分支,即"公共部门经济学"。

公共选择理论之所以是一种经济学说而不是华而不实的所谓"政治科学",是因为它严格地建立了在经济学家对人的标准假设——即人是合乎理性并使效用最大化的基础之上。个人同意把社会力量的垄断交给政府,是因为他们相信政府会有助于增加他们的自身利益,这样一来,他们接受一套规则,一种宪法。为什么以及如何采用这些规则?这些规则是否就比其他规则更好?这些就是布坎南和塔洛克合著的开创性著作《对赞成意见的计算:立宪制民主的逻辑基础》所探讨的问题。关于宪法选择的经济分析只是公共选择理论的一部分。在《成本和选择》、《民主进程中的财政》、《公共选择论:经济学的政治应用》、《自由的极限:在无政府主义状态和集权主义国家之间》、《政治活动的经济学》、《税收的权力》等一系列著作中,他运用这一理论对公营部门经济学的各个方面,包括在决定税收水平和支出水平的政府行为的背后存在的政治背景进行了实质性的研究。

第五节 不对称信息

一、信息的不完全和不对称

完全竞争模型的一个重要假定是完全信息,即市场的供求双方对于所交换的商品具有充分的信息。例如,消费者充分地了解自己的偏好函数,了解在什么地方、什么时候存在有何种质量的以何种价格出售的商品;生产者充分地了解自己的生产函数,了解在什么地方、什么时候存在有何种质量的以何种价格出售的投入要素;等等。完全信息的假定(以及其他一些关于完全竞争市场的假定)保证了帕累托最优状态的实现。

显而易见,上述关于完全信息的假定并不符合现实。在现实经济中,信息常常是不完全的,甚至是很不完全的。在这里,信息不完全不仅是指那种绝对意义上的不完全,即由于认识能力的限制,人们不可能知道在任何时候、任何地方发生的或将要发生的任何情况,而且是指"相对"意义上的不完全,即市场经济本身不能够生产出足够的信息并有效地配置它们。这是因为,作为一种有价值的资源,信息不同于普通的商品。人们在购买普通商品时,先要了解它的价值,看看值不值得买。但是,购买信息商品却无法做到这一点。人们之所以愿意出钱购买信息,是因为还不知道它,一旦知道了它,就没有人会愿意再为此进行支付。这就出现了一个困难的问题:卖者让不让买者在购买之前就充分地了解所出售的信息的价值呢?如果不让,则买者就可能因为不知道究竟值不值得而不去购买它;如果让,则买者又可能因为已经知道了该信息也不去购买它。在这种情况下,要能够做成"生意",只能靠买卖双方的并不十分可靠的相互信赖:卖者让买者充分了解信息的用处,而买者则答应在了解信息的用处之后即购买它。显而易见,市场的作用在这里受到了很大的限制。

进一步分析起来还会发现,不同的经济主体缺乏信息的程度往往还是不一样的。市场经济的一个重要特点是,产品的卖方一般要比产品的买方对产品的质量有更多的了解。例如,出售二手汽车的卖主要比买主更加了解自己汽车的缺陷;出售"风险"的投保人要比保险公司更加了解自己所面临风险的大小;出售劳动的工人要比雇主更加了解自己劳动技能的高低。上述种种情况都是所谓"信息不对称"的具体表现,即有些人比其他人拥有更多的相关信息。

在信息不完全和不对称的情况下，市场机制有时就不能很好地起作用。例如，由于缺乏足够的信息，生产者的生产可能会带有一定的"盲目"性：有些产品生产过多，而另一些产品又生产过少；消费者的消费选择也可能会出现"失误"，比如购买了一些有损健康的"坏"商品，而错过了一些有益健康的"好"商品。更坏的情况是，由于缺乏足够的信息，有些重要的市场甚至可能根本就无法产生，或者即使产生，也难以得到充分的发展。

二、逆向选择

美国经济学家阿克洛夫（George. A. Akerlof）1970年在题为《柠檬市场：市场机制与商品质量的不确定性》的著名论文中提出了柠檬问题。"柠檬"是相对于"李子"而言的。"柠檬"意为次品，"李子"表示正品。柠檬市场描述了在二手车交易市场上，所有的旧车质量具有很大的不确定性，外表相似的汽车可能在性能上存在着巨大的差距。买方花了大笔钱可能买了一辆"次品"车，而拥有"正品"车的车主在低价位上又不肯出手，因而正常的市场交易便难以进行。阿克洛夫对二手车市场进行了详细的研究，以不完全信息为基础，开创了逆向选择理论的先河。

所谓逆向选择是指在买卖双方信息不对称的情况下，差的商品总是将好的商品逐出市场的现象。拥有信息优势的一方在交易中总是趋向于做出尽可能有利于自己而不利于别人的选择，导致了逆向选择的出现。

我们来看一个二手车市场的模型。假设存在这样一个二手汽车市场，有100人希望出售他们的旧汽车，同时又有100人想买旧汽车，买主和卖主都知道这些旧汽车中高质量与低质量的汽车各占50%。拥有最高质量和最低质量旧汽车的卖主的预期售价分别为2 000和1 000美元，而最高质量和最低质量旧汽车的潜在买主的预期支付价格则分别为2 400和1 200美元。

如果信息对称且充分，买主不难确定旧汽车的质量，该市场不存在什么问题。低质量旧汽车将按1 000～1 200美元之间的价格出售，高质量旧汽车将按2 000～2 400美元之间的价格交易。

在信息不对称的情况下，买主无法了解每辆汽车的质量，只能进行推测。因此，买主将以预期值购买旧汽车，即愿意支付：

$1/2 \times 1\,200 + 1/2 \times 2\,400 = 1\,800$ 美元

这样，拥有高质量汽车的卖主将不愿意出售汽车，会退出市场。假定最高质量的旧汽车退出市场后，旧汽车市场上高质量与低质量旧汽车的比例变为2∶3。买主也会感觉到旧汽车市场质量分布的变化，他们将不会再以1 800美元作为预期价格，而是以

$3/5 \times 1\,200 + 2/5 \times 2\,400 = 1\,680$ 美元

作为预期价格，结果，又会有部分次高质量的旧汽车退出市场。

这一过程不断发生，最后，市场上将只剩下最低质量的汽车，高质量汽车被排挤出市场。如图11-11所示，在旧车市场上，随着选择次数越多，可供选择的汽车质量越低。

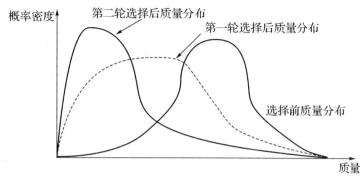

图 11-11 旧汽车市场的变化

逆向选择是在签订委托—代理合同前常见的隐蔽信息环境,它大量出现在商品销售市场、保险市场、劳动市场、借贷市场、旅游等服务市场,以及金融风险和古董名画等文化市场上。

兰州百合是中国四大百合系中唯一可食用的品种,质量上乘,还可作为药用。市场价格较高,最高达 26 元/公斤,而普通百合的价格仅为 5~6 元/公斤。因此,大量次品充斥市场,消费者难辨真伪,最终,次品将正品逐出了市场。

在劳动市场上,表面上似乎存在着对女性的性别歧视倾向(不排除存在实质上性别歧视的可能),但出现这种结果的内在原因在于,由于信息非对称,每个女性了解自己的真实生产率,而雇主并不能够从各种生产率组合的人群中选择出高生产率的雇员。面临这种不利选择的局面时,理性的雇主将会选择预期招工成本最小的方法来选择员工。

医疗保险市场也是一个典型的逆向选择的例子。在医疗保险市场上买卖双方掌握的信息是不对称的,每个希望买保险的人最了解自己的身体状况,而保险公司并不了解,只知道他们的平均健康状况,只能根据投保人的平均健康状况或平均患病率收取保险费。在保险公司按平均健康状况收取保险费的情况下,当然是那些身体不太健康的人购买保险。而对于身体健康的人来说,保险费用太高,他们不会去购买保险。为减少保险公司的支出而增加保险公司的收入,保险公司将提高保险费。保险费提高后,只有那些患病率较高的人仍然愿意购买保险,这将导致保险公司进一步提高保险费,这又赶走了一部分身体健康的人,最终只有那些患有严重疾病的人才购买保险,而他们正是保险公司最不想要的顾客。

由于信息的不对称是始终存在的,逆向选择不能得到根本的解决,但可以通过提供市场信号的方法在一定程度上缓解信息不对称的程度,减少逆向选择的发生。例如,卖方对出售的耐用消费品或奢侈品附带保证书来保证产品具有某些预期的质量,并对产品实行包退、包换、保修等服务,把风险由买方移向卖方;树立和发挥品牌效应,以品牌向潜在的消费者保证产品的质量;通过广告向消费者提供产品信息和品质承诺;实行连锁经营,其作用与品牌类似;实行许可证制度,以减少质量的不确定性,如医师许可证、律师许可证、会计师许可证等。

三、道德风险

道德风险也称败德行为,是指经济代理人在使其自身效用最大化的同时,损害委托人或其他代理人效用的行为。道德风险与人类行为的道德水准的高低没有密切的关系,它在人的经济行为中是合乎个体理性的,因而对这个词汇的使用存在不同的看法。在市场经济中,道德风险是一种十分普遍的现象,它是市场参与者针对自身的隐蔽信息而采取的理性反应。

道德风险的概念源于保险行业。其最初的含义是,由于交了一笔小额保险费用,一旦出了事,保险公司就会照单付账,于是投保人的行为就会发生变化,失去了自我约束和自我防范的动力,一些本来可以避免的事故也可能发生,这将导致保险公司的赔偿费用大大上升。假如保险公司能够事先考虑到投保人采取哪些防范措施是必要的,而且哪些防范措施可以测试并记录下来,那么保险公司就应该在保险合同中将这些措施明确下来。但这些措施或行为通常是觉察不到的,因而即使在合同中明确下来,也很难履行。

亚当·斯密曾如此描述过18世纪公司的管理者:"无论如何,由于这些公司的董事们是他人钱财而非自己钱财的管理者,因此,很难想象他们会像自己照看自己的钱财一样的警觉,所以,在这类公司的管理中,疏忽和浪费总是或多或少地存在。"

《新帕尔格雷夫经济学大辞典》对道德风险的定义:道德风险是指从事经济活动的人在最大限度地增进自身效用时做出的不利于他人的行动。道德风险存在于下列情况:由于不确定性和不完备的合同使得负有责任的经济行为者不承担全部的损失(或利益),因而他们不承受他们行动的全部后果,同样的,也不享有行动的所有好处。

假设某厂商产品仓库价值为 \$100 000,厂商采取防火措施的成本为 \$50。采取防火措施后小心谨慎,发生火灾概率为 0.005;没有防火措施且疏于防范,发生火灾概率为 0.008。又假设保险公司以预期火灾损失 \$100 000×0.005 = \$500 作为保险费用出售保险单。在这种环境下,如果厂商向保险公司投保后,就可能不会有动力继续执行防火措施,并可能疏于防范,结果,发生火灾的概率从 0.005 上升到 0.008,保险公司的实际预期损失为 \$100 000×0.008 = \$800。结果,每出售一张保险单平均会损失 \$300。因此,这种保险单设计对保险公司来说是不可行的。原因就在于道德风险的存在。

[专栏11-7] 个人财产保险的道德风险

假设你现在有一部彩色电视机,市场价值为 3 000 元。你到保险公司投保家庭财产险,保险公司规定凡家用电器投保后当年购买的赔付率为 95%,次年以上为 90%。假设电视机有毛病后正常维修成本为 150 元,C 为分摊到电视机上的保险成本,而你对新电视机的福利评价为 200 元。假设这部电视机使用两年后损坏了,你面临下列选择:

电视机不被偷而拿去维修的预期福利收益为:

3 000 − 150 − X − C = 2 850 − X − C (X 为折旧费用)

电视机不拿去维修而被偷窃的预期福利收益为:

3 000 × 90% + 200 − 300 − C = 2 600 − C

当折旧费用 X 小于 250 元时,你选择维修电视;当折旧费用 X 大于 250 元时,你会有动力让小偷将电视偷走。

当委托人面临信息不对称时,代理人往往可以选择道德风险行动。逆向选择发生在签订委托—代理合同前,而道德风险则发生在签订委托—代理合同后。与逆向选择一样,产生道德风险的主要原因在于代理人拥有私人信息。在签订委托代理合同后,代理人利用自身拥有而不被委托人观察到的私人信息,改变签订合同前的行为模式,从中获取更大的预期收益。这一过程将会损害委托人的利益。

道德风险在企业管理、政府工作、慈善捐助、保险经营等活动中大量存在。企业经理人的在职消费、滥用权力、规避自身风险、放任资源外流,企业虚报利润、虚报收入、做假账,慈善捐款被挪用或管理不善导致信任危机,政府工作人员的公款消费、贪污腐败等都属于道德风险行动。

为了防范道德风险问题,通常可以采用以下几种方法。一是通过市场价格来解决道德风险问题,也就是根据合同执行人事后的实际情况决定最终的执行价格。二是根据有效法规签订有效合同,详细规定各种交易的条件。通常在合同中要有例外的条款,即在发生意外及不可抗力的情况下如何执行合同。三是信誉解决方案。信誉是一种保证,也是一种激励。建立信誉需要耗费大量成本,从而加大了道德风险的机会成本,减少道德风险的发生。四是建立利益相容机制,在交易或合约执行过程中,通过一定的制度安排来化解双方的利益冲突,使双方利益趋于一致,有利于减少道德风险的发生。

本章小结

市场机制一般只能保证资源配置的私人边际成本和私人边际收益相等,而无法保证社会边际成本和社会边际收益相等。当生产和消费的社会边际成本与社会边际收益不相等时,对整个社会而言,资源的配置就没有达到最有效率的状态,这就是市场失灵。市场失灵意味着福利经济学用以说明资源最优配置的基本前提条件无法成立,从而意味着"看不见的手"的理论在现实经济生活中的失败。在市场失灵的情况下,必须发挥政府这只"看得见的手"的作用,通过政府的超市场资源配置方法弥补市场失灵,并使经济运行符合政府的意愿。

垄断、外部性、公共物品、信息不充分和不对称等都是市场失灵的主要原因或表现。垄断使得产量下降、成本上升,造成了资源配置的无谓损失。政府对垄断的限制主要采取一些非市场性措施,如经济上的价格管制、法律上的制度限制等。外部性是某些个人或企业的经济行为影响了其他人或企业,却没有为之承担应有的成本费用或没有获得应有的报酬的现象。由于外部影响不能通过市场价格体系加以反映,不论是正的外部性还是负的外部性,都会使实际的产量或消费量水平不能达到帕累托最优的要求,从而不能实现效率。外部性问题可以通过市场性或非市场性的办法解决,非市场性手段主要有庇古税收、标准与费用、可转让许可证等,市场性手段主要是通过产权界定基础上的市场交易活动来实现外部影响的内部化。当然,从根本上说,对市场失灵的解决不存在市场化手段。公共物品由于其区别于私人物品的非竞争性和非排他性特征而出现搭便车现象,产生市场失灵,解决方案主要是由政府来提供公共物品。信息不充分和不对称也是重要的市场失灵,往往会产生逆向选择和道德风险等非效率行为,解决的主要办法主要是政府向市场提供更多的信息和有效信号,缓解信息不充分和不对称的现象,减少市场失灵。

复习思考题

一、名词解释

市场失灵　　外部性　　科斯定理　　公共物品　　逆向选择

二、选择题

1. 垄断缺乏效率的经济学含义是(　　)。
   A. 垄断厂商没有在平均成本曲线的最低点进行生产
   B. 消费者购买最后一单位商品得到的边际效用超过生产该商品的边际成本
   C. 垄断厂商没有遵循边际收益等于边际成本的利润最大化原则
   D. 垄断厂商的经济利润为零

2. 下列哪一种说法体现了外部不经济的概念？（　　）
   A. 连天下雨减少了小麦的产量　　　　　　B. 小麦减产引起农民收入下降
   C. 吸烟有害于自身健康　　　　　　　　　D. 吸烟有害于他人健康
3. 苹果花为蜜蜂生产者提供蜜源，蜜蜂为苹果生产者的苹果树传播花粉，这种情况可称为（　　）。
   A. 内部经济　　　B. 内部不经济　　　C. 外部经济　　　D. 外部不经济
4. 干洗店会产生空气污染，因此，干洗行业的均衡价格（　　）。
   A. 和产量相对于社会最优水平而言太高了
   B. 相对于社会最优水平而言太低，而其产量相对于社会最优水平而言又太高了
   C. 相对于社会最优水平而言太高，而其产量相对于社会最优水平而言又太低了
   D. 是最优的，但存在过度供给
5. 对于造成污染的生产活动，适当的征税额（　　）。
   A. 等于治理污染设备的成本
   B. 等于社会边际成本
   C. 等于社会边际成本和私人边际成本之差
   D. 等于私人边际成本
6. 如果上游工程污染了下游居民的饮水，按科斯定理，（　　），问题就可妥善解决。
   A. 不管产权是否明确，只要交易成本为零
   B. 只要产权明确，且交易成本为零
   C. 只要产权明确，不管交易成本有多大
   D. 不论产权是否明确，交易成本是否为零
7. 商品的信息不对称会损害（　　）。
   A. 消费者利益　　　B. 生产者利益　　　C. 市场　　　D. 以上各项
8. 考虑一个出售照相机的旧货市场，该市场上的照相机分为优质和劣质两类。优质照相机所占的比例为 $0<q<1$。买者和卖者都是风险中性的。卖者对优质照相机和劣质照相机的估价分别为 100 美元和 50 美元。买者对优质照相机和劣质照相机的估价分别为 120 美元和 60 美元。下列哪种说法是正确的？（　　）
   A. 当市场价格为 $p=90$ 时，劣质照相机能被出售，优质照相机不能被出售
   B. 当优质照相机的比例为 $q=1/3$ 时，在均衡状态下，市场价格为 $p\in[50,60]$，而且优质照相机不能被出售
   C. 当优质照相机的比例为 $q=1/2$ 时，优质照相机和劣质照相机能被售出
   D. 上述说法都不正确
9. 下列事例属于道德风险行为的是（　　）。
   A. 在一个学习考核不严格的学校里，学生的学风很差
   B. 盗窃多发地区的车主积极投保自行车财产险
   C. 为了考个好成绩，李大头不惜作弊
   D. 为了骗取保险赔偿，王小毛谎称投保的电动车被盗
10. 一项公共物品是否值得生产，主要看（　　）。
    A. 生产的效益　　　　　　　　　　　　B. 政府的意志
    C. 公众的意志　　　　　　　　　　　　D. 成本和效益的比较

三、问答题
1. 什么是外部性，解决的基本办法是什么？
2. 简述市场效率的限制。
3. 联系信息不对称中的逆向选择理论，说明劳动力市场上的逆向选择问题，并分析教育信号在克服这种逆向选择中的重要作用。

4. 为什么银行通常愿意向使用信用卡并且过去向银行借过款的客户提供贷款,而不大愿意使用现金付款和从未向银行借过款的客户提供贷款?

5. 为什么高档物品生产者不愿意在地摊上出售产品?

6. 由于公共物品不存在市场交换,因而能否认为公共物品可以任意定价?

四、计算题

1. 假设某产品的市场需求函数 $Q=1\,000-10P$,成本函数 $C=40Q$,试求:

(1) 由垄断厂商生产这种产品,利润最大时的产量、价格即利润。

(2) 达到帕累托最优时的产量和价格。

(3) 由垄断造成的社会福利净损失。

2. 苹果园附近是养蜂场,以 A 表示苹果产量,以 H 表示蜂蜜产量,苹果园和养蜂场的生产成本分别为 $C_A=\dfrac{A^2}{100}-H$,$C_H=\dfrac{H^2}{100}$,已知苹果的价格为 3 元,蜂蜜的价格为 2 元。

(1) 如果苹果园和养蜂场独立经营,产量各为多少?

(2) 如果苹果园和养蜂场合并起来,产量各为多少?

(3) 对社会来说,蜂蜜的最佳产量是多少?如果它们分开经营,为引导蜂蜜的最佳产量,对蜂蜜的价格补贴应是多少?苹果园愿不愿意提供这一补贴?

3. 某企业的边际成本 $MC=3q$,其中 q 是该企业的产量。但该企业的生产所产生的污染给社会带来的边际成本为 $2q$,市场对该企业产品的需求函数 $p=420-q$。

(1) 如果该企业是垄断者,那么企业的均衡产量是多少,价格是多少?

(2) 考虑到污染成本,社会的最优产量应该是多少?

(3) 现在,政府决定对每单位产品征收污染税,那么税率应是多少才能使企业的最优产量和社会的最优产量相一致?

4. 有一位农场主的作物因缺水快要枯萎了,他必须决定是否进行灌溉。如果他进行灌溉或者天下雨的话,作物带来的利润是 1 000 元,但若是缺水,利润只有 500 元。进行灌溉的成本是 100 元,农场主认为天下雨的概率是 80%,该农场主的目标是预期利润最大化。

(1) 他会灌溉吗?

(2) 假如天气预报的准确率是 100%,农场主愿意为获得这种准确的天气信息支付多少费用?

5. 牧民 A 和牧民 B 在同一块地放牧。假设:如果这块地上有 20 头牛,每头牛终生可以产出 4 000 元牛奶;这块地上有 30 头牛时,每头牛终生可以产出 3 000 元的牛奶;有 40 头牛时,每头牛终生可以产出 2 000 元的牛奶。牧民购买一头牛的成本为 1 000 元。显然,如果在这块地上放牧更多的牛,每头牛能吃的草就少了,牛奶产量也就少了。

(1) 设牧民 A 和牧民 B 每人可以买 $L=10$ 头牛,也可以买 $H=20$ 头牛。如果是一次性非合作博弈,计算并画出牧民 A 和牧民 B 的净得益矩阵图示。

(2) 给出该博弈的纳什均衡解,并说明理由。

(3) 放松本题的假设,如果这块地成为放牧公地(共有地),放牧的牛数不受限制,若干年后结局会如何,为什么?

参考文献

1. [美]保罗·萨缪尔森,威廉·诺德豪斯. 微观经济学[M]. 19版. 北京:人民邮电出版社,2012.
2. 高鸿业. 西方经济学(微观部分)[M]. 5版. 北京:中国人民大学出版社,2012.
3. 黄亚钧,郁义鸿. 微观经济学[M]. 北京:高等教育出版社,2000.
4. 岳贤平,于振英. 微观经济学[M]. 北京:清华大学出版社,2007.
5. [美]保罗·A. 萨缪尔森. 萨缪尔森辞典[M]. 陈迅,白远良,译释. 北京:京华出版社,2001.
6. 张培刚. 微观经济学的产生和发展[M]. 长沙:湖南人民出版社,1997.
7. [美]曼昆. 经济学原理[M]. 梁小民,译. 北京:北京大学出版社,1999.
8. 刘东,梁东黎. 微观经济学[M]. 南京:南京大学出版社,2004.
9. 于善波,张振江. 微观经济学[M]. 北京:北京航空航天大学出版社,2008.
10. 战勇. 微观经济学简明教程[M]. 大连:东北财经大学出版社,2007.
11. 刘继伟,王寒菊. 微观经济学[M]. 北京:电子工业出版社,2012.
12. 翔高教育经济学教学研究中心. 西方经济学(微观部分)习题册[M]. 北京:中国人民大学出版社,2010.
13. [美]约瑟夫·E. 斯蒂格利茨,卡尔·E. 沃尔什. 经济学[M]. 4版. 北京:中国人民大学出版社,1996.
14. [美]罗伯特·S. 平狄克,丹尼尔·L. 鲁宾费尔德. 微观经济学[M]. 7版. 北京:中国人民大学出版社,2012.
15. 范家骧,刘文忻. 微观经济学[M]. 大连:东北财经大学出版社,2002.